普通高等教育『十三五』规划教材

主　编◇胡绍雨　王玉琴

副主编◇熊　媛　陈汉芳

蔡明杰

企业税收筹划

立信会计出版社

图书在版编目(CIP)数据

企业税收筹划 / 胡绍雨,王玉琴主编. —上海:
立信会计出版社,2019.7
ISBN 978 - 7 - 5429 - 6246 - 1

Ⅰ.①企… Ⅱ.①胡… ②王… Ⅲ.①企业管理-税
收筹划-高等学校-教材 Ⅳ.①F810.423

中国版本图书馆 CIP 数据核字(2019)第 160908 号

策划编辑　　蔡伟莉　余　榕
责任编辑　　方士华
封面设计　　南房间

企业税收筹划

出版发行	立信会计出版社	
地　址	上海市中山西路 2230 号	邮政编码　200235
电　话	(021)64411389	传　真　(021)64411325
网　址	www.lixinaph.com	电子邮箱　lixinaph2019@126.com
网上书店	http://lixin.jd.com	http://lxkjcbs.tmall.com
经　销	各地新华书店	
印　刷	常熟市梅李印刷有限公司	
开　本	787 毫米×1092 毫米　　1/16	
印　张	18	
字　数	438 千字	
版　次	2019 年 7 月第 1 版	
印　次	2019 年 7 月第 1 次	
印　数	1—3100	
书　号	ISBN 978 - 7 - 5429 - 6246 - 1/F	
定　价	42.00 元	

如有印订差错,请与本社联系调换

前言 PREFACE

　　税收筹划是在对税收制度和税收政策充分研究的基础上，通过对公司组织结构、筹资方式、投资方向及财务会计制度的设计等途径，或通过对个人纳税人的具体情况的分析，为纳税人提供合理的纳税建议，以规避税务风险、合法减轻纳税负担的一门实践性很强的财会专业的应用课程。

　　我们编写的这本《企业税收筹划》教材，将研究的视角立足于进行税收筹划最一般的经济主体——企业，介绍了企业税收筹划的六种基本方法，并对六种税收筹划基本方法在企业不同涉税税种和企业运营实务中的应用作了详细的阐述，最后针对两类具体企业——房地产企业和跨国公司进行了税收筹划的案例分析。本书的特色和应用价值体现如下：

　　其一，从理论视角阐明了税收筹划的重要性。对于纳税人来说，不管是个人还是企业，其税收支出和税后净利润呈现此消彼长的反比例关系，通过税收筹划，纳税人能减少税收支出，增加可支配的净利润，因此，税收筹划对于纳税人具有绝对的必要性和重要性。同时，税收筹划对于国家税收法律法规的完善，对于政府税收征管水平的提高也具有重要的促进作用。对于税收筹划的积极作用的阐述在本书的基本理论部分有详细介绍。

　　其二，力求做到国内和国外相结合。随着科技进步和经济发展，西方国家建立了以所得税为核心的税制结构模式，所得税的复杂性使税务代理等咨询业提供税收筹划的业务得到发展；同时，随着跨国企业的增加，对跨国税收筹划也提出了新的要求。本书对税收筹划的介绍同时兼顾国内纳税人和跨国纳税人两个方面，即介绍国内税收筹划，也涉及跨国公司的税收筹划。

　　其三，改变了一般财税教材惯常的研究视角。一般的财税教材通常从政府角度出发，自上而下地研究政府如何对纳税人进行征收管理；本书从纳税人的角度出发，研究如何适应政府的税收法律法规，如何有效控制纳税人的额外税负，使纳税人被动地接受税收支出转到主动研究纳税策略以获取最大的节税利益。

　　其四，综合了国内外教材的优点，弥补了各自的不足。本书不仅有税收筹划的理论研究，更增加了大量的税收筹划案例，增加了教材的实践性教学的安排，更便于学生学习和灵活掌握税收筹划的方法和策略。

　　自 2016 年 5 月 1 日全面推行"营改增"以来，财政部、国家税务总局又陆续下发了有关"营改增"政策的通知和公告等。2017 年 11 月 19 日，国务院颁布了《国务院关于废止〈中华人民共和国营业税暂行条例〉和修改〈中华人民共和国增值税暂行条例〉的决定》。2018 年 4 月 4 日,财政部、国家税务总局下发《关于调整增值税税率的通知》(财税〔2018〕32 号),规定从 2018 年 5 月 1 日起,纳税人发生增值税应税销售行为或者进口货物,原使用 17％和 11％税率的,税率分别调整为 16％和 10％;而从 2019 年 4 月 1 日起,增值税税率又发生了变化,原 16％的税率降为 13％,原 10％的税率又降至 9％。2017 年 11 月 28 日,中国财政部、国家税务总局、水利部对外公布《扩大水资源税改革试点实施办法》,决定在河北省率先实施水资源税改革试点的基础上,自 2017 年 12 月 1 日起在北京、天津、山西、内蒙古、河南、山东、四川、陕西、宁夏 9 省(直辖市、自治区)扩大水资源税改革试点。2018 年 1 月 1 日,我国正式施行《中华人民共和国环境保护税法》。2018 年 5 月,财政部、国家税务总局下发了《关于企业职工教育经费税前扣除政策的通知》(财税〔2018〕51 号)以及《关于设备、器具扣除有关企业所得税政策的通知》(财税〔2018〕54 号)等文件。2018 年 6 月 16 日,全国各省(自治区、直辖市)级以及计划单列市国税局、地税局合并并且同意挂牌,国税、地税征管体制改革迈出阶段性的关键步伐。2018 年 8 月 31 日,关于修改个人所得税法的决定经十三届全国人大常委会第五次会议表决通过。2018 年 10 月 1 日起实施最新起征点和税率,自 2019 年 1 月 1 日起施行。

本书由胡绍雨、王玉琴担任主编,负责本书框架的制定,并对初稿进行了审核与修改;熊媛、陈汉芳、蔡明杰担任副主编。具体编写分工如下:胡绍雨编写第一章、第五章、第八章、第九章,王玉琴、熊媛编写第三章、第四章,陈汉芳编写第七章,胡绍雨、蔡明杰编写第二章,胡绍雨、王玉琴编写第六章。全书由胡绍雨负责统稿。

由于编者水平有限,加之时间仓促,本书错误和不妥之处在所难免,遗漏和不足之处恳请读者、专家批评指正,以便我们进一步改进和完善。

胡绍雨

2019 年 7 月

目录 CONTENTS

第一章　税收筹划导论

税收筹划在我国被称为"朝阳产业",但在西方国家,税收筹划早在 20 世纪 30 年代就已经得到社会的关注和法律上的认可。早在 1935 年,英国上议院议员汤姆林爵士在"税务局长诉讼温斯特大公"一案中,就明确提出:"任何一个人都有权安排自己的事业,依据法律可以少缴税。为了保证从这些安排中得到利益……不能强迫他多缴税。"[①]1947 年,美国法官勒纳德·汉德在判决一件税务案件中,也表述了与汤姆林爵士类似的观点:"法院一再声称,人们安排自己的活动以达到低税负的目的,是无可指责的。每个人都可以这样做,无论他是富翁,还是穷光蛋,而且这样做是完全正当的,因为他无须超过法律的规定来承担国家赋税,税制是强制课征的,而不是自愿捐献,以道德的名义要求税收,不过是侈谈空论而已。"[②]此后,英国、美国、澳大利亚等国家在税收案件判例中经常援引汤姆林爵士和勒纳德·汉德法官的这一原则精神。目前在西方经济发达国家中,税收筹划几乎家喻户晓,税收筹划活动开展得相当普遍。例如,世界上最大的会计与咨询公司之一的 BDO 公司,就在全球 95 个国家设有 500 多个办事处,专业从事税收筹划活动。而我国对税收筹划的认识比较晚,税收筹划在过去较长时期内被人们视为神秘的地带,直到 1994 年唐腾翔与唐向合著的《税收筹划》一书由中国财政经济出版社出版后,才揭开了税收筹划的神秘面纱。6 年后即 2000 年,在国家税务总局主管的全国性经济类报纸《中国税务报》上出现了"筹划讲座"专栏。税收筹划由过去的不敢说、偷偷说,到现在的敢说而且在媒体上公开讨论,是我国社会观念和思维的一次质的飞跃。

随着税收对经营、投资、理财等经济活动的影响越来越大,纳税人对税收政策的关注度日益提高,以及我国税务机关对纳税人税收筹划的认可,我国出现了大量有关税收筹划的刊物和书籍,其中影响力最大的当属《中国税务报》的《筹划周刊》。此外,在北京、上海、深圳、天津、大连等经济发达地区还涌现出不少提供专业税收筹划服务的网站,其中,具有较大影响力的网站有"中华税网"(北京)、"中国税务专家咨询网"(北京)、"中国税务筹划网"(上海)、"广东财税咨询网"(深圳)、"中国国际税收筹划网"(天津)、"税务顾问网"(大连)等。它们预示着税收筹划已经为人们所接受和重视,并被广泛地运用到纳税人的生产经营决策中。进入 21 世纪,我国税务师事务所蓬勃发展,执业注册税务师人数日益增多。而在税务师事务所所承接的业务中,税收筹划是很重要的一项,不少注册税务师凭借巧妙的筹划案例,成为全国知名的税收筹划专家。这些都说明,税收筹划正在逐渐成为纳税人减轻或规避税收负担的主流形式。

---

① 梁云风:《税收筹划实务》,经济科学出版社 2001 年版。
② 方卫平:《税收筹划》,上海财经大学出版社 2001 年版。

第一节 中国现行税制简介

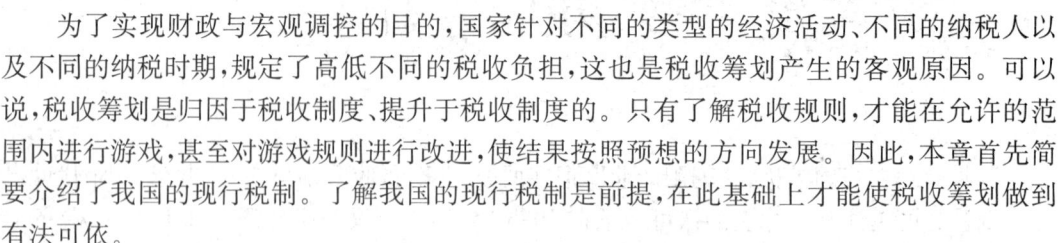
为了实现财政与宏观调控的目的,国家针对不同的类型的经济活动、不同的纳税人以及不同的纳税时期,规定了高低不同的税收负担,这也是税收筹划产生的客观原因。可以说,税收筹划是归因于税收制度、提升于税收制度的。只有了解税收规则,才能在允许的范围内进行游戏,甚至对游戏规则进行改进,使结果按照预想的方向发展。因此,本章首先简要介绍了我国的现行税制。了解我国的现行税制是前提,在此基础上才能使税收筹划做到有法可依。

一、税制构成

税收制度简称"税制",是各项税收法规和征收管理制度的总称,是国家向纳税人征税的法律制度依据和纳税人向国家纳税的法定准则。税收制度有广义和狭义之分。广义的税收制度是指国家以法律形式规定的税种设置及各项税收管理制度,一般包括税法通则、各税种的基本法律、法规、条例、实施细则、具体规定和征收管理办法等。狭义的税收制度是指国家设置某一具体税种的课征制度,由纳税人、征税对象、税率、纳税环节、纳税期限、税收优惠、违章处理等基本要素组成。制定税收制度的目的就在于明确国家与纳税人之间的征纳关系,把这些关系法律化、规范化,成为国家和纳税人必须共同遵守的法律准则。

税制要素是构成税收制度最基本的元素,每个要素的具体规定就决定了税收的具体形式,形成了各具特色的税收种类。不同的税制要素征收不同税种的税,既可以对企业征税,也可以对个人征税;对企业征收,可以对应税所得额征收25%的企业所得税,也可以对商品在流通环节中征收17%的增值税;同样是征收企业所得税,可以作为高新技术企业减按15%的税率征收,也可作为小型微利企业征收20%的税率。

根据税种的基本要素和特征,可以将我国现行税收体系按照不同的标准进行分类。目前普遍认可的标准有课税对象、课征环节、计税依据和税收收入的支配权限等。例如,以课税对象为标准,可将我国税种划分为流转额课税、收益额课税、资源占用课税、财产额课税与特定行为课税;以课税环节为标准,分为生产环节征税、流通环节征税、分配环节征税、消费环节征税、投资环节征税与财产转让环节征税;以计税依据为标准,分为从价税和从量税;以税收收入的支配权限为标准,可分为中央税、地方税和中央与地方共享税。而按照国家税务总局的划分方法,则将我国税种分为货物和劳务税、所得税、财产税以及特定行为与目的税。以下将根据国家税务总局的划分方法来介绍我国的税制构成。

货物和劳务税又称流转税类,包括增值税、营业税、消费税、关税等。这类税收是在企业生产经营及销售环节征收的,以商品、劳务的销售额或营业额作为计税依据,一般不受生产、经营、成本和费用变化的影响。也就是说,该类税收的征缴与企业的盈利与否、盈利多少无关,只是对商品、劳务的销售额或营业额较为敏感。正是由于增值税、营业税和消费税等流转税具有以商品、劳务的销售额或营业额作为计税依据这种特点,造成我国企业承担流转税税负过重,以致不少企业生存困难。因此,对增值税、营业税和消费税等流转税进行筹划，必然成为纳税人税收筹划的重点。

所得税包括企业所得税、个人所得税等。与流转税不同，所得税的征税对象是扣减成本费用后的利润，虽然其税负不易转嫁，但收入来源形式复杂，成本费用的扣除标准和方法多样，因而具有较大的筹划空间。虽然所得税的征收会减少纳税人的实际利润，但所得税的征税对象是经营利润，对纳税人的影响程度要远远小于流转税对纳税人的影响。同时，鉴于大多数发达国家的税制以所得税为主，我国未来税制改革的方向也应该是逐步提升所得税的地位。因此，对所得税进行筹划也是我国未来税收筹划发展的方向。

财产税包括房产税、城镇土地使用税、耕地占用税、资源税、契税、车船税、船舶吨税等。这类税是对纳税人所拥有的特定财产征收的，体现了公平税负和缓解财富分配不均的政策导向。该类税收具有税源分散、征管难度较大、区域性显著等特点。财产税虽然不像前两类税种那么普及，但对于特定单位来说，认真做好这方面的筹划工作，其收益也是不菲的。

特定行为与目的税包括印花税、车辆购置税和固定资产投资方向调节税（目前已停征）等，是为满足国家一定时期的客观需要而制定的一类税种，具有很强的时效性，有时还要因地制宜地决定开征与否。该类税种具有税源分散、政策性强、调节范围明确、税收负担较轻、难以转嫁等特点。

二、税制特点

我国现行税制是1994年大规模税制改革之后延续至今的，期间虽有改革，但变动不大。随着我国市场经济改革的不断深入，现行税制的一些问题逐渐暴露出来，制约了国内企业的发展，这也促使国内企业寻求合法途径，特别是税收筹划方法，以减轻税收负担。总的来说，我国现行税制有如下几个方面的特点。

1. 流转税比重较大，所得税比重较小

我国的税制结构以间接税为主体，间接税主要包括增值税、营业税和消费税。历年来，这三大类流转税收入占税收总收入的比重都很高，近年来虽然比重有所下降，但三大流转税收入占税收总收入的比重仍然保持在50%左右。从各个税种来看，增值税收入对我国税收收入的贡献无疑是最大的。近年的变化情况显示，这三大类税种的收入占税收收入的比重都有所下降。造成流转税比重下降的原因主要有：一是随着会计和统计制度的健全，税收征收机关对所得税的征收效率有所提高；二是近年来我国经济增长速度较快，企业经营利润也有较大幅度增加，从而增加了企业所得税计税依据；三是根据我国现行财政体制，财产税与特定行为与目的税收入基本上属于地方财政收入，地方税收征收机关加强了对这类税收的征收与管理，其收入也有所增加；四是我国进行了增值税由生产型向消费型的转型试点和正式推行，造成大部分地区增值税收入增长速度放慢，占税收收入的比重下降。

我国的直接税主要包括企业所得税和个人所得税，两项所得税占税收总收入的比重在20%以上，但相比较而言，仅为三大类流转税收入的一半。

流转税的特点决定了流转税对企业的影响是十分显著的。因为流转税是对商品或劳务流转额进行征税，不论企业经营状况好坏，只要发生了商品或劳务的销售，就要缴税，并且在我国目前状况下企业承担的流转税税负还很重。而所得税则不同，它仅对企业的利润征税，只有在企业盈利的情况下才需要缴税。也就是说，企业所得税最多是让企业少赚一

点,还不至于造成或加剧企业的亏损,但流转税的存在则可能引起处在盈亏平衡点的企业出现亏损,因而使得纳税人在出售商品或提供劳务时就需要考虑值不值得卖,以及税后利润是否大于零的问题。尽管我国一直努力进行着以所得税为主体的税制结构改革,但由于我国企业会计、统计水平还不太高,税务机关征收与管理技术有限,因此,在将来较长的一段时期内,我国税制还会以间接税为主。面对目前的状况,企业积极寻求税收筹划方法以减轻税收负担,特别是减轻流转税税收负担是非常实在的行为。

2. 税收增长很快,纳税人税负较重

我国国内生产总值保持着强劲的增长势头,近几年来增长率一直在 10% 左右,使我国成为全球经济发展最快的国家之一。在国民经济快速增长的基础上,税收收入增长率也呈现惊人的增长,增长幅度大大超过 GDP 的增长率。

以 2007 年为例,全国税收收入累计完成 49 449 亿元,增长 31.4%,大大高于 GDP 的增长率 11.4%,税收收入占 GDP 的比重达到 20.05%。为什么税收增幅远远高于 GDP 的增幅?学者研究认为,是以下几个原因造成税收收入增幅远远高于 GDP 增幅:其一,税收与GDP 的核算方法存在差异。税收是按照现价征收的,其增长率也是按照现价计算的,而统计局核算公布的 GDP 增长率是按照不变价核算的。由于通货膨胀工业品出厂价格和居民消费价格分别上涨,测算的现价 GDP 增长率高于不变价 GDP。其二,外贸进口对 GDP 与税收的影响不同。GDP 核算的是进出口净额,外贸进口在 GDP 核算中是减项,进口越多对GDP 的贡献越少;但在计算税收时,进口越多进口税收增加就越多。其三,累进税率制度对税收具有加速增长的作用。随着计税依据的增长,适用税率随之提高,税收收入也呈现跳跃式增长。随着我国企业效益、城乡居民收入水平的提高和房地产价格上涨,使所得税、土地增值税的适用税率随之提高,在一定程度上带来了税收更快的增长。其四,加强税收征管提高了税收收入的增幅。近年来,随着税收信息化建设的发展,税收征管手段有了明显改善,征管力度不断加大,税收征管质量和效率不断提高,税收流失不断减少。其五,税收政策的调整导致税收收入快速增长。税收政策对税收收入的影响有增无减,如从 2007 年 8月 15 日起,储蓄存款利息个人所得税率由 20% 下调至 5%,减少税收约 100 亿元;但从2007 年 5 月 30 日起,证券交易印花税税率由 1% 上调至 3%,增加证券交易印花税收入1 130 亿元等。[①]

尽管税收法定税负并未向上调整,但我国企业和居民明显感受到实征税收负担一步步提升了,其对人们生产生活的影响也越来越大。因此,通过各种各样的方法规避或减轻税收负担,争取税后收益,就显得尤为重要。随着国家税收征管体制的完善和征管力度的加强,利用偷税、避税等方式逃避税款的缴纳,风险较大,而且一旦被查处,相关的处罚常常使得纳税人得不偿失。进行税收筹划,不仅符合纳税人减轻税收负担的需求,而且顺应了国家的立法意图,受到社会的认可、鼓励甚至是提倡。

3. 税权高度集中

改革开放以来,我国在税收立法和税收政策制定方面一直强调税权集中、税法统一。在这种思想的指导下,我国的税收立法呈现出高度的集中性特征,无论是中央税、中央地方共享税还是地方税,基本上是由中央统一立法。地方政府只能在税收法律、法规明确授权,

---

① 舒启明:《三大原因导致税收收入增幅高于 GDP 增幅》,中国财经信息网,2008-01-11。

并且与其不相抵触的情况下,对某些地方税种,如房产税、车船税等行使制定实施细则的权限,一般无权自定地方性税收法规。

在我国目前的税收法律体系中,税收法律、法规、规章及规范性文件基本上出自中央。税收法律、法规按法律效力的大小依次为:由全国人民代表大会及其常委会制定的税收法律,由国务院根据全国人民代表大会及其常委会授权制定的具有法律效力的税收暂行规定或条例,国务院制定的税收行政法规,国务院税务主管部门制定的税收部门规章等。

但是,我国真正以法律形式存在的税种很少,大部分都是税收暂行规定或条例,这就使税种的征收存在很大的随意性。税种的开征与停征需要通过的程序很少,给企业的经营带来很大的不确定性,也影响着企业税收筹划方案的实施,特别是税务机关内部文件的不稳定性和不透明使企业财会人员感到无所适从。同时,地方政府没有税收立法权,财政收入主要依赖中央的政策决定,也影响了地方政府发展经济的积极性。我国现行税制带来的税收调控缺乏灵活性、税收管理体制僵化、税收征管效率低下等诸多问题在很大程度上制约了税收职能作用的发挥,与社会主义市场经济的发展在一定程度上不相适应。

第二节　税收筹划的概念

税收作为国家凭借其政治权力,对纳税人创造的财富的再分配,但毕竟不是纳税人的自愿捐款,因而对纳税人来讲,想方设法降低自己的税收负担是一种必然的经济行为。而我国的纳税人,由于目前承担的税收负担很重,降低其税负是一种尤为迫切的需求。纳税人减轻税收负担的方法,通常有偷税、骗税、抗税、欠税和避税等手段。其中,偷税、骗税、抗税、欠税属于违法行为。在各种税收违法行为中,偷税是最为普遍也是影响最恶劣的行为;抗税是手段最恶劣、情节最严重、影响最坏的行为。很显然,通过违法行为来减轻或规避税收负担,纳税人是要承担相应的法律责任的。因此,纳税人不应通过违法行为来获取相关经济利益。避税则与偷税、骗税、抗税、欠税等不同,其行为没有违反国家相关税法的规定,是一种合法的税收行为。虽然避税行为可以减轻或规避纳税人的税收负担,但不同的避税行为对社会经济的影响是不同的。有的避税行为符合政府的政策导向,较好地促进了社会经济的发展;有的避税行为则不符合政府的政策导向,扰乱了正常的社会经济秩序。这就涉及顺法避税和逆法避税问题。

一、顺法避税与逆法避税

避税应是纳税人在熟知相关税收法律的基础上,在不直接触犯税法的前提下,利用税法等有关法律的差异、疏漏、模糊之处,通过对经济活动、融资活动、投资活动等涉税事项的精心安排,达到规避或减轻税负的行为。然而,现代税收早已经不只是取得财政收入的一种手段,每个税种的设立都具有敛财之外的立法意图,如调整产业结构、对社会收入再分配、引导消费和保护环境等。因此,纳税人的避税行为有可能符合税法的立法意图,也有可能悖于税法的立法意图。按照避税行为与税收法律意图的关系,纳税人避税行为可以分为顺法避税与逆法避税。随着国际反避税措施的实行和我国反避税制度而逐步建立,对顺法避税、逆法避税和税收筹划加以区分显得十分必要。

（一）顺法避税

所谓顺法避税，就是纳税人根据国家的税收政策导向，通过对经营活动、融资活动、投资活动等涉税事项的安排，寻求未来税负相对最轻、经营效益相对最好的决策方案的行为[①]。虽然顺法避税与逆法避税在结果上都表现为纳税人税收负担的减轻与规避，但他们对社会经济活动所产生的影响是完全不同的。由于纳税人顺法避税是根据国家税收的法律、法规意图，来安排自己的经济活动，其活动结果不仅不会影响和削弱税收法律、法规的法律地位，而且正好使国家税收的法律、法规意图得以实现。可以这样说，如果没有纳税人顺法避税意识，国家的税收政策目标就不可能实现。

例如，1993 年 12 月 13 日我国颁布的《中华人民共和国企业所得税暂行条例》（以下简称《企业所得税暂行条例》）第 8 条规定：民族自治地方的企业，需要照顾和鼓励的，经省级人民政府批准，可以实行定期减税或者免税。这是国家为了鼓励或吸引企业家到民族自治地方进行投资，而采取的所得税优惠政策。纳税人如果到民族自治地方进行投资，就可以享受这一税收优惠政策，并由此而少缴纳企业所得税。国家虽然减少了税收收入，但纳税人的行为符合国家政策的意图，从长远来看，可以促进民族自治地方区域经济的发展。又如，为了吸引外资，引进先进生产、管理技术，加快经济发展，我国政府先后出台了多项税收优惠政策，国外投资者通过比较分析，认为在我国投资税负较轻，盈利水平高，于是将资本投向我国。这样一来，在我国投资的外商享受了多项税收优惠，获得了可观的利润，而我国也达到了吸引外资的目的。

顺法避税行为及其结果从本质上与税法设置的初衷一致或相吻合，纳税人和国家都能从中受益。显然，这种顺法避税行为是政府所希望的，对这种行为，税收征管部门应给予支持和鼓励。税收筹划属于顺法避税的范畴，正因为如此，政府不仅应该，而且必须支持企业的税收筹划。

（二）逆法避税

与顺法避税不同，某些纳税人有意违背政府税法的立法意图，利用税法漏洞或者缺陷，来安排经营活动与财务活动，以规避或减轻纳税义务，这种避税行为称为逆法避税。纳税人的逆法避税行为，虽然有悖于国家税法的立法意图，但根据大陆法系和英美法系都有"法律无明文规定者不为罪"的原则，它在形式上又是合法的。例如，为了吸引外资、引进先进技术，我国政府颁布了一系列的税收优惠政策。于是，一些内资企业便利用各种手段，把自己变成所谓的外资企业。这些假外资企业虽然也能够享受外资企业的税收优惠待遇，减轻自己的税收负担，但对整个国家而言，并没有达到吸引外资、引进先进技术的目的。这类企业的避税行为就不符合我国税法的立法意图，属于逆法避税。

1. 逆法避税的负面影响

逆法避税虽然在形式上是合法的，但对社会造成的负面影响是严重的，其影响具体表现在以下三个方面：

---

① 宋效中：《企业税收筹划》，机械工业出版社，2007 年版。

（1）减少了国家财政收入。不管是从纳税人主观意识，还是从纳税人行为结果来看，逆法避税与偷税并无区别，都表现为恶意少纳我国国家税款。根据国家统计局"利用外资与外商投资企业研究"课题组研究报告表明，在所调查的亏损外商投资企业中，约2/3为非正常亏损，这些企业通过转让定价给我国造成的税款损失达300亿元[①]。然而，在外资企业哭穷的同时，它们却不断地向中国追加投资。这说明外资企业亏损是假，避税是真。

（2）影响国家调控目标的实现。为了改善残疾人就业状况，我国政府明文规定：对民政部门举办的福利工厂和街道办的非中途转办社会福利生产单位，凡安置"四残"人员占生产人员总数35%以上，暂免征收所得税。凡安置"四残"人员占生产人员总数的比例超过10%未达到35%的，减半征收所得税（财税字〔1994〕001号）。有些企业则利用给残疾人员挂空名的办法，仅付少量工资，不让残疾人参加生产劳动，以便享受国家的这项税收优惠政策。这些企业虽然享受了国家税收优惠政策，减轻了企业税收负担，但国家利用这一税收政策鼓励残疾人员参加社会劳动的目标却未能实现。

（3）扰乱了社会经济秩序。纳税人通过精心策划，成功实现逆法避税，减轻了税收负担，但对另一些守法的纳税人来讲，则要承担较多的税收负担。这样就会造成社会竞争的不公平。如果政府对这种状态听之任之，就会促使更多的纳税人加入逆法避税的行列。因此，政府对逆法避税行为必须旗帜鲜明地予以反对与制止。

2. 企业常用的逆法避税方法

虽然我国已经注意到逆法避税，也意识到逆法避税对我国社会经济造成的危害，但在税收征管过程中对逆法避税的认定还存在一些模糊点。为了清楚地了解企业的逆法避税，本书有必要对企业的逆法避税方法进行简单介绍。一般来说，企业常用的逆法避税方法主要有以下三种：

（1）利用有伸缩性的税法条款避税。例如，我国对新办的独立核算的从事交通运输、邮电通信业的企业或经营单位，自开业之日起，第一年免征所得税，第二年减半征收所得税（财税字〔1994〕001号），其目的在于鼓励纳税人投资兴办交通运输、邮电通信等企业。但有些纳税人，为了规避或减轻税收负担，开办企业至减免期，就将企业关闭再以新的名义开业，以达到继续享受减免税的优惠政策。又如，为了促进下岗失业人员再就业和社会的和谐，财政部、国家税务总局联合下文规定：对下岗失业人员从事个体经营（除建筑业、娱乐业以及广告业、桑拿、按摩、网吧、氧吧外）的，自领取税务登记证之日起，3年内免征营业税、城市维护建设税、教育费附加和个人所得税（财税〔2002〕208号）。于是，在我国江苏、浙江等地，就出现了身价不菲的私营老板拿着下岗证和相关文件，要求税务机关给予税收优惠的情况。由于这些老板的所有手续都是合法的，税务机关只好按文件办理。但这些私营老板的行为，并不符合国家税法的立法意图。

（2）利用资本弱化避税。资本弱化又称为资本隐藏、股份隐藏或收益抽取，是指投资者以贷款方式替代募股方式进行投资或融资的活动。其显著特点是企业注册资本与负债的比例不合理。按照我国税收法律规定，股东通过股份投资取得的股息是企业税后利润的分配，而投资人以贷款方式融资的利息可以在税前扣除。由于税收待遇存在着区别，设立外资企业时，外方投资者往往不以自有资金投资，而是通过境外母公司向企业提供贷款以满

[①] 《跨国企业"避税"的两种手段》，管理人网2008-08-11。

足企业营运资金的需要,造成外资企业资本过少。这样,外资企业就可以将贷款利息计入成本,减少了在中国的税负,而将利润转移到外国关联企业。

（3）利用转让定价避税。所谓转让定价,是指跨国公司、集团公司内部母公司与子公司或者子公司与子公司等关联企业之间,为了获得更多的经济利益而在商品销售、劳务或技术交易时进行的价格转让。这种价格的制定一般不取决于市场供求状况,而是取决于公司的整体利益。转让定价是外资企业最常见的避税方法,跨国公司利用转让定价避税的主要方式有四种:一是通过关联企业之间的购销业务往来转移利润;二是通过关联企业之间的资金融资业务转移利润,主要是关联企业相互将资金无偿借给对方使用;三是通过设立新公司进行费用不合理分摊,利用税收优惠政策来转移利润;四是通过向境外关联企业支付技术使用费的形式转移利润。其中,通过关联企业之间的购销业务往来转移利润,是我国外资企业经常使用的避税方式,其一般做法是境外关联企业控制境内企业的购销权,高价进、低价出,将应在我国境内体现的利润转移到境外去,人为地减少境内企业的应纳税所得额。跨国公司的利润被转移至境外,扭曲了境内公司的实际经营情况,不仅影响了国家政策的制定,而且造成了国家税款的流失,这十分不利于企业间的公平竞争,并对国家经济发展是百害无益。

（三）反逆法避税

与顺法避税不同,纳税人利用税法的漏洞或不完备进行逆法避税,不仅会造成国家财政损失,而且还会扭曲社会经济资源的配置,但它又是不违法的经济行为,国家不可能像对待偷税一样,对逆法避税行为给予法律制裁。因此,国家不能借助行政命令、道德、纪律等,来反对、禁止或消除逆法避税。针对纳税人逆法避税所暴露出的税法的不完善与漏洞,国家只能通过完善税收立法来解决问题。例如,在美国,一对已婚夫妇缴纳的所得税比一独身者高,而且一对夫妇的收入越高,税额也越高,不合理的纳税计算规定引起不少已婚夫妇的不满。于是,刚结为伉俪的小学教师肖特与化验员格蕾丝便想出一个妙计。在美国,一对夫妇每年的婚姻状况以12月31日为准,肖特夫妇一到12月初便飞往美洲的某个小国度假,并办理离婚。它们飞回美国后,便可以单身的名义少缴几千美元的税金。而到下一年年初,他俩又在美国民政部门重新登记结婚,宣布破镜重圆。肖特夫妇这一招既逃避了税金,又能去中南美洲饱览热带风光,可谓"一举两得",因而效仿者甚多。然而好景不长,美国税务局识破了这一妙计,作出了针锋相对的规定:如以逃避税收为唯一目的而到国外离婚,又在下一年年初复婚,必须按已婚夫妇的申报收入并加重征税。一些夫妇由于消息不灵,依然我行我素,直到税务官找上了门,方知"此路不通",只好自认倒霉。正是这些寻找立法漏洞的逆法避税行为,为政府进一步调整和完善税收政策法规指明了方向。

针对利用税法漏洞、特例和缺陷进行逆法避税的行为,西方一些国家已在其税法中加入反逆法避税的内容。例如,加拿大政府于1988年9月在加拿大所得税法中引入"一般反避税准则"。这一准则明确指出,要区别合法的税收计划和滥用的避税行为,除非纳税人能够证实他的经营安排没有误用或滥用税法,否则不允许纳税人利用税法获得税收上的好处。为此,该准则规定了对纳税人的动机检验,要求纳税人证明他们的行为是符合税收立法目的和精神的。目前,世界各国反避税的基本方法主要包括以下三个方面:一是建立转让定价税制,控制应税所得向境外转移;二是建立反避税港措施,防止资金和财产向避税港转移;三是防止国际税收协定的滥用,保护正当的税收利益。

在我国,企业逆法避税,特别是外商投资企业逆法避税问题非常严重。仅2007年,我国国税系统就进行了190多起转让定价审计调查,结案170多起,涉及应纳税所得额调整近百亿元。为了维护国家利益和提供纳税人之间公平竞争的环境,我国政府在《中华人民共和国增值税暂行条例》(以下简称《增值税暂行条例》)、《中华人民共和国消费税暂行条例》(以下简称《消费税暂行条例》)、《企业所得税暂行条例》等税收法律文件中,都规定了反逆法避税的条例。例如,《增值税暂行条例》第7条明确规定:纳税人销售货物或者应税劳务的价格明显偏低并无正当理由的,由税务机关核定其销售额;《消费税暂行条例》第10条规定,纳税人应税消费品的计税价格明显偏低又无正当理由的,由主管税务机关核定其计税价格;《企业所得税暂行条例》反逆法避税的规定主要集中在第10条,纳税人与其关联企业之间的业务往来,应当按照独立企业之间业务往来收取或者支付价款、费用。而在最新颁布的《企业所得税法》中,则有专门一章"特别纳税调整"用于反避税。"特别纳税调整"是税务机关出于实施反避税目的而对纳税人特定纳税事项作出的税收调整,其具体内容是:引入了"独立交易原则",按照没有关联交易的交易各方进行相同或类似业务往来的价格进行定价;明确了纳税人提供相关资料的义务,在税务机关进行调查时,纳税人应承担协助义务并证明其关联交易的合理性;在借鉴国外反避税立法经验的基础上,结合我国反避税工作实际,适当增加了一般反避税、防止资本弱化、防范避税地避税、核定程序和对补征税款加收利息等条款。此外,"特别纳税调整"还增加了"成本分摊协议"的内容,进一步完善了转让定价和预约定价立法的内容。即便如此,不论是国内逆法避税还是国际逆法避税,还是会层出不穷,我国税务当局反避税的工作依然任重道远。

对纳税人而言,进行避税活动要注意掌握分寸,一旦纳税人的避税活动超出税法规定,或者国家有新的反避税政策出台,避税行为就极有可能演变为偷逃税行为。而且,随着税法的逐步完善、税收征管的不断加强以及政府间税收合作关系的日益密切,逆法避税行为的作用范围会越来越小,一旦反避税措施出台,纳税人的逆法避税行为将难以避免地受到重大打击。

反过来考虑,逆法避税的存在也并不完全是坏事。因为,不论法律上和理论界对避税如何界定和说明,逆法避税都是对已有税法不完善的和有缺陷的地方的显示。税务当局可以根据避税的情况采取相应的措施,对税法进行修正、改进和完善,实现税法的宏观调控导向作用。

二、税收筹划的概念

(一) 税收筹划的定义

税收筹划相对应的英文是 tax planning,为了避免与我国税务部门的税收任务安排——"税收计划"相混淆,我国税收理论界将 tax planning 意译为"税收筹划",不过国内外的理论文献对税收筹划的描述不尽一致。

1. 国外学者对税收筹划定义的阐述

(1) 美国南加州大学 W·B·梅格斯博士对税收筹划有以下描述:"人们合理而又合法

地安排自己的经营活动,以尽可能缴纳最低的税收。他们使用的方法可称为税收筹划……少缴税和递延缴纳税收是税务筹划的目标所在。"另外,他还指出:"在纳税发生之前,有系统地对企业经营或投资行为作出事先安排,以达到尽量少缴纳所得税的目的,这个过程就是税收筹划。"

（2）荷兰国际财政文献局(IBFD)在《国际税收词汇》中,将税收筹划定义为:"税收筹划是指纳税人通过对经营活动或个人事务活动的安排,实现缴纳最低税收的目的。"

（3）美国诺贝尔经济学奖得主 M·S·斯科尔斯与会计学家 M·A·沃尔夫森在合著的《税务与企业战略筹划方法》一书中所论述:"在传统的税收筹划目标中,税负最小化这一观点忽略了交易成本,有效的税收筹划应该充分考虑交易各方、显性税收与隐性税收、税收成本与非税收成本的因素对企业投资、融资等经济决策的影响。税收筹划应以'税后收益最大化'作为目标。"

（4）印度税务专家 N·G·雅莎斯威在《个人投资和税收筹划》一书中称:"税收筹划是纳税人通过财务活动的安排,以充分利用税收法规所提供的包括减免税在内的一切优惠,从而获得最大的税收收益。"

以上四种定义在国外较为权威,但这些定义是有细微区别的。美国南加州大学 W·B·梅格斯博士对税收筹划的定义比较完整,但他强调的是所得税的税务筹划,这是与美国的经济发展状况相联系的。荷兰国际财政文献局的定义强调纳税人缴纳最低的税收,忽视了纳税人税收筹划的成本,显然,税收筹划成本过高是不可取的。美国诺贝尔经济学奖得主 M·S·斯科尔斯与会计学家 M·A·沃尔夫森的定义比较强调税收筹划的交易成本和纳税人"税收筹划税后收益最大化",却忽略了税收筹划活动的事前安排性。印度税务专家 N·G·雅莎斯威对税收筹划的定义是强调税收筹划建立在充分利用国家税收优惠政策的基础上,很明显,纳税人的税收筹划不仅要考虑利用国家税收优惠政策,而且还要考虑整个国家税制对纳税人财务活动的综合影响。

2. 国内学者对税收筹划定义的阐述

在借鉴国外学者研究成果的基础上,我国学者对税收筹划的概念也进行了一定的研究。我国学者对税收筹划下的定义虽与国外学者的定义有所不同,但与国外学者所表述的含义大同小异,没有本质上的区别,大都认为税收筹划就是通过对经营、投资、理财活动的事先安排和筹划,合法地减轻纳税人的税收负担。具有代表性的观点主要有:

（1）唐腾翔和唐向在《税务》1993 年第 5 期《论国际税收筹划》一文中称:"税收筹划指的是在法律规定许可的范围内,通过对经营、投资、理财活动的事先筹划和安排,尽可能地取得节税的税收收益。"

（2）盖地在《税务会计与税收筹划》中给税收筹划所下的定义是:"税收筹划指的是在不违反法律的前提下,通过对经营、投资、理财活动中涉税事项的筹划和安排,尽可能地减轻税负以实现财务目标。"

（3）计金标在《税收筹划》一书中将税收筹划归纳为:"税收筹划是指在纳税行为发生之前,在不违反法律、法规的前提下,通过对纳税人(法人或自然人)经营活动或投资行为等涉税事项作出事先安排,以达到少缴税和递延纳税等目标的一系列谋划活动。"

（4）王兆高和姚林香等在《税收筹划》一书中,将税收筹划定义为:"税收筹划是指纳税人在不违反税法的前提下,在对税法进行精细比较后,对纳税支出最小化和资本收益最大化综合方案的纳税优化选择,它是涉及法律、财务、经营、组织、交易等方面的综合经济行为。"

（5）宋效中在《企业税收筹划》一书中也认为:"税收筹划是指纳税人在法律规定许可的范围内,通过对投资、筹资、经营、理财等活动的事先筹划或安排,尽可能地减少税款的合法的经济行为。"

国内外学者对税收筹划所下的定义与概念,虽然在表述形式上有所不同,但其基本含义还是有共同点的。结合前面学者的一些见解,本书将税收筹划定义为:企业税收筹划是指企业在作出重要的经济决策之前,以顺应税法的立法意图为前提,综合考虑市场因素和税收因素,寻求企业未来税负相对最轻、经营效益相对最好的决策方案的行为。

(二)税收筹划的特征

我国理论界不仅对税收筹划有着不同的定义,而且对税收筹划的特点也有不同的表达。梁云凤较早地提出税收筹划具有五个特征:合法性、筹划性、目的性、综合性和专业性。合法性是指税收筹划只能在法律许可的范围内进行;筹划性是指纳税人进行投资、经营活动前,把税收作为影响最终成果的一个重要因素来考虑;目的性是指纳税人进行税务筹划是为了取得节税收益;综合性是指纳税人不能仅着眼于税负的高低,而且还要注重企业的长期发展;专业性是指税务筹划需专业人才和专门机构才能进行。在借鉴梁云凤和国内其他有关学者描述税收筹划特征的基础上,计金标补充认为,税收筹划还具有风险性和方式多样性的特点。风险性是指纳税人在进行税收筹划活动时,存在付出成本大于收益的可能性;方式多样性是指一国税制在纳税人、征税对象、纳税地点等方面的差异性和世界各国税制本身的差别,税收筹划活动存在多样性。此外,盖地、张中秀、艾华、黄凤羽等学者也对税收筹划的特征进行了很好的分析与阐述。通过对相关学者成果的总结和分析,本书将税收筹划的特征,主要归纳为以下六点。

1. 顺法性

顺法性是税收筹划最本质的特征,也是税收筹划区别于逆法避税、偷税、骗税、抗税等行为的基本标志。其具体体现在以下两个方面:

（1）合法。企业开展税收筹划只能在税收法律许可的范围内进行,必须依法对各种纳税方案进行选择,而不能违反税收法律的规定,逃避税收负担。国家征税与纳税人纳税虽然是一种特定的法律关系,然而,纳税人可合理地安排经营、财务活动来减轻税收负担。用道德的名义要求纳税人选择高税负,并不是税收法律、法规的要求。

企业税收筹划要做到合法,还必须密切关注国家法律、法规环境的变更。企业税收筹划方案是在一定时间、一定法律环境下,以一定的企业经营活动为背景来制定的。随着时间的推移,国家的法律、法规可能发生变更,企业管理者就必须对税收筹划方案进行相应的修正和完善。特别是在现阶段,我国税收的法律层次还比较低,变动的频率较高,因此企业税收筹划更要关注国家法律、法规的变动。

（2）顺应税法立法意图,不钻税法漏洞。税收筹划的顺法性主要体现在其行为要求上,不仅要以国家的税收法律为依据,符合税收法律规定,还必须符合国家税收政策导向,顺应税法的立法意图。这即是顺法避税,它既不影响或削弱税法的法律地位,也不影响或削弱税收的各项职能。纳税人采用的税收筹划手段必须在形式上是完全合法的,不触犯国家有关的税收法规,即使是税收法规未明确禁止的行为,也要尽可能地符合税收法规的导向。

对于积极顺应国家立法意图的合法的税收筹划,税务当局一般持鼓励、支持和提倡的态度。我国税务系统的重要宣传媒体《中国税务报》,专门开辟了税收筹划栏目向纳税人宣传税收筹划知识,就是明显的例证。也正是得到税务当局的认可和鼓励,使得税收筹划区别于偷税、抗税、避税,这也是其为人们所追捧的魅力之所在。

2. 事前性

税收筹划的事前性是指在纳税义务发生之前,纳税人根据既定的税收政策和法律规定,对其经营业务方案进行设计与选择的活动。一般情况下,纳税人是在经济行为发生后,才具有缴纳税收的义务。企业在交易行为发生后,才能缴纳增值税、营业税等流转税;企业在收益实现或分配之后,才能计算缴纳企业所得税;企业在取得财产后,才能计算缴纳财产税。这在客观上为纳税人事先筹划提供可能。因此,在生产经营活动开始之前,企业就需要根据政府的税收政策导向,利用税法赋予的税收优惠或选择机会,对企业未来的生产经营活动、投资活动与融资活动进行计划和安排,尽可能地降低企业税负。如果经济行为已发生,应纳税额已确定,纳税人再去通过财务活动安排来降低其税收负担,其行为只能是违反税法的偷税行为,而不能被认定为税收筹划。例如,企业可以在满足税法规定的条件下,向税务机关申请改变固定资产折旧方法,通过折旧额的改变来达到降低税收负担的目的。但如果企业是在年度终了时,为了调节利润而擅自改变折旧方法,则属于偷税的行为。

例如,企业可以通过提前选择厂址来达到税收筹划的目的。在我国现行税制中,有一些税种的征收范围及深度直接与企业所在地域相关,这些税种主要包括城市维护建设税、房产税、城镇土地使用税、企业所得税等。其中,城市维护建设税实行地区差别税率,按照纳税人所在地的不同,分为7%、5%、1%三档税率。由于教育费附加计征依据与之相同,纳税人在纳税过程中,往往将城市维护建设税税率与教育费附加计征比率3%合并相加,直接计算缴纳附加税费。房产税与城镇土地使用税的征收更是直接与地域相关。按现行房产税法规定,房产税征税范围是开征房地产的地区,包括城市、县城、建制镇和工矿区,广大农村地区则不属于房产税的征收范围(国发〔1986〕90号)。企业所得税的征收和地域也有密切联系。"5+1地区"(五个经济特区和上海浦东新区)内新设立的高新技术企业,可以享受"两免三减半"的优惠政策(国发〔2007〕40号)。此外,我国《中华人民共和国企业所得税法》(以下简称《企业所得税法》)第29条还规定,对民族自治地方的企业应缴纳的企业所得税中属于地方分享的部分,民族自治地方的自治机关可以决定减征或者免征。如果是工业企业,一般不直接面对消费者,这类企业不像商品流通企业或服务企业那样对地理位置、交通便利状况有很高的要求,若将企业设在较为偏僻的地区,不但可以享受低廉的房地产价格,还可以享受优惠的税收政策。因此,工业企业在厂址问题上可以做一些选择、筹划,从而减少成本开支,获取税收利益。

可见,要想保证税收筹划的顺法性,就必须在经营决策确立之前进行筹划,所以它是一种具有事前性的行为。

3. 综合性

从税收筹划的定义可以看出,税收筹划的目标并不是追求所缴税款的最小化。如果纳税人要追求税款最小化的话,那么对企业所得税的最好筹划就是使利润为零,因为此时,企业就不用缴纳税款,税负达到最低;对增值税,最好是以购进价格出售,这样在增值额为零的情况下自然也不用缴纳增值税。但是在现实生活中,企业是不会这样做的,毕竟税收只是企业经营活动中的一项支出而已,没有必要为了使这项费用最小化,而无视企业经营的真正目标,即追求利润最大化。企业对自身的生产经营活动、投资活动与融资活动进行税收筹划时,必须为税后利润最大化这个目标服务。因此,企业进行税收筹划必须综合考虑市场因素和税收因素,使企业未来的税负相对最轻,经营效益相对最好,企业的综合效益最大化。

可见,税收筹划要结合企业实际情况来考虑,税收负担的减少不一定等于企业净收益的增加,有时一味地追求税收负担的减少,反而会导致企业总利润的减少。相反,在某些情况下,税收负担的增加有时会增加企业的税后利润。有些税收筹划方案,虽然在理论上可以降低企业税收负担,但往往没有达到理想的预期效果,这就与税收筹划方案中忽略企业实际情况有很大关系。

【案例 1-1】 华盛公司是我国南方某市一家食品加工企业,由于公司管理规范和产品市场定位较好,公司经营效益逐步提高。但生产经营规模偏小,制约了该公司的进一步发展。于是,公司管理层决定自筹资金 1 000 万元,投资一条现代化生产线,以提高公司生产经营规模。经过对专家的咨询,有两种筹资方案可供选择:发行企业债券或股票。假设债券利率为 8.5%,股息支付率为 7%,均每年付息一次;金融企业同期同类贷款利率为 6%;企业付息和缴纳所得税前的所得为 800 万元,企业所得税税率为 25%。

【筹划思路与方法】

根据我国《企业所得税法实施条例》第 38 条的规定,非金融企业向金融企业借款的利息支出,按实际发生数扣除;非金融企业向非金融企业借款的利息支出,按照不超出金融企业同期同类贷款利率计算的数额部分进行扣除。华盛公司若采用发行债权方式筹资,可以在税前扣除的利息费用 60 万元(1 000×6%),少支付企业所得税 15 万元(60×25%)。而根据我国《企业所得税法》第 10 条的规定,企业向投资者支付的股息、红利等权益性投资收益款项,在计算应纳税所得额时不得扣除。华盛公司若采用发行股票方式筹资,意味着华盛公司没有税前扣除额。但从企业税后利润最大化的角度分析,华盛公司是否应采用发行债券方式筹资呢? 下面,我们将对两种筹资方案的公司的税后净收益进行比较。

在发行债券筹资方式下,可税前扣除 60 万元的利息费用,华盛公司税后净收益计算过程如下:

$$实际支付利息 = 1\,000×8.5\% = 85(万元)$$
$$应纳所得税 = (800-60)×25\% = 185(万元)$$
$$税后净收益 = 800-85-185 = 530(万元)$$

在发行股票筹资方式下,因股息从税后利润中支出且不能税前扣除,华盛公司的税后净收益计算过程如下:

$$应纳所得税 = 800×25\% = 200(万元)$$
$$支付股息 = (800-200)×7\% = 42(万元)$$
$$税后净收益 = 800-200-42 = 558(万元)$$

通过对华盛公司两种筹资方案的比较分析,可以看出,华盛公司采用发行债券方式筹资,虽然可以在税前扣除利息费用 60 万元,少缴纳企业所得税 15 万元,但与发行股票筹资方案相比,公司税后净利润却减少 28 万元(558-530),其原因在于两种筹资方案付息的依据不同。在发行债券筹资方式下,华盛公司付息的基数是发行债券所筹资的数额;而在发行股票筹资方式下,华盛公司付息的基数却是公司的税后利润。

4. 风险性

所谓税收筹划风险,是指纳税人在进行税收筹划时因各种因素的存在,无法取得预期的筹划结果,并且付出远大于收益的各种可能性。因为税收筹划是一种事前行为,具有长期性和预见性的特点,所以税收筹划与任何一种谋求经济利益的管理活动一样,也存在风险,特别是当税收筹划的基本条件发生变化,或筹划的方法选择不当,或筹划主体的专业水准有限时,税收筹划的风险就不可避免。一般而言,税收筹划的风险表现为条件性风险、时效性风险和征纳双方认定差异的风险等方面。

5. 多样性

多样性是指税收筹划从内容、方式、方法等方面看均不是单一的。各税种在规定的纳税人、征税对象、纳税地点、税目、税率及纳税期限等方面都存在着差异,尤其是各国税法、会计核算制度、投资优惠政策等方面差异,这就给纳税提供了寻求低税负的众多机会,也就决定了税收筹划在全球范围内的普遍存在和形式的多样性。总之,国家税收法规在地区之间、行业之间的差异越大,可供纳税人选择的方案就越多。将税收筹划实施的方式归纳起来有两类:一是单个税种的筹划,如增值税筹划、个人所得税筹划等;二是围绕不同经营活动进行的筹划,如跨国经营税收筹划、公司融资管理税收筹划、企业功能管理税收筹划等。税收筹划的内容也具有多样化,既有税收优惠政策的充分运用,也有财务、会计、税收等方向选择性条款的比较运用。

6. 专业性

专业性是指税收筹划已经形成一项专门的服务,需要由专业人员来进行。面临社会大生产、全球经济日趋一体化,国际经贸业务日益频繁,规模也越来越大,而各国税制也越来越复杂,仅靠纳税人自身进行税收筹划已经显得力不从心,作为第三产业的税务代理、税务咨询便应运而生。现在世界各国,尤其是发达国家的会计师事务所。律师事务所纷纷开辟和发展有关税收筹划的咨询业务,说明税收筹划向专业化发展的特点。

三、税收筹划与偷税、逃税、欠税、抗税、骗税、避税的区别

(一)偷税、逃税、欠税、抗税、骗税、避税概述

偷税是在纳税人的纳税义务已经发生且能够确定的情况下,采取不正当或不合法的手段以逃脱其纳税义务的行为。偷税行为包括纳税人采取伪造、变造、隐匿、擅自销毁账簿、记账凭证,在账簿上多列支出或者不列、少列收入,经税务机关通知申报而拒不申报或者进行虚假的纳税申报,不缴或者少缴税款的行为。偷税具有故意性、欺诈性,是一种违法行为。对纳税人偷税的,由税务机关追缴其补缴或少缴的税款、滞纳金,并处不缴或少缴税款50%以上5倍以下的罚款;构成犯罪的,依法追究刑事责任。

逃税是指纳税人欠缴应纳税款,采取转移或者隐匿财产的手段,妨碍税务机关追缴欠缴的税款。对逃税行为,《中华人民共和国税收征收管理法》(以下简称《税收征管法》)规定,由税务机关追缴欠缴的税款、滞纳金,并处不缴或少缴税款50%以上5倍以下的罚款;构成犯罪的,依法追究刑事责任。

欠税是指纳税人超过税务机关核定的纳税期限而发生的拖欠税款的行为。对欠税行

为,《税收征管法》规定,由税务机关追缴欠税款、滞纳金,并处欠税款50％以上5倍以下的罚款;构成犯罪的,依法追究刑事责任。

抗税是指纳税人以暴力、威胁方法拒不缴纳税款的行为。除由税务机关追缴其拒缴的税款、滞纳金外,还要依法追究刑事责任。情节轻微,未构成犯罪的,由税务机关追缴其拒缴的税款、滞纳金,并处拒缴税款1倍以上5倍以下的罚款。

骗税是指纳税人采取弄虚作假,将本来没有发生的应税行为虚构成发生了的应税行为,将小额的应税行为伪造成大额的应税行为,即事先根本未向国家缴过税或未缴足声称已纳的的税款,而从国库中骗取了退税款。《税收征管法》规定,以假报出口或者其他欺骗手段,骗取国家出口退税款的,由税务机关追缴其骗取的退税款,并处骗取税款1倍以上5倍以下的罚款;构成犯罪的,依法追究刑事责任。对骗取国家出口退税款的,税务机关可以在规定期间内停止为其办理出口退税。

避税是指纳税人利用税法漏洞或缺陷,通过对经营及财务活动的精心安排,以达到规避或减轻税负的行为。避税作为市场经济的特有现象,会随着经济的发展而发展。随着各国税制建设的不断完善,避税将逐步演变成一种高智商的经济技巧和经营艺术。

(二)税收筹划与逃税、避税的区别

从行为性质看,逃税行为属于违法行为,纳税人是要承担相应的法律责任的。避税行为没有违反国家相关税法的规定,但却不符合税法的立法意图和国家宏观调控政策的导向,是一种合法但不合理的税收行为。而税收筹划在形式上以明确的法律条文为依据,在内容上又顺应立法意图,是一种合法且合理的行为。

从行为的时点看,逃税行为是对已发生的应税行为全部或者部分的否定,具有事后性;避税是在应税行为发生过程中,对其实现形式进行一定的谋划安排,使之达到减轻税负的目的,具有事前性;税收筹划是纳税人在应税行为发生前,通过对经济活动或投资行为等涉税事项进行有意识的安排,达到少缴税和晚纳税的目的,具有事前性。

从行为的后果看,避税与税法的立法精神相违背,逃税则违背了税收的基本法律规定,因而这两种行为使税收杠杆失灵,并造成社会经济不公,容易滋生腐败现象;而税收筹划符合国家政策的导向,有利于采用税收杠杆来调节国家宏观经济的发展。另外,虽然逃税、避税和税收筹划都会减轻纳税人的税负,但对国家预期税收收入的影响是不一样的。逃税和避税会减少国家的预期税收收入,税收筹划则不会。

从各国的态度看,逃税属于税收违法行为,各国都从法律上予以禁止和制裁,并给予严厉处罚。避税虽在法律形式上是合法的,却非合理行为,各国基本持反对态度,但做法不尽一致,有的国家针对避税行为会重新修订税法条款,完善税法,以堵塞税法漏洞,有的国家则以判例为标准对避税直接予以法律上的制裁。而税收筹划不仅符合税法规定,也符合税法的立法精神和国家宏观政策的调控导向,因此各国一般持鼓励和支持的态度。

第三节　税收筹划的分类

根据不同的标准,税收筹划可以划分为以下不同的类别。

一、按税收筹划需求主体的不同进行分类

按税收筹划需求主体的不同,税收筹划可分为法人税收筹划和自然人税收筹划。

法人税收筹划主要是对法人的组建、分支机构设立、筹资、投资、运营、核算、分配等活动进行的税收筹划。由于我国现阶段的税制模式是以商品劳务税和所得税为主,企业是商品劳务税和所得税的纳税主体,是税收的主要缴纳者,因此在法人的税收筹划中,企业税收筹划是主体部分,其需求量最大。

自然人税收筹划主要是在个人投资理财领域进行的。自然人数量众多,西方许多国家以个人所得税或财产税为主体税种,而且税制设计复杂,因而自然人税收筹划的需求量也有相当规模。目前我国税制模式决定了自然人不是税收的主要缴纳者,虽然涉及自然人的税种不少,但纳税总量并不大,因此自然人的税收筹划需求规模相对企业税收筹划要小一些。随着经济的发展、个人收入水平的提高和个人收入渠道的增多以及我国税制改革的完善,我国自然人税收筹划的需求会有一定的增长。

二、按税收筹划所涉及的区域分类

按税收筹划涉及的区域,可分为国内税收筹划和国际税收筹划。

国内税收筹划是指从事生产经营、投资理财活动的非跨国纳税人在国内进行的税收筹划。国内税收筹划主要依据的是国内的税收法律法规,为企业谋取正当合法的税收利益。

国际税收筹划是跨国纳税主体利用国家与国家之间的税收政策差异和国际税收协定的条款进行的税收筹划。随着我国对外开放的扩大,我国纳税人所涉及的国际税收筹划需求也越来越多,目前主要是在对外贸易和对外投资活动领域。可以预见,随着我国企业"走出去"战略的实施,我国将会出现更多的真正的国际化企业,它们在境外投资和从事贸易活动日益频繁,会真正需要国际税收筹划。

三、按税收筹划供给主体的不同进行分类

按税收筹划供给主体的不同进行分类,税收筹划可以分为自行税收筹划和委托税收筹划。

自行税收筹划是指由税收筹划需求主体自身为实现税收筹划目标所进行的税收筹划。自行税收筹划要求需求主体拥有掌握税收筹划业务技能、具备税收筹划能力的专业人员,能够满足自行税收筹划的要求。对于企业而言,自行税收筹划的供给主体一般是以财务部门及财务人员为主。在我国目前由于税收法规和税收政策的复杂性,需求主体很难精通和准确把握税法规定,自行税收筹划的成本与风险是比较大的,而且成本与风险自担,因此自行税收筹划的效果不是很理想,一般采用得比较少,主要适用于较为简单和可以直接运用税收优惠的税收筹划项目。

委托税收筹划是指需求主体委托税务代理人或税收筹划专家进行的税收筹划。由于税务代理人或税收筹划专家具有丰富的税收专业知识和较强的税收筹划技能,制定的税收

筹划方案的成功率相对较高,虽然委托税收筹划需支付一定的费用,承担一定的风险,但成本与风险相对自行税收筹划要低,并且即使有风险,也能通过事前约定由委托方与受托方共同分担,因此委托税收筹划是效率比较高的一种税收筹划形式。这种形式主要适用于企业大型税收筹划项目和业务复杂、难度较大的税收筹划专门项目。目前我国受托提供税收筹划服务的主要是税务师事务所、会计师事务所以及其他提供税务代理服务的中介机构。

四、根据税收筹划适用于企业生产运营的不同阶段进行分类

根据税收筹划适用于企业生产运营的不同阶段进行分类,可分为企业融资活动的税收筹划、企业投资决策的税收筹划、企业生产经营的税收筹划和企利润分配的税收筹划。

企业融资活动的税收筹划是指企业在进行融资活动时要考虑不同融资方案的税收影响,从而选择税负最合理的融资方案的行为。融资是企业进行一系列生产经营活动的先决条件,其对企业理财经营业绩的影响,主要是通过资本结构的变动而发生作用的。一般而言,企业进行外部融资有发行股票和债券两种形式,因而,企业融资活动的税收筹划,应着重考虑两个方面:资本结构变动如何影响企业业绩和税负;企业应当如何进行资本结构配置,才能在节税同时实现企业价值最大化的目标。

企业投资决策的税收筹划是指企业将税收作为投资决策的一个重要因素,在投资活动中充分考虑税收影响,从而选择税负最合理的投资方案的行为。企业为了获得更多利润,总会不断地扩大再生产,进行投资。投资影响因素的复杂多样性决定了投资方案的非唯一性,而不同的投资方案也有不同的税收待遇。因此,企业对于不同投资方案,需要衡量税负轻重,需要从投资方向、投资地点、投资形式及投资伙伴的选择等方面综合考虑,择优选择最佳方案。

企业生产经营的税收筹划是指企业在生产经营过程中充分考虑税收因素,从而选择最有利于自己的生产经营方案的行为。企业生产经营的税收筹划主要是通过企业从事产业的选择、产品价格的确定、生产经营方式的选择和会计核算方法的选择等来达到生产经营效果最理想的状态。在进行税收筹划时,企业要周密计算因产业选择、经营方式选择、会计核算方法选择所产生的税率变化或税基调整而产生的税负变化,再作出生产经营的决策。

企业利润分配的税收筹划是指企业在进行利润分配时充分考虑各种分配方案的税收影响,选择税负最轻的分配方案的行为。企业实现的利润依照税法规定弥补以前年度亏损并进行相应的纳税调整之后,依法缴纳所得税。企业对一定时期的税后利润在企业和投资者之间进行分配,即企业利润分配。企业利润分配不仅关系到企业能否长期稳定地发展,关系到投资者的权益能否得到保障,还对企业和投资者的税负产生直接的影响。

五、按涉及的不同税种进行分类

一般将各种税种按照不同的征税对象分为商品劳务税、所得税、财产税、资源税、行为目的税等几大类。与之相对应,以税收筹划涉及税种的不同类别为分类标准,税收筹划可分为商品劳务税的税收筹划、所得税的税收筹划、财产税的税收筹划、资源税的税收筹划、行为目的税的税收筹划等。由于商品劳务税和所得税是我国目前税制结构中最主要的两

大税类,因为也是纳税人税收筹划需求最大的两个税类。

商品劳务税税收筹划主要是围绕纳税人身份、销售方式、货款结算方式、销售额、适用税率、税收优惠等纳税相关项目进行的税收筹划。虽然商品劳务税是企业缴纳最多的税,但由于其是可以转嫁的间接税,加之商品劳务税的税收弹性相对较小,因此税收筹划的空间相对于所得税也比较小。

所得税税收筹划主要是围绕收入实现、经营方式、成本核算、费用列支、折旧方法、筹资方式、投资方向、设备购置、机构设置等涉税项目的税收筹划。所得税的税收弹性相对较大,其税收筹划的空间也相对比较大,效果往往比较明显。目前这类税收筹划的需求较大。

六、按税收筹划采用的减轻纳税人税负的手段进行分类

根据税收筹划采用的减轻纳税人税负的手段进行分类,税收筹划可分为政策派税收筹划和漏洞派税收筹划。

政策派税收筹划又被称为节税派税收筹划,该税收筹划学派认为税收筹划必须在遵循税法的前提下合理地运用国家政策,其实质是通过节税手段减少纳税人的总纳税义务。

漏洞派税收筹划也称为避税派税收筹划,该税收筹划学派认为利用税法漏洞进行税收筹划,进而谋取税收利益不违法。既然税收筹划不违法,那么企业的这种经济行为也就合法。税收筹划是纳税人与政府之间的博弈,政府通过立法堵塞税收漏洞,纳税人则通过税收筹划钻税收漏洞。

就目前情况而言,现在世界各国通过逃税手段来减少纳税人税负的情况较以往已大为减少,一般都会通过合法手段进行税收筹划。从根本上看,纳税人就是要通过节税和避税两种手段来减少总纳税义务。

七、按税收筹划的层级高低进行分类

纳税人在税收筹划活动中,根据税收筹划的层级高低,可分为初级税收筹划、中级税收筹划和高级税收筹划。

初级税收筹划即规避额外税负,是指纳税人对税收法规有清晰的认识,并按照税法规定正确地履行纳税义务的行为过程。针对纳税人某一特定纳税行为,我国税法所规定的应纳税额是确定的。但在实际缴纳税款的过程中,纳税人的财务处理错误、税务申报不规范、税法使用不当和税务机关处理错误等问题,通常会导致纳税人实际缴纳的税款超出按照税法规定所计算的应纳税额,我们把两者之间的差额称为额外税负。显然,纳税人进行税收筹划的最低标准就是避免税收额外负担。换言之,纳税人进行税收筹划的基本目标,就是规避纳税错误、任何法定纳税义务之外的纳税成本的发生,即恰当地履行纳税义务。

中级税收筹划即优化涉税经营方案,是指纳税人在现行税收管理体制下,为达到企业税后利润最大化的目标,而对其经营、投资和筹资等经济活动进行适当安排的行为过程。一旦纳税行为发生了,税制的各个要素也随即产生,即由谁纳税、纳什么税、应该缴纳多少、什么时候缴纳等。与企业相关的因素,如企业生产经营所在地域、所处行业、生产的产品、企业财务核算方法、企业的组织形式、投资和融资方法等,都会对企业的纳税行为产生影

响,从而影响到企业的税收负担。这就意味着,企业的税收负担虽然是在经营过程中发生的,但其轻重却是在企业作出有关经营决策之时就已经决定了。因此,为了降低税收成本,企业仅仅在经营过程中避免额外税负是不够的。更为重要的是,企业在作出经营决策之前就必须综合地考虑不同决策可能导致的税收负担的不同,这就是企业的优化涉税经营方案问题。

高级税收筹划即争取有利税收政策,是指纳税人根据有关法律精神或政府调控意图,争取有利于自身利益的新税收政策出台的行为过程。如果把规避额外税负、优化涉税经营方案理解为在现有的税收体制中选择或运用有利的税收政策,那么争取有利税收政策就可以看作为了自身利益而制定新的税收政策或税收征管方法。如果纳税人可以自己决定税收政策,他会毫不犹豫地废除税收制度,因为这样纳税人就可以不用承担任何税收负担,但这显然是不可能的。虽然如此,但作为税收征纳双方所共同遵循的税收政策还是人为地制定出来的,这就为纳税人争取有利的税收政策提供了可能。因此在争取有利税收政策层面上,税收筹划者已经不再是税收制度的遵循者,而是进一步上升为税收制度的构思者。

显然,三种层次的税收筹划体现了纳税人对税收政策的理解深度与广度从低到高的发展过程。

【案例1-2】 九鼎公司是中南某省一家通信产品销售企业,在该省10多个地级市和20个县设置了分公司,公司实行三级独立核算。在购销流程中,九鼎公司采取招标形式,统一向全国电信产品生产厂家进行采购,然后加价10%向地级市公司进行调拨结算,地级市公司再向各县公司进行调拨结算,未出售的产品退回总公司。但这种管理模式,却增加了企业税收负担。根据我国相关税法规定,九鼎公司与各级分公司之间的调拨都要按销售进行处理,分别计算进项税与销项税,缴纳增值税。但从整个公司而言,这种调拨并未实现真正销售。此外,九鼎公司各分公司经理有1/3的工作时间要用来处理与当地税务、工商部门的关系,严重影响了公司的运作效率。

【筹划思路与方法】

经多次争取和申请,九鼎公司所在省国家税务局终于同意九鼎公司及其所属公司实行总公司统一计算缴纳增值税。在购进环节,公司向电信产品生产厂家购进产品而取得进项税额作为增值税进项税额进行抵扣。此外,所属分公司所发生的水电费、运费在当地国家税务局认证核定后,可作为进项税额,上报总公司统一进行抵扣;在销售环节,各市县分公司对外销售按会计制度规定作销售收入,计提销项税额,并开具增值税专用发票。总公司向各分公司内部调拨不作销售收入,只开具内部调拨单,不开具增值税专用发票和普通发票。

新征管办法实施后,从三个方面有效地提高了公司资金使用效率:一是由于公司内部调拨不再开具增值税专用发票和普通发票,仅开具内部调拨单即可,这样为公司节约了一笔购买增值税发票及相关的费用,每年合计约为10万元;二是增值税税额管理主要集中到总公司,减少了税务机关对下属分公司的税务检查,降低了税收缴纳成本,每年合计约为50万元;三是由于公司内部调拨不再视同销售,增加了企业流动资金,提高了企业资金货币价值。此外,由于减少了同当地税务部门、工商部门打交道的时间,分公司经理可以全身心地投入工作,大大提高了公司运作效率。由此可见,九鼎公司自主申请所需的税收政策,虽然从整体上并没有降低公司的税收负担,但却为企业谋得了成本节约的实惠好处,还给企业经营创造了更为有利的条件和环境。

第四节　税收筹划的必要性

一、政府视角

　　一提到税收筹划,人们常常会认为是纳税人的行为,因为筹划活动降低了企业的税收负担,为纳税人带来了直接的经济利益。而依据税收政策,税收筹划并没有违反规章制度,政府无依据禁止,只好"消极"地认可,所以才产生了税收筹划。其实不然,我国税务管理部门是认可与支持税收筹划的。早在 2000 年 12 月 16 日于北京召开的《中国税务报》税收筹划研讨会上,时任国家税务总局反避税处处长的苏晓鲁就说:"税收筹划是一个综合性的问题,目前对税收筹划、避税的概念没有明确的法律界定,现在的概念都是学者们约定俗成的……目前,我们在进行税收筹划时,要特别注意两个问题:一是我国税制建设还很不完善,税收政策变化较快,纳税人必须通晓税法,在利用某项政策规定筹划时,应对政策变化可能产生的影响进行预测和防范筹划的风险,因为政策发生变化后往往有溯及力,原来是税收筹划,政策变化后可能被认定是偷税。因此,税收筹划不是一件容易和简单的事,它往往意味着风险。"而现阶段税收筹划正如火如荼地进行,也间接说明了国家对税收筹划持鼓励和支持的态度。企业通过税收筹划减轻税负,政府会相应地损失税收收入,那为什么国家还会赞成税收筹划呢?

　　根本的原因在于税收在现代经济中的基本职能。毫无疑问,税收的首要职能,也是它最原始的职能是财政职能,即帮助政府敛财的职能。然而,在现代经济中,税收还有另外一个重要职能,即作为政府宏观调控政策手段的职能。所谓税收政策,归根到底无非是重税用于抑制,轻税用于鼓励,以达到政府预定的宏观经济目的。不难想象,如果纳税人都没有避税动机,无论税负重或轻,都我行我素,该干什么还干什么,那么税收政策还如何发挥作用呢? 企业根据宏观政策对自身行为进行调整的过程,其实也是国家宏观政策目标实现的过程。可见,税收筹划是纳税人实现利润最大化的重要手段,也是国家政策意图转化为纳税人行为的具体形式。由此可知,纳税人的避税动机是实现税收宏观调控职能的必要条件,政府必然鼓励纳税人顺法避税,积极支持纳税人的税收筹划。从这个认识出发,一般来说,国家通过引导企业进行税收筹划,有助于实现其资源配置、收入分配、经济稳定和发展等宏观调控职能,同时还有助于税法的完善。

(一)有利于资源配置

　　各国政府一般都会通过制定税收政策,以达到调节社会投资方向、鼓励或限制某些行业发展、节约社会资源以及保护环境等目标。例如,美国政府在 20 世纪初就已开征燃油税,征税对象为汽油、柴油、乙醇汽油、煤油、航空燃料、液化石油气、压缩天然气和其他燃料。燃油税的征收能促使纳税人更多地选用省油的汽车,并且减少汽车的使用量。这样不但能节约燃油资源,而且能够有效地降低尾气的排放量,有利于减少环境污染。

　　为了体现政策目标,发挥税收政策对纳税人的引导作用,我国政府有意加重了某些资源产品的税收负担,促使纳税人提高资源产品的合理利用。例如,我国海关在 2007 年 8 月 1 日调整部分铝产品进出口关税的同时,财政部和国家税务总局还正式调整铅锌矿石、铜矿石和钨矿石产品资源税使用额标准。在三种矿石产品的资源税率的调整中,最高的涨幅达 16 倍(财税〔2007〕100 号)。此次上调资源税,表明国家高度重视矿产资源的开发和利用,希望通过提高资源税,来遏制矿产资源乱开滥采,促进资源节约和环境保护。

此外,国家为了实现税收的资源配置职能,还通常会有意地使税负在不同产业、不同地区有所不同。例如,为了鼓励和扶持高新产业的发展,在增值税政策方面,财政部、国家税务总局、海关总署于 2000 年 9 月联合发出鼓励和扶持高新产业发展的文件。该文件规定:自 2000 年 6 月 24 日起至 2010 年年底以前,对增值税一般纳税人销售其自行开发生产的软件产品,按 17% 的法定税率征收增值税后,对其增值税实际税负超过 3% 的部分实行即征即退政策;增值税一般纳税人将进口的软件进行转换等本地化改造对外销售,其销售的软件可按照自行开发生产软件产品的有关规定,享受即征即退的税收优惠政策(财税〔2000〕25 号)。在企业所得税方面,根据我国税法规定,国家需要重点扶持的高新技术企业,减按 15% 的税率征收企业所得税(主席令〔2007〕第 063 号);同时,国务院还下文规定,《企业所得税法》实施后,五个经济特区和上海浦东新区内新设立的高新技术企业,还可以享受“两免三减半”的定期税收优惠(国发〔2007〕40 号)。为降低税负、实现效益最大化,纳税人应适时地顺应国家的税收政策导向,改变投资方向和方法。而与此同时,国家也因此实现了其进行资源合理配置的目标。这对于国家和纳税人来说,是一个双赢的过程。

(二)有利于收入分配

税收作为一种分配工具,在调节收入分配、缓解收入分配不公、促进社会公平与稳定方面具有重要作用。各国政府的常用做法往往是通过税收政策的引导,将相关的利益向低收入者倾斜,相应地缩小了收入差距,改善了收入分配状况,从而体现了税收公平的原则。典型的税种主要有所得税、遗产税、赠与税以及消费税等。

在我国现行的所有税种中,企业所得税与个人所得税在改善收入分配方面所起的作用最为显著。2008 年 5 月 12 日,四川汶川大地震发生后,我国社会各界踊跃向灾区捐款。捐赠的企业和个人在表达自己强烈的爱国之心的同时,国家也以税收优惠的形式给予其回报。比如,企业发生的公益性捐赠支出,在年度利润总额 12% 以内的部分,准予在计算应纳税所得额时扣除(主席令〔2007〕第 063 号)。又如,个人将其所得通过中国境内的社会团体和国家机关向红十字事业的捐赠,以及纳税人通过中华慈善总会和其他财政部、国家税务总局规定的准予全额扣除的机构向四川汶川地震灾区的捐赠,在计征个人所得税时,准予在当期应纳税所得额中全额扣除。该文件还特别规定:由于此次灾情严重、紧急,纳税人以银行转账、电汇或通过邮局汇款等方式向非营利社会团体和国家机关进行捐赠,未能及时取得正式捐赠票据的,可以暂按汇款凭据作为当期计税时的扣税依据,事后以取得接受捐赠的单位开具的正式捐赠票据作为正式税款抵扣依据。国家通过制定这些税收优惠政策以鼓励纳税人支持公益事业,从而在一定程度上缩小了不同地区、不同阶层间的收入差距。

尽管所得税在调节收入分配上发挥了显著的作用,但是仅靠所得税的调整力量是不够的。国家要想更好地实现税收的收入分配职能,还必须同时借助其他税种,其中作用最为显著的即为遗产税。遗产税历来被经济学家认为是调节收入分配差距的重要税收手段之一。随着我国居民收入差距的不断扩大,遗产税也开始受到我国经济学家的关注。目前在世界上127个有税收制度的国家和地区中,约有70个国家正在征收遗产税。除了获得财政收入外,开征遗产税的主要目的还在于实现社会财富的再分配,以缓和社会成员贫富不均的矛盾,维持社会稳定。2001年度美国联邦遗产税收入的一半左右(大约140亿美元)来自3 300名平均遗产额为1 700万美元的富人,这些人都是在美国社会中处于金字塔顶部的人,对他们的遗产征税以后,政府可以用这部分收入增加对低收入阶层的支出。此外,在美国遗产税制度中,鼓励将遗产捐赠给慈善机构,即在征收遗产税的时候可以从遗产总额中扣除对慈善、公益事业的捐赠部分。也就是说,如果将大量遗产作为社会公益捐赠,就可以为后人节省下一大笔遗产税,同时也为自己赢得社会名誉。

通过以上分析可以了解,税收通过调节收入以实现社会所需的收入分配状况,被看做是税制最为基本的职能,甚至与税收筹集资金的职能等量齐观。

(三)有利于经济发展

国家通过制定合理的税收政策,利用减免税优惠等手段正确引导产业结构、产品结构调整,促进企业投资主体改善资源配置状况,提高企业经济效益,以保证社会经济稳定与平稳发展。但国家经济稳定和发展职能的实现,在市场经济条件下,离不开纳税人积极的税收筹划。纳税人按照国家税收政策进行税收筹划,不但降低了企业税收负担,而且还可以促进企业产业结构的合理调整。特别是对经济比较困难的企业来说,通过税收筹划在短期内适当地降低税负,对企业未来的生存发展是十分有利的,而对于一般的企业来说,也有助于其扩大投资与发展。企业规模增大了,收入和利润增加了,国家经济与政府税收收入也将随之同步增长。

西部大开发税收优惠政策的制定和实施即是税收作为国家重要经济"杠杆"的直接体现。西部大开发税收优惠政策的主要内容是:对处于政策优惠地西部地区的国家鼓励类产业的内资企业和外商投资企业,新办交通、电力、水利、邮政、广播电视等企业,在一定期限内给予相应的企业所得税优惠;对为保护生态环境,退耕还生态林、草产出的农业特产品收入,在10年内免征农业特产税;对西部地区公路国道、省道建设用地,比照铁路、民航用地免征耕地占用税等。

国家经济稳定和发展职能不仅体现在地区结构的调节上,而且还体现在对公民个人利益的保障方面。国家税务总局于1999年出台了一系列关于下岗职工再就业的税收优惠政策,主要有三类:一是为鼓励和扶持下岗失业人员自谋职业和自主创业,为从事个体经营的下岗失业人员,给予3年内免征营业税、附加税费和企业所得税的税收优惠;二是为鼓励企业吸纳下岗失业人员,提供减免营业税、附加税费和企业所得税的优惠;三是为鼓励国有大中型企业主辅分离安置富余人员,对因此而新办的经济实体,凡符合条件的,3年内免征企业所得税。政府通过颁布和实行这三类税收优惠政策,有效地保障了再就业工作的顺利进行,有利于保证经济和社会的稳定发展。

综上所述,由于税收具有较强的调节经济的职能,国家可以通过制定恰当的税收政策,以引导经济生活与社会生活,促进国民经济得到持续、稳定的发展。但需要指出的是国家制定某些政策的初衷和最终导致的社会效果并不总是一致的,这与国家宏观调控能力、市场经济环境等诸多因素有关。

（四）有利于税法的完善

企业在通过税收筹划维护自身利益的同时，客观上也促进了我国依法治税的进程。一般来说，一项税收法规或政策在新颁布时或多或少会有一些欠缺，这类欠缺的表现形式是多种多样的。然而，如果仅仅从税收筹划的角度来看，并且只考虑其中那些立法意图十分明显的税收法规，那么，其欠缺的可能主要表现在以下两个方面，而税收筹划也主要从这两个方面促进了税收法规和政策的完善：

其一，由于税收法规本身存在问题，常常导致纳税人税收筹划的结果虽然与税收法规的立法意图并不直接相违背，因而也属于顺法避税，然而却与国家其他的调控政策意图相违背，对社会产生了其他的不利影响。例如，我国原《中华人民共和国外商投资企业和外国企业所得税法》(以下简称《外商投资企业和外国企业所得税法》)第8条规定：对生产性外商投资企业，经营期在10年以上的，从开始获利的年度起，第1年和第2年免征企业所得税，第3年至第5年减半征收企业所得税，但是属于石油、天然气、稀有金属、贵重金属等资源开采项目的，由国务院另行规定。外商投资企业实际经营期限不满10年的，应当补缴已免征、减征的企业所得税税款。根据这一政策规定，外国投资者只要满足投资生产性企业和经营期限在10年以上这两个条件，就可以享受相关优惠政策。于是，一些外商投资者把大量国外禁止生产的项目转移到我国。外商投资者获取了可观的利润，却严重地污染了我国环境。该规定的意图显然是要吸引生产性外商投资，上述外商的行为无疑是顺应了这一意图的，然而却明显地与我国保证经济可持续发展的宏观政策相违背。针对这一类税收筹划现象，2007年3月16日，我国第十届全国人民代表大会通过的《企业所得税法》，将我国企业所得税优惠对象从特定性质的企业改为先进企业，并对优惠产业作出了明确规定，有效地解决了《外商投资企业和外国企业所得税法》的上述不足之处。

其二，为了促进某些产业或行业的发展，国家有关部门通常会出台相关税收优惠政策。虽然这些政策本身立意不错，但由于具体规定不尽合理，或缺乏相关的配套政策，容易导致纳税人无法利用该政策进行税收筹划，其结果是国家宏观政策调控意图得不到实现。例如，1994年3月29日，财政部、国家税务总局联合颁布的《关于企业所得税若干优惠政策的通知》规定：国务院批准的高新技术产业开发区内的高新技术企业，减按15％的税率征收所得税；新办的高新技术企业自投产年度起免征所得税2年。但该项优惠政策却很难被相关企业所利用，原因在于新办的高新技术企业在开办初期面临着投入成本高和产品消费者认可问题，企业很难有经营利润。针对纳税人在税收筹划中所反馈的问题，财政部、国家税务总局作出了积极回应。在财税〔2002〕第070号文件中，对此作出了修订，对执行自投产年度起2年免征企业所得税的内资企业，改按自获利年度起企业所得税"两免三减半"的政策执行。

从以上分析可以看出，税收筹划实际上是纳税人对国家税法及相关税收政策的反馈行为，起到了对税收法规的验证作用。国家应对纳税人的税收筹划现象及时分析，了解哪些与税法的立法原则相违背，哪些存在一定的税收漏洞以及税收征管中有哪些缺陷与不足，从而不断改进与完善现行的税收法规和税收政策。在纳税人与税法制定部门的不断重复博弈中，不仅纳税人的筹划技术有所提高，而且使税法得到了进一步的完善。

二、企业视角

企业作为税收筹划的主体,进行税收筹划最直接的经济意义就体现在税收负担的减轻及税收成本的降低上。但从企业的长期发展来看,税收筹划的作用还不仅局限于此,在特定情况下它可能成为企业生死存亡的关键因素,客观上还有可能促进企业管理人员的素质的提高。

(一)税收是企业强制性纯成本

企业营运成本一般包括直接成本和间接成本。其中,直接成本包括直接材料成本和直接人工成本,间接成本包括折旧费、修理费、办公费、水电费等。企业付出成本的目的就是为了取得收入,求得相关经济回报。一般而言,企业节约营运成本,往往意味着经营收入的相对增加,并不增加等值的净利润。而税收虽然也属于企业的经营成本,但它与其他成本有着明显的不同,即税收是以一种纯成本,企业对该项成本的付出是没有收入回报的或是无偿的。同时,企业的税收成本具有强制性,不支付相关税收成本,就是偷税行为,要受到我国《税收征管法》和《中华人民共和国刑法》的处罚。因此,税收对企业来讲,是一种强制性纯成本,企业能够在不违法的前提下将这笔强制性纯成本减少一个单位,相应的就可以在企业的净利润上增加一个单位,而不是增加一个单位的营业收入。

(二)税收筹划成为困难企业生死线

由于我国的税收体制是以流转税为主,这意味着在更多情况下是对销售额征税,而不考虑企业是否盈利。所以,税收与利润之间的此增彼减的关系就使得税收筹划显得尤为重要,特别是某些企业,税收筹划技能的高低成为企业的生死线,甚至成为某些行业的进入标准。

(三)提高纳税人的纳税意识与税收管理意识

税收筹划是建立在纳税人对国家税法相当熟悉和充分理解的基础上的。因此,税收筹划会促使纳税人在谋求合法利益的驱动下,自觉、主动地学习和钻研税收法律、法规,自觉、主动地履行纳税义务,从而可以有效地提高纳税人的税收法律意识。反过来说,进行税收筹划是纳税人的纳税意识提高到一定阶段的表现,即税收筹划做得好的企业,纳税意识也较强;纳税意识淡薄的企业,可能更多的是采取偷漏税等形式规避纳税义务。同时,较强的纳税意识体现在企业的财务会计核算规范、按照规定办理纳税申报和缴纳税款、配合征税部门检查等方面,这些也是企业能够做好税收筹划工作的准备条件。

另外,世界各国税收征管部门绞尽脑汁,采取各种手段来抑制偷税活动。例如,印度税务部门请人妖在偷税者家门前唱歌,英国则利用卫星充当空中"税收间谍"。因此,纳税人采用偷税甚至是抗税的方法躲避税款的缴纳越来越困难,而且一旦被查处还会带来经济处罚甚至是刑事责任。所以,明智的税收筹划行为无疑是给纳税人提供了一个折中之道,不仅可以最大限度地降低企业的涉税风险,也可以最大限度地降低税收负担。在这样的情况下,纳税人自然不会选择偷税,无形中就增强了纳税人的纳税意识。

税收筹划是一种高智商的增值活动。进行税收筹划,企业必须启用高素质、高水平的财务会计人员,这必然为企业规范经营管理奠定良好的基础。此外,税收筹划就是谋取资金流程,它是以健全的财务核算为条件的,企业想要进行税收筹划就必须健全财务会计制度,规范财会管理,而这同时也会促使企业经营管理水平不断跃上新台阶。

高素质的财务会计人员、规范的财会管理、可靠的财会信息资料是企业成功进行税收筹划的条件。创造这些条件的过程,也正是不断提高企业经营管理水平的过程。

第五节　税收筹划的可能性

对企业来说,一个好的投资方案在现有的环境下如果不能被实施,那也只能是空谈。前面已经阐述了税收筹划的概念和税收筹划的必要性等问题,接下来一个关键的问题是要探讨税收筹划在现有的环境下实施的可能性问题。

一、税收筹划产生的主观动因

税收宏观调控功能的实现依赖于纳税人的避税动机与行为。纳税人根据国家的税收政策进行税收筹划,减轻了税负,客观上也达到了国家实现宏观调控的目的。因此,税收筹划的可能性是建立在必要性的基础上的。从国家的角度来讲,对纳税人的税收筹划是持支持和鼓励态度的。

站在企业视角上,不论是直接税款的数额减少还是间接税负的降低,纳税人都可以通过税收筹划来实现对经济利益的最大化追求。而且,随着税收体制和征管技术的不断完善,税收筹划越来越受到纳税人的青睐。税收筹划这一行业就好比是企业的革新技术,如果没有这一技术,继续使用旧技术也无可非议,只是企业的成本费用高一点、利润薄一点。所以,税收筹划也成为企业实现生存发展的必然选择。

二、税收筹划可行的客观条件

税收筹划是以现行税收体制为依托的,研究税收筹划的客观可能性当然也要从税制本身出发。如果国家实行单一税制,例如人头税只要是个人就必须缴纳税款,这样就几乎不存在税收筹划的可能。而现阶段大多数国家实行的都是复合税制,各个税种之间存在差异,不同税种所规定的税负自然就有高低之别。可以说,正是这种税制的多样化,才为纳税人进行税收筹划提供了客观上的操作平台。

1. 税制要素的差异

各个税种之间以及税种内部的税制要素差异,均给税收筹划带来了极大的弹性空间,其差异性着重表现在以下几个方面:其一,纳税义务人的不同。例如,公司制企业由于具有法人资格,不但在企业环节征收 25% 的企业所得税,而且股东还要按其分得的股息红利数额的 20% 缴纳个人所得税。但是合伙企业则是比照个体工商户的生产、经营所得征收个人所得税。因此在企业设立时,可依据自身的实际情况,通过合理选择纳税义务人身份,进行一定的纳税义务规避。其二,税目的不同。如同样对个人所得征税,不同的收入来源对应不同的税目,可能是按照工资薪金所得征收七级超额累进税,也可能是按照劳务报酬额征收 20％的比例税。因此,在某些情况下,可通过税收筹划将个人收入在几类税目下进行合理分配,从而享受更多的税前抵扣以及更低的税率。其三,在相同的征税对象、相同的税目下,企业经营规模的大小也会影响课征税率。例如,对增值税小规模纳税人实行 3％的征收率,对一般纳税人凡采用的则是 17％的销项进项扣除法。除此以外,企业所处的行业、投资方向、组织形式等诸多方面都会对税收产生影响,这也是为何存在各式各样的税收筹划方案的原因。

2. 地方税收制度的差异

尽管我国的税收立法权高度集中于中央,但是税法制定部门还是考虑到不同地区的差异,制定了不尽相同的税收制度。这就为纳税人提供了一定的税收筹划空间。纳税人可以根据各地税负的差异,尽量选择在低税负的地区进行投资。我国地方税收制度的差异性主要体现在税收优惠政策上,具体体现在以下几个方面:

(1)国家根据各地经济发展状况,制定了差异性的税收优惠政策。例如,对民族自治区地方的企业,我国《企业所得税法》第 29 条规定,可以减征或免征企业所得税中属于地方分享的部分。又如,我国对设在重庆、四川等西部地区的内资企业和外商投资企业,在 2001—2010 年,减按 15％的税率征收企业所得税。这样,税收筹划的方法也很简单,即选择将企业设在民族自治地区或西部地区,所得税税负自然就会减少 10％。

(2)为了支持少数民族地区经济的发展,我国政府制定了相应的税收优惠政策。例如,自 2006 年 1 月 1 日起至 2008 年 12 月 31 日止,对民族贸易县内县级和县以下的民族贸易企业及供销社企业销售货物(除石油、烟草外)免征增值税,对国家定点企业生产的边销茶及经销单位销售的边销茶免征增值税。这就意味着,内蒙古 57 个民族贸易县、138 家少数民族特需用品生产企业都可以免征增值税。

(3)地方政府为了促进本地区经济的发展,对于一些税种也制定了一些优惠政策。这是地方政府为了获得有限的资源而竞相降低税率的结果。例如,湖北省为了扶持观光农业的发展,明文规定:经营采摘、观光农业的单位和个人,其直接用于采摘和观光的种植、养殖、饲养的土地,免征城镇土地使用税。又如,浙江省为了支持新农村建设,也发布文件规定:对为农村提供垃圾处理、污水处理、保洁服务取得的劳务收入,免征营业税、城市维护建设税、教育费附加、地方教育附加和水利建设专项资金。利用好这些区域税收政策的差异,选择适当的注册地点或纳税地点,可以减少应纳税额。

利用地方税收制度的差异进行税收筹划,是一种比较机械、不需要太过技巧的方法。筹划的理念就是:哪个地方低,就到哪个地方去注册开办企业。这个道理与后面将会提到的国际避税地如出一辙。

3. 国与国之间税收环境的差异

随着企业竞争和全球化的加强,跨国公司已经成为当前世界经济舞台的重要力量。随着跨境交易、投资方式、财产占有权变得越来越重要,了解这些交易取得的收入如何纳税也显得越来越重要。

国际税收问题在于,跨国的贸易或投资行为必定要受到两个或两个以上国家的税收法律约束,而各个国家的税收管辖权存在很大的差异。我国与世界上大多数国家一样,在国际税收上实行地域兼居民税收管辖权。而文莱、沙特、乌拉圭等一些国家则采用单一地域管辖权。纳税人如果能够借助管辖权的差异游离于各国之间，回避税收管辖权的认定，确保自己成为"无国籍人"或"税收难民"，就可以成功规避在该国的纳税义务。

世界各国在税制结构上也存在很大的不同，这种差异主要体现在以下几个方面：第一，税种的差异。目前世界上大部分国家都开征了个人所得税和企业所得税等直接税，但像开曼群岛、百慕大、巴哈马等避税地则没有开征个人所得税、公司所得税、资本利得税、不动产税和遗产税等直接税。第二，税率上的差异。世界各国及时开征同一种税，但税率明显高低不同，如巴西现行的公司所得税税率是25％，加拿大的税率则是38％，德国高达45％，而黎巴嫩仅为10％。第三，计税依据的差异。根据我国增值税转型前根据《增值税暂行条例》第8条和第10条的规定，我国增值税可以抵扣购进与销售产品有关的原辅材料、低值易耗品、水电费等，购入的固定资产以及用于消费等方面的则不允许抵扣，而实行增值税的多数西方国家则允许抵扣与销售产品有关的一切购进。第四，税收优惠侧重点不同。发展中国家倾向于鼓励引进外资和先进技术、增加出口，对某些地区和行业给予普遍优惠，而发达国家更注重高新技术的开发、能源的节约、环境的保护，多采用对外投资减免税等措施。

除税收管辖权和税制结构差异外，世界各国免除国际重复征税的方法也不尽相同，如有些国家采取免税法，有些国家采取抵免法，有些国家采取扣除法。各国税收体制的差异，为跨国公司生产经营、投资、利润分配的活动提供了多种选择，从而给跨国公司的税收筹划提供了客观条件。

4. 税收竞争

税收竞争是指不同的政府主体通过竞相降低有效税率或实施税收优惠政策，减轻纳税人的税收负担，以吸引资本、劳动等经济资源，来促进本国或本地区经济增长的经济行为。税收竞争按其地域，一般可分为国际税收竞争和国内税收竞争。

国际税收竞争是经济全球化的必然产物。在封闭经济中，税收政策制定者不需要考虑本国税收政策对其他国家经济活动所产生的影响。但随着经济全球化进程的深化，经济政策对本国和世界其他国家的经济影响日益明显。为了吸引欧洲资本，美国政府早在1984年就颁布了有关法案，规定在美国的非常住的外国人，从美国银行取得的存款和债券利息收入免征所有税收；2003年1月，布什政府又提出了以减税为主的经济振兴计划。为了在国际经济竞争中处于有利位置，一些欧洲国家也出台了税收优惠政策。例如，荷兰有关税法规定，对投资者从股份公司取得的股息和资本利得免征税收。爱尔兰政府在2003年将公司综合税率降为12.5％，制造业的法定税率降为10％。

纳税人进行税收筹划除关心国际税收竞争外，还应更多地考虑国内的税收竞争。因为我国企业的国际化参与率并不是很高，企业进行税收筹划的背景还是以我国的现实背景为主。根据我国的现行财政体制的特点，我国税权统一集中在中央，各级地方政府都无权擅自出台税收优惠政策。然而，分税制的实施，使各级政府分别承担了改革开放、稳定发展的重大任务。为招商引资、财政增收、促进发展，各地各级政府竞相使用税收优惠政策。目前，我国地方政府间的税收竞争主要集中在以下两个方面：

一是财政返还。一些地方政府在取得税收收入后，直接以财政支出的形式，把一定比例或者全部的收入返还给纳税人，以减轻纳税人的税收负担，来吸引外地经济资源。例如，深圳有关文件规定：高新技术企业和高新技术项目的增值税，可以上一年为基数，新增增值税的地方分成部分,从1998年起(新认定的高新技术企业和高新技术项目从被认定之年算起)3年内由市财政部门按50％的比例返还企业;属于深圳市注册企业自行开发并达到国内先进水平,具有重大推广应用价值的计算机软件,年销售额达到1 000万元以上的,3年内由市财政部门对该产品新增增值税的地方分成部分按80％的比例返还(深发〔1995〕32号)。

二是地方性税收优惠政策。根据我国的法律规定,我国省级人民政府可以在全国性地方条例规定的幅度内,确定本地区适用的税率或税额。一些地方政府为了吸引辖区外经济资源的流入,对满足条件的特定纳税人实行低优惠税率。这方面的税收优惠主要集中在契税、车船税等地方性小税种上。

当然,在我国目前的地方税收竞争中,还存在一些违规或违法的行为。例如,一些地方政府违规允许一些企业打上高新技术企业、新办第三产业企业、校办企业、福利企业等招牌,享受国家规定的企业所得税优惠政策;对依法应当取得的税收收入不足额征收,而是把一定的折扣额让渡给纳税人,以减轻纳税人的税收负担。由于这些所谓的税收优惠政策没有国家法律依据,不会得到国家法律的保护,因此,纳税人在进行税收筹划时,不应考虑这些所谓的税收优惠政策。

第六节 税收筹划的原则

纳税人在充分了解税收政策、法规的基础上进行税收筹划,当存在多种纳税方案的选择时,以纳税支出最小化和资本收益最大化的方式来处理财务、经营、组织及交易事项的复杂筹划活动。因此要有效开展税收筹划,获取最大的经营利益,必须把握进行税收筹划应该遵循的原则,这些原则是税收筹划取得成功的基本前提。

一、守法原则

守法包括合法与不违法两层含义,即税收筹划一定不能违反税法。换言之,违反税法的行为根本不属于税收筹划范畴。因此,以避税为名行偷逃税之实的"筹划"根本不是税收筹划。企业进行税收筹划,应当以国家现行税法及相关法规等为法律依据,要在熟知税法规定的前提下,利用税制构成要素中的税负弹性来进行税收筹划,从中选择最优的纳税方案。

二、自我保护原则

自我保护原则实质上是守法原则的延伸。因为只有遵循守法原则,才能实现自我保护。纳税人为了实现自我保护,一般应做到:其一,增强法制观念,树立税法遵从意识。其二,熟知税法等相关法规。如我国大部分税种的税率不是单一税率,有的税种还有不同的扣除率、出口退税率等,纳税人在兼营不同税种、兼营不同税率的货物、劳务时,在同时经营应税与免税货物时,要按不同税率(退税率)分别设账、分别核算;当有混合销售行为时,要掌握混合销售的计税要求。另外,由于增值税实行专用发票抵扣制,依法取得并认真审核、妥善保管发票也是至关重要的。其三,熟知会计准则、制度。如新的《企业会计制度》、新的具体会计准则都明确了与税法分离的原则,如何正确进行涉税事项的会计处理就是非常重要的问题。其四,熟悉税收筹划的技术和方法。对纳税人来说,税收筹划首先要保证不能违反税法,然后才考虑如何避免高税率、高税负进而实现税后利润最大化。

三、成本效益原则

成本效益原则是人类社会的首要理性原则。税收筹划要有利于实现企业的财务目标,进行税收筹划应遵循成本效益原则,税收筹划要保证因此取得的效益大于其筹划成本,即体现经济有效。效益又有目前利益与长远利益之分。在考虑目前利益时,不仅要考虑各种筹划方案在经营过程中的显性收入和显性成本,而且还要考虑税收筹划的显性成本和隐性成本。显性成本是指税收筹划中实际发生的相关费用,隐性成本是纳税人因采用税收筹划方案而放弃的潜在利益,对企业来说,它是一种机会成本。因此,目前利益使用利润衡量还是用净现金流量衡量?从长远利益的角度看,两者是一致的,但若考虑资金的时间价值,用净现金流量表示可能更为确切。因为资产的内在价值是企业未来现金流量的现值,因此,企业的内在价值也是企业未来现金流量的现值。在考虑效益原则时,应注意"税负最低"与"企业价值最大"的关系,当两者有悖时,前者应当服从后者。

四、时效性原则

税收筹划是在一定法律环境下,在既定经营范围、经营方式下进行的,有着明显的针对性、特定性。随着时间的推移,社会经济环境、税收法律环境等各方面的情况不断发生变化,企业必须把握时机,灵活应对,以适应税收的政策导向,不断制定或调整税收筹划方案,以确保企业持久地获得税收筹划带来的收益。时效性原则也体现在充分利用资金的时间价值上。再者,程序性税法与实体性税法如有变动,应遵循"程序从新,实体从旧"的原则,这也是时效性问题。

五、整体性原则

在进行某个税种的税收筹划时,还要考虑与之有关的其他税种的税负效应,进行整体筹划、综合衡量,以求整体税负最轻、长期税负最轻、税后价值最大,防止顾此失彼,前轻后重等。

所谓综合衡量,一方面,眼睛不能只盯在个别税种的税负高低上,一种税少缴了,另一种税是否会因之多缴?因而要着眼于整体税负的轻重。另一方面,税收支付的减少不一定就是资本总体收益的增加。某些设在我国经济特区的外资企业,用转让定价的方法将利润逆向转移到境外高税区,为的是逃避国家外汇管制,追求集团整体利益,甚至只是外方投资人的收益而非税负最轻。

六、风险收益均衡原则

税收筹划有收益,同时也有风险。风险是指在一定时期、一定条件和一定环境下,可能发生的各种结果的变动程度,某一事项的实际结果与预期结果的偏差。在税收筹划中,可能存在经济波动风险、市场风险、政策风险与企业经营风险、外部风险与内部风险。企业应当遵循风险与收益适当均衡的原则,采取措施,分散风险、化解风险,选优弃劣,趋利避害。

货币的时间价值和经济行为的风险性是现代财务管理的基本观念。在很多情况下,税收筹划方案可能会影响企业今后的经营活动,不可避免地会存在收益的不确定性和资金支付的时间性差异。因此,在进行税收筹划的收益与成本分析时,应充分考虑税收筹划方案的风险与资金的时间价值。

第七节　税收筹划的实施流程

税收筹划策略的实施流程一般可以分为主体选择,收集信息与目标确定,方案列示、分析与选择,实施与反馈阶段。

一、主体选择

企业可以由企业内部人员自行制定税收筹划策略,也可以外包给专业机构,即社会中介组织。在制定税收筹划策略之前,必须首先确实确定设计主体。在进行设计主体决策之前,需要对两种设计方式进行比较。

二、收集信息与目标确定

（一）收集信息

收集信息是税收筹划的基础,只有充分掌握了信息,才能进一步制定税收筹划策略。

1. 外部信息

外部信息包括税收环境信息和政府涉税行为信息两个方面。前者主要包括以下几项内容:①企业涉及的税种及各税种的具体规定,特别是税收优惠规定;②各税种之间的相关性;③税收征纳程序和税务行政制度;④税收环境的变化趋势和内容。在税收筹划博弈中,企业先行动,因此,在行动之前,必须预测政府可能对自身行动产生的反应,故要了解政府涉税行为信息,主要包括:①政府对税收筹划的态度;②政府的主要反避税法规和措施;③政府反避税的运作规程。

2. 内部信息

内部信息包括实施主体信息和反馈信息。

任何税收筹划策略必须基于企业自身的实际经营情况。因此,在制定策略时,必须充分了解企业自身的相关信息,即实施主体信息。这些信息包括:①企业理财目标;②企业经营状况;③企业财务状况;④企业对风险的态度。

企业在实施策略的过程中,会不断获取企业内部新的信息情况;同时,对实施结果需要及时反馈给相应部门，以便对税收筹划方案进行调整和完善，此为反馈信息。

（二）目标确定

企业在制定具体战略时，必须在既定信息的基础上，分析企业的真正的需求，确立筹划策略的具体目标。这些具体目标包括：

（1）选择低税负点，包括税基最小化、适用税率最低化、减税最大化等具体内容。

（2）选择零税负点，包括纳税义务的免除和避免成为纳税人。

（3）选择递延纳税。递延纳税存在机会成本的选择问题。例如，在减免税期间，可能因递延纳税而减少了应当享受的减免税的利益。

三、税收筹划方案列示、分析与选择

在掌握相关信息和确立目标之后，策略制定者可以着手设计税收筹划的具体方案，关注角度不同，具体方案就可能存在差异，因此策略制定者需要将方案逐一列示，并在后续过程中进行选择。筹划方案是多种筹划技术的组合运用，同时需要考虑风险因素。

方案列示以后，必须进行一系列的分析。

1. 法定分析

税收筹划策略的首要原则是法定原则，任何税收筹划方案必须从属于法定原则，因此，对设计的方案首先要进行合法性分析，控制法律风险。

2. 可行性分析

税收筹划的实施，需要多方面的条件，企业必须对方案的可行性作出评估，这种评估包括实施时间的选择、人员素质以及未来的趋势预测。

3. 目标分析

每种设计方案都会产生不同的纳税结果，这种纳税结果是否符合企业既定的目标，是筹划策略选择的基本依据。因此，必须对方案进行目标符合性分析，同时优选最佳方案。目标分析还包括评价税收策略的合理性，防止筹划策略"喧宾夺主"，影响企业整体竞争策略。

对列示方案逐项分析之后，设计者可能获取新的信息，并以此对原有的税收筹划方案进行调整，同时继续规范分析过程。

四、实施与反馈

筹划方案选定之后，经管理机关批准，即进入实施阶段。企业应当按照选定的税收筹划方案，对自己的纳税人身份、组织形式、注册地点、所从事的产业、经济活动以及会计政策等作出相应的处理或改变，同时记录筹划方案的收益。

在实施过程中，可能因为执行偏差、环境改变或者由于原有方案的设计存在缺陷，从而与预期结果产生差异。这些差异要及时反馈给策略设计者，并对方案进行修正或者重新设计。

1. 什么是税收筹划？税收筹划具有哪些特征？

2. 什么是偷税？什么是避税？什么是税收筹划？三者的联系和区别是什么？

3. 假设内资企业所得税税率在广州为 33%，在深圳为 15%。广州的 A 公司（内资企业）销售一批产品给惠州的 C 公司：有以下两种方案：一是直接销售，总销售额为 1 000 万元，成本费用为 800 万元，利润为 200 万元；二是将产品以 850 万元卖给深圳的关联企业 B 公司，B 公司再将产品以 1 000 万元卖给 C 公司。请问 A 公司应采用哪种方案？这一筹划方法基于什么原因？

第二章　税收筹划的基本方法

研究大量的税收筹划案例可以发现,企业应用的税收筹划具体方案是形形色色、千变万化的。也就是说,具体的税收筹划方案具有差异性和可变性,因而企业仅仅能使用现有的筹划方法是不够的,更重要的是,必须能根据不同情况和税收政策的变化提出新的有效的税收筹划方案。本章将根据税制就要素提出税收筹划的六种基本方法,作为寻求税收筹划具体方案的基本思路和思考框架,企业可以利用这些筹划方法,结合本企业内部环境和外部环境的特点,设计出有效的税收筹划具体方案。

本书以后各章将分税种介绍这六种基本方法的具体应用,于是就有了形形色色的税收筹划方案或方法。需要强调的是,由于各税种的特点不同,一个税种的筹划可能主要只是应用了其中某几种基本方法;而由于一个企业同时要缴纳多种税,同一个税收筹划方案中就很可能同时应用了好几种基本方法。所以,必须注重税收筹划六种基本方法的综合应用。

第一节　税制要素与基本方法的提出

从本质上说,税收筹划方案就是综合考虑了税收、财务、市场、技术等诸多因素的企业经营方案,只不过它侧重于税收成本方面的考虑。因此,由于不同企业的内外部环境千差万别,如企业所处的地区不同,企业经营发展所处的阶段不同,企业财务管理的目标定位不同,企业内部管理人员的素质不同,即使企业所涉及的税种相同,企业所使用的税收筹划方案也会不同。更何况不同的企业经营范围不同、企业性质不同,所涉及的税种也就不同,而不同税种的征收范围、课税对象和征税方法决定着不同税种的筹划方法必然各具特点,这势必会进一步加剧企业间税收筹划方案的差异性。

此外,一个成功的税收筹划方案对同一个企业来说也不会是一成不变的。因为国家会根据经济的发展变化和宏观经济政策的需要对税收进行调整,税收法律法规与政策的变动势必会影响税收筹划的方式、方法。要保证税收筹划方案的时效性,就要根据国家税收政策的调整或新政策的出台,及时提出新的税收筹划方案。而且,一个企业成功的税收筹划方案放到另一企业,也许筹划效果会大打折扣,甚至于根本无法实施;而一个时期成功的税收筹划方案到了下一个时期也许就不再有效,甚至变为偷税行为。因此,真正的税收筹划是随时都能根据企业的不同情况和税收政策的变化提出新的有效的税收筹划方案。如果仅仅局限于具体的筹划方法,那么无论分析多少成功的案例,都可能达不到这个目标。

因此,有必要从成千上万的案例中归纳出若干最基本的规律、思路或方法,当面临的情况不同于以往案例时,能够运用这些基本方法,设计出新的行之有效的税收筹划方案。众所周知,一个企业缴纳哪些税、税负有多重,原则上完全取决于现行的税收制度。这就意味着税收筹划的基本方法还需从税收制度中寻找。税制是国家各项税收法规和征收管理制度的总称,是国家向纳税人征税的法律制度依据和纳税人向国家纳税的法律准则。税收制度作为税收的具体表现形式,是由各个税种的税法、条例、细则、规定等组成的。政府开征一个税种,其实质就是制定一系列法规文件,而这一系列税收法规文件就组成了税制。

尽管每一个税种都包含一系列复杂的税收法规文件,但究其根本,所有这些税收法规都是围绕着税制要素展开的。税制要素是构成税收制度的基本要素,是规范征纳双方权利与义务的法律规范的具体表现。税收制度是通过对税制要素的具体规定来体现的,对每一个税制要素给出不同的定义,就形成不同的税种,而税制要素本身作为税制的基本结构,在不同税种中却是固定不变的。税制要素一般包括征税对象、纳税人、税率、税目、计税依据、纳税环节、纳税期限、减免税和违章处理等。并非每一个税种都要定义所有这些税制要素,但是,即使最简单的税种也需对纳税人、征税对象、税率、计税依据等基本要素作出规定。对于一个给定的税种而言,企业交不交税、交多少税,取决于企业的经营行为与税制的定义是否相符,因此考虑任何一种具体的税收筹划方法时,都要从基本税制要素出发。由此可知,税收筹划的基本方法也应该以税制基本要素为主要线索来寻求。

基本税制要素中首先要考虑的是纳税义务,纳税义务是通过对税制要素中的纳税人和征税对象来界定的。如果企业不符合既定税种纳税人的定义,或者企业的经营范围不落在征税对象之内,企业就无须缴纳这种税。因此,企业税收筹划的第一种方法就是规避纳税义务,即设法避免成为某税种的纳税人或落入该税种的征税对象。例如,营业税的征税对象之一是在中国境内提供的应税劳务,如果某建筑企业在境外提供建筑劳务,则该建筑企业无须承担我国营业税的纳税义务。

纳税人还存在名义纳税人和实际负税人的差别。名义纳税人是税法上规定的直接负有纳税义务的单位和个人,而实际负税人是指税款的实际承担者或负担税款的经济主体,是税收的最终负担者。每一个税种都有政策指向的实际负税人,如增值税原则上的负税人是最终消费者,那么在我国境内销售货物的增值税纳税人,可以通过提高产品售价的方式将税负转嫁给购买者,而最终该税负由消费者承担。因此,当某种税的纳税义务难以规避时,可以考虑是否可以通过税负转嫁的方式达到实际上未负担或少负担税负的目的。税负转嫁就是税收筹划的第二种基本方法。

当企业无法规避某种税的纳税义务,又无法转嫁税负时,纳税人应纳税款的多少主要取决于两个税制要素,即计税依据的多少和税率的高低。当税率一定时,纳税人通过缩小税基可以减少应纳税款;当税基一定时,适用低税率同样能使纳税负担减轻。例如,所得税的税基是应纳税所得额,即收入总额减去成本和费用等,如果企业可以通过合理方式扩大成本费用列支,则可以减轻纳税负担。又如,营业税的不同税目规定有不同的税率,税率的高低差异为纳税人适用低税率提供了筹划空间。因此,缩小税基和适用低税率分别是税收筹划的第三种和第四种基本方法。

当应纳税额也确定之后,企业进行税收筹划要考虑的就是何时进行纳税申报及何时纳税,这就是税制要素中纳税环节和纳税期限的相关规定。纳税期限规定了税款申报和缴纳的时间,由于纳税义务发生时间与应税行为的发生时间及税款上缴时间可能存在差别,而资金存在时间价值,因此对企业来说,尽可能地延迟纳税时间虽然不能减少纳税额,但却可以获得这笔资金的时间价值,且有利于充实流动资金。故税收递延是税收筹划的第五种基本方法。

从税制要素考虑税收筹划方案的最后一种基本方法是充分利用税收优惠政策。税收优惠是国家在税收方面给予纳税人和征税对象的各种优待的总称,是政府免除或减轻纳税人负担的政策规定。税收优惠可以表现为免税、减税、出口退税、优惠税率、起征点、税收豁免、先征后退、加速折旧、亏损弥补、税收抵免等多种形式。这些规定可以在各税种的基本法中以减免税条款列举,也可以在一系列补充税收法规文件中以阶段性鼓励政策出现。纳税人通过改变经营策略,用好用足这些税收优惠政策,就可以减轻税收负担,而这样的税收筹划方案也是明显符合国家的立法意图的。

第二节　规避纳税义务

当纳税人希望减轻税收负担的时候,最先想到的应该是规避纳税义务。规避纳税义务是指纳税通过避免成为一个税种的纳税人或征税对象,从而免除或减轻该税种的纳税义务。需要注意的是,规避纳税义务并不是指企业完全不承担纳税义务。事实上,完全能够规避掉纳税义务的企业几乎不存在,完全规避掉纳税义务的税收筹划方法也不一定就是最优方案。规避纳税义务通常是指回避重税负而选择轻税负。

一、规避纳税义务的两个途径

任何税种的纳税义务都是通过对纳税人和征税对象的同时确认构成的,所以实施规避纳税义务策略时,可以从避免成为纳税人和避免成为征税对象两个途径进行。

（一）避免成为纳税人

在税法中,每个税种都对纳税人的确认作出了明确规定。如果能使自身的条件不吻合税法中关于某税种纳税人的规定,就不会成为该税种的纳税人,从而可以规避该税种的纳税义务。比如,《企业所得税法》对哪些组织形式的企业属于企业所得税的纳税人,作出了明确具体的规定,因此,如果是规定中没有列出的企业组织形式,就不属于企业所得税的纳税人,如合伙企业,即使取得收入也不用缴纳企业所得税。其他许多税种也是如此,从而都存在通过避免成为纳税人而规避纳税义务的可能性。下面以个人所得税为例来说明这一问题。

【案例 2-1】　杜先生是美国华裔,退休后定居中国上海,自 2007 年来华已经在中国境内居住满 5 年。每年杜先生都会因为度假或处理个人账务等原因离华。2013 年起出入境记录为:1 月 31 日离华,3 月 1 日入境;5 月 20 日离华,6 月 18 日再入境;6 月 30 日离华,7 月 15 日入境;10 月 25 日离华,11 月 6 日入境。当年其出租在美国的房产全年获得租金折人民币 12 万元,获得在美国投资的收益折人民币 30 万元。杜先生应如何向中国政府缴纳个人所得税?

【筹划思路与方法】

依据《中华人民共和国个人所得税法实施条例》(以下简称《个人所得税法实施条例》)第6条的规定:在中国境内无住所,但是居住1年以上5年以下的个人,其来源于中国境外的所得,经主管税务机关批准,可以只就由中国境内公司、企业及其他经济组织或者个人支付的部分缴纳个人所得税;居住超过5年的个人,从第6年起,应当就其来源于中国境外的全部所得缴纳个人所得税。在境内居住满1年,是指在一个纳税年度中在中国境内居住365日。临时离境的,不扣减日数。这里所说的临时离境,是指在一个纳税年度中一次不超过30日或者多次累计不超过90日的离境。

根据杜先生的离境记录,杜先生在2013年4次离境,每次离境不超过30天,累计离境85天,属于临时离境,因此杜先生应当属于我国的居民纳税人,其从美国取得租金收入和投资收益应当缴纳个人所得税。那么,杜先生是否可以通过避免成为我国个人所得税的居民纳税人从而规避纳税义务呢?本例中的情形是比较容易实现这一目的的,杜先生只需要将第一次离华时间提前2天,或第二次来华推迟2天,或将累计离华时间延长5天即可避免成为居民纳税人,其来源于美国的收入就无需承担中国的纳税义务。

(二)避免成为征税对象

避免成为征税对象同样可以规避纳税义务。征税对象即纳税客体,是税收征收的标的物,也是区别不同税种的主要标志。避免成为征税对象是指纳税人通过改变自己的经营产品、行为或对物品的所有权方式,从而避免自己的产品、行为属于某个税种的征税范围。从税法的相关规定中,可以发现很多税种对征税对象的规定都存在税收筹划的空间。例如,城镇土地使用税规定只对城市、县城、建制镇、工矿区范围内使用的土地征税,对于其他地方使用的土地则不征税。

【案例2-2】 计西科技发展有限公司(以下简称计西公司)经过几位股东的共同努力,逐步走上了良性发展轨道。为了适应公司业务发展的需要,公司董事会决定给一名总经理、两名副总经理(三人均为公司股东)在2012年12月各配一辆价值80万元的高档商务车.该高档商务车预计可使用10年,残值按原价的10%估计,按直线法计算折旧。买辆汽车1年的固定使用费为2万元,1年的油耗及修理费含税价格为4万元,均取得增值税专用发票。公司为增值税一般纳税人,适用的所得税率为25%。该公司有以下两种方案可供选择。

【筹划思路与方法】

方案一:公司将车辆的所有权办到三位总经理个人名下,购车款240万元由公司支付。

方案二:公司将车辆的所有权办到公司名下,作为企业的固定资产,但购进的三部高档车固定由三位总经理使用。

根据我国有关税法规定,企业购买汽车并将车辆所有权办到股东个人名下,其实质为企业对股东进行了红利性质的实物分配,应按照我国《中华人民共和国个人所得税法》(以下简称《个人所得税法》)第2条的规定,按"利息、股息、红利所得"项目征收个人所得税。而我国《企业所得税法》第2章第10条规定,对与企业取得收入无关的其他支出,在计算应纳税所得额时,不得扣除。因为企业为股东个人购买的车辆,不属于企业的资产,所以不得在企业所得税前扣除折旧及相关费用。因此,方案一中,三位总经理应按照"利息、股息、红利所得"项目征收个人所得税。三位总经理应纳个人所得税合计为:

$$240 \times 20\% = 48(万元)$$

针对上述个人所得税和企业所得税有关政策规定,纳税人可考虑在不改变有关资产使用权的条件下,将部分资产所有权转到企业名下,这样可以降低纳税人个人所得税税收负担。因此,在方案二中,公司将购买的高档商务车作为企业的固定资产和办公用车。由于此时尽管三位总经理仍拥有商务车的使用权,但商务车不再属于红利性质的实物分配,也不再是个人所得税的征税对象,因此三位总经理都无需再缴纳个人所得税。进一步分析,方案二不仅规避了个人所得税的纳税义务,而且公司商务车每年可以计提折旧,日常费用可以税前扣除,油耗及修理费的增值税还可做进行税额抵扣。公司由此每年产生的总税收收益为:

$$折旧额 = (80 - 80 \times 10\%) \div 10 \times 3 = 21.6(万元)$$
$$费用抵税额 = (2 + 4 \div 1.17) \times 3 = 16.26(万元)$$
$$可减少企业所得税额 = (21.6 + 16.26) \times 25\% = 9.47(万元)$$
$$增加的增值税进项税额 = 4 \div 1.17 \times 17\% \times 3 = 1.74(万元)$$
$$总税收收益 = 9.47 + 1.74 = 11.21(万元)$$

从筹划效果来看,采用第二种方案时,三位总经理虽然不拥有小汽车的所有权,但却可少缴个人所得税共48万元,规避了个人所得税的纳税义务,10年中每年还可为企业获得抵税的税收利益11.21万元。

二、规避纳税义务的两个方法

由于规避纳税义务的实质含义是指回避重税负而选择轻税负,所以我们可采取减少应纳税种和用低税负税种替换高税负税种两个方法来规避纳税义务。

（一）应纳税种的减少

应用规避纳税义务的筹划方法的目的并不是为了完全不承担纳税义务,在很多情形下,其目的只是由缴纳多个税种转变为缴纳相对较少的税种,以减少所承担的税收负担。

【案例2-3】 江天集团是某市一家生产大型机床设备的国有企业,在该市市中心拥有多套厂房、仓库等房产。近年来,根据市政府的城市规划,江天集团将主要的制造基地迁移到城市郊区。在与市政府多次协商后,江天集团仍然持有价值1 000万元的原有房产,搬迁后一直闲置。因此,集团决定充分利用这些房产的地段优势,将房产改造成体育、娱乐、餐饮用场地用于出租。通过招标,集团和本市个体经营者杨某达成协议,以每年100万元的价格将改造后的场馆出租给杨某。这一出租方案需要缴纳的房产税和营业税及附加税费,具体缴税情况为:

$$房产税 = 100 \times 12\% = 12(万元)$$
$$营业税及附加税费 = 100 \times 5.5\% = 5.5(万元)$$

【筹划思路与方法】

在以上过程中,江天集团出租房屋,属于提供营业税应税劳务,所以需要缴纳营业税。其实,对于其中的营业税纳税义务,通过适当的税收筹划,是完全可以规避的。根据《中华人民共和国营业税暂行条例实施细则》(以下简称《营业税暂行条例实施细则》)规定,企业以承包或承租形式将资产提供给内部职工和其他人员经营,企业不提供产品、资金,只提供门面、货柜及其他资产,收取固定的管理费、利润或其他名目价款的,如承包者或承租者向工商部门领取了分支机构营业执照或个体工商户营业执照,则属于企业向分支机构和个体工商户出租不动产和其他资产,按"服务业—租赁"征收营业税。如承包者或承租者未领取任何类型的营业执照,则企业向承包者或承租者提供各种资产所收取的各种名目的价款,均属于企业内部的分配行为,不征收营业税。

根据以上规定,如果江天集团将杨某聘为本企业职工,然后将房产以承包的形式委托杨某经营,要求其每年上缴100万元的管理费用,并由杨某自负盈亏,则江天集团不再成为营业税的纳税人。在这一经营模式下,房产由出租变为自营,因此房产税有所改变,其全部纳税状况为:

$$房产税 = 1\,000 \times (1-30\%) \times 1.2\% = 8.4(万元)$$

由于江天集团不是营业税纳税人,规避了营业税纳税义务,无需再缴纳营业税及附加税费,因此可以节税9.1万元(12+5.5-8.4)。

(二)应纳税种的替换

应用规避纳税义务方法的最终目的是降低实际税负,所以在很多情形下应用该方法的结果是以另外一种税负更轻的税种来替换原有的应纳税种。这样在规避原有税种的纳税义务的同时又增加了另一种税的纳税义务,需要缴纳的税种并没有减少,但由于最终税收负担降低了,相应的筹划方案当然也是有效的。

【案例2-4】 圣达助动车有限公司(以下简称圣达公司)是在我国具有一定知名度的助动车生产企业,主要产品有飞鸽和温暖等品牌。2012年12月,公司在与全国20多个省份的50多位经销商签订销售合同时,就明确规定飞鸽助动车每辆不含税价2 000元,手续代理费300元;温暖助动车每辆不含税价2 500元,手续代理费200元。2013年1月,圣达公司发出飞鸽助动车10 000辆、温暖助动车20 000辆。到2013年2月底,圣达公司收到代销单位的代销清单上注明销售飞鸽助动车8 000辆、温暖助动车18 000辆,同期,公司取得的增值税专用发票上注明进项税额为900万元。

收到代销清单后,圣达公司需按销售清单确认销售收入,并计算增值税销项税额,代理商取得的代理收入按照《营业税暂行条例实施细则》第4条的规定,属于营业税范围的代理业务,应缴纳营业税。两个单位纳税情况如下:

$$圣达公司增值税 = (8\,000 \times 0.2 + 18\,000 \times 0.25) \times 17\% - 900 = 137(万元)$$

$$代理商营业税 = (8\,000 \times 0.03 + 18\,000 \times 0.02) \times 5\% = 30(万元)$$

【筹划思路与方法】

圣达公司与代理商合计应纳税收为167万元。

2013年3月,通过向税务专家咨询,了解到收取手续费委托代销方式增加了公司的流转税负担,建议公司改用买断代销方式,即与代理商签订代销协议时,公司直接从产品中扣除手续费,以扣除手续费后的价格作为合同代销价格,此时代销价格为飞鸽助动车为每辆不含税价为1 700元,温暖助动车为每辆不含税价2 300元。

为便于税负水平的比较,假定本期的销售状况和2013年2月完全一样,此时两个单位缴税的状况为：

$$圣达公司增值税 = (8\,000 \times 0.17 + 18\,000 \times 0.23) \times 17\% - 900 = 35(万元)$$

由于销售模式的改变，此时代理商的销售收入按照我国《增值税暂行条例实施细则》第4条的规定，属于增值税范围的销售代销货物业务，应缴纳增值税，其增值税进项税额等于圣达公司的销项税额，为935万元[$(8\,000 \times 0.17 + 18\,000 \times 0.23) \times 17\%$]。

$$代理商增值税 = (8\,000 \times 0.2 + 18\,000 \times 0.25) \times 17\% - 935 = 102(万元)$$

因此，圣达公司少缴增值税102万元(137-35)，代理商多缴增值税102万元，少缴营业税30万元，两个公司共少缴税收30万元。这少缴的税收来自代理手续费部分的收入规避了营业税纳税义务。当然，如果直接以这种模式同代理商合作，会有很大的阻力，因为代理商多缴税收72万元(102-30)。因此，圣达公司需要和代理商协商，通过其他形式的合作共同分享30万元的税收筹划收益，才能保证税收筹划方案能顺利实施。

在本例中，尽管代理商规避了成为营业税的纳税人，但其同时成为增值税的纳税人，但从节税的整体效果来看，规避纳税义务的筹划思路依然是有效的。

第三节 税负转嫁

一、税负转嫁的基本概念和形式

（一）税负转嫁的概念

税负转嫁是指在市场经济条件下纳税人通过经济交易中的价格变动将所纳税收部分或者全部转移给他人负担的一个客观经济过程。

税收的最初纳税人和税收的最后承担者往往并不一致，最初的纳税人可以把所纳税款部分或全部地转嫁给其他人负担。这种纳税人将其所缴纳的税款转嫁给他人负担的过程就叫税负转嫁。不管如何，税负转嫁结果最终总有人承担，最终承担税负的人称负税人，税负最终落到负税人身上的过程称为税负归宿，税负归宿和税负转嫁是同一个问题的两个方面。可见，在税负转嫁的条件下，纳税人和真正的负税人是可以分离的，纳税人只是法律意义上的纳税主体，负税人是经济意义上的承担主体。

（二）税负转嫁的基本形式

税负转嫁可以归纳为六种形式：税负前转、税负后转、税负消转、税负辗转、税负叠转和税负资本化。

1. 税负前转

税负前转又称税负顺转，是指企业将所纳税款通过提高商品或生产要素价格的方法，转嫁给购买者或者最终消费者承担。这是最为典型、最具普遍意义的税负转嫁形式。能够通过价格进行税负前转的，主要是征税时无法确定其最终负担方是谁的税种，例如：消费税、关税、营业税等税种，这些税种的共同点在于税款可以加在商品的价格上，在商品出售时实现税负的转嫁,转给购买方和消费方。

【案例2-5】 我国南方一些竹木产区生产竹木地板,这种地板的特点是清凉、透气、加工制造简单。但是与革制地板、化纤地毯相比较,显得不够美观、漂亮。生产厂商将竹木地板的定价确定为每平方米20元。由于竹木地板只适用于南方潮湿地区,北方多数地区无法使用(竹木地板易裂,怕干燥),市场需求量不大,结果造成竹木地板生产厂商只能简单维持企业运转。由于竹木地板的定价在当时已被认为是很高的价格标准,所以有关税负只能由生产厂商负担。

后来日本人发现了这种竹木地板,经他们分析测定,这种竹木地板具有很高的医学价值,使用竹木地板对维持人们体内微量元素的平衡起重大作用。因此日本及东南亚国家纷纷到我国南方订货,原来20元的竹木地板一下变成20美元。这样,竹木地板的生产厂商大幅提高了利润水平,其所负担的税金全部通过价格的提高实现了转嫁。

2. 税负后转

税负后转又称税负逆转,是指纳税人已纳税款因各种原因不能向前转给购买者和消费者,而是向后逆转给货物的生产者。税负后转主要适用于商品由于课税造成涨价,市场需求减少,商品销售量减少,迫使销售方和生产方同意减价出售,从而税款实际转给生产方或经营方承担。

3. 税负消转

税负消转又称税负转化,是指纳税人用降低课税品成本的办法使税负从新增利润中得到抵补。这既不是提高销价的前转,也不是压低购价的后转,而是通过改善经营管理、提高劳动生产率等措施降低成本、增加利润而抵消税负。消转实质上是用生产者应得的超额利润抵补税收。实际上不转嫁,由纳税人自己负担。

4. 税负辗转

税负辗转是指税负前转或后转次数在两次以上的转嫁行为。

5. 税负叠转

税负叠转又称税负混转、税负散转,是指同时采取税负前转、税负后转等转嫁方法以转嫁税负的行为。

6. 税负资本化

税负资本化又称税收资本化、赋税资本化,它是税负后转的一种特殊方式。即纳税人以压低资本品购买价格的方法将所购资本品可预见的未来应纳税款,从所购资本品的价格中作一次扣除,从而将未来应纳税款全部或部分转嫁给资本品出卖者。此种情况主要发生于土地买卖和其他收益来源具有永久性的财产。

无论采取前转还是后转,或者辗转转嫁哪种方式进行转嫁税负,税负转嫁都只是纳税人与负税人的分离,并不会导致国家的税收总收入的减少。

二、税负转嫁效果的主要影响因素

一般认为,在物价自由波动的前提条件下,商品供求弹性、市场结构、成本变动和课税制度等因素对税负转嫁会有重要的影响。下面我们将具体讲解商品供求弹性、市场结构和课税制度三个主要因素的影响情况。

（一）商品供求弹性

在商品经济中,市场调节的效应往往使税收负担能否转嫁和如何转嫁在很大程度上取决于市场上的供求状况。在自由竞争的市场中,课税商品的价格受供求规律的制约,市场上商品的供给和物价的涨落,都非一个生产者或一群生产者所能操纵的。商品价格的变化会直接反映为需求和供给情况的变化。因此,课税商品的价格能否提高,税负能否转嫁,不是以供给或需求哪一方的意愿决定的,而是取决于市场上供求弹性产生的经济压力大小。

供给弹性与需求弹性的比值即为供求弹性。供求间的制衡统一关系,决定了企业税负转嫁及其实现方式不能片面地依从其中某一方面,而必须根据供给弹性和需求弹性的力量对比及转换趋势予以相机抉择。一般而言,当供给弹性大于需求弹性,即供求弹性系数大于1时,企业应优先考虑税负前转的可能性;反之,如果供求弹性系数小于1,则进行税负后转或无法转嫁的可能性比较大;如果供给弹性系数等于需求弹性系数,则税款趋于买卖双方均分负担。综合分析,可以得出这样的结论:税负转嫁是商品经济发展的客观存在。以此为基点,直接纳税的企业通常会把能够转嫁出去的税收仅仅作为虚拟成本或额外成本,而把不可转嫁的税收视为其真正的成本。因此,西方人把纳税人和负税人一致的税种称为直接税种,把纳税人和负税人不一致的税种称为间接税种。

（二）市场结构

纳税人所处的市场结构不同,利用税负转嫁进行税收筹划的难易程度也不同。市场结构一般可分为完全竞争、垄断竞争、寡头垄断和完全垄断四种。

完全竞争市场是一种不受任何外部力量控制和干扰,完全自由化的市场。其具有以下四个显著特点:市场上有众多生产者和消费者;同一行业中的厂商生产的产品是无差别的;厂商进入或退出某一行业是完全自由的;厂商、消费者都可以获得完全和对称的市场信息。在完全竞争市场结构下,任何单个厂商都无力控制价格,因而不能通过提高价格的方法把税负向前转嫁给购买者或消费者,因为购买者或消费者会因厂商产品价格的提高而转向购买其他厂商的产品。

垄断竞争市场是既有竞争又有垄断的市场结构,具有以下三个特点:同一行业众多厂商生产有差别的产品;同一行业中有数目较多的厂商;资源流动比较自由。在垄断竞争市场结构中,各个厂商的产品性质是有区别的,因此厂商税负转嫁筹划的主要思想是突出自己生产的产品与同行产品的差异性,利用相对垄断优势,对产品价格进行适当调整,将税负部分向前转嫁给消费者。但由于没有形成垄断市场,税负不能完全转嫁。

寡头垄断市场介于垄断竞争市场和完全垄断市场之间,是由少数几家大型厂商控制某种商品的绝大部分乃至整个市场的一种市场组织形式。一般来说,寡头市场具有以下几个基本特征:行业内厂商数目很少;各寡头之间相互依存;厂商不能自由进出市场。在寡头垄断市场条件下,厂商的产品具有同质性或差异性很小的特点,这种产品属性决定了寡头垄断厂商不能采用垄断竞争厂商的方法进行税负转嫁筹划,而只能采取同盟或联盟的形式,对产品价格调整采取一致行动,把税负转嫁给消费者。

完全垄断市场是指一家或极少数厂商控制了某种产品全部市场供给的市场结构。完全垄断市场具有以下特点:行业只有一家或极少数厂商;厂商所提供的产品没有直接的替代品;厂商不是价格接受者而是价格制定者;其他厂商进入该行业及其困难或几乎不可能。在完全垄断市场条件下,厂商主要根据商品的需求弹性来决定价格。如果垄断厂商提供的产品为生活必需品,缺乏弹性,则完全垄断厂商可以提高产品价格,把税负全部转嫁给购买者或消费者;如果垄断厂商生产的产品为非必需品,需求弹性较大,则垄断厂商只能把部分税负转嫁给消费者,自己仍需承担部分税负。

(三)课税制度

课税制度中税种的设置及税制要素的设计差异,如税种性质、课税范围的宽窄、课税依据等对税负转嫁均有一定的影响。

1. 税种性质

商品交易行为是税负转嫁的必要条件。一般来说,只有对商品交易行为或活动课征的间接税才能转嫁,而与商品交易行为无关或对人课征的直接税则不能转嫁或很难转嫁。如增值税、营业税、消费税和关税等一般认为是间接税,税负可由最初纳税人向前转嫁给消费者,这类税的税负还可向后转嫁给生产要素提供者来承担。而个人所得税、企业所得说、财产税等一般认为是直接税,税负不能或很难转嫁。

2. 课税范围宽窄

一般情况下,课税范围越宽,越容易实现税负转嫁;反之,税负转嫁的可能性便会趋小。原因在于,课税范围宽窄直接决定着购买者需求选择替代效应的大小,进而影响市场供求弹性的程度及转嫁态势,导致税负转嫁或易或难的变化。如果对所有商品课税,购买者需求选择替代效应就小,税负转嫁就较容易;反之,如果只对部分商品课税,课税商品具有替代效应,税负就不易转嫁。

3. 课税对象

对生产资料课税,税负辗转次数多,容易转嫁,且转嫁速度快;对生活资料课税,税负辗转次数少,较难转嫁,且转嫁速度慢。

4. 课税依据

税收计征的方法可分为从价计征和从量计征两种基本形式。从价计征,按课税对象价格的一定比例纳税,税额随着商品的价格高低而同向变化,税负转嫁提价幅度和商品价格呈正比例关系,不易被消费者察觉,税负易转嫁。从量计征,按单位商品纳税,税额是一种额外负担,税负转嫁提价幅度和商品价格呈反比例关系,容易引起消费者察觉,税负难转嫁。

5. 税负轻重

税负轻重也是税负转嫁能否实现的一个重要条件。在其他条件相同的情况下,一种商品的税负越重,税负转嫁需大幅度提价,消费者易察觉,则税负转嫁越困难。反之,一种商品的税负越轻,税负转嫁只需小幅提价,消费者难察觉,则税负转嫁越容易。

三、税负转嫁的筹划方法

(一)市场调节法

市场调节法是根据市场变化进行税负转嫁筹划的方法。市场价格受供求规律的支配,需求的变动影响供给,供给的变动反作用于需求。商品价格随着供给与需求的变动上下波动。因此,税负能否转嫁,主要看纳税者怎样利用市场供求变化情况而筹划。

当商品供给一定时,如果需求增加或保持不变,生产经营者可以将其承担的税负加到商品价格上,转嫁给商品的购买者或需求者。这种情况是由于商品生产相对处于产量、质量的稳定过程中,即再对该商品投资,扩大生产规模,就会导致供大于求,而若从这些生产企业中抽走资金,减少生产,又会导致供给不足的局面。

当商品的需求一定时,如果供给不变或减少,税负就可以通过价格上涨方式转移给购买者或消费者,做到这一点的关键在于供给是否充分掌握需求处于稳定时的程度和可预期维持的时间。

在课税商品供不应求,供给量和需求量相差悬殊,且课税商品价格未被抬得过高的情况下,生产厂家在努力扩大生产的同时,生产经营者还应该尽可能把承担的税收连同各种费用一道转移给购买者,进行彻底的税负转嫁。在这种情况下,税负转嫁尝试会使该商品难以销售出去,一旦商品滞销后再进行降价处理,人们可能会怀疑商品质量不高或商品质量有问题,问津的人就会减少。

【案例 2-6】 正新有限责任公司是一家专门生产家用电器的企业,该企业成立于 1994 年,生产经营状况一直良好,2011 年由于偷漏税被税务机关查处。该企业补缴税款及罚款共 12 万元,该企业经理胡某认为这次查处给企业带来了巨大损失,应想办法弥补回来。2012 年 3 月,企业经理胡某决定提高产品出售价格,通过税负转嫁方法将税款最终转移到消费者身上。经过这次调价,该企业的产品销售数量较调价前大幅下降,企业实际效益反而减少。

经研究讨论决定,该企业于 2012 年 8 月再次将价格调回,第二个月销售量虽有小额上升,但企业实际收益仍在下降。

【筹划思路与方法】

本案例中,由于正新公司生产的家用电器属于大众产品,其需求弹性较大,价格调高会使销售额下降,因而实际效果不好。供给弹性是指商品的供给量对价格变动反应程度。在其他条件不变的情况下,商品的供给弹性越大,税负越易转嫁,反之不易转嫁。

本案例中,正新公司提价后销量大减,按理说价格下降时,销量会上升,但由于价格的下调给别人一种不可信赖的感觉,使人认为产品质量有问题,因而销售额只是小幅上升,而且恢复又需要一定时间,故使企业实际收益再次下降。

(二)商品成本转嫁法

商品成本与税负转嫁具有极为密切的联系。商品成本转嫁法是根据商品成本状况进行税负转嫁的方法。成本是生产经营者从事生产经营活动而作的各种预先支付和投入费用的总和。它一般有三种形态,即固定成本、递减成本和递增成本。固定成本是在生产经营过程中不随产品产量变化而变化的费用和损失。递增成本是随产品产量增加和经营范围的扩大而增加的费用和损失。递减成本则与递增成本相反,它是单位产品随着经营扩大和服务范围的扩展而减少的费用和损耗。从转嫁筹划来看,不同成本种类产生的转嫁筹划方式及转嫁程度不同。

1. 固定成本与税负转嫁筹划

固定成本的产品的成本不随着生产量的多寡而增减单位成本。因此,在市场需求无变化条件下,所有该产品承担的税额都有可能转嫁给购买者或消费者,即税款可以加入价格,实行向前转嫁。例如,骨灰盒,由于人们不会因为其价格是否包括了税款而多买或少买,因此,完全可以实现税负转嫁。然而,应该指出的是,对于成本固定而市场缺乏弹性的商品,它的需求总是一定的,需求变化情况极为少见。

2. 递减成本与税负转嫁筹划

成本递减的产品是实行税负转嫁的最好形式。由于单位产品成本在一定的情况下,随着数量增加和规模的扩大而减少,单位产品所承担的税负分摊也就减少,因此税负全部或部分转嫁出去的可能性大大提高。然而,随着生产数量和规模的增大,客观上要求降低产品价格的呼声也就增大了。生产经营者为了保证自己的竞争优势,也会适当地调低其出厂价格和销售价格。但就一般情况来说,这种价格降低的程度不会大于税负分摊在每个产品上的下降程度,即生产经营者在价格调低后,仍会把有关税负转嫁给自己商品的购买者,甚至还可以获得多于税额的价格利益。

3. 递增成本与税负转嫁筹划

对于递增成本的产品,企业在这种商品中的税负是不会全部转嫁的,至多只能转移一部分出去。因为成本递增的产品随着产量的增加,单位产品的成本也会增加,而课税又迫使企业提高产品价格,这样由于价格提高和产量增加的双重压力,产品的销路必然受到影响,继而造成产品严重积压。在这种情况下,厂家为了维持销路,不得不降低产品价格,自己承担一部分应属于消费者所承担的税收。可见,对于产品成本随产量增加而增加的生产经营者来说,若不想办法降低成本递增趋势,税负转嫁筹划是难以实现的。

（三）税基转嫁法

税基转嫁法也叫税基宽窄运用法,是根据课税范围的大小、宽窄实行的不同税负转移方法。一般来说,在课税范围比较广的情况下,正面、直接的税负转移就要容易些,这时的税收转移可称为积极性的税负转嫁。在课税范围比较窄的时候,直接地进行税负转移便会遇到强有力的阻碍,纳税人不得不寻找间接转嫁的方法,这时的税收转移就可以称为消极的税负转嫁。

积极税负转嫁筹划的条件是,所征税种遍及某一大类商品而不是某一种商品。如对生产、经营汽车征的税,对烟酒、农作物所征的税等。这些对大类商品普遍适用的税种实际上忽略了具体不同产品的生产经营状况,忽略了不同产品所承受的税负和转嫁税负的能力,因而为生产经营者转嫁税负创造了条件。在市场价格充分显示供求需要变化的条件下,生产经营者根据市场信号,进行产品品种的调整,就完全可以实现有效的税负转嫁。拿汽车生产来说,汽车品种很多,在其生产所有品种的汽车适用同一税率的情况下,它完全可以把绝大多数财力、物力、人力集中于市场上好销售的汽车生产,同理,汽车商店也会这样做。这样该生产厂家及经营商店总会处于设法满足市场需求的状况中,它的产品总是维持其大多数适销对路。从而保证它们承受的税负部分甚至全部都可以转移出去。事实上,凡是征税范围广泛的税(除直接税外),在某种意义上等于没有征税。因为它并没有影响市场选择的条件,也没有影响需求程度,只是在同类商品价格上增加了一个金额相等的附加值。

消极税负转嫁的情况是仅对某类商品中的某一种商品开征特定的税,此时直接意义上的税负转移就难以实现。因为这时税负承担者很具体,税基窄,消费者选择的余地大,由于税收替代效应,消费者会转而购买无税或低税的代用品。所以纳税人欲实现税负前转,则课税商品价格上升,由于市场存在无税或低税的代用品,课税商品的需求量必然减少,且减少的水平往往大于价格上升的幅度,因此税负难以转嫁。比如,茶和咖啡同属饮料,如果对咖啡课税而不对茶课税,咖啡生产经营者将对咖啡所课的税额加到价格之上转嫁给购买者或消费者,导致咖啡价格上涨,咖啡消费者就会转向对茶的消费,以致咖啡的需求减少,这时咖啡生产供应商就很难把税款加到咖啡价格上去进行转嫁。唯一的办法就是进行消极抵制,将生产经营的咖啡改为茶。

第四节　缩　小　税　基

税基即计税依据。不同的税种,其计税依据是不同的。例如,增值税的计税依据是货物和应税劳务的增值额,企业所得税的计税依据是企业的应税所得额,而城市维护建设税的计税依据则是纳税人实际缴纳的增值税、消费税和营业税税额。计税依据分为从价计征和从量计征两种类型。从价计征的,以征税对象的自然数量和单位价格的乘积作为计税依据;从量计征的税收,以征税对象的自然实物量作为计税依据,该项实物量以税法规定的计量标准为准。例如,消费税中的啤酒、黄酒的计量标准为"吨",摩托车车船税的计量标准为"辆"。当然,有些税种既要从价计征,也要从量计征,实行复合计税,例如,粮食白酒、薯类白酒消费税从价比例税率为20%,定额税率为0.5元/斤。

现代税收一般都是从价计征,从量计征的税种极少,中国的现行税制也是如此。虽然缩小从量税基要困难一些,可以不予考虑。所以,缩小税基筹划方法主要是应用于从价税的税收筹划。

任何一个税种都有关于税基如何认定的规定,这就是说,对于同一笔业务,如果相应的经营方式不同,或企业形式不同,或者适用税种不同,其被认定的税基是可以不同的。这就为利用缩小税基方法进行税收筹划提供了选择的空间。此外,对不同税种来说,税基通常是收入或总值减去可扣除项的余额,绝大部分税种都是从这两个方面来规定税基的,所以从减少应税收入和加大可扣除额这两个方面都有可能缩小税基。

【案例2-7】　飞跃摩托车有限公司,当月对外销售同型号的摩托车时共有三种价格,以5 000元的单价销售50辆,以5 500元的单价销售10辆,以6 000元的单价销售5辆。该公司一直从辉煌马达公司购买发动机,当月一笔应付账款到期,该公司和辉煌马达公司约定以20辆摩托车抵债,每辆摩托车作价5 500元。该型号的摩托车消费税税率为10%。飞跃公司认为,抵债的摩托车按协议实际价格计算缴纳消费税,故在月末申报消费税如下:

$$销售额 = 5\,000 \times 50 + 5\,500 \times 30 + 6\,000 \times 5 = 445\,000(元)$$
$$消费税 = 445\,000 \times 10\% = 44\,500(元)$$

但税务机关审查企业销售数据后指出,根据税法的规定,企业用自产的应税消费品进行对外投资、换取生产资料和消费资料以及抵偿债务,虽然没有直接发生销售行为,但仍是一种有偿转让应税消费品所有权的行为,应按视同销售应税消费品计算缴纳消费税,并且应当按纳税人销售同类应税消费品的最高销售价格作为计税依据计算缴纳消费税。因此飞跃公司应纳消费税为：

$$销售额 = 5\,000 \times 50 + 5\,500 \times 10 + 6\,000 \times 25 = 455\,000(元)$$

$$消费税 = 455\,000 \times 10\% = 45\,500(元)$$

【筹划思路与方法】

可见，飞跃公司需要补缴消费税 1 000 元。之所以会出现这两种不同结果，显然在于消费税对于销售情况不同的同类商品的计税价格有不同的规定：一种是对于在市场直接销售的，规定按实际销售价格计税；另一种是对于用以换取生产资料和消费资料以及抵偿债务等视同销售的，规定按同类应税消费品的最高销售价格计税，而这两种规定对应不同的税基，前者小，后者大。

如果飞跃公司事先进行税收筹划，选定认定税基较小的还债方式，即先将 20 辆摩托车销售给辉煌马达公司，收到货款后再偿还辉煌马达的相应账款，就可以按照 5 500 元的价格来计算消费税，也就不必补缴这 1 000 元消费税了。

【案例 2-8】 太行公司是一家医疗仪器生产企业，是增值税一般纳税人。该公司 2006 年度实现产品销售收入 6 500 万元，管理费用中列支的业务招待费有 90 万元，管理费用中列支的广告费为 290 万元，业务宣传费为 80 万元，会计利润为 100 万元。按当时税法规定，企业业务招待费的扣除限额为：企业年销售收入净额在 1 500 万元及以下的，不超过销售收入净额的 5‰；年销售收入净额超过 1 500 万元的部分，不超过该部分的 3‰；广告费扣除比例为销售收入净额的 2%，业务宣传费不超过销售收入净额的 5‰；企业所得税税率为 33%。假设太行公司无其他纳税调整事项。因此，太行公司 2006 年度应纳企业所得税计算如下：

$$业务招待费超支额 = 90 - (1\,500 \times 5‰ + 5\,000 \times 3‰) = 67.5(万元)$$

$$广告费超支额 = 290 - 6\,500 \times 2\% = 160(万元)$$

$$业务宣传费超支额 = 80 - 6\,500 \times 5‰ = 47.5(万元)$$

$$企业所得税 = (100 + 67.5 + 160 + 47.5) \times 33\% = 123.75(万元)$$

【筹划思路与方法】

筹划思路：如果公司将销售部分分离出来，设立一个独立核算的销售公司，然后将产品先销售给销售公司，再由销售公司对外销售，这样就增加了一次销售收入，扩展了费用扣除空间。当然，销售公司必须申请成为增值税一般纳税人，这样，只要公司最终的销售额不变，则公司内部的增值额也不变，增值税负担不会增加，而业务招待费、广告费和业务宣传费等费用的扣除额会大幅度增加。

具体筹划方案：太行公司先将产品以 5 000 万元的价格全部销售给销售公司，销售公司再以 6 500 万元的价格对外销售，因此太行公司及其销售公司的销售收入总额达到 11 500 万元(5 000＋6 500)。而公司和客户之间的招待费用、公司的广告费等不会增加，因此可将以上三项费用在太行公司与销售公司之间进行合理分配，以便充分利用各项费用的扣除限额。

筹划后，2006 年度企业的企业所得税的纳税情况变为：

$$业务招待费超支额 = 90 - (3\,000 \times 5‰ + 8\,500 \times 3‰) = 49.5(万元)$$

$$广告费超支额 = 290 - 11\,500 \times 2\% = 60(万元)$$

$$业务宣传费超支额 = 80 - 11\,500 \times 5‰ = 22.5(万元)$$

$$企业所得税 = (100 + 49.5 + 60 + 22.5) \times 33\% = 76.56(万元)$$

可见,筹划后比筹划前可少负担企业所得税47.19万元(123.75-76.56)。本例就是通过设立销售公司来增加可扣除的费用额度,从而缩小了税基,降低了税收负担。

第五节　适用低税率

税率是税收制度的核心要素,体现了征税的深度。按照税收制度规定,应纳税额等于计税依据乘以适用的税率。在税基一定的情况下,税率越高,应纳税额越多;反之,税率越低,则应纳税额越少。因此,在税基一定时,如何降低适用税率就成为纳税人税收筹划的基本思路。我国现行税制是复合税制,不同的税种不但征税对象不同,税率也是不同的;对任何一个税种而言,基本上都是实行差别税率。这些差异就为税收筹划提供了可操作的空间。

适用低税率的含义是指纳税人应通过避重就轻的方式,尽量使自己的经营属于低税率征税对象。所谓低税率是相对而言的,明显的含义是指较低的名义税率,但从根本上说是指有效税率较低,即实际承担的综合税率较低。

适用低税率在具体应用时主要有以下三种表现形式。

1. 在一个税种中适用低税率

在我国税制中,没有完全只采用单一税率的税种。如增值税,基本税率采用17%的比例税率,但对有关农产品、日常生活必需品、文化用品等采用13%的低税率;又如企业所得税,统一采用25%的税率,但仍对小微企业和高新技术企业分别适用20%和15%的差别优惠税率。其他税种中类似税率的差异更多,因此采用适用低税率方法时,比较直观的情形是针对一个具有差别税率的税种,通过筹划来适用低税率。

【案例2-9】　北京天棚房地产开发公司在2011年开发一个楼盘,该楼盘分为两个部分,东区为普通住宅,西区拟开发豪华住宅。预计2012年商品房销售收入为2亿元,其中普通住宅销售额为1.2亿元,豪华住宅销售额为8 000万元。估计税法规定可扣除项目金额约为1.4亿元,其中普通住宅的可扣除项目金额为9 000万元,豪华住宅的可扣除项目金额为5 000万元。

【筹划思路与方法】

方案一:作为两个项目分开核算,则普通住宅和豪华住宅分别应纳土地增值税为:

$$普通住宅增值率 = (12\,000 - 9\,000) \div 9\,000 \times 100\% = 33\%$$

应适用30%的税率,因而其应纳土地增值税为:

$$(12\,000 - 9\,000) \times 30\% = 900(万元)$$

$$豪华住宅增值率 = (8\,000 - 5\,000) \div 5\,000 \times 100\% = 60\%$$

应适用税率40%,速算扣除系数5%,应纳土地增值税为:

$$(8\,000 - 5\,000) \times 40\% - 5\,000 \times 5\% = 950(万元)$$

应纳土地增值税合计为1 850万元(900+950)。

方案二:作为一个项目合并核算,该企业应纳土地增值税为:

$$增值率＝(20\ 000－14\ 000)÷14\ 000×100\%＝42.9\%$$

应适用30％的税率,因而其应纳土地增值税为:

$$(20\ 000－14\ 000)×30\%＝1\ 800(万元)$$

比较两种方案的应纳土地增值税,可知分开核算比合并核算多支出税金50万元,于是天鹏公司决定将东区和西区合为一个项目开发。本例中,由于豪华住宅的增值率较高,适用的税率也就较高,但由于它的销售额不大,并且增值率又不是高很多,所以在合并计算后总体增值率提高的不太多,致使总体适用普通住宅的税率。这样,纳税人全部的税基都使用了较低的税率。

【案例2-10】 王先生在大峡谷花园小区旁开了一家经营各种百货商品的超市,并在店内安置了几十部电话提供公用电话服务。预计其每年销售百货商品的应纳税所得额为32 000元,电话服务收入的应纳税所得额为18 000元。按照我国个人所得税法的规定,王先生的经营所得属于个体工商户生产经营所得,应汇总缴纳个人所得税。

$$应纳所得税额＝(32\ 000＋18\ 000)×20\%－3\ 750＝6\ 250(元)$$

【筹划思路与方法】

因为百货商品的销售收入和电话服务收入统一进行核算,并都属于王先生一个人的收入,所以汇总缴纳计算所得税不仅税基较大,而且适用的税率也较高。如果王先生和其妻分别负责百货商品的销售和电话业务服务,各自申报缴纳税款,则:

$$王先生应纳所得税＝32\ 000×20\%－3\ 750＝2\ 650(元)$$
$$王先生妻子应纳所得税＝18\ 000×10\%－750＝1\ 050(元)$$

这样,将收入分开核算计缴所得税,使其中18 000元得以适用低税率,从而在总收入不变的情况下,计算缴纳的所得税款减少了2 550元(6 250－2 650－1 050)。本例中,当分别计税后,使得其中一部分税基的适用税率降低了,从而使综合税率下降,应纳税额自然减少。

2. 在多个税种中适用较低的税率

适用低税率策略无需局限在单个税种中,在我国目前适用的税种中,一些税种的征税范围存在重叠或界限相对模糊的情况。比如,在增值税和营业税的征税范围中,混合销售行为和兼营非应税劳务的行为使两个税种界限模糊,因而纳税人存在适用低税率进行税收筹划的空间。

【案例2-11】 快乐空间管理公司是一家提供量贩式KTV娱乐服务的企业,其业务实际上主要由三部分构成:提供KTV娱乐、提供各式中西简餐和销售烟酒与饮料。2012年7月,该公司取得门票收入100万元,餐饮服务收入50万元,烟酒、饮料销售收入50万元。控股股东为方便对公司监管,规定对三项业务实行统一核算,汇总缴纳有关税费。按照我国《营业税暂行条例》的有关规定,经营娱乐业所取得的各项收入,包括门票费、餐饮服务收入、烟酒和饮料收入等都作为营业额。因此,快乐空间管理公司应该对所有收入缴纳20％的营业税,其税收负担为:

$$营业税＝(100＋50＋50)×20\%＝40(万元)$$

【筹划思路与方法】

其实,在这种情况下,快乐空间管理公司如果将餐饮的收入与娱乐业务分开核算,分别按照各自适用税率计算缴纳营业税;将烟酒、饮料等商品销售注册成独立核算的小规模纳税人,计算缴纳增值税,则其税收负担将发生明显变化:

$$营业税 = 100 \times 20\% + 50 \times 5\% = 22.5(万元)$$
$$增值税 = 50 \div 1.03 \times 3\% = 1.46(万元)$$

经过计算比较容易得出,将应税项目分开核算,可使企业少缴纳税款 16.04 万元(40－22.5－1.46)。

在本案例中,该公司将烟酒、饮料等商品销售注册成独立核算的小规模纳税人,从而增加了一个应纳税种增值税,但由于这项业务原来适用的营业税税率为 20%,而小规模纳税人的增值税征收率为 3%,实际上降低了公司的税收负担,这实际上是在可能适用的多个税种中选择税率较低的税种。另外,公司还将餐饮业务收入分开核算,使其适用税率从原来的娱乐业税率 20% 变为服务业税率 5%,也大幅度降低了税收负担。

3. 名义税率提高但实际税率降低

采用适用低税率方法时,还要注意税收中存在名义税率和实际税率的差异。名义税率是税法规定的各个税种的法定税率,如消费税中规定的每吨啤酒 220 元,企业所得税中的 25% 的税率等。实际税率使实纳税额占征税对象数额的比率。在实纳税额与应纳税额相等,征税对象的全部数额与应税的征税对象数额相等时,实际税率与名义税率相等。而由于税收制度、计税依据、减免税、加成加倍征税、重复征税等原因,造成纳税人的实际税率与名义税率并不相等。采用适用低税率方法时,考察的是实际税率而不是名义税率。

【案例 2-12】 某市永基有限公司是一家以生产机械加工工具为主要业务的制造企业,为增值税小规模纳税人,年均销售额为 90 万元,每年购入的钢材等原材料价值为 75 万元,该公司每年缴纳的增值税状况为:

$$增值税 = 90 \times 3\% = 2.7(万元)$$

【筹划思路与方法】

其实,永基公司规范财务制度后,可以向税务机关申请成为一般纳税人。如果作为一般纳税人,则公司缴纳增值税状况为:

$$增值税 = 90 \times 17\% - 75 \times 17\% = 2.55(万元)$$

在本例中,当永基公司成为一般纳税人时,使用的名义税率为 17%;而作为小规模纳税人时,适用的税率为 3%。显而易见,公司作为一般纳税人税收负担更低,因为此时的增值税实际税率仅为 2.83%(2.55÷90),低于 3% 的征收率。因此,该公司从小规模纳税人转变为一般纳税人的过程,同时也是一个适用低税率以降低税收负担的过程,而不论名义税率是否增加。

综合以上分析,适用低税率方法关注的是实际税率的降低。而实际税率的降低可以在一个税种中实现,也可以在多个税种之间实现,还可以通过增加应税税种实现,甚至可以表现为名义税率的提高。无论如何,只要能使实际税率降低,就可以降低最终的税收负担,就是有效地应用了适用低税率的筹划方法。

第六节 税收递延

一、税收递延的概念

纳税期的递延也称为延期纳税或税收递延,即允许企业在规定的期限内,分期或延迟缴纳税款。纳税期的递延,给纳税人带来的好处是不言而喻的。《国际税收词汇》中对延期纳税条目的注释做了精辟的阐述:"延期纳税的好处有:有利于资金周转,节省利息支出,以及由于通货膨胀的影响,延期以后缴纳的税款币值下降,从而降低了实际纳税额"。

二、税收递延的途径

在有些情况下,纳税人还可获得税法本身未规定的延期纳税,以达到避税的目的。例如,纳税人利用在国外的控股公司来积累外国来源的所得,而不是汇回国内。有些国家,如法国、德国、英国和美国已制定了税法条款来挫败这种避税活动。

事实确是如此,税收递延的途径是很多的,纳税人从中可得到不少税收实惠。特别在跨国公司迅速发展的今天,假定母公司位于高税管辖权的地区,其子公司设在低税管辖权的地区,子公司取得的收入长期留在账上,母公司由于未取得股息分配的收入,这部分税款自然就递延下来了。现在只有少数国家在小范围内采取防范的措施,对税收筹划不会有太大的影响。

采取有利的会计处理方法,是企业实现递延纳税的重要途径。

在企业的收益表上,我们经常可以看到会计所得与所得税申报表上的计税所得,在许多情况下是不一致的。原因是会计师编制收益表,核算经营结果,基本是依据公认的会计准则,而计税所得却是一个税收的法规概念。由于会计准则和税法服务于不同的目的,所以计算出来的数值出现差异是不足为奇的。

这种差异按原因和性质的不同划分,可以分为时间性差异和永久性差异两大类。

时间性差异是指会计准则和税法在确认收益或费用、损失的时间不同而产生的税前会计利润与应纳税所得额的差异。例如,会计上按直线折旧法,税收上按加速折旧法,于是出现了时间性差异。

永久性差异是指由于会计准则和税法在计算收益或费用、损失时的规定不同,而产生的税前会计利润与应纳税所得额之间的差异。例如,会计虽然列账了,但因违反税法规定予以剔除,如超标准支付招待费等。

由于永久性差异的发生是由于所得税法与会计准则的实质性差别所引起的,应税所得调增和调减不作返回性的调整,因此不存在应纳税金的递延问题。

从是否可作返回性调整的角度看,税收递延涉及的只是时间性差异。因为任何会计期的税前会计所得同计税所得的时间性差额,在以后会计期将随着两类所得之间差额发生相反变化得到冲减。

在纳税人眼里,由于时间性差异造成的应税所得小于会计所得,应付所得税会小于申报所得税,出现预付税金,反映为税收损失。相反,当会计所得小于应税所得,申报所得税会小于应付所得税,将出现递延所得税负债,即纳税期的递延,反映为税收利益。税收筹划的目标,便是在不违反税法的前提下,尽量地延缓缴税,这等于得到一笔"无息贷款",并随之得到上述各种额外的税收好处。

三、税收递延的方法

由于税收的重点是流转税和所得税,而流转税的计税依据是收入,所得税的计税依据是应纳税所得额,它是纳税人的收入减去费用的余额,所以推迟税款缴纳的方法尽管有很多,但基本思路可以归纳为:一是推迟收入的确认;二是费用应当尽早确认。

（一）推迟收入的确认

收入既涉及流转税又涉及所得税。从税收的角度看,收入确认总是越晚越好。关于推迟收入的确认,一般有两种基本方法。

1. 合理安排生产经营活动

一种是通过对生产经营活动的合理安排推迟收入的确认。企业通过对其生产经营活动的合理安排,如合理地安排交货时间、结算时间、销售方式等,推迟营业收入实现的时间,从而推迟税收的缴纳。

（1）交货时间。在一般情况下,推迟交货时间就意味着推迟收入实现的时间,相应地也就推迟了纳税时间。有些企业将交货时间由年底推迟到第2年年初,就有这方面的考虑。

（2）结算时间。在有些销售方式下,结算就意味着收入的实现,因而推迟结算时间,相应地也就推迟了纳税时间。

（3）销售方式。不同的销售方式,其收入实现的时间是不同的,企业通过选择合适的销售方式即可推迟收入的实现,相应地也就推迟了纳税时间。

当然在大多数情况下,企业总是希望尽快收回货款,以加速资金周转,提高资金使用效率,因此通过这种方法来推迟税款缴纳经常受到各种限制。

2. 合理安排公司财务

另一种是通过合理的财务安排来推迟收入的确认。这主要是指在会计上通过合理安排确认营业收入实现的时间来推迟税款的缴纳,或者说合理安排营业收入的入账时间以推迟税款的缴纳。比如,会计上,商品销售收入的确认有销售法、收款法和生产法。销售法是指以商品所有权转移作为确认收入的标志,收款法以收到价款作为确认收入的标志,而生产法以完成一定量的生产作为收入确认的标志。显然,从税收筹划的角度看,收款法比销售法和生产法更科学,因为从产品生产到销售,从销售再到收到货款中间有两个时间差,实行收款法意味着推迟收入的确认,从而也就意味着推迟了税款的缴纳。劳务收入的确认有两种基本方法:一种是完成合同法,另一种是完工百分比法。所谓完成合同法,是指在整个劳务合同完成时才确认全部劳务收入,在全部劳务合同未完成前不确认相应的营业收入。所谓完工百分比法是指按完工作业的完工程度确认相应劳务收入的方法。从税收的角度看,显然完成合同法比完工百分比法更有利,因为它推迟了收入的确认,自然也就推迟了税款的缴纳。通过推迟收入确认来推迟税款的缴纳是相对节税的基本方法。

（二）尽早确认费用

费用不涉及流转税，只涉及所得税。从税收的角度看，费用确认的基本原则是：就早不就晚。具体而言，对于费用确认，应当遵循如下原则：凡是直接能进营业成本、期间费用和损失的不进生产成本，凡是能进成本的不进资产，能预提的不待摊，能多提的就多提，能快摊的就快摊。

1. 尽量不进生产成本

企业的营业成本（指企业当期已销售商品的成本、已提供劳务的成本）、期间费用（指企业当期发生的管理费用、销售费用和财务费用）和损失（营业外支出、投资损失等），直接冲减企业的当期收入，减少企业的当期利润，从而减少企业的应纳税所得额和应纳所得税额；而产品的生产成本在产品完工前构成在产品成本，生产完工后构成库存产品成本，只有产品销售出去后才能转化为营业成本，从而冲减企业利润，减少企业应纳所得税额。所以从相对节税角度来说，凡是直接能进营业成本、期间费用和损失的不进生产成本。

2. 能进成本的不进资产

企业为购置或开发、建造各种资产（指固定资产、无形资产）所发生的费用，形成资产的成本，这部分资产成本需要通过资产的销售、消费使用才能转化为企业的费用，从而冲减利润，减少应纳税所得额。比如，企业构建一项固定资产，其发生的费用形成固定资产成本，在固定资产使用年限内，通过折旧分摊计入企业管理费用等各项费用，而固定资产使用年限短则 3 年、5 年，长则 10 年、20 年，甚至更长。而进入生产成本的费用，一旦产品完工，如果适销对路，若干天或者一两个月内产品就能销售出去，其生产成本就会转化为营业成本。所以从相对节税角度来说，凡是能进成本（生产成本）的不进资产。

3. 能预提的不待摊

预提和待摊是会计上两种相对的费用确认方法。预提是指费用尚未支付以前按一定比例提前计入成本费用；待摊则是在费用支付后按一定比例分摊计入成本费用。比如，企业购入一台设备，每隔两年需大修一次，每次大修费用预计为 240 000 元。采用预提方法，则从购入后每月预提修理费 10 000 元，计入相关成本费用，这就意味着从购入开始，企业每月减少利润 10 000 元，计入相关成本费用，两年后实际进行大修理时一次性支付修理费 240 000 元。采用摊销法，设备购入后不作处理，两年后进行大修，实际支付大修费 240 000 元，从大修当月开始，按月分摊 10 000 元，计入有关成本费用，再经过两年后分摊完毕。显然，由于预提能提前将有关费用计入成本，因此从相对节税角度来说预提优于待摊，能预提的不待摊。

第七节　充分利用税收优惠政策

为充分发挥税收杠杆作用，国家出台了诸多税收优惠政策，其中，税收优惠的主要方式包括：免税、减税、税收抵免、亏损抵补、优惠退税等。例如，我国《企业所得税法》对国债利息收入等实行免税优惠，对从事农、林、牧、渔业项目等所得实行免征、减征优惠，对购置用于环境保护、节能节水、安全生产等专用设备的投资额实行税额抵免优惠。

一、税收优惠的内涵

税收优惠，就是指为了配合国家在一定时期的政治、经济和社会发展总目标，政府利用税收制度，按预定目的，在税收方面相应采取的激励和照顾措施，以减轻某些纳税人应履行的纳税义务，是国家干预经济的重要手段之一。

综观中国的税法，税收优惠主要用于鼓励农、林、牧、渔、水利等行业的发展，鼓励能源、交通、邮电等基础产业的发展，促进科技、教育、文化、宣传、卫生、体育等事业的进步，体现国家的民族政策和扶持社会福利事业，鼓励发展第三产业，鼓励环境保护和自然资源的综合利用，鼓励商品出口，吸引外商投资，搞好经济特区。

我国税制在确定纳税地点时多按属地原则，因此，集团企业对注册地和经营地进行选择时，除了要考虑方便原材料采购和产品销售，还应考虑如何尽量享受特定地区的税收优惠待遇等：将注册地选在远离原材料供应地或离产品销售地最近的低税率地区，建工厂以分支机构的形式设在原材料供应地，在各产品销售地设立营业网点，与总机构实行统一核算，这样企业或集团企业就能享受到较多的税收优惠。因此，很多跨国经营的集团企业选择在第三国即所得税税率较低、税收协定优惠多的国家设立新公司，利用税收优惠和国际税收协定以实现缩小税基或降低税率，达到了转移应税收入，获取筹划利益。这种策略在国际上最典型的就是诸多跨国集团企业在开曼群岛注册公司，目的是利用开曼群岛没有开征企业所得税的优惠政策，所以开曼群岛也被称为"避税天堂"。

【案例 2-13】 通威集团控股的通威股份有限公司就是以饲料工业为主，同时涉足水产研究、水产养殖、肉制品加工及动物保健等相关领域的大型农业科技型上市公司，是全球最大的水产饲料生产企业及主要的畜禽饲料生产企业，其中水产饲料全国市场占有率已达到 25％左右，连续 19 年位居全国第一，通威集团包括通威股份在内的大部分公司都设立在西部地区，享受国家西部大开发的税收优惠政策（所得税税率减按 15％征收），同时作为与"三农"密切相关的行业，还享受国家的增值税减免政策，集团企业的发展有良好的税收和政策环境。

二、税收优惠的形式

改革开放以来，我国的税收优惠政策在配合我国经济发展不同阶段的战略目标、促进经济发展方面发挥了很好的作用。随着经济发展和政府调控经济能力的提高，我国的税收措施也在不断调整中逐步完善，表现为在继续以产业政策和区域开发政策为投资鼓励重点的同时，进一步强化了投资鼓励的科技导向；在稳定现有的对外资的优惠政策基础上，更注重为国内、国外企业创造平等竞争的税收环境；在税收优惠形式上也从较为单一的降低税率、减免税期，向投资抵免、加速折旧、亏损结转等多种形式并用转变。

税收优惠在各个国家有不同的内容，概括起来，主要有如下几种形式。

（一）免税

免税是指国家出于照顾或奖励的目的，对特定的纳税人或纳税人的特定应税项目，或出于纳税人的特殊情况,给予纳税人完全免征税收的优惠政策。

免税可以是国家的一种税收照顾方式,比如,我国对于某些遭受严重自然灾害地区的企业在一定时期给予免税,就属于国家帮助那些地区恢复生产的税收照顾。同时免税也可以是国家出于其政策需要的一种税收奖励方式,它是贯彻国家经济、政治、社会政策的经济手段。例如,我国对满足特定条件的内外资企业定期免税等,属于国家出于政策需要的税收奖励。

各国税法里的免税优惠规定随处可见,是各国税收制度的一个组成部分。充分地利用免税政策获得税收利益的关键在于:

(1)尽量争取更多的免税待遇。在合法和合理的情况下,应该尽量争取免税待遇,争取尽可能多的项目获得免税待遇。

(2)尽量使免税期最长化。在合法和合理的情况下,应该尽量使免税期最长化。许多免税都有期限规定,免税期越长,节减的税收越多。

(二)减税

减税是国家出于照顾或奖励的目的,对纳税人或纳税人的特定应税项目,或由于纳税人的特殊情况,所给予纳税人减征部分税收的优惠政策。减税可以是国家对特定纳税人的税收照顾措施,比如,我国对遭受风、火、水、震等自然灾害的企业在一定时期给予减征一定税收的待遇,就属于税收照顾性质的减税。减税也可能是国家出于政策需要对特定纳税人的税收奖励措施。如我国对符合规定的高新技术企业、从事第三产业的企业、以"三废"材料为主要原材料进行再循环生产的企业给予减税待遇,就是国家为了实现其科技、产业和环保等政策所给予企业税收鼓励性质的减税。

和利用免税的要点相似,充分利用减税优惠获得税收利益的关键在于:

(1)尽量争取减税待遇并使减税最大化。在合法和合理的情况下,尽量争取减税待遇,争取尽可能多的税种获得减税待遇,争取减征更多的税收。

(2)尽量使减税期最长化。在合法和合理的情况下,尽量使减税期最长化。减税期越长,节减的税收越多。

(三)税率差异

税率差异是指对性质相同或相似的税种适用不同的税率。税率差异主要是出于财政、经济政策原因所致。比如,一个国家对不同企业组织形式规定不同的税率,公司的适用税率为45%,经济合作社的适用税率为40%;又如,一个国家对不同地区的纳税人规定不同的税率,一般地区的企业所得税税率为25%,某一个特区的企业所得税税率为15%。税率差异是普遍存在的客观情况。一个国家里的税率差异,往往是为鼓励某种经济、某类型企业、某类行业、某类地区的存在和发展,它体现国家的税收鼓励政策。充分利用税率差异来获得税收利益的关键在于:

(1)尽量寻求税率最低化。在合法和合理的情况下,尽量寻求适用税率的最低化。在其他条件相同的情况下,按高低不同税率缴纳的税额是不同的,他们之间的差异,就是节减的税收。寻求适用税率的最低化,可以达到节税的最大化。

(2)尽量寻求税率差异的稳定性和长期性。税率差异具有一定的确定性只是一般而言,税率差异中还有相对更稳定的。比如,政局稳定国家的税率差异就比政局动荡国家的税率差异更具稳定性,政策制度稳定国家的税率差异就比政策制度多变国家的税率差异更具长期性。在合法和合理的情况下,应尽量寻求税率差异的稳定性和长期性。

（四）税收扣除

税收扣除有狭义和广义之分。狭义的税收扣除指从计税金额中减去一部分以求出应税金额,比如,我国《企业所得税法》规定,企业的应纳税所得额为纳税人每一纳税年度的收入总额减去准予扣除项目后的余额。广义的税收扣除还包括:从应计税额中减去一部分,即税额扣除、税额抵扣,比如,我国的《增值税暂行条例》规定,应纳税额为当期销项税额抵扣进项税额后的余额。

税收扣除与特定范围的免税、减税不同,扣除规定普遍地适用于所有纳税人。利用税收扣除来获得税收利益最大化的关键在于:

（1）争取扣除项目最多化。在合法和合理的情况下,尽量使更多的项目能够得到扣除。在其他条件相同的情况下,扣除的项目越多,计税基数就越小,计税基数越小,应纳税额就越小,因而缴纳的税收就越少。

（2）争取扣除金额最大化。在合法和合理的情况下,尽量使各项扣除额能够最大化。在其他条件相同的情况下,扣除的金额越大,计税基数就越小,应纳税额就越小,因而缴纳的税收就越少。

（3）争取扣除最早化。在合法和合理的情况下,尽量使各允许扣除的项目在最早的计税期得到扣除。在其他条件相同的情况下,扣除越早,早期缴纳的税收就越少,早期的现金净流量就越大,可用于扩大流动资本和进行投资的资金也就越多,将来的收益也越多。

（五）税收抵免

税收抵免是指从应纳税额中扣除税收抵免额。

税收抵免的原意是纳税人在汇算清缴时可以用其已纳税额冲减其应纳税额。同时采用源泉征收法和申报查定法两种税收征收方法的国家,在汇算清缴时都有税收抵免规定,以避免双重征税。如果纳税人的已纳税额大于应纳税额,纳税人应得到退税;如果纳税人的应纳税额大于已纳税额,还应补足应纳税额。

现在世界各国的税收抵免规定,远远不止仅用于避免双重征税,它也可以是税收优惠获奖励的方法,如我国制定的投资抵免政策。利用税收抵免来获得税收利益最大化的关键在于:

（1）争取抵免项目最多化。在合法和合理的情况下,尽量争取更多的抵免项目。在其他条件相同的情况下,抵免的项目越多,冲抵应纳税额的项目也越多,应纳税额就越少,因而节减的税收就越多。

（2）争取抵免金额最大化。在合法和合理的情况下,尽量使各抵免项目的金额最大化。在其他条件相同的情况下,抵免的金额越大,冲抵应纳税额的金额就越大,应纳税额就越小,因而节减的税收就越多。

（六）亏损抵补

亏损抵补是指当年经营亏损在次年或其他年度盈利中抵补,以减少以后年度的应纳税款。这种优惠形式对扶持新办企业的发展具有一定的作用,对具有风险的投资激励效果明显,尤其对盈余无常的企业具有均衡税负的积极作用。因此,为了鼓励投资者进行长期风险投资,各国税法大多规定,给予投资者将年度亏损结转,与一定时期内的年度盈余互抵后的差额计征所得税的优惠照顾。

（七）优惠退税

优惠退税是指政府将纳税人已经缴纳或实际承担的税款退还给规定的受益人。优惠退税一般适用于对产品课税和对所得课税。前者一般适用于出口产品,在对外贸易中,退税是奖励出口的一种措施。世界各国奖励出口退税的措施概括起来有两种:一种是退还进口税,即用进口原料和半成品加工制成成品出口时退还已纳的进口税;一种是退还已纳的国内销售税、消费税和增值税等,即在商品出口时退还国内已纳税款,让其以不含税价格进入国际市场,从而增强其竞争力。

利用退税获得税收利益最大化的关键在于:

(1) 争取退税项目最多化。在合法和合理的情况下,尽量争取更多的退税待遇。在其他条件相同的情况下,退税的项目越多,退还的已纳税额就越多,因而节减的税收就越多。

(2) 使退税额最大化。在合法和合理的情况下,尽量使各退税额最大化。在其他条件相同的情况下,退税额越大,退的已纳税额就越大,因而节减的税收就越多。

 习　题

1. 什么是税收递延？通过税收递延实现税收筹划有哪些途径？

2. 税负转嫁的决定因素有哪些？

3. 税收优惠的形式一般有哪些？

第三章　增值税的税收筹划

增值税是对在我国境内销售货物或者提供加工、修理修配劳务、销售服务、无形资产或者不动产以及进口货物的单位和个人,就其取得的货物或应税劳务、服务销售额,以及进口货物金额计算税款,并实行税款抵扣制度的一种流转税。增值税是对商品生产和流通过程中各环节的新增价值或商品附加值进行征税。到 2005 年,世界上已有 140 多个国家和地区实行了增值税。从增值税在国际上的广泛应用可以看出,增值税作为一个国际性的税种是商品经济高度发展的产物。

1993 年 12 月颁布于 1994 年 1 月 1 日实施的《增值税暂行条例》和《中华人民共和国增值税暂行条例实施细则》(以下简称《增值税暂行条例实施细则》)中规定,我国采用的是生产型增值税,一方面是出于财政收入的考虑,另一方面则是为了抑制通货膨胀。随着我国社会主义市场经济体制的逐步完善和经济全球化的纵深发展,推进增值税转型改革的必要性日益突出。2008 年 11 月 10 日公布并于 2009 年 1 月 1 日起实行的修订后的《增值税暂行条例及实施细则》标志着我国的增值税从生产型转变为消费型。从总体来看,国家税收中,近半数的税收收入来自于增值税。由此可见,增值税对我国财政收入及经济发展的影响极大,对企业的税收负担也有举足轻重的影响。增值税的税收筹划当然也成为企业税收筹划的主要内容。

为了完善税收制度,自 2012 年 1 月 1 日上海成为首个增值税改革试点地区后,从 2013 年 8 月 1 日起,根据财税〔2013〕37 号文,在全国范围内进行"营改增"改革,并将陆路运输服务、水路运输服务、航空运输服务、管道运输服务、研发与技术服务、信息技术服务、文化创意服务、物流辅助服务、有形动产租赁服务、鉴证咨询服务、广播影视服务,纳入增值税征税范围。2014 年 1 月 1 日起,将铁路运输和邮政服务业纳入"营改增"试点,至此交通运输业已全部纳入"营改增"试点。自 2014 年 6 月 1 日起,将电信业纳入营业税改征增值税试点范围。自 2016 年从 5 月 1 日起,开始实行全面"营改增",将试点范围扩大到建筑业、房地产业、金融业、生活服务业,并将所有企业新增不动产所含增值税纳入抵扣范围,确保所有行业税负只减不增。

本章将比较系统地介绍规避纳税义务、税负转嫁、缩小税基、适用低税率和征收率、延迟纳税和充分利用税收优惠政策等基本策略在现行增值税筹划中的应用。

第一节　增值税规避纳税义务的筹划

税收筹划的基本策略之一"规避纳税义务"并不是指完全不承担纳税义务。事实上,能完全回避纳税义务的企业几乎不存在。规避纳税义务通常是指回避重税负而选择轻税负。

具体做法为：在可能的情况下，通过变换纳税人身份、利用增值税税收优惠等方式选择轻税负，从而达到节税的目的。

一、利用纳税人身份规避纳税义务的筹划策略

由于增值税的征收管理制度不同，根据纳税人的经营规模及会计核算是否健全，可将增值税的纳税人分为一般纳税人和小规模纳税人。

这两类纳税人的传统划分标准为：从事货物生产或提供应税劳务的纳税人，以及以从事货物生产、提供应税劳务为主（指该项行为的销售额占各项应征增值税行为的销售额合计的比重在50％以上）并兼营货物批发或零售的纳税人，年应税销售额在50万元（含50万元）以下的，为小规模纳税人，年应税销售额在50万元以上的，为增值税一般纳税人；从事货物批发或零售的纳税人，年应税销售额在80万元（含80万元）以下的，为小规模纳税人，年应税销售额在80万元以上的，为一般纳税人。近年来"营改增"又新添了两类纳税人划分的新标准，即销售服务、无形资产或不动产的纳税人，应税服务年销售额为500万元以下（含500万元）的，为小规模纳税人；年应税销售额在500万元以上的，为一般纳税人。此外，年应税销售额超过小规模纳税人标准的个人视同小规模纳税人纳税。非企业性单位，不经常发生应税行为的企业，可以选择小规模纳税人纳税。年应税销售额未超过标准的，从事货物生产或提供劳务的小规模企业和企业性单位，账簿健全，能准确核算并提供销项税额、进项税额，并能按规定报送有关税务资料的，经企业申请，税务部门可将其认定为一般纳税人。

不同的纳税人，适用税率、计税方法和征管要求也不同。在我国，销售货物或者提供加工、修理修配劳务、提供有形动产租赁服务的一般纳税人的增值税适用税率为17％，销售或进口粮食、图书等特殊物品适用13％的低税率，提供交通运输业、邮政业、建筑业、基础电信服务、不动产租赁服务，销售不动产，转让土地使用权的一般纳税人增值税基本适用税率是11％，提供增值电信服务、金融服务、现代服务（除租赁服务）、生活服务，转让土地使用权外的其他无形资产的一般纳税人增值税基本适用税率是6％，一般纳税人允许进项税额抵扣。小规模纳税人适用3％的征收率。小规模纳税人不得抵扣进项税额。小规模纳税人的适用税率（征收率）为3％。一般纳税人按照简易计税方法计税的销售不动产、不动产租赁服务（除试点前开工的高速公路的车辆通行费），征收率为5％。

一般纳税人采用购进扣税法，即以当期销项税额减去进项税额计算应纳税额；小规模纳税人采用简易计税法，即以全部销售额乘以征收率计算应纳税额。一般纳税人可以到指定的主管税务机关领购增值税专用发票；在对外销售货物或提供应税劳务时，可以开具增值税专用发票；购进货物或接受应税劳务时，有权向销售方索取增值税专用发票，并依据取得的增值税专用发票上注明的税款抵扣进项税额；一般纳税人须及时申请办理认定手续，按规定保管、使用专用发票，并在每月《增值税纳税申报表》附列资料中如实申报专用发票的购、用、存情况，否则将失去专用发票的使用权和进项税额的抵扣权。小规模纳税人不能享受税款抵扣权，应按简易办法依3％的征收率计算应纳税额，不得抵扣进项税额。

由于不同类别纳税人的税率和征收方法不同，因而有了筹划的空间。纳税人可以根据自己的具体情况，在一般纳税人或小规模纳税人之间进行选择。

此外，由于增值税税制的不完善，在可能的情况下还可运用税收优惠政策，或者在增值

税和营业税业务交叉部分选择合适的纳税税种从而选择轻税负。

（一）一般纳税人与小规模纳税人身份的选择

如上所述，一般纳税人与小规模纳税人适用税率和计税方法是不同的，那么，在销售收入相同的情况下，究竟是一般纳税人比小规模纳税人多缴税，还是小规模纳税人比一般纳税人多缴税呢？从税法规定可以看出，当销售额既定的情况下，小规模纳税人应缴税款即已确定；但一般纳税人的应缴税款还需依据其可抵扣的进项税额而定，可抵扣的进项税额越大，应缴税款越少；反之，可抵扣的进项税额越小，应缴税款越多。或者说，其增值率越高，应缴税款越多。在一般纳税人与小规模纳税人进行税负比较时，增值率就是一个关键因素。当在一个特定的增值率时，增值税一般纳税人与小规模纳税人应缴税款数额相同，我们把这个特定的增值率称为"无差别平衡点的增值率"。当增值率低于这个点时，增值税一般纳税人税负低于小规模纳税人；当增值率高于这个点时，增值税一般纳税人税负高于小规模纳税人。

无差别平衡点增值率的计算可分为含税销售额无差别平衡点增值率的计算与不含税销售额无差别平衡点增值率的计算。

1. 含税销售额无差别平衡点增值率的计算

设 X 为增值率，S 为含税销售额，P 为含税购进额，并假定一般纳税人适用税率为 17%，小规模纳税人适用税率为 3%。

一般纳税人增值率为：

$$X = (S - P) \div S$$
$$\text{一般纳税人应纳增值税} = S \div (1 + 17\%) \times 17\% - P \div (1 + 17\%) \times 17\%$$
$$= S \times X \div (1 + 17\%) \times 17\%$$
$$\text{小规模纳税人应纳增值税} = S \div (1 + 3\%) \times 3\%$$

两种纳税人纳税额相等时，即：

$$S \times X \div (1 + 17\%) \times 17\% = S \div (1 + 3\%) \times 3\%$$
$$X = 20.05\%$$

当增值率低于无差别平衡点增值率 20.05% 时，一般纳税人税负低于小规模纳税人，即成为一般纳税人可以节税。当增值率高于无差别平衡点增值率 20.05% 时，一般纳税人税负高于小规模纳税人，即成为小规模纳税人可以节税。企业可以按照本企业的实际购销情况，根据以上情况作出选择。

同样的方法可计算出一般纳税人销售税率 13% 的商品，与小规模纳税人的征收率为 3% 时的含税销售额的无差别平衡点增值率，如表 3-1 所示。

表 3-1　无差别平衡点增值率（含税销售额）

一般纳税人税率	小规模纳税人征收率	无差别平衡点增值率
17%	3%	20.05%
13%	3%	25.32%
11%	3%	29.39%
6%	3%	51.46%

2. 不含税销售额无差别平衡点增值率计算

设 X 为增值率，S 为不含税销售额，P 为不含税购进额，并假定一般纳税人适用税率为 17%，小规模纳税人适用税率为 3%。

一般纳税人增值率为：

$$X = (S - P) \div S$$
$$\text{一般纳税人应纳增值税} = S \times 17\% - P \times 17\%$$
$$= S \times X \times 17\%$$
$$\text{小规模纳税人应纳增值税} = S \times 3\%$$

两种纳税人纳税额相等时，即

$$S \times X \times 17\% = S \times 3\%$$
$$X = 17.65\%$$

当增值率低于无差别平衡点增值率 17.65% 时，一般纳税人税负低于小规模纳税人，即成为一般纳税人可以节税。当增值率高于无差别平衡点增值率 17.65% 时，一般纳税人税负高于小规模纳税人，即成为小规模纳税人可以节税。企业可以按照本企业的实际购销情况，根据以上情况作出选择。

同样的方法可计算出一般纳税人销售税率为 13% 的商品，与小规模纳税人征收率为 3% 时的不含税销售额的无差别平衡点增值率，如表 3-2 所示。

表 3-2　无差别平衡点增值率（不含税销售额）

一般纳税人税率	小规模纳税人征收率	无差别平衡点增值率
17%	3%	17.65%
13%	3%	23.08%
11%	3%	27.27%
6%	3%	50%

纳税人可以计算企业产品的增值率，按适用的税率及销售额是否含税查表。若增值率高于无差别平衡点增值率，可以通过企业分立选择成为小规模纳税人；若增值率低于无差别平衡点增值率，可以通过合并选择成为一般纳税人。

【案例 3-1】 某食品零售企业年零售含税销售额为 140 万元，会计核算制度比较健全，符合一般纳税人条件，适用 17% 的税率。该企业年购货金额为 80 万元（不含税），可取得增值税专用发票。该企业如何进行增值税纳税人身份的筹划？

【筹划思路与方法】

$$\text{该企业支付购进食品价税合计} = 80 \times (1 + 17\%) = 93.6(\text{万元})$$
$$\text{收取销售食品价税合计} = 140(\text{万元})$$
$$\text{应缴纳增值税} = [140 \div (1 + 17\%)] \times 17\% - 80 \times 17\% = 6.74(\text{万元})$$
$$\text{税后利润} = 140 \div (1 + 17\%) - 80 = 39.66(\text{万元})$$
$$\text{增值率（含税）} = (140 - 93.6) \div 140 = 33.14\%$$

查表 3-1 发现该企业的增值率较高，超过无差别平衡点增值率 20.05%（含税增值率），所以成为小规模纳税人可比一般纳税人减少增值税税款缴纳。可以将企业分设成两个零售企业，各自作为独立核算单位。假定分设后两个企业的年销售额均为 70 万元（含税销售额),都符合小规模纳税人条件,适用 3% 征收率。

此时:

$$两个企业支付购入食品价税合计 = 80×(1+17\%) = 93.6(万元)$$
$$两个企业收取销售食品价税合计 = 140(万元)$$
$$两个企业共应缴纳增值税 = 140÷(1+3\%)×3\% = 4.08(万元)$$
$$分设后两个企业税后净利润合计 = 140÷(1+3\%)-93.6 = 42.32(万元)$$

经过纳税人身份的转变,企业增值税节税 2.66 万元,而净利润则增加了 2.66 万元。

【案例 3-2】 甲、乙两个企业均为工业企业小规模纳税人,加工生产机械配件。甲企业年销售额为 42 万元,年购进货物金额 35 万元,乙企业年销售额 43 万元,年购进货物金额 37.5 万元(以上金额均为不含税金额,可取得增值税专用发票)。由于两个企业年销售额均达不到一般纳税人标准,税务机关对两个企业均按小规模纳税人简易方法征税,征收率为 3%。甲企业年应纳增值税 1.26 万元(42×3%),乙企业年应纳增值税 1.29 万元(43×3%),两企业年应纳增值税共为 2.55 万元(1.26+1.29)。

【筹划思路与方法】

根据无差别平衡点增值率原理,甲企业增值率(不含税增值率,下同)16.67%[(42-35)÷42],小于无差别平衡点增值率 17.65%(不含税增值率,下同),选择作为一般纳税人税负较轻。乙企业增值率 12.79%[(43-37.5)÷43],同样小于无差别平衡点增值率 17.65%,选择作为一般纳税人税负较轻。因此,甲、乙两个企业如通过合并方式,组成一个独立核算的纳税人,年应税销售额 85 万元,符合一般纳税人的认定资格。企业合并后,年应纳增值税 2.12 万元[(42+43)×17%-(35+37.5)×17%],可减轻税负 0.43 万元(2.55-2.12)。

(二)"营改增"后一般纳税人与小规模纳税人相互转化的税收筹划

营改增纳税人分为一般纳税人和小规模纳税人。应税行为的年应征增值税销售额超过 500 万元的纳税人为一般纳税人,未超过 500 万元的纳税人为小规模纳税人。年应税销售额超过规定标准的其他个人不属于一般纳税人,年应税销售额超过规定标准但不经常发生应税行为的单位和个体工商户可选择按照小规模纳税人纳税。

年应税销售额未超过规定标准的纳税人,会计核算健全,能够提供准确税务资料的,可以向主管税务机关办理一般纳税人资格登记,成为一般纳税人。会计核算健全是指能够按照国家统一的会计制度设置账簿,根据合法有效凭证核算。

【案例 3-3】 山东省汇信咨询服务公司于 2013 年 8 月 1 日起被纳入"营改增"试点范畴,试点实施前应税服务年销售额为 450 万元(不含税),试点以后可作为小规模纳税人。而若申请成为一般纳税人,则可抵扣进项税额为 18 万元。请对其进行纳税筹划。

【筹划思路与方法】

筹划思路:对于年应税销售额未超过 500 万元以及新开业的试点纳税人,若经测算发现作为增值税一般纳税人更有利,则应当在满足有固定生产经营场所以及会计核算健全这两个条件的基础上,主动向主管税务机关申请成为一般纳税人。

方案一:仍作为小规模纳税人。则应纳增值税 = 450×3% = 13.5(万元)。

方案二：在满足有固定生产经营场所以及会计核算健全这两个条件的基础上，主动向主管税务机关申请成为一般纳税人。则应纳增值税＝450×6％－18＝9（万元）。

由此可见，方案二比方案一少缴纳增值税4.5万元（13.5－9），因此，应当选择方案二。

筹划点评：通过主动创造条件来满足税法规定，是纳税筹划常用的思路。但应当注意的是，企业一旦转化为一般纳税人，就不能再恢复为小规模纳税人。

【案例3-4】 陕西省的甲公司是一家设备租赁公司，于2013年8月1日起"营改增"试点，属于增值税一般纳税人。2013年10月1日，甲公司将其2013年2月购进的3台设备对外租赁给乙公司，租期为1年，共收取租赁费100万元（含税），租赁结束时甲公司收回该设备继续用于出租。甲公司2013年10月1日至2014年9月30日可抵扣进项税额共为1万元。请对其进行纳税筹划。

【筹划思路与方法】

筹划思路："营改增"试点一般纳税人将该地区试点实施之前购进的有形动产对外提供经营租赁时，由于该有形动产在试点前购进，当时其进项税额不予抵扣，这样在其试点后可抵扣的进项税额较少，因此一般选择适用简易计税方法计算缴纳增值税，可达到节税的目的。

方案一：选择一般计税方法。则甲公司应纳增值税＝100÷（1＋17％）×17％－1＝13.5（万元）。

方案二：选择简易计税方法。则甲公司应纳增值税＝100÷（1＋3％）×3％＝2.9（万元）。

由此可见，方案二比方案一少缴纳增值税10.6万元（13.5－2.9），因此，应当选择方案二。

筹划点评："营改增"试点一般纳税人在试点期间提供有形动产经营租赁服务，一旦选择适用简易计税方法计算缴纳增值税，在36个月内就不得变更了。因此，企业应当权衡利弊，综合考虑，慎重选择计税方法。

【案例3-5】 甲公司为一家餐饮连锁企业，下设100家分公司，各家分公司的年销售额约500万元。甲公司属于营改增一般纳税人，适用6％的税率，由于允许抵扣的进项税额比较少，增值税税收负担率约为5％，请提出纳税筹划方案。

【筹划思路与方法】

筹划思路：甲公司可将各家分公司改制为独立的子公司，同时确保各家子公司年销售额不超过500万元。这样，甲公司集团中的每一个子公司都可以保持小规模纳税人的身份，按照3％的征收率缴纳增值税，增值税税收负担率从5％降低为3％。

筹划点评：对于规模较大，年应税销售额超过500万元的营改增纳税人而言，如果其经营模式允许其分立，可以考虑通过分立企业，或者将分公司改制为子公司等形式保持小规模纳税人的身份，按照简易计税方法及计算增值税，这样就可以将增值税税收负担率维持在3％的较低水平上。

另外，在进行增值税一般纳税人与小规模纳税人身份筹划时，还须注意几个相关问题：

第一，税法对一般纳税人的认定要求。根据《增值税暂行条例实施细则》第30条的规定，对符合一般纳税人条件，但不申请办理一般纳税人认定手续的纳税人，应按照销售额依照增值税税率计算应纳税额，不得抵扣进项税额，也不得使用增值税专用发票。

第二，企业财务利益最大化要求。企业经营的目标是追求利润最大化，这就决定着企业需根据市场需求不断扩大生产和经营规模。这种情况下，限制了企业作小规模纳税人的选择权。另外，一般纳税人要有健全的会计核算制度，需要培养和聘用专业会计人员，将会增加企业财务核算成本；一般纳税人的增值税征收管理制度较复杂，需要投入的财力、物力和精力也多，会增加纳税人的纳税成本。

第三，企业产品的性质及客户的类型。企业产品的性质及客户的要求决定着企业进行纳税人筹划空间的大小。如果企业产品销售对象多为一般纳税人，决定着企业受到开具增值税专用发票的制约，必须选择一般纳税人，才有利于产品的销售。如果企业生产、经营产品的销售对象或者客户多为小规模纳税人或者消费者个人，不受发票类型的限制，筹划的空间较大。

二、利用增值税税收优惠规避纳税义务的筹划策略

销售货物在满足一些特定条件时可以不缴纳增值税，如果能设法满足这些条件，那么就可以规避增值税纳税义务。

许多纳税人都认为，销售自己使用过的固定资产似乎不用缴纳增值税，但这种看法是片面的。销售自己使用过的固定资产究竟要不要纳税，要具体问题具体分析。对企业销售自己使用过的固定资产的纳税问题，现行增值税制度规定，纳税人销售旧货（包括旧货经营单位销售旧货和纳税人销售自己使用过的应税固定资产），无论其是增值税一般纳税人还是小规模纳税人，也无论其是否为批准的旧货调剂试点单位，一律按4％的征收率减半征收增值税，不得抵扣进项税额。纳税人销售自己使用过的属于应征消费税的机动车、摩托车、游艇，其售价超过原值的，按照4％的征收率减半征收增值税；售价未超过原值的，免征增值税。旧机动车经营单位销售旧机动车、摩托车、游艇，按照4％的征收率减半征收增值税（财税〔2002〕29号）。其具体含义如下：

（1）个人销售自己使用过的旧货，除属于应征消费税的机动车、摩托车、游艇外，不征增值税；个人销售自己使用过的属于应征消费税的机动车、摩托车、游艇，如果售价超过原值，则按照4％的征收率减半征收增值税；售价未超过原值的，免征增值税。

（2）旧机动车经营单位销售旧机动车、摩托车、游艇，无论售价是否超过原值，均按照4％的征收率减半征收增值税。

（3）除去旧机动车经营单位和个人的所有其他纳税人销售自己使用过属于应征消费税的机动车、摩托车、游艇，如果售价超过原值，按照4％的征收率减半征收增值税；售价未超过原值的，免征增值税（与个人政策相同）。

（4）旧货经营单位销售除自己使用过的除应征消费税的机动车、摩托车、游艇外的旧货，按4％的征收率减半征收增值税，不得抵扣进项税额。

（5）其他纳税人销售除自己使用过的除应征消费税的机动车、摩托车、游艇外的固定资产，只要不符合国税函发〔1995〕288号文件中规定的三个条件，就要按照4％的征收率减半征收增值税，不得抵扣进项税额。这三个条件是：第一，属于企业固定资产目录所列货物；第二，企业按固定资产管理，并确已使用过的货物；第三，销售价格不超过其原值的货物。

由于有这种规定，企业销售固定资产时，并不一定是价格越高，产生的收益就越大。试

看一例。

【案例3-6】 某厂欲处理一台使用过的闲置车床。该车床原值30 000元,已提折旧10 000元,在处理过程中要开支清理费用1 000元。该机床的销售价格有以下几种方案:

(1)按原值销售。按照规定,这种情况不需要缴纳增值税,净收益就是销售价格减去净值和清理费用的余额,所以:

$$净收益 = 300\ 000 - 20\ 000 - 1\ 000 = 9\ 000(元)$$

(2)以低于原值即29 000元的价格销售。按照规定,这种情况不需要缴纳增值税,所以:

$$净收益 = 29\ 000 - 20\ 000 - 1\ 000 = 8\ 000(元)$$

(3)以高于原值即30 500的价格销售。按照规定,这种情况应缴纳增值税,计算净收益时,除了减去净值和清理费用,还须减去应纳增值税额,所以:

$$增值税 = 30\ 500 \div (1 + 4\%) \times 2\% = 586.54(元)$$
$$净收益 = 30\ 500 - 20\ 000 - 1\ 000 - 586.54 = 8\ 913.46(元)$$

(4)以高于原值即32 000的价格销售。按照规定,这种情况也应缴纳增值税,所以:

$$增值税 = 32\ 000 \div (1 + 4\%) \times 2\% = 615.38(元)$$
$$净收益 = 32\ 000 - 20\ 000 - 1\ 000 - 615.38 = 10\ 384.62(元)$$

【筹划思路与方法】

从上面四种情况可以看出:当旧固定资产的销售价格低于原值时,企业可以尽量提高销售价格,销售价格越高,则净收益越大;而当旧固定资产的销售价格超出原值时,因为要缴纳增值税,则净收益并不一定随销售价格提高而提高。只有当销售价格与原值之差大于应纳增值税时,净收益才会提高。

在这里,我们可以计算一个净收益增减的平衡点。设旧固定资产原值为P,销售价格为X,为使税后收益大于资产原值,必须有:

$$X - X \div (1 + 4\%) \times 2\% > P$$

解这个不等式可得:

$$X > 1.019\ 6P$$

这个解的含义为:销售旧固定资产的价格高于原值时,价格必须高于原值的1.0196倍,在不考虑附加税费情况下净收益才会比原值价格出售时多,否则就不如按原值出售。因此,企业在实际经营过程中,除根据市场条件确定固定资产价格以外,还应考虑税收的调节作用,合理确定固定资产的价格,使企业获得更大的收益。

通过本案例,我们可以得到一些启示:固定资产的销售价格低于或等于原值时,可以完全规避掉纳税义务,但这并不一定是纳税人的最佳选择,税收筹划并不意味着追求税负最低或不承担纳税义务,而是追求企业利益的最大化。提高固定资产的销售价格也不代表利益的提高,这还取决于税收负担和销售价格各自增长的幅度。进行税收筹划时要把握税收负担增长的各种临界点,回避重税负而选择轻税负,以达到经济利益最大化的目的。

第二节　增值税的税负转嫁筹划

增值税是间接税,税收立法者在设计增值税制度就预期企业的税收负担会转嫁给最终消费者,也就是企业可以将应纳的增值税加到货物的销售价格上去,让货物的购买者承担税收,因此,在增值税可以完全转嫁的情况下,纳税人可以不考虑其增值税税负。然而在市场竞争中,销售价格是影响销售数量和市场占有率的重要因素,如果企业为了转嫁税负而提高价格,很可能会使其在市场竞争中处于不利的地位,因此企业为了维持其利润而通过提高销售价格转嫁税负的做法就不一定行得通。

完全税负转嫁只是理论上的一个概念,它主要用于经济分析,完全的税负转嫁几乎是不存在的。增值税负担的转嫁是要具备一定条件的。比如,市场供不应求,供应有充分弹性,需求没有弹性等。而如果市场供大于求,供应没有弹性,需求有充分弹性,则小规模纳税人和一般纳税人都很难通过提高销售价格把税负转嫁出去,这时纳税人本身将负担部分甚至全部税收。实际上,在大多数情况下,增值税负担都不可能完全被转嫁,纳税人或多或少要承担一定的增值税负担,因此纳税人规避增值税负担的愿望一直都是存在的。

下面将对税负完全转嫁与不完全转嫁两种情况下纳税人的税收和利润进行分析。

一、税负完全转嫁下的税收和利润分析

如果增值税负担可以完全转嫁,纳税人则可以不承担增值税税负。由于是价外税,在完全转嫁的情况下,纳税人缴纳的增值税也不会抵减企业的收益。下面对一般纳税人和小规模纳税人的情况分别进行说明。

（一）一般纳税人税负完全转嫁下的税收和利润分析

【案例 3-7】　兴华公司是生产电动车的一般纳税人。某月该公司购入钢材等原辅料的不含税价格为 10 万元,价税合计共支付 11.7 万元,取得了增值税专用发票,专用发票注明税款 1.7 万元,当月这些材料全部投入生产,花费生产费用 3 万元,生产出摩托车 500 辆,而且当月这些摩托车全部销售出去,获不含税的销售收入 15 万元,向购买方共收取价税合计17.55 万元。则该公司当月应纳增值税和利润情况如下:

$$应纳增值税 = (15 - 10) \times 17\% = 0.85(万元)$$
$$销售利润 = 15 - 10 - 3 = 2(万元)$$

【筹划思路与方法】
从上面的计算过程可以看出,兴华公司购入材料时支付增值税(进项税额)1.7 万元,销售产品时向购买方收取了 2.55 万元的增值税(销项税额),比进项税额多出 0.85 万元,但按照增值税制度规定,兴华公司须向税务机关缴纳增值税款 0.85 万元。由此可以看出,兴华公司并未承担增值税税负,而是将其承担的增值税负担转嫁出去了。

（二）小规模纳税人税负完全转嫁情况下的税收和利润分析

小规模纳税人可将购进货物时支付的税款和销售时按简易方法计算的增值税税款均通过提高销售价格转嫁给商品的购买者。

【案例3-8】 大华公司是生产自行车的小规模纳税人，某月该公司购入钢材等原辅材料的不含税价格为 10 万元，价税合计共支付 11.7 万元，取得了增值税专用发票，发票上注明税款 1.7 万元，当月这些材料全部投入生产，花费生产费用 3 万元，生产出自行车 500 辆，而且当月这些自行车全部销售出去。由于小规模纳税人购进货物所支付的增值税款不能作为进项税额抵扣，故大华公司的实际材料成本为 11.7 万元。为了维持企业的利润，大华公司决定将购进货物所支付的增值税款 1.7 万元通过提高销售价格转嫁给自行车的购买方，因此，大华公司 500 辆自行车不含税销售价格定位 16.7 万元，向购买方共收取价税合计 17.201 万元（16.7×1.03），则大华公司当月应纳增值税和利润情况如下：

$$购货支付的增值税 = 10 \times 17\% = 1.7（万元）$$
$$销售收取的增值税 = 16.7 \times 3\% = 0.501（万元）$$
$$销售利润 = 16.7 - 11.7 - 3 = 2（万元）$$

【筹划思路与方法】

从上面的计算过程可以看出，大华公司购入材料时支付了增值税 1.7 万元，由于公司小规模纳税人的身份，这部分税款不能抵扣，因此计入大华公司的成本中，而大华公司通过提高售价将这部分税款转嫁给了购货方。同时，在销售产品时向购买方收取了 0.501 万元的增值税，按照增值税制度规定，大华公司须向税务机关缴纳增值税款 0.501 万元。由此可以看出，大华公司并未承担增值税税负，而是将其转嫁给了购买方。

二、税负不易转嫁时的税收和利润分析

由于两类纳税人的适用税率和计税方法不同，两类纳税人的税收负担也不同，因此在增值税负担不易转嫁的情况下，增值税一般纳税人和小规模纳税人的税收和利润必将存在差异，纳税人对此要有清醒的认识。

【案例3-9】 假定兴华公司和大华公司的原材料购进、生产及销售价格仍然如上述，此时市场调研的结果表明摩托车生产市场和其原辅料市场均处于饱和状态，增值税负担难以转嫁。为了把摩托车产品销售出去，兴华公司和大华公司将负担本环节的增值税负担，原辅材料环节的增值税纳税人负担原辅材料的增值税负担。这时兴华公司和大华公司含税销售价格均为 15 万元，购进原辅材料的含税价格为 10 万元，一般纳税人购货开具的增值税专用发票，小规模纳税人购货开具的普通发票。两公司的利润会由于税收负担不同而不同。

【筹划思路与方法】

（1）一般纳税人兴华公司当月应纳增值税额和利润情况：

$$应纳增值税 = (15 - 10) \div 1.17 \times 17\% = 0.7265（万元）$$
$$销售利润 = (15 - 10) \div 1.17 - 3 = 1.2735（万元）$$

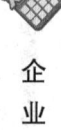

相比税负完全转嫁情况下其利润减少了 0.7265 万元(2−1.2735)。

(2) 小规模纳税人大华公司当月应纳增值税和利润情况:

$$购货包含的增值税 = 10 \div 1.17 \times 17\% = 1.453(万元)$$
$$销售产品的增值税 = 15 \div 1.03 \times 3\% = 0.436\,9(万元)$$
$$产品销售利润 = 15 \div 1.03 - 10 - 3 = 1.563\,1(万元)$$

相比税负完全转嫁情况下其利润减少了 0.436 9 万元(2−1.563 1)。

如果增值税负担不易转嫁,在上述情况下,作为一般纳税人的兴华公司要比作为小规模纳税人的大华公司增值税负担重 0.289 6 万元(0.726 5−0.436 9),利润也减少 0.289 6 万元(1.563 1−1.273 5)。

当然,此结论不能作为一般规律。如果企业生产的产品增值率比较低,结论就会相反,即在增值率较高的情况下,一般纳税人缴纳的增值税款会多于小规模纳税人,当税收负担不易转嫁时,一般纳税人承担的税收负担会更重,利润将随之更少。

因此,通过以上分析,我们可以看出纳税人在选择增值税纳税人身份时,既要考虑增值税转嫁的可能性及转嫁程度,也要考虑企业生产产品的增值率,以便作出有利于企业自身的选择。

第三节　增值税缩小税基的筹划

根据现行《中华人民共和国增值税暂行条例》规定,增值税一般纳税人应纳税额的计算公式为:

$$应纳税额 = 当期的销项税额 - 当期的进项税额$$
$$= 销售额(不含税) \times 适用税率 - 购进额 \times 适用税率$$

或
$$= 销售额(含税) \div (1 + 适用税率) \times 适用税率 - 购进额 \times 适用税率$$

小规模纳税人的计算公式为:

$$应纳税额 = 销售额(不含税) \times 征收率$$

或
$$= 销售额(含税) \div (1 + 征收率) \times 征收率$$

由此可见,对一般纳税人而言,增值税的税基主要是由销售额与购进额之差确定,销售价格与购进项目两个因素都会对税基的确定产生影响,因此,本节将从销售价格和购进项目两个方面剖析增值税一般纳税人缩小税基的筹划方法。而小规模纳税人的税基主要取决于销售额,对其缩小税基的筹划方法也在销售价格的筹划中一并介绍。

一、增值税销售价格的筹划

无论对于增值税一般纳税人还是小规模纳税人而言,销售价格都与应纳增值税税负直接相关。在不影响纳税人利益的情况下,如果能降低计征增值税的销售额,则能够有效地减轻增值税负担。

在现实生活中,企业一般通过分解或降低销售额、实行折扣销售方式以及选择多种促销经营方式的手段来缩小税基,达到减轻税收负担的目的。下面将对这几种方式作一一介绍。

(一)分解或降低销售额的筹划策略

1. 分解销售额

《增值税暂行条例》规定,计算销项税额的销售额为纳税人销售货物或者提供应税劳务时向对方收取的全部价款及价外费用。价外费用是指价格之外向购买方收取的费用,包括手续费、补贴、基金、集资费、返还利润、奖励费、违约金、滞纳金、赔偿金、包装费、包装物租金、储备费、优质费、运输装卸费、代收款项、代垫款项及其他各种性质的价外收费。上述价外费用无论其会计制度如何核算,都应并入销售额计税。但上述价外费用不包括以下费用:

(1)受托加工应征消费税的货物,而由受托方代收代缴的消费税。

(2)同时符合以下两个条件的代垫运费:①承运部门的运费发票开具给购买方;②纳税人将该项发票转交给购买方。

(3)符合条件的代为收取的政府性基金或者行政事业性收费。

(4)销售货物的同时代办保险等而向购买方收取的保险费,以及向购买方收取的代购买方缴纳的车辆购置税、车辆牌照费。

(5)向购买方收取的销项税额。

由此可见,增值税一般纳税人销售行为中的价外费用如果并入销售额计算销项税额,会带来比较重的增值税负担。所以对销售过程中的价外费用应该尽量回避。实际中,一般可将价外费用分解至其他业务核算,具体做法如下:

第一,如果销售对象为增值税一般纳税人,则企业应采取联营方式、股份合作制方式或者固定资产投资方式收取费用,可以回避价外收入;对随同货物销售的包装物,要单独处理,不要计入销售收入;销售货物后的加价收入或者价外补贴收入与销售额分开收取,转作其他收入项目。

第二,如果销售对象为小规模纳税人或者消费者,则可以考虑降低销售价款,减少的那部分价款在其他业务收入核算。这样就可以降低企业增值税税额,同时将部分销售额转化为营业税应税业务,缴纳营业税,从总体上降低流转税税负。

【案例3-10】 某工业企业(一般纳税人)当月销售产品分为两部分。第一部分为门市零售,销售额为300万元,同时随货收取包装费20万元;第二部分销售给小规模纳税人,销售额仍为300万元,同时收取对方运输费50万元。那么该企业当期销项税额为:

$$(300 + 20 + 300 + 50) \times 17\% = 113.9(万元)$$

【筹划思路与方法】

如果该企业将上述销售行为进行调整:门市部销售收取的包装费处理为以仓库名义另外收取包装费;将车队独立,运输费以企业车队名义收取,则企业当期销项税额为:

$$(300 + 300) \times 17\% = 102(万元)$$

$$包装货按物流辅助业缴纳增值税 = 20 \div (1 + 6\%) \times 6\% = 1.132(万元)$$

$$运输业缴纳增值税 = 50 \times 11\% = 5.5(万元)$$

与筹划前相比,筹划后的增值税销项税额减少了 5.268 万元(113.9－102－1.132－5.5),总体流转税减少了 5.268 万元。

2. 降低销售额

在不存在价外费用的情况下,销售额的大小直接决定销项税额的大小和增值税税负的高低,降低销售额(包括视同销售的销售额)是缩小增值税税基和降低增值税税负的基本思路。但是,增值税作为中性税种,在商品生产经营的每个环节,都对各环节产生的增值额计征增值税款,某一环节的增值税负担减少了,就意味着其前面的环节或后面的环节增值税负担将增加。而且增值税制度通过增值税专用发票注明税款,将本环节的应纳税额与上、下环节的应纳税额联系起来,使得纳税人之间相互制约,保证纳税人不能随意增加或者降低销售额。在这样的制度下,降低销售额以减轻增值税负担的筹划空间就非常小,其主要考虑的是降低视同销售行为中的销售额,或者及时剔除不该认定为应税收入的项目。降低销售额的策略有:

(1) 将销售过程中收取的回扣通过佣金的形式合法化记账,并以此冲减销售收入;对销货退回,应及时取得有关凭证并作冲减销售收入的账务处理,以免虚增收入。

(2) 商品性货物用于本企业专项工程或福利设施,应按视同销售计征增值税销项税额,这种情况下可以采取低估价、折扣价等方式降低销售额,但要注意定价时掌握一定的度,如果价格偏低,比如说低于成本价,税务机关有权核定销售额。

(3) 将合格商品(或产品)降为残次品,再用于公关、赠送、发放福利等,但也要掌握定价的尺度。

(二) 利用折扣销售方式降低销售额的筹划策略

在企业的销售活动中,采取折扣方式销售已经日益为众多企业所采用。其实,在企业采取折扣方式销售过程中,折扣方式的选择对企业的税收担也会产生直接的影响。

1. 销售时价格折扣的处理

税法中所谓的折扣销售,是指销货方在销售货物或应税劳务时,因购货方购货数量较大等原因,而给予购货方的价格优惠(如购买 100 件优惠 5%,购买 200 件以上优惠 10% 等),因此狭义也称为价格折扣。一般情况下,由于折扣是在实现销售的同时发生的,因此企业需注意折扣额和销售额的发票处理。税法规定,如果销售额和折扣在同一张发票上分别注明的,可以折扣后的余额作为销售额计算增值税;如果将折扣额另开发票,则无论其在财务上如何处理,均不得从销售额中扣减折扣额。

【案例 3-11】 企业(一般纳税人)为促进产品销售,规定凡购买其产品 5 000 件以上的,给予价格折扣 20%。该产品单价为 50 元,则折扣后价格为 40 元。企业将销售额和折扣额分别开在两张发票上,企业适用的增值税率为 17%,则:

$$应纳增值税 = 50 \times 5\,000 \times 17\% = 42\,500(元)$$

【筹划思路与方法】

如果企业将销售额和折扣额在同一张发票分别注明,则:

$$筹划后的应纳增值税 = 40 \times 5\,000 \times 17\% = 34\,000(元)$$
$$筹划前后应纳增值税之差 = 42\,500 - 34\,000 = 8\,500(元)$$

就这笔业务而言,税收筹划为纳税人提供了 8 500 元的节税空间。

2. 销售后价格折扣的处理

大多数情况下,折扣是和销售同时发生的。但是,也有许多企业在采用价格折扣销售方式销售时,往往以每一家购货商的年累计购货量来确定应给予购货商享受的销售折扣率。也就是说,折扣是在销售后才确认的,在销售发生时由于无法确定有无折扣和折扣多少,故无法在销售的发票中体现销售的折扣额,从而不能按折扣额冲减销售收入和销项税额,这种情况容易造成多缴税款的局面。

【案例3-12】 海星家用电器制造公司规定:每台电视机销售价格 1 000 元,对于年购货额在 800～1 000 台的(含 1 000 台),给予 2%的折扣;对于年购进额在 1 000～1 500 台的(含 1 500 台),给予 5%的折扣;对于年购进额在 1 500～2 000 台的(含 2 000 台),给予 10%的折扣;对于年购进额在 2 000～2 500 台的(含 2 500 台),给予 12%的折扣。在年中,由于海东家用电器制造公司不知道也不可能知道每家购货方到年底究竟能有多少累计购进额,也就不能确定每家购货方应受的折扣率。所以,只好在平时按销售价格全额开具发票,收取货款,等到年底或第二年的年初,一次性地结算应给购货方的折扣总金额,再单独将折扣额开具红字发票。按照税法规定,这样开具的红字发票是不能冲减计征增值税的销售额的。

某年,海星家用电器制造公司年度内销售给 A 商场电视机 900 台,销售给 B 商场电视机 1 300 台,销售给 C 商场电视机 1 800 台,在销售时均按原价收款和开具发票。

对 A 商场,开具的增值税专用发票注明价款和增值税款分别为 90 万元和 15.3 万元,价税合计共收取 A 商场 105.3 万元。

对 B 商场,开具的增值税专用发票注明价款和增值税款分别为 130 万元和 22.1 万元,价税合计共收取 B 商场 152.1 万元。

对 C 商场,开具的增值税专用发票注明价款和增值税款分别为 180 万元和 30.6 万元,价税合计共收取 C 商场 210.6 万元。

在第二年的年初,根据当年各购货单位的采购量,结算出应给购货方的折扣总金额,按折扣额进行退款,并单独将折扣额开具红字发票。各购货方的折扣情况为:

A 商场折扣额 = 90×2% = 1.8(万元)
B 商场折扣额 = 130×5% = 6.5(万元)
C 商场折扣额 = 180×10% = 18(万元)
折扣总额 = 1.8+6.5+18 = 26.3(万元)

折扣款退了,红字专用发票也开具了,海东家用电器制造公司却不能冲减增值税销项税额,也不能对客户按折扣款退还增值税销项税额。不能冲减的增值税销项税额为 4.471 万元(26.3×17%),这实际上造成缴纳的增值税销项税额超过了销售收入的 17%的比例。那么,在这种情况下,企业如何才能减少这样的损失呢?

【筹划思路与方法】

企业在采用价格折扣销售方式销售时,可以采取预先估计折扣率的方法来解决这一问题。也就是说,在销售发生时就按最低折扣率或根据上一年每一客户的实际销售量(或者本年预计销售量)初步确定一个折扣率,在每次销售时预扣按此折扣率计算的折扣额来确定销售收入，即在每一份销售发票上都预测一个折扣额，这样企业就可以理所当然地将折扣额在产品销售收入中进行冲销，并相应冲减增值税销项税额。到年底或第二年年初每一客户的销售数量和销售折扣率确定后，只要稍作一些调整即可。如果预先估计的折扣额低于实际确定的折扣额，调整部分的折扣额虽不能再冲减销售收入，但绝大部分的销售折扣已经在平时的销售中直接冲减了销售收入；如果预先估计的折扣额高于实际确定的折扣额，企业可以采取另外预收一定量押金等办法来加以预防，在年底或第二年年初实际折扣额确定后，再补记销售收入和增值税销项税额。当然，企业可以将预先估计的折扣率测算得更准确些，或者在年度中间适时根据销售情况对估计折扣率进行调整，以减少结算时的折扣调整额。

在本例中，如果海星家用电器制造公司事先对 A 商场估计折扣率为 5%，对 B 商场估计折扣率为 2%，对 C 商场估计折扣率为 12%，则三家商场年度中记账的销售收入、销项税额和年终结算应有的销售收入、销项税额对比情况如表 3-3 所示。

表 3-3　预估折扣率的记账及结算收入和增值税　　　　单位：万元

项目	记账销售收入	记账销项税额	结算应计销售收入	结算应计销项税额
A 商场	85.5	14.535	88.2	14.994
B 商场	127.4	21.658	123.5	20.995
C 商场	158.4	26.928	162	27.54

对于 A 商场和 C 商场，预先估计的折扣额高于实际确定的折扣额，造成记账的销售收入、销项税额少于应计数，在下年年初再补记销售收入和增值税销项税额，其款项从事先收取的押金中支付；对于 B 商场，预先估计的折扣额低于实际确定的折扣额，造成记账的销售收入、销项税额高于应计数，多计的销售收入可以在下年年初用红字发票冲减，但多计的销项税额则不能用红字发票冲减。在本例中，不能冲减的销项税额为 0.663 万元（21.658－20.995），与筹划前不能冲减的销项税额 4.471 万元相比，损失大为减少。

3. 实物折扣销售方式的处理

实物折扣也是商业折扣的一种。折扣销售仅限于对货物价格的折扣，如果销货者将自产、委托加工和购买的货物用于实物折扣，则该实物款额不仅不能从货物销售额中扣除，而且还应对用于折扣的实物按照增值税条例中"视同销售货物"中的"赠送他人"项目，计算征收增值税。例如，企业为鼓励买主购买更多的商品而规定每买 10 件送 1 件，或者为了促销推行"买一赠一"活动等。也就是说，采取实物折扣方法销售货物，相当于将部分货物赠送给购买方，赠送的实物不论会计上如何处理，均应按规定视同销售计算缴纳增值税。另外，按照现行企业所得税制度规定，对外赠送实物的支出不允许在企业所得税前扣除。按照个人所得税制度的规定，如果购买方为个人消费者，其得到的实物赠送属于偶然所得，应缴纳个人所得税。为保证促销的效果，企业在销售中附赠的实物一般不含个人所得税，是税后净收益，该税则应由促销企业承担，即由促销企业代付代缴个人所得税。可见，实物折扣的税收负担是比较重的，企业应做好其税收筹划工作，规避不应承担的税收负担。

【案例 3-13】　某商场 2015 年举行元旦假日促销活动，推出"买一赠一"的方式搞促销活动三次，通过促销活动增加销售额 35 690 万元，同时赠送小商品按销售价计 2 910 万元，小商品的不含税购进成本为 1 500 万元。

次月，当地主管国税机关对该企业纳税情况进行检查时，发现该企业在促销活动中作为礼品赠送出去的小商品没有按税法规定作视同销售处理,应补缴增值税及附加。

$$补缴增值税 = 2\,910 \div (1 + 17\%) \times 17\% = 422.82(万元)$$
$$补缴附加税费 = 422.82 \times 10\% = 42.28(万元)$$

当地主管地税机关对该企业促销活动的个人所得税和企业所得税情况也进行了税务检查,认为在促销过程中,商场应代扣代缴个人所得税,未代扣代缴的由商场赔缴。

$$赔缴个人所得税 = 2\,910 \div (1 - 20\%) \times 20\% = 727.5(万元)$$

商场在计算当期企业所得税时,将赠送的小商品成本进行了扣除。由于对外赠送的支出不能在企业所得税前扣除,地税机关责成商场补缴企业所得税(按照2015年的企业所得税率25%计算)。

$$补缴企业所得税 = 1\,500 \times 25\% = 375(万元)$$

对于促销活动,企业共补各税:

$$422.82 + 42.28 + 727.5 + 375 = 1\,567.6(万元)$$

【筹划思路与方法】

对商场而言,"买一赠一"活动本身旨在借这样的销售活动来吸引顾客,提高市场占有率,但其结果却加重了企业的税收负担,进一步增加了企业的现金流出,降低了企业的经济效益。其实,对于实物折扣导致的税负增加的被动局面,企业是可以进行税收筹划的。如果将实物折扣"转化"为价格折扣或直接调低价格,则可以达到不增加额外税收负担的目的。筹划方法包括以下两种。

筹划方案一:降低销售价格,实行捆绑式销售。仍以"买一赠一"的促销行为为例,将商品和赠品的价格分别下调,使它们的销售价格合计数等于商品价格,并将商品和赠品一起销售。不存在按2 910万元含税销售额补征视同销售的增值税问题,当然也不存在补征企业所得税和个人所得税的问题。

筹划方案二:将赠送的货物作为销售折让来对待。还以"买一赠一"的促销行为为例,此方案中将促销的主要商品按正常销售来对待,同时把赠送货物按其价值以销售折扣的形式返还给客户。即在发票上填写商品价格,同时填写赠品价格2 910万元,同时以折扣的形式将2 910万元在发票上反映,直接返还给客户,发票上净额为商品销售价格,客户实际付款为商品销售价格,这样便达到促销的目的。折扣额2 910万元能够冲减商场的销售收入,从而减少了增值税销项税额,同时也避免了补缴企业所得税和个人所得税的问题。

4. 销售折让和销售退回

销售折让和销售退回,是指因错发商品或商品质量不合格而被购买方退回的商品或在价格上给予的折扣。企业已经确认的销售收入的售出商品发生销售折让和销售退回,应当在发生当期冲减当期销售商品收入。企业发生的销售退回,只要购货方提供退货的有效证明,并从当地主管税务机关开具进货退出及索取折让、退回证明单,可开具红字增值税专用发票,冲减退货当期销售收入。

(三)其他促销经营方式的筹划

随着市场经济体制的建立,企业特别是商品流通企业之间的竞争日益激烈,各种促销方式也应运而生,而且花样不断翻新。企业在选择促销手段时,一方面应考虑其市场营销效果,同时也不能忽视其税收成本。因此,有必要将各种促销方式进行对比分析,以便于企业进行选择和筹划。下面对这些方式的涉税问题进行比较,以便于企业进行选择和筹划。

还本销售方式是指纳税人在销售货物达到一定期限后,将其货物价款的全部或部分一次或分次退还给购货方。根据税法规定,应以销售额的全额为计税金额。

以旧换新是指纳税人在销售货物时,以一定的价格同时回收相关的旧货,以达到促销目的。纳税人采取以旧换新方式销售货物的,应按新货物(金银首饰除外)的同期销售价格计缴税款。无论纳税人在财务上怎样处理,旧货物的支出均不得从销售额中扣除。

以物易物是一种较为特殊的购销活动,是指购销双方不是以货币结算,而是以同等价款的货物相互交换,实现货物购销的一种方式。税法规定,以物易物的双方都应做购销处理,以各自发出的货物核算销售额并计算销项税额,以各自收到的货物按规定核算购货额并计算进项税额。

【案例3-14】 某商场商品销售利润率为40%,即销100元商品,其成本为60元,商场是增值税一般纳税人,购货均能取得增值税专用发票,为促销欲采用三种方式:

方案一:将商品以7折销售,销售额和折扣额开在同一张发票上。

方案二:凡是购物满100元者,均可获赠价值30元的商品(成本为18元)。

方案三:凡是购物满100元者,将获返还现金30元。

(以上价格均为含税价格。)

假定消费者同样是购买一件价值100元的商品,则对该商场来说以上三种方式的应纳税情况及利润情况如下(由于城市维护建设税及教育费附加对结果影响较小,因此计算时未考虑)。

【筹划思路与方法】

方案一:商品7折销售,价值100元的商品的售价为70元。

$$应纳增值税 = (70 - 60) \div (1 + 17\%) \times 17\% = 1.45(元)$$
$$利润额 = 70 \div (1 + 17\%) - 60 \div (1 + 17\%) = 8.55(元)$$
$$应纳企业所得税 = 8.55 \times 25\% = 2.14(元)$$
$$税后净利润 = 8.55 - 2.14 = 6.41(元)$$

方案二:购物满100元,赠送价值30元的商品(成本18元)。

$$销售100元商品应纳增值税 = (100 - 60) \div (1 + 17\%) \times 17\% = 5.81(元)$$
$$赠送30元商品视同销售,应纳增值税 = (30 - 18) \div (1 + 17\%) \times 17\% = 1.74(元)$$
$$合计应纳增值税 = 5.81 + 1.74 = 7.55(元)$$

根据国税函〔2000〕57号文件规定,为其他单位和部门的有关人员发放现金、实物等应按规定代扣代缴个人所得税,税款由支付单位代扣代缴。为保证让利顾客30元,商场赠送的价值30元的商品应不含个人所得税税额,该税应由商场承担,因此赠送该商品时商场需代缴顾客偶然所得个人所得税为:

$$30 \div (1 - 20\%) \times 20\% = 7.5(元)$$
$$企业利润总额 = 100 \div (1 + 17\%) - 60 \div (1 + 17\%) - 18 \div (1 + 17\%) - 7.5 = 11.3(元)$$

由于赠送商品成本及代顾客缴纳的个人所得税款不允许税前扣除,因此:

$$应纳企业所得税 = [100 \div (1+17\%) - 60 \div (1+17\%)] \times 25\% = 8.55(元)$$
$$税后净利润 = 11.3 - 8.55 = 2.75(元)$$

方案三:购物满 100 元返回现金 30 元。

$$应纳增值税 = (100-60) \div (1+17\%) \times 17\% = 5.81(元)$$

代缴顾客偶然所得个人所得税为 7.5 元(计算同上)。

$$企业利润总额 = (100-60) \div (1+17\%) - 30 - 7.5 = -3.31(元)$$

由于返还的现金成本及代顾客缴纳的个人所得税款不允许税前扣除,因此:

$$应纳企业所得税 = [100 \div (1+17\%) - 60 \div (1+17\%)] \times 25\% = 8.55(元)$$
$$税后净利润 = -3.31 - 8.55 = -11.86(元)$$

由此可见,上述三种方案中,方案一最优,方案二次之,而对于方案三,即采用返还现金促销的方案最不可取。由此可见,采用不同的让利促销方式不仅税收负担不同,对商家利润的影响也显而易见。

二、增值税购进项目的筹划

增值税购进项目的筹划是一般纳税人增值税缩小税基筹划策略的另外一个方面。在一般纳税人购进扣税法计征增值税的制度下,购进项目避税的关键在于增大购进项目所涉及的进项税额。在所支付的购货款一定的情况下,进项税额越大,反映的应纳税额就越小,实际承担的税收负担也就越轻;反之,税负就越重。在不增加成本的情况下,尽量增加购进项目可抵扣的进项税额,以此来减轻增值税负担,是增值税购进项目筹划的主要思想。

当纳税人购进的货物或接受的应税劳务不是用于增值税应税项目,而是用于非应税项目时,则支付的进项税额就不能抵扣。税法对于可以抵扣和不能抵扣进项税额的项目作了严格的规定。因此,在进行购进项目的筹划之前,我们必须掌握进项税额的内容,把握哪些进项可以抵扣,哪些进项不能抵扣。

根据增值税制度的规定,对于一般纳税人企业而言,准予从销项税额中抵扣的进项税额,包括增值税扣税凭证上注明的进项税额和按规定的扣除率计算的进项税额:

(1)从销售方或提供方取得的增值税专用发票(含货物运输业增值税专用发票、税控机动车销售统一发票及邮政电信业专用发票)上注明的增值税额。

(2)从海关取得的进口增值税专用缴款书上注明的增值税额。

(3)企业购置增值税防伪税控系统专用设备和通用设备,可凭购货所取得的专用发票所注明的税额从增值税销项税额中抵扣。其中,专用设备包括税控金税卡、税控 IC 卡和读卡器;通用设备包括用于防伪税控系统开具专用发票的计算机和打印机。

(4)增值税一般纳税人向农业生产者购进的免税农业产品,准予按照以下标准计算抵扣进项税额:

第一,一般农产品:按照农产品收购发票或者销售发票上注明的农产品买价和 13% 的扣除率计算进项税额,从当期销项税额中扣除。

第二,特殊农产品——烟叶:

收购烟叶准予抵扣的进项税额 ＝（收购金额＋烟叶税）×13％

收购金额 ＝ 收购价款×（1＋10％）

烟叶税 ＝ 收购金额×20％

（5）"营改增"之前，一般纳税人外购货物或销售货物以及在生产经营中所支付的运输费用（代垫运费除外），准予按运费结算单据所列运费和7％的扣除率计算进项税额抵扣。根据《财政部、国家税务总局关于简并增值税税率有关政策的通知》（财税〔2017〕37号），"营改增"试点期间，一般纳税人购进用于生产销售或委托加工17％税率货物的农产品准予按13％的抵扣率计算进项税额；除此之外，按照11％的抵扣率计算进项税额。2019年4月以来，随着增值税税率的再次下调，一般纳税人购进农产品计算抵扣进项税额，其扣除率又发生了变化：对增值税一般纳税人购进农产品，原适用10％扣除率的，扣除率调整为9％；对增值税一般纳税人购进用于生产或委托加工13％税率货物的农产品，按照10％的扣除率计算进项税额。营改增后，增值税一般纳税人取得交通运输企业开具增值税专用发票后，按专用发票上注明的增值税税额进行抵扣。

（一）增加购进额的一般筹划方法

1. 以票抵扣

在以票抵扣的情形下，由于增值税的中性税收性质，购进时让销售方在专用发票上高开购进额是不可能的也是不允许的。因此，我们只能考虑扩大抵扣范围以增加抵扣额，如优先购进一般纳税人的货物或者应税劳务。现行增值税制度规定，一般纳税人购进小规模纳税人的货物或者应税劳务，接受普通发票，不得抵扣进项税额，即使从小规模纳税人那里取得的由当地税务机关代开的增值税专用发票，也只能按3％的征收率抵扣进项税额。因此，在金额相等的情况下，应优先选择购进一般纳税人的货物或者应税劳务。

（1）一般纳税人选择供货方的税收筹划。一般纳税人在小规模纳税人处采购的货物，在取得普通发票时不能进行抵扣（农产品除外），在取得小规模纳税人主管税务所代开增值税专用发票时抵扣率为3％，也与一般纳税人抵扣率有所不同。为了弥补抵扣率不同而造成的损失，一般纳税人往往要求小规模纳税人在货物销售价格上给予适当优惠。那么在实际交易中多大的价格折让可以弥补上述损失呢？我们可以在理论上求得一个价格折让的临界点，并据此进行供货方的选择。

假设，某一般纳税人从供货方甲（一般纳税人）处的购货金额（含税）为A，从供货方乙（小规模纳税人）处的购货金额（含税）为B，则：

从供货方甲（一般纳税人）处的购货实现的利润为：

净利润额 ＝ 销售额－购进货物成本－城建税及教育费附加－所得税

　　　　 ＝（销售额－购进货物成本－城建税及教育费附加）×（1－所得税率）

　　　　 ＝〈销售额－A/（1＋增值税税率）－［销售额×增值税税率－A/（1＋增值税税率）×

　　　　　　增值税税率］×（城建税税率＋教育费附加征收率）〉×（1－所得税率）

从供货方乙（小规模纳税人）处的购货实现的利润为：

净利润额 ＝ 销售额－购进货物成本－城建税及教育费附加－所得税

　　　　 ＝（销售额－购进货物成本－城建税及教育费附加）×（1－所得税率）

$$= \{销售额 - B/(1+征收率) - [销售额 \times 增值税税率 - B/(1+征收率) \times 征收率]$$
$$\times (城建税税率 + 教育费附加征收率)\} \times (1-所得税率)$$

注意：以上销售额均为不含税销售额，征收率为税务所代开增值税专用发票上所注明的征收率。

当该纳税人从供货方甲（一般纳税人）处的购货金额（含税）为 A 与从供货方乙（小规模纳税人）处购货金额（含税）为 B，所实现利润相等时，即：

$$\{销售额 - A/(1+增值税税率) - [销售额 \times 增值税税率 - A/(1+增值税税率) \times 增值税税率]$$
$$\times (城建税税率 + 教育费附加征收率)\} \times (1-所得税率) =$$
$$\{销售额 - B/(1+征收率) - [销售额 \times 增值税税率 - B/(1+征收率) \times 征收率]$$
$$\times (城建税税率 + 教育费附加征收率)\} \times (1-所得税率)$$

得到：

$$A/(1+增值税税率) \times [1 - 增值税税率 \times (城建税税率 + 教育费附加征收率)] =$$
$$B/(1+征收率) \times [1 - 征收率 \times (城建税税率 + 教育费附加征收率)]$$

当该纳税人适用增值税税率为 17%、征收率为 3%、城建税税率为 7%、教育费附加征收率为 3% 时，有：$B = A \times 86.80\%$

即：当小规模纳税人的价格为一般纳税人价格的 86.80% 时，该纳税人从一般纳税人和从小规模纳税人处采购货物所获得的利润是相等的；当小规模纳税人报价折合率低于该比率时，应当选择从小规模纳税人处采购货物；当小规模纳税人报价折合率高于该比率时，应当选择从一般规模纳税人处采购货物，从而取得更大的净利润。

在增值税一般纳税人适用税率为 17%、13%，小规模纳税人征收率为 3% 以及不能出具增值税专用发票的情况下，小规模纳税人的价格折让临界点。购货方选择的价格折让临界点结果如表 3-4 所示。

表 3-4　购货方选择的价格折让临界点

一般纳税人抵扣率	小规模纳税人抵扣率	价格折让临界点（含税）
17%	3%	86.80%
17%	0	84.02%
13%	3%	90.24%
13%	0	87.35%

【案例 3-15】　光明厨具公司（为增值税一般纳税人）外购用于生产的钢材时，得到的报价是：从北方钢铁厂（为一般纳税人，增值税税率为 17%）处购入，则每吨的价格为 50 000 元（含税），一般纳税人开出专用发票；若从得平钢铁贸易公司（为小规模纳税人）处购买，则可取得由税务部门代开的征收率为 3% 的专用发票，含税价格为 44 000 元。已知城市维护建设税税率为 7%，教育费附加征收率为 3%。试作出该企业是否应从小规模纳税人处购货的决策。

【筹划思路与方法】

由价格折让临界点得知，增值税税率为 17%，小规模纳税人的征收率为 3% 时，价格折让临界点为 86.80%，即临界点时的价格为 43 400 元（50 000×86.80%）；而小规模纳税人的实际价格为 44 000 元,大于临界点的价格 43 400 元,因此,适宜从一般纳税人处采购原材料。

从利润角度来看,从北方钢铁厂购进原材料的净成本为:

$$50\ 000/(1+17\%)-50\ 000/(1+17\%)\times17\%\times(7\%+3\%)=42\ 008.55(元)$$

(注:依进项税额计提的城市维护建设税和教育费附加可以抵减产品销售税金及附加。)

从得平钢铁贸易公司购进原材料的净成本为:

$$44\ 000/(1+3\%)-44\ 000/(1+3\%)\times3\%\times(7\%+3\%)=42\ 590.29(元)$$

由此可以看出,从得平钢铁贸易公司购进钢材的成本大于从北方钢铁厂购进钢材的成本,因此应选择从北方钢铁厂购入。

如果光明厨具公司只能从小规模纳税人处取得普通发票,由价格临界点 84.02% 得知,只有从得平钢铁贸易公司购进的含税销售价格低于 42 010(50 000×84.02%)元时,才可考虑从得平钢铁贸易公司处购进钢材。

企业在采购货物时,可根据价格折让临界点值,正确计算出进货临界点的总价格,用临界点总价格与从小规模纳税人处进货价格进行比较,就可以选择出供货方,从而获得较大的税后收益。

(2)小规模纳税人对供货方选择的筹划。对于小规模纳税人来说,由于其计算增值税时不能进行进项税额抵扣,所以在选择供货方时,只需对货物含税价格进行比较,选择其中价格较低的供货方即可。

2.计算抵扣

在计算抵扣的情形下,则可以考虑增加购进额以增大购进项目可抵扣的进项税额,最终达到节税的目的。具体方法包括:适当提高农产品收购价格。由于收购免税农产品可以享受按 13% 的扣除率计算抵扣进项税额,企业可以考虑适当提高收购价格,然后以其他形式获得对收购成本提高的补偿。

【案例 3-16】 某县供销合作社(一般纳税人)向农民收购棉花共计 120 万元,可以抵扣进项税额 15.6 万元(120×13%),县供销合作社净支出 104.4 万元(120×87%),农民收入为 120 万元。

【筹划思路与方法】

如果县供销合作社平时对农民进行一些相关技术培训和指导,则可以合理抬高收购价。比如说,收购价定位 180 万元,企业再另向农民收取技术培训指导费 60 万元。农业技术培训指导费属于增值税技术培训收入,按 6% 税率征收,根据"营改增"过渡政策相关规定,享受营业税优惠政策的企业,在剩余优惠期内享受有关增值税优惠,按照现行营业税条例规定,农业技术培训指导费可以免征营业税,因而也可暂免征收增值税。于是:

$$进项税额=180\times13\%=23.4(万元)$$
$$合作社收购支出=180\times87\%=156.6(万元)$$
$$合作社净支出=156.6-60=96.6(万元)$$
$$农民收入=180-60=120(万元)$$

经过筹划,农民收入虽然与筹划前相同,但县供销合作社多抵扣进项税额,其增值税负担减轻 7.8 万元(23.4－15.6),净支出比筹划前减少了 7.8 万元。

(二)增值税购进额的特殊筹划方法

1. 运费的筹划

货物生产与销售企业总是会发生与运输有关的经济活动的。有的企业拥有自备车辆,在货物购销活动中使用自备车辆进行运输;有的企业则使用交通运输企业车辆运送货物。不论是哪种情况发生,都与纳税存在密切关系。

1)企业无自备车辆的运费筹划

企业没有自己的运输工具,在销售或购进货物时,就必须使用交通运输企业的运输工具,从而发生运费支出。这部分支出与本企业纳税有着密切关系。"营改增"试点政策实施以后,货物销售(税率 17%)与运输服务(11%)的税率仍相差 6 个百分点。在货物购销活动中,一般情况下,谁承担运费,谁的税负就较重。

从货物销售方面看,运费的处理企业有两种选择:

(1)代垫运费处理方式。销售企业在销售货物过程中发生的运费确定由购货方负担,可以采取代垫处理方式,从而避免将运费作为价外费用,加入自己的销售额中而多缴税。依据是《增值税暂行条例实施细则》第十二条第二款规定,同时符合以下条件的代垫运费不计入价外费用:一是承运部门的运输费用发票开具给购买方的;二是纳税人将该项发票转交给购买方的。

【案例 3-17】 某产品生产企业属于增值税一般纳税人。2014 年 3 月销售给外地某公司 A 产品 1 000 件,不含税价款 100 000 元,发生运费 2 000 元,购买方承担运费,委托先由销售企业代垫,待结算货款时一并支付。本月销售企业可抵扣进项税为 144 50 元。

【筹划思路与方法】

根据产品生产企业此种情况下收取的价外运费不征收增值税的规定,销项税额为 100 000×17%＝17 000(元),进项税额为 14 450 元,应纳增值税额为 17 000－14 450＝2 550(元)。税负率为 2.55%。从计算结果看,销售方并未因代垫运费而多缴纳税款,但这样的处理方式对采购方来讲存在税务风险。

按照税法规定,纳税人购进货物或应税劳务,支付运输费用,被支付款项的单位,必须与开具抵扣凭证的销货单位、提供劳务的单位一致,才能够申报抵扣进项税额,否则不予抵扣。上述方案中,由于代垫运费的发票是由运输企业开具的,而运费的款项是支付给销售方的,导致出现被支付运输费用的单位与开具货物运输增值税专用发票的承运单位不一致,这就造成购货方无法抵扣运费的增值税进项税。如果采购方需要抵扣进项税的话,此方案很难实现。因此,代垫运费的方案,只适用于购买方不需抵扣,或是小规模纳税人企业。

(2)销售方名义负担运费处理方式。购销双方合同确定由销售方送货上门,销售方为维护自己的利益,运费可通过提高销售价格回收,而多缴税款也可通过税负转嫁方式得以补偿。仍以上述企业为例,产品的销售收入为 102 120 元,销项税额为 17 360.4 元(102 120 元×17%),进项税额为 14 670 元[进项税额 14 450 元＋运费的进项税额 220 元(2 000×11%)],应纳增值税＝17 360.4－14 670＝2 690.4(元),税负率为 2.63%。

两种方式相比较而言,第一种方式税负率虽然较低,但因为购货方无法抵扣进项税,一般很难实现。如果购买方无需抵扣进项税，或是小规模纳税人企业，应当选择此方式，双方均可实现较好的利益。而从更普遍的意义角度讲，第二种方式更具有可操作性。

2）企业有运输车辆的运费筹划

货物生产销售企业以自有车辆运输本企业销售的货物行为，按照税法规定称作为混业经营，其具体规定为：试点纳税人兼有不同税率或者征收率的销售货物、提供加工修理修配劳务或者应税服务的，应当分别核算适用不同税率或者征收率的销售额，未分别核算销售额的，从高适用税率。按照上述规定，货物生产销售企业自有车辆运费处理，也面临两种选择：一是与货物销售混业经营；二是将运输部独立出去单独成立物流公司。

混业经营方式下，如果生产销售企业已取得增值税一般纳税人资格的，运输工具以及耗用的油料、配件及正常修理费支出等项目若索取了专用发票可以抵扣17％的进项税额。运输业务也可按照一般纳税人资格，适用11％增值税税率。在此前提下，销售企业只要将两项业务分别核算销售额，即可获得节税利益。

2. 存货损失进项税额扣除的税收筹划

企业的存货发生毁损时，经常面临两种处置方案：报废或者低价甩卖。哪种方案能将企业的损失降到最低值？首先我们来看以下案例：

【案例3-18】 某零售企业（一般纳税人）2011年初购进一批价值30万元（不含税）的服装，进项税额5.1万元。由于在洪灾中浸水霉变，产生毁损。企业有两个处理方案，第一为报废；第二为1万元低价甩卖。

【筹划思路与方法】

两个方案的有关税收负担情况分别为：

方案一：报废。

企业需作增值税进项税额转出：5.1万元。

$$所得税前产生的财产损失 = 30 + 5.1 = 35.1（万元）$$

由于可以在企业所得税前抵扣，抵减的企业所得税额：35.1×25％＝8.775（万元）。

$$企业的净损失 = 35.1 - 8.775 = 26.325（万元）$$

方案二：以1万元低价甩卖。

$$增值税销项税额 = 1 × 17％ = 0.17（万元）$$

应纳增值税额＝0.17－5.1＝－4.93（万元），即企业有4.93万元的增值税可以留待其他销售行为抵扣。

$$所得税前产生的财产损失 = 30 - 1 = 29（万元）$$

由于可以在企业所得税前抵扣，抵减的企业所得税额：29×25％＝7.25（万元）。

$$企业的净损失 = 29 - 7.25 = 21.75（万元）$$

本案例中，方案二"低价甩卖"的损失更小一些。

下面我们对［案例3-18］作一般性分析，假设货物的购进成本为C，不含税的甩卖价为P，则：

从增值税的角度看，由于报废属于非正常损失的货物，按照《增值税暂行条例实施细则》规定,报废货物相应的进项税额需转出,不得在销项税额中抵扣。也就是说,报废货物企业所承担的所得税前损失是所报废货物按购进价(购进成本)计算的价税合计数 $1.17C$,在所得税方面,这个损失可以在所得税前扣除。

而低价甩卖产生了销售行为,有销项税额(尽管很低,或者低于进项税额),购进货物的增值税专用发票"链条"没有中断,故无须进行进项税额转出,货物的进项税额在甩卖形成的销项税额中进行了扣除,而不是由企业承担。此时,企业承担的所得税前损失是所甩卖货物的成本价减去甩卖价格后的余额($C-P$),同样,此时的损失也可以在所得税前扣除。

显然 $C-P<1.17C$,比较两种处理方案,低价甩卖比"报废"所产生的损失更小一些。

这里需要注意的是,根据规定,企业的各项财产损失,应在损失发生当年申报扣除,不得提前或延后;非因计算错误或其他客观原因,企业未及时申报的财产损失,逾期不得扣除。因此,企业发生存货毁损,应于年度终了之前,组织人员进行清理,及时申报,以免过期被视为权益放弃而造成不必要的损失。

第四节　增值税适用低税率和征收率的筹划

税率反映征税的深度,税负的轻重与税率直接相关。尽管增值税率(征收率)比较简单,税率档次少,但毕竟不是单一税率,还是会存在一定的税收筹划空间。

对于增值税一般纳税人和小规模纳税人,在计算增值税额时要分别采用增值税税率和征收率,税率的筹划主要在于两类纳税人身份的转换,关于这一问题,已在本章的第一节里作了相关介绍,这里不再赘述。

一、增值税税率的法律界定

在我国全面推行"营改增"之后,我国增值税设立有六个档次的税率:销售或进口一般货物、提供加工修理修配应税劳务以及有形动产租赁服务的一般纳税人适用税率17%;销售或进口农产品、文化用品以及日常生活必需品等特殊货物的一般纳税人适用低税率11%;提供交通运输服务、邮政服务、基础电信服务、建筑服务、不动产租赁服务、销售不动产以及转让土地使用权的一般纳税人适用税率11%;提供部分现代服务业(除有形动产租赁)服务、增值电信服务、金融服务、生活服务以及销售无形资产的一般纳税人适用税率6%;纳税人出口货物,提供国际运输服务、航天运输服务,向境外单位提供设计服务等,适用零税率;小规模纳税人发生应税行为,一般纳税人销售自产的电力、砂土、石料、自来水、寄售物品、死当物品等按简易办法征收增值税,适用征收率3%,一般纳税人销售自己使用过的固定资产可按简易办法依3%征收率减按2%征收,小规模纳税人销售自己使用过的固定资产减按2%的征收率征收增值税,并且只能开具普通发票,不得由税务机关代开增值税专用发票;一般纳税人按照简易计税方法计税的销售不动产、不动产租赁服务,以及小规模纳税人销售不动产、出租不动产,适用征收率5%,个人出租住房,按照5%的征收率减按1.5%计算纳税。

2018年3月28日,国务院常务会议决定,从2018年5月1日起,销售或进口货物、提供加工、修理、修配劳务、提供有形动产租赁服务的增值税税率从17％降低至16％,交通运输、建筑、基础电信服务等行业以及农产品等货物的增值税税率从11％降至10％;从2019年4月1日起,增值税税率又发生了变化,原16％的税率降为13％,原10％的税率又降至9％。

二、增值税税率的税收筹划

在增值税税率的筹划中,应准确掌握低税率的适用范围。例如,适用11％低税率中的"农机",是指农机整机,而农机零部件则不属于"农机"范围,所以生产农机零部件的企业可以通过与农机整机生产企业合并、组合的形式,使产品符合低税率的标准,从而实现节税效益。

另外,纳税人兼营不同税率的货物或应税劳务,应当分别核算不同税率的货物或应税劳务的销售行为;未分别核算销售额的,从高适用税率。因此,对于兼营不同税率产品的企业,一定要将各自的销售额分开核算,杜绝从高适用税率的情况发生。例如,某处于城乡结合部的商店,既销售各类日用百货,有销售农具、农膜等农业生产用品。如果该商店将这两类商品的销售额分别核算,则日用百货的销售额按17％计税;农具、农膜等农业生产用品按13％计税。如果不能分别核算,后者也会一并按17％的高税率计税。显然,分别核算两类商品的销售额对该商店来讲是至关重要的税收筹划思路。

第五节　混合销售行为和兼营行为的税收筹划

我国实施"营改增"税制改革之前,由于增值税征收范围不完全的特点,使增值税和营业税在所涉及的经济业务中常常会交叉,在实践中会出现混合销售行为、兼营行为等特殊情况,而且混合销售行为、兼营行为在一定的条件下还可以相互转换。以上情况导致增值税征税范围具有选择性,或者是具有比较大的税收筹划空间。

随着"营改增"的不断深入,而我国从2016年5月起在全国范围内全面推行"营改增"改革,这就表明在我国实行20多年之久的营业税将退出历史舞台。因而,有关混合销售行为和兼营行为的基本含义将发生明显变化,但鉴于混合销售和兼营行为所体现的筹划思想依旧值得借鉴,故本节通过例子简单介绍一下混合销售行为和兼营行为的筹划方案。

一、兼营行为的税收筹划方法

兼营是企业经营范围多样性的反映。即每个企业的主营业务确定以后,其他业务项目即为兼营业务。兼营主要包括两种:

(1) 兼营不同税率的货物,劳务或服务的行为,即混业经营行为。例如供销系统企业,一般既经营税率为17％的生活资料,又经营税率为11％的农业用生产资料等。混业经营是"营改增"试点办法中首次引入的概念,仅适用于试点纳税人。混业经营是指试点纳税人"兼有"不同税率或征收率的销售货物、提供加工修理修配劳务或应税服务的行为。但是,销售货物、提供加工修理修配劳务或应税服务,不同时发生在同一项销售行为中。

（2）兼营非增值税应税劳务。纳税人兼营非增值税应税项目的,应分别核算货物或应税劳务的销售额和非增值税应税项目的营业额,未分别核算的,由主管税务机关核定货物或应税劳务的销售额。由于"营改增"的推进,这种兼营行为将不复存在,故在此不作筹划。

《增值税暂行条例》中明确规定,纳税人兼营不同税率或者征收率的销售货物、提供应税劳务或者应税服务的,应当分别核算不同税率或者征收率的销售额;未分别核算销售额的,从高适用税率。如本应按 17% 和 11% 的不同税率分别计税,未分别核算的则一律按 17% 的税率计算缴税。因此,纳税人兼营不同税率的货物或应税劳务以及应税服务的,应当分别核算,按其所适用的不同税率各自计算应纳税额。

【案例 3-19】 某钢材厂属增值税一般纳税人,某月份销售钢材 90 万元(含税销售额),同时又经营农机收入 10 万元(含税销售收入)。计算应纳税款。

【筹划思路与方法】

未分别核算:

$$应纳增值税 = (90 + 10) \div (1 + 17\%) \times 17\% = 14.53(万元)$$

分别核算:

$$应纳增值税 = 90 \div (1 + 17\%) \times 17\% + 10 \div (1 + 11\%) \times 11\% = 14.07(万元)$$

分别核算可以为该钢材厂减轻 0.46 万元(14.53 − 14.07)税负。

【案例 3-20】 某装修公司,在销售装修材料的同时,还为客户提供送货服务,当年装修材料的不含税销售额为 250 万元,取得送货服务不含税收入为 80 万元(两笔收入未分开核算),其中可抵扣购进项目金额为 10 万元,销售装修材料增值税税率为 17%,交通运输业增值税税率为 11%。

【筹划思路与方法】

本案中该公司未分开核算两项收入,故税务机关在征缴税款时,将合并征收并从高适用税率,即(250 + 80)× 17% − 10 = 46.1(万元)。

可以看到,交通运输业相比于销售材料所适用的税率更低,因而企业应当分开核算两项收入,此时缴纳税款为 250 × 17% + 80 × 11% − 10 = 41.3(万元)。

可见,选择分开核算可以节税 4.8(46.1 − 41.3)万元。所以纳税人兼营不同税率的货物,应当分别核算,否则必然会有一项收入从高适用税率。商家在进行生产经营决策时,一定要认真考虑利弊,以免多缴税,增加额外税收负担,同时也防止少缴税款而遭受税务机关的处罚。

二、混合销售行为的税收筹划方法

营改增税制改革之后,混合销售是指企业的同一项销售行为既涉及货物,又涉及服务,而且销售货物和销售服务二者之间具有紧密相连的直接从属关系。我国税法对混合销售行为税务处理规定如下:从事货物的生产、批发或零售的企业、企业性单位及个体工商户,以及从事货物的生产、批发或者零售为主,并兼营销售服务的单位和个体工商户发生的混合销售行为,按照销售货物缴纳增值税;其他单位和个体工商户发生的混合销售行为,按照销售服务缴纳增值税。其中,"以从事货物的生产、批发或者零售为主,并兼营销售服务"是指在纳税人每年的货物销售额与服务销售额的合计数中,货物的销售额超过50%,服务的销售额不到50%。因此,在出现混合销售行为时,按销售货物缴纳的税负重,还是按销售服务缴纳的税负重,完全取决于增值率的高低。所以,纳税人可以通过增值率的计算来判断缴纳哪一种税对自己较为有利。

对于以货物销售为主的一般纳税人的混合销售行为,其涉及销售货物和涉及销售服务的销售额合并缴纳增值税,扩大了销售货物缴纳增值税的税基。而货物销售的增值税税率较高,这样企业承担的增值税税收负担也较重。如果一般纳税人企业涉及销售服务项目无进项税额抵扣,或者可抵扣的进项税额较少,则宜将混合销售行为转化为兼营行为,通过将销售服务的增值税应税项目独立核算,适用低税率,从而降低企业总体增值税税负。

【案例3-21】 某建筑公司(甲公司)销售建筑材料,并代顾客装潢。2011年1月,该公司承包的某项装潢工程总收入为440万元(其中,销售建筑材料收入为240万元,装潢收入200万元),为装潢购进材料为200万元(含17%增值税),销售建筑材料的增值税适用税率为17%,装潢的增值税适用税率为11%。问如何为该公司税收筹划?

【筹划思路与方法】

(1)在现方案下该公司应纳税额的计算如下:

合并缴纳增值税 = 440 ÷ (1 + 17%) × 17% − 200 ÷ (1 + 17%) × 17% = 34.87(万元)

(2)该公司的装潢收入比例较高,但没有相应的进项税额可以抵扣。进行税收筹划后,该公司将装潢施工队单独组建成一个乙公司,独立核算,自行缴纳税款。税收筹划后,纳税情况如下:

甲公司销售建筑材料应缴纳增值税 = (240 − 200) ÷ (1 + 17%) × 17% = 5.81(万元)
乙公司提供装潢服务应缴纳增值税 = 200 ÷ (1 + 11%) × 11% = 19.82(万元)
纳税共计 = 5.81 + 19.82 = 25.63(万元)

可见,选择分开核算可以节税9.24万元(34.87 − 25.63)。之所以说这里分开核算有利,是因为装潢收入200万元分开核算后,适用11%的增值税税率,相较于原方案,这块收入对对应的增值税税率降低了6个百分点。

第六节　增值税延迟纳税的筹划

一般纳税人增值税应纳税额为销项税额减去进项税额之差。销项税额的实现是按收讫价款或者取得索取价款凭据而确定;进项税额的抵扣是按取得增值税专用发票并通过税务机关认证而确定。销项税额的实现与进项税额的抵扣之间有一定的时间差,因此,这里存在一定的筹划空间。即企业可以通过延迟纳税的方式来增加流动资金、加速资金的周转以缓解资金压力。

对于增值税来说,要想推迟纳税时间,一方面要设法推迟销售额的实现,另一方面要提前进项税额的抵扣。因此,必须了解税法关于增值税纳税义务发生时间的规定。

一、增值税纳税义务发生时间的规定

（1）采取直接收款方式销售货物，不论货物是否发出，均为收到销售额或者取得索取销售额的凭据的当天。

（2）采取托收承付和委托银行收款方式销售货物，为发出货物并办妥托收手续的当天。

（3）采取赊销和分期付款方式销售货物，为按书面合同约定收款日期的当天；无书面合同或者书面合同没有约定收款日期的，为货物发出的当天。

（4）采取预收货款方式销售货物，为发出货物的当天。但生产销售、生产工期超过12个月的大型机械设备、船舶、飞机等货物，为收到预收款或者书面合同约定的收款日期的当天。

（5）委托其他纳税人代销货物，为收到代销单位销售的代销清单或者收到全部或部分货款的当天；未收到代销清单及货款的，其纳税义务发生时间为发出代销货物满180天的当天。

（6）销售应税劳务，为提供劳务同时收讫销售额或者取得索取销售额的凭据的当天。

（7）纳税人发生其他视同销售货物行为，为货物移送的当天。

（8）纳税人进口货物，纳税义务的发生时间为报关进口的当天。

二、增值税进项税额申报抵扣的时间规定

一般纳税人取得防伪税控系统开具的增值税专用发票，抵扣的进项税额按以下规定处理：

（1）增值税一般纳税人取得2010年1月1日以后开具的增值税专用发票应在开具之日起180天内到税务机关办理认证，并在认证通过的当月向主管税务机关申报抵扣进项税额，否则不予抵扣进项税额。

（2）实行海关进口增值税专用缴款书"先比对后抵扣"管理办法的增值税一般纳税人取得2010年1月1日以后开具的海关缴款书，应在开具之日起180日内向主管税务机关报送《海关完税凭证抵扣清单》申请稽核比对。

三、利用不同的结算方式延迟纳税的筹划策略

销售结算方式通常有直接收款、委托收款、托收承付、赊销或分期收款、预收款销售、委托代销等。不同的销售方式，如上所述其纳税义务发生的时间是不相同的。销售结算方式的筹划就是在税法允许的范围内，尽量采取有利于本企业的结算方式，推迟纳税时间，获得纳税期的递延。这里主要介绍赊销和分期收款、委托代销方式两种方式下延迟纳税的筹划。

（一）赊销和分期收款方式下的延迟税收筹划策略

赊销和分期收款结算方式都是以合同约定日期为纳税义务发生时间。因此，企业在产

品销售过程中,在应收货款一时无法收回或部分无法收回的情况下,可以选择赊销或分期收款结算方式。

【案例 3-22】 某洗衣机厂为一般纳税人,适用税率为 17%。当月发生销售业务 4 笔,共计货款 1 500 万元(含税价),货物已全部发出。其中,两笔共计 1 000 万元,货款两清;一笔 150 万元,1 年后一次付清;另一笔 1 年后付 250 万元,余款 100 万元 1 年半后结清。

【筹划思路与方法】

企业若采取直接收款方式,则应在当月全部计算为销售额,计提销项税额。

$$销项税额 = 1\ 500 \div 1.17 \times 17\% = 217.95(万元)$$

在这种结算方式下,有 500 万元的货款实际并未收到,但企业又不能不计提增值税销项税额,因为按照现行增值税制度规定,若对未收到款项的业务不记账,则违反了税收政策,属于偷税行为。

为了使企业既能推迟纳税,又不违反税法规定,企业可以进行如下安排:对未收到的 150 万元和 250 万元两笔应收账款分别在货款结算中采用赊销和分期收款的结算方式,这样就可以延缓纳税。推迟纳税的销项税额具体数额及天数为(假设以月底发货计算):

$$(150 + 250) \div 1.17 \times 17\% = 58.12(万元),天数为 365 天(1 年)$$
$$100 \div 1.17 \times 17\% = 14.53(万元),天数为 548 天(1 年半)$$

毫无疑问,采用赊销和分期收款方式获得的推迟纳税的效果,可以为企业减少大量流动资金的占用,并节约银行利息支出。

(二)委托代销方式下的延迟税收筹划策略

委托代销商品是指委托方将商品交付给受托方,受托方根据合同要求,将商品出售后开具销货清单并交给委托方。此时,委托方才确认销售收入的实现。因此,根据这一原理,如果企业的产品销售对象是商业企业,并且产品以商业企业再销售后付款结算方式销售,则可以采用委托代销结算方式,根据实际收到的货款分期计算销项税额,从而延缓纳税时间。

【案例 3-23】 某空调机厂,某年 5 月向外地某批发站销售空调机 1 170 万元(含税),货款结算采用销售后付款的形式。10 月回收货款 300 万元。

【筹划思路与方法】

企业如果采用直接收款方式、托收承付和委托银行收款方式等结算形式,则 5 月就应计提销项税额:

$$1\ 170 \div (1 + 17\%) \times 17\% = 170(万元)$$

如不进行会计处理申报纳税,则违反税收规定,属于偷税行为。

此笔业务,由于购货企业是商业企业,并且采用了销售后付款的结算方式,所以可以选择委托代销货物的形式,与批发站签订委托代销协议,按委托代销结算方式进行税务处理。这样 5 月可不计算销项税额,10 月按规定向代销单位索取销货清单并计算销售,计提销项税额:

$$300 \div (1 + 17\%) \times 17\% = 43.59(万元)$$

对尚未收到销货清单的货款可暂缓申报计算销项税额,也不承担增值税纳税义务。因此,此类销售业务选择委托代销结算方式对企业最有利。

四、其他延迟纳税的策略

除了上述方法之外,还有其他的一些小技巧可用于延迟增值税的纳税时间。例如,利用节日顺延记账时间;创造条件及早抵扣进项税额。

利用节日顺延记账时间。属于本期实现的销售额,记账时间充分利用财务核算遇到节假日顺延的规定,后移到下期核算销售额的实现,从而推迟销项税额的确定。

创造条件及早抵扣进项税额即企业应在取得防伪税控系统开具的专用发票后,尽快到税务机关认证,以尽早申报抵扣。

第七节 增值税充分利用税收优惠政策的筹划

增值税是除企业所得税外优惠政策最多的一个税种,其税收优惠政策类型包括减免税项目、即征即退项目、简易办法征收项目、起征点以及营改增新增的税收优惠项目等。如能很好地利用这些优惠政策,可为企业大大减轻税负。因此,企业在设立、投资等经营活动中就必须充分考虑企业的投资地区、投资行业、产品类型和企业的性质,以最大限度地享受税收优惠,用足用够税收优惠政策。因增值税税收优惠政策很多,后文仅就一部分政策介绍其相关的筹划方法。

一、直接利用增值税优惠筹划法

国家为了促进某些行业和地区的发展,给予在某些行业、地区进行生产经营活动的纳税人以必要的税收优惠政策。由于这些税收优惠政策符合国家总体的经济目标,因而纳税人可以正大光明地加以利用,为自己企业的生产经营服务。例如,根据财税〔2011〕100号文件中规定,增值税一般纳税人销售其自行开发生产的软件产品,按17%税率征收增值税后,对其增值税实际税负超过3%的部分实行即征即退政策。该政策出台后,软件行业立即成为投资的热土,这就是税收政策的宏观调控作用的充分体现,也是广大的纳税人直接利用税收优惠进行税收筹划的结果。又如,促进节能服务产业发展的增值税政策;再如,为鼓励和利用资源、保护环境、节约能源,现行税收制度规定对再生水、废渣、废旧轮胎、生物柴油等产品的相关税收优惠政策。如果纳税人经过核算其成本和收益后,觉得综合利用资源可以获得更高的经济利益,则可以直接通过资源的综合利用改变其生产方向,获取税收优惠和更大的经济利益。

值得注意的是,企业通过资源综合利用享受税收优惠,减轻企业税负,应具备两个前提:一是使自己的产品属于减免税范围,并且得到有关方面的认可;二是避税成本不是太大。否则,如果一个企业本不是资源综合利用型企业,为了获得减免税优惠,不惜改变生产形式和生产内容,将会导致更大的损失。

二、通过农业机构分设增加进项税额抵扣

对一些以农牧产品为原料的生产企业,如果从生产原料到加工出售均由一个企业完成,企业使用自产的农牧产品原料是不能抵扣进项税额的,则企业可供抵扣的进项税额很少,增值税负担较重。这种情况下,企业可以将农牧产品原料的生产部门独立出去,以减轻税收负担。

【案例 3-24】 城市乳品厂为保证每天不间断地向市场供应各种新鲜奶制品,通常都自设有牧场和乳品加工厂。牧场喂养奶牛,提供新鲜原奶;乳品加工厂将原奶加工成含不同成分的袋装、盒装牛奶、酸奶出售。根据现行税收制度规定,这种城市乳品厂属于工业企业,不属于农业生产者,不享受农产品自产自销的免税待遇。按增值税条例规定,该企业生产的奶制品适用 17% 的增值税税率,全额按 17% 税率计算销项税额,而该企业可以抵扣进项税额的主要有饲养奶牛所消耗的饲料,饲料包括草料和精饲料。草料大部分为向农民收购或牧场自产,但只有向农民收购的草料经税务机关批准后,才可按收购额的 13% 扣除进项税额;精饲料由于前道环节(生产、经营饲料单位)是免税(增值税)的,而本环节又不能取得增值税专用发票,当然不能抵扣。企业可以抵扣的项目仅为外购草料的 13%,以及一小部分辅助生产用品,这样,企业的实际增值税税负很高,往往超过 10%,这必然会影响到企业的正常生产经营和发展壮大。

假定城市乳品厂每天销售的袋装牛奶、盒装牛奶、酸奶销售额为 46 800 元(含税),每天牧场向乳品加工厂提供未经加工的鲜奶价值 20 000 元,平均每天向农民外购的草料价值为 500 元,每天的生产成本及开支的其他期间费用假定为 30 000 元。则:

每天应纳增值税 $= 46\ 800 \div (1 + 17\%) \times 17\% - 500 \times 13\% = 6\ 800 - 65 = 6\ 735$(元)

每天经营利润 $= 46\ 800 \div (1 + 17\%) - (500 - 500 \times 13\%) - 30\ 000 = 9\ 565$(元)

增值税税负率 $= 6\ 735 \div 46\ 800 \div (1 + 17\%) = 6\ 735 \div 40\ 000 = 16.84\%$

显然,16.84% 的税负率是偏重的。

【筹划思路与方法】

为此,该企业可以经过有关审批手续,将牧场和乳品加工厂分为两个独立的企业法人,分开独立核算,在生产协作上仍按以前程序不变,其他的费用开支同分开核算前一样,只不过分别在两个独立核算的单位进行。但牧场和乳品加工厂之间按正常的企业间购销关系结算。企业重新分设后,牧场自产自销未经加工的鲜奶属于农业生产者销售自产农产品,可享受增值税免税待遇,其销售给乳品加工厂的原奶按正常的成本利润率定价;分立后的乳品加工厂从牧场购进鲜奶,属于收购农产品,可按收购额计提 13% 的进项税额。经过机构分设,解决了企业税负偏重的问题,而且也不违背现行税收政策的规定。

假设乳品加工厂将鲜奶加工后每天仍然以 46 800 元(含税价格)对外销售。对于乳品加工厂而言,其每天向牧场购进的 20 000 元鲜奶可以按 13% 的扣除率抵扣增值税进项税额,故可抵扣 2 600 元(20 000×13%)。草料不在乳品加工厂计算抵扣增值税进项税额,则两个厂总体每天的纳税情况和经营利润为:

增值税 $= 46\ 800 \div (1 + 17\%) \times 17\% - 2\ 600 = 4\ 200$(元)

经营利润 $= 46\ 800 \div (1 + 17\%) + 2\ 600 - 500 - 30\ 000 = 12\ 100$(元)

与分设前相比,两个厂每天总体缴纳的增值税税负担减轻了2 535元(6 735—4 200),总体经营利润增加2 535元(12 100—9 565)。

将牧场和乳品加工厂分设后,其增值税负担的降低和总体利润水平的提高来自机构分设后享受的增值税优惠政策待遇。机构分设后,对于牧场而言,鲜奶的价值免征增值税;对于乳品加工厂而言,鲜奶的价值可按13%的扣除率计算抵扣增值税进项税额2 600元;而对于集团总体而言,由于机构分设只是损失了每天收购500元草料带来的65元进项税额抵扣权,但集团总体增值税负担由此减轻了2 535元(2 600—65),经营利润也增加了2 535元。

三、利用起征点进行税收筹划

税收优惠都有特定的条件,满足了税法规定的条件则可以享受税收优惠,否则不能享受。这种条件许多是以数量标准界定的,由此,形成了许多"质量互变"的边界,这就是"临界点"。起征点就是一种临界点,通过突破起征点可以争取降低税率、减轻税负、获得优惠。

《增值税暂行条例实施细则》规定,增值税起征点的适用范围仅限于个人。有关起征点的幅度如下:销售货物的起征点为月销售额5 000～20 000元,销售应税劳务的起征点为月销售额5 000～20 000元,按次纳税的起征点为每次(日)销售额300～500元。其具体金额由各省级税务机构决定。增值税个人纳税人的销售额如果在起征点上下,应注意利用起征点进行税收筹划。

【案例3-25】 某地规定,月销售额大于或等于15 000元,即征收增值税,也就是说增值税的起征点为15 000元以下(含15 000元)时,对个人纳税人征收率为3%。假定,甲经营一个小商铺,某月取得的价税合计销售额为15 460.3元,依3%的征收率折算为不含税销售额15 010元;乙也经营小商铺,某月取得的价税合计销售额为15 439.7元,折算为不含税销售额14 990元。于是甲需要缴纳增值税为:15 010×3%＝450.3(元),其税后净收入为15 010元;而乙无须缴税,净收入也就是15 439.7元。

【筹划思路与方法】

甲的月销售额大于乙的月销售额,但是其税后收入反而小于乙的税后收入,其原因就在于甲的月销售额超过了起征点而需要纳税,而乙的月销售额没有超过起征点而不必纳税。

那么甲应如何筹划以规避其税收负担呢?答案非常简单:其只需在应税收入上减少10多元,就可免除增值税款450.3余元,从而多获得440.3元左右的净收入。

 习 题

1. 某建筑材料商店主营建筑材料批发和零售,同时兼营对外承接安装、装饰工程作业。2011年11月,该商店承接安装、装饰工程作业总收入为50万元,为进行安装装饰工程购进材料45万元(含17%增值税),销售建筑材料的增值税适用税率为17%,安装装饰作业的营业税适用税率为3%,那么如何为该公司进行税收筹划?如果工程总收入为60万元,如何筹划?

2. 某集团由 A、B 两个子公司组成,并且都是增值税一般纳税人。已知 A 公司的产品市场售价为 1 000 元/件。A 公司和 B 公司签订一项委托代销协议,由 B 公司代销 A 公司的产品,市场售价不变,当年 B 公司售出 1 000 件该产品。如果该代销协议采取 B 公司收取手续费方式,即 B 公司每销售一件 A 公司的产品,就收取售价的 20% 的手续费,剩余的 80% 返还给 A 公司。

请选择税收筹划策略,是采用视同买断的委托代销方式(该商品在市场上有同类产品,为了维持销量,B 公司不自行提价)还是采取收取手续费方式。

3. 星光公司主要从事大型电子显示屏生产,同时利用现有力量为客户提供电子屏及相关设备的设计、安装和维修保养服务。2011 年 2 月实现设计费收入 585 000 元,产品销售收入 7 020 000 元(含税),安装费收入 2 725 000 元,维修费收入 468 000 元。作为一个以产品生产为主的企业,被税务部门认定为一般纳税人,其所有收入全部作为混合销售收入计算缴纳增值税,税率为 17%,本月进项税额为 408 000 元。请问该公司是否有降低其税收负担的合理途径,如有,请设计相应的筹划方案。

4. 某网络通信服务公司,属于小规模纳税人,承接网络通信设备安装服务业务,购销合同价款 3 600 万元,其中,设备价款 3 000 万元,安装费 600 万元,按 3% 缴纳增值税。试设计税收筹划方案。

5. 利宁厨具公司(增值税一般纳税人)外购原材料钢材时若从北方钢铁厂(一般纳税人,增值税税率为 17%)处购入,则每吨的价格为 50 000 元(含税)。若从得平钢铁厂(小规模纳税人)处购买,则可取得由税务所代开的征收率为 3% 的专用发票,含税价格为 44 000元。试作出该企业是否应从小规模纳税人购货的决策(已知城市维护建设税税率为 7%,教育费附加征收率为 3%)。

第四章　消费税的税收筹划

《消费税暂行条例》规定,消费税是对我国境内从事生产、委托加工和进口应税消费品的单位和个人,就其销售额或销售数量,在特定环节征收的一种税。简单地说,消费税是对特定的消费品和消费行为征收的一种税。其目的在于调节产品结构、引导消费方向和增加财政收入。依据《消费税暂行条例》,我国在对商品普遍征收增值税的基础上,有选择地对在境内生产、委托加工、零售和进口的特定消费品征收消费税,其特殊调节职能和增值税的普遍调节职能相配合,构成我国流转税的双重调节机制。

消费税和增值税有许多共同点。所以,增值税的许多税收筹划策略通常都可以同样适用于消费税。当然,消费税在一些税制要素上如征税对象、税率等,存在许多和增值税的差异,因此消费税存在许多自身特有的筹划方法。本章主要就一些消费税特有的税收筹划方法展开讨论,和增值税类似的筹划方法可以参考增值税税收筹划的有关内容,这里就不再赘述。

一般来说,消费税的征税对象主要是与居民消费相关的最终消费品和消费行为。与其他税种比较,消费税具有如下几个特点:第一,征收范围具有选择性;第二,征收环节具有单一性;第三,征收方法具有多样性,即同时采用从量计征和从价计征两种征收方法;第四,征税环节具有差别性,这里是指大多数的应税消费品是在生产、委托加工和进口环节征收,而金银首饰在零售环节征收,卷烟则在其批发环节征收一道复合税;第五,消费品种类和税率或税额具有一一对应性。结合以上消费税的特点,本章将从规避纳税义务、缩小税基、适用低税率、充分利用税收优惠政策等方面来介绍消费税的税收筹划。

第一节　消费税规避纳税义务的筹划

按照《消费税暂行条例》规定,成为我国消费税的纳税人需同时具备两个条件:一是在国内生产、进口、委托加工应税消费品或者从事金银首饰零售业务;二是所经营的产品是《消费税暂行条例》中列明的应税消费品。由此可知,如果单位和个人能够使自己的经营范围避开相应的环节,或者生产的产品是非应税消费品就可以避免成为消费税的纳税人。上述筹划的思路是根据消费税征税范围具有选择性及征收环节具有单一性的特点展开的。

征税范围的选择性是指我国消费税只是针对一部分消费品和消费行为征收,而不是对所有的消费品和消费行为征收,根据新《消费税暂行条例》附录"消费税税目税率(税额)表"中规定的征收范围,我国目前对消费税的征收范围仅局限于 15 种商品,分别是:烟、酒、化妆品、贵重首饰及珠宝玉石、鞭炮及烟火、成品油、摩托车、小汽车、高尔夫球及球具、高档手表、游艇、木制一次性筷子、实木地板、电池、涂料。取消车用含铅汽油消费税，汽油税目不再划分二级子目，统一按照无铅汽油税率征收消费税，摩托车气缸容量 250 ml 以下不再征收消费税。取消了护肤护发品税目，将原属于护肤护发品征税范围的高档护肤类化妆品列入化妆品税目。

如果企业希望从源头上节税，可以在经营条件允许的前提下，采用生产、使用或销售非应税消费品或通过将产品转换成非征税对象的方式进行税收筹划。例如，选择符合国家产业政策、在流转税及所得税方面有优惠措施的技术创新设备、能开拓国内外市场和促进产业技术进步的产品进行投资，从而避免成为消费税的纳税人；再如企业也可以通过改变产品的性质、类型、价格等，避免产品成为应税消费品从而规避纳税义务。

征收环节的单一性是指我国消费税只在消费品生产、进口、委托加工或零售这些环节中的某一环节征收一次（卷烟除外），而不是对生产、流通和消费过程中的每一个环节征收，因此企业可以通过合理设计经营模式来规避纳税义务。如按照税法规定，纳税人通过自设非独立核算门市部销售的自产应税消费品，应当按照门市部对外销售额或者销售数量计算征收消费税，此时，该门市部是消费税的纳税人。但如果设立成为独立核算的门市部，由于税法对于独立核算的门市部没有规定，因此独立核算的门市部只要不是销售金银饰品，则仅成为增值税的纳税人而非消费税的纳税人，从而规避了消费税纳税义务。

当然，以上仅仅是消费税税收筹划的一种思路，具体是否具有可行性还需针对实际情况进行分析，作出最恰当的选择。下面就通过几个案例来谈谈消费税规避纳税义务筹划的具体方法。

一、通过降低价格规避纳税义务

根据《消费税暂行条例》，一些消费品是否成为消费税的征税对象取决于其价格。如在财税〔2006〕33 号文件中规定，对于销售价格（不含增值税）在 1 万元（含）以上的高档手表按 20% 的税率征收消费税，而销售价格（不含增值税）在 1 万元以下的高档手表则无需缴纳消费税。因此，对于此类消费品如果能调整价格使其无需缴纳消费税，就可以实现规避纳税义务的效果。

二、通过企业并购规避纳税义务

除了通过降低价格来规避纳税义务外，纳税人还可以通过选择自己的组织形式如通过合并、收购的形式来规避消费税纳税义务，达到节税的目的。现通过如下案例来说明。

【案例 4-1】 某地区有两家大型酒厂 A 和 B，它们都是独立核算的法人企业。企业 A 主要经营粮食类白酒，以当地生产的大米和玉米为原料进行酿造，按照消费税法规定，应该适用 20% 的从价税率和每斤 0.5 元的定额税率。企业 B 以企业 A 生产的粮食酒为原料，生产系列药酒，按照税法规定，应该适用 10% 的税率。企业 A 每年要向企业 B 提供价值 2 亿元、计 5 000 万千克的粮食酒。经营过程中，企业 B 由于缺乏资金和人才，无法经营下去，准备破产。此时企业 B 欠企业 A 共计 5 000 万元货款。经评估，企业 B 的资产恰好也为 5 000

万元。企业 A 领导人经过研究，决定对企业 B 进行收购，其决策的主要依据如下。

【筹划思路与方法】

（1）合并可以递延部分税款及规避部分纳税义务。合并前，企业 A 向企业 B 提供的粮食白酒，每年应该缴纳的消费税税款为：$20\ 000 \times 20\% + 5\ 000 \times 2 \times 0.5 = 9\ 000$（万元），而这笔税款一部分合并后可以递延到药酒销售环节缴纳（消费税从价计征部分），获得递延纳税好处；另一部分税款（从量计征的消费税税款）则免于缴纳了。

（2）企业 B 生产的药酒市场前景很好，企业合并后可以将经营的主要方向转向药酒生产，而且转向后，企业应缴的消费税款将减少。由于粮食白酒的消费税税率为 20%，而药酒的消费税税率为 10%，如果企业转产为药酒生产企业，则税负将会大大减轻。

假定药酒的销售额为 2.5 亿元，销售数量为 5 000 万千克。则合并前应纳消费税款为：

A 厂应纳消费税：$20\ 000 \times 20\% + 5\ 000 \times 2 \times 0.5 = 9\ 000$（万元）

B 厂应纳消费税：$25\ 000 \times 10\% = 2\ 500$（万元）

合计应纳消费税款为：$9\ 000 + 2\ 500 = 11\ 500$（万元）

合并后应纳消费税款为：$25\ 000 \times 10\% = 2\ 500$（万元）

合并后节约消费税款：$11\ 500 - 2\ 500 = 9\ 000$（万元）

通过以上案例可以看出，采用适当的企业组织形式是存在规避税负的空间的。A 企业通过对 B 企业的收购，将原来的两家酒厂都作为消费税的纳税人转变为仅有一家是消费税的纳税人，避免了中间购销环节的重复征税，获得了较大的税收收益。这一方法实质上是将两酒厂之间的购销行为通过企业并购的形式转换为企业内部的生产行为，从而规避这一环节的消费税纳税义务。

三、通过改变生产流程规避纳税义务

消费税对部分商品征收，但这些商品中有些对部分企业来说不是最终产品，只是企业在生产过程中所用到的中间材料。如果利用这种产品所生产出的最终商品无需缴纳消费税，而企业将这些中间产品用于连续生产仍然需要缴纳消费税。如果能通过改变生产流程避免采用这些中间产品，就能规避纳税义务。当然，是否可以采取这一措施，取决于企业是否有相应的生产工艺。

【案例 4-2】 南通化工公司主要生产经营醋酸酯，2011 年，产品销售收入 8 亿元，实现利润 3 000 万元，缴纳各项税金 7 500 万元，其中消费税 1 500 余万元。

该公司的生产流程为：以粮食为原材料，生产酒精（一般发酵中，仅含 10% 的乙醇，经蒸馏后可得到 95.6% 的酒精）；将酒精进一步发酵，制取醋酸；乙酸与乙醇发生酯化反应，生成乙酸乙酯（醋酸酯）。

虽然该公司的最终产品醋酸酯不是税法规定的应税消费品，但生产醋酸酯动用了自产的应税消费品酒精，领用酒精需缴纳消费税。根据《消费税暂行条例》及《中华人民共和国消费税暂行条例实施细则》的有关规定，纳税人将自产应税消费品用于连续生产非应税消费品的，应视同销售，按规定计算缴纳消费税。视同销售业务应按同期同类产品售价计算消费税，若无同类产品售价的，应按组成计税价格计算。

2011 年，该公司领用的自产酒精生产成本为 2.8 亿元，应纳消费税额 = 组成计税价 ×

消费税率＝成本×(1＋成本利润率)÷(1－消费税率)×消费税率＝28 000×(1＋5％)÷(1－5％)×5％＝1 547.37(万元)。

【筹划思路与方法】

高额的消费税一直困扰着该公司财务总监。经咨询税务师后,他找到了一条合法节税的途径。该公司之所以要缴纳消费税,是因为其中间产品是应税消费品酒精,如果通过改变生产流程,使中间产品不是酒精,这个问题就解决了。生产醋酸酯需要醋酸,而生产醋酸的方法很多,既可以通过粮食发酵的方法取得,也可以通过其他方法生产。通过查阅相关资料,发现制作醋酸有如下四种办法:

(1) 采用的粮食发酵方法。

(2) 用合成法制备工业醋酸。

(3) 用石油气 C2-C4 馏分直接氧化制乙酸。

(4) 用甲醇和一氧化碳在常压制取乙酸。

以上方法中的后三种的中间产品均不是应税消费品,均无需缴纳消费税。经调查,采取石油气 C2-C4 馏分直接氧化制乙酸不仅简便易行,而且投资成本低。所以化工厂决定采用这一方法。

当然,应用改变生产流程规避纳税义务的方法进行消费税纳税筹划时,要注意除了考虑企业生产工艺的限制外,还要考虑生产流程改变后对企业生产成本的影响以及目前生产设备是否需要投资改造。当生产流程改造可行,同时可以降低成本时,利用这一方式进行税收筹划不失为一个好方法。

第二节　消费税缩小税基的筹划

消费税的计税依据分为两种:一种是以应税消费品的数量作为计税依据,采取从量定额的方法计算,这种方法仅限于啤酒、黄酒、成品油等少数几种应税消费品。另一种是以应税消费品的销售额为计税依据,采取从价定率方法计算,这种方法适用于除上述第一种方法外的其他应税消费品。对于卷烟和白酒则同时采用这两种计税依据。

当采用从量定额征收时,计算应纳税额的公式为:

$$应纳税额 ＝ 销售数量×单位税额$$

销售数量包括销售时的销售数量、自产自用时的移送使用数量、委托加工时纳税人收回的数量以及进口时海关核定的征税数量。由于销售数量比较固定,可变化的弹性区间小,适用面也比较窄,因此税收筹划的空间一般不大。

当采用从价定率征收时,计算应纳税额的公式为:

$$应纳税额 ＝ 销售额×税率$$

销售额是指纳税人销售应税消费品向购买方收取的全部价款和价外费用,但不包括向购货方收取的增值税税款。消费税中应税销售额的确定和增值税中应税销售额的确定是一样的,因此这里着重指出消费税的特殊规定,这是在进行消费税税收筹划时必须予以关注的。

第一,关于包装物的押金。按从价定率办法计算应纳税额的应税消费品连同包装物一起销售的,无论包装物是否单独计价,也不论在会计上如何核算,均应并入应税消费品的销售额中征收消费税;包装物不随同产品作价销售,而是收取押金,此项押金则不应并入应税消费品的销售额中征税。但对因逾期未收回包装物因而不再退回或已收取1年以上的押金,应并入应税消费品的销售额,按应税消费品的适用税率征收消费税;对既随同应税消费品作价销售又另外收取押金的包装物押金,凡在规定的期限内没有退回的,均应并入应税消费品的销售额,按照应税消费品的适用税率征收消费税;财税字〔1995〕053号文件规定,从1995年6月1日起,对酒类产品(不包括啤酒、黄酒)生产企业销售酒类产品而收取的包装物押金,无论押金是否允许返还以及会计上如何核算,均需并入酒类产品销售额中,依酒类产品的适用税率征收消费税。这里,需注意的是酒类产品的包装物押金(啤酒、黄酒除外),在押金收取时征收消费税,而在押金逾期时,不再征收消费税;啤酒和黄酒的包装物押金,则押金收取和逾期时,均不征收消费税。

第二,国税发〔1993〕156号文件中规定:纳税人用于换取生产和消费资料、投资入股和抵偿债务等方面的应税消费品,应当以纳税人同类应税消费品的最高销售价格作为计税依据计算消费税。

第三,《消费税暂行条例》规定,纳税人销售应税消费品的计税价格明显偏低又无正当理由的,由主管税务机关核定其计税价格。应税消费品的计税价格核定权限如下:小汽车、卷烟和粮食白酒的计税价格由国家税务总局核定;其他应税消费品的计税价格由省、自治区、直辖市国家税务局核定;进口的应税消费品的计税价格由海关核定。

一、利用转让定价以缩小税基

消费税征税环节具有单一性,因此消费税税基集中在单一的纳税环节。所以,如果纳税人将其生产的应税消费品的销售价格在纳税环节予以降低,则能有效降低该环节的应纳消费税额。但是,降低价格销售虽然可以降低消费税税收负担,但同时也会使企业的利润下降。那么如何解决这一矛盾呢?针对消费税单环节征收的特点,企业可以通过增加应税消费品的中间流转环节来解决这一矛盾。

具体而言,企业可以通过转让定价的方式来缩小税基,带来节税利益。具体做法是:企业可以设立一个独立核算的销售公司,或通过关联公司中转,将应税消费品以较低的价格先销售给销售公司或关联公司,然后再由销售公司或关联公司按市场正常价格对外销售。这样可以降低销售额,从而减少应纳消费税税额,为企业带来税收利益。

独立核算的销售公司或关联公司,由于处在销售环节,只缴纳增值税,不缴纳消费税,因而可使企业的整体消费税税负下降。而企业在向销售公司或关联公司低价销售时,尽管降低了利润,但实际上只是将利润转移到了销售公司或关联公司,并不会减少企业投资者的整体获益。

【案例4-3】 某化妆品生产企业2011年销售某化妆品1万件,市场价格为1 100元/件,现有如下两种销售方案:

(1)化妆品生产企业直接将产品销售给批发商或消费者,价格1 000元/件。

(2)该企业设立一个销售子公司,生产企业按照900元/件的价格将产品销售给销售子公司,销售子公司再以 1 000 元/件的价格对外销售。

【筹划思路与方法】

我们来比较两种方案下的税负差异:

方案(1):

$$消费税及附加 = 1\,000 \times 30\% \times (1+10\%) = 330(万元)$$
$$税前收益 = 1\,000 - 330 = 670(万元)$$

方案(2):由于消费税一般实行单环节征收,该化妆品在生产企业销售环节征收消费税后,在销售子公司进行销售时则不再征收。则:

$$消费税及附加 = 900 \times 30\% \times (1+10\%) = 297(万元)$$
$$税前收益 = 1\,000 - 297 = 703(万元)$$

在两种方式下,该化妆品的生产企业采纳方案(2)可为企业带来节税利益 33 万元(703－670)。

这一筹划方法不仅可以用在生产环节,对改在零售环节征收消费税的金银首饰也可以参照同样的原理进行筹划。值得注意的是,《消费税暂行条例》中规定:纳税人销售应税消费品的计税价格明显偏低又无正当理由的,由主管税务机关核定其计税价格。因此,企业在运用转让定价策略进行消费税税收筹划时,应参照销售给其他商家当期的平均价格确定。否则,如果销售价格明显偏低,主管税务机关将会对价格重新进行调整,企业将不能取得节税成效。

二、利用包装物押金缩小税基

消费税对包装物押金的处理有如下规定:第一,实行从价定率办法计算应纳税额的应税消费品的包装物随同产品作价销售的,无论包装物是否单独计价,也不论在会计上如何核算,均应并入应税消费品的销售额中征收消费税;第二,如果包装物不随产品作价销售,而是收取押金(收取酒类产品的包装物押金除外),且单独核算又未过期的,此项押金则不应并入应税消费品的销售额中征税。但对逾期未收回的包装物不再退还的和已收取 1 年以上的押金,应并入应税消费品的销售额,按照应税消费品的适用税率征收消费税。

根据消费税中对包装物的规定,若包装物押金单独核算又未过期的,则此项押金则不并入应税消费品的销售额中征税,所以企业可以考虑在情况允许时,不将包装物作价随同产品出售,而是采用收取包装物押金的方式。这样操作有如下好处:首先,有助于缩小税基,从而降低税收负担。其次,有些购买方只需要消费品,并不需要包装物,通过以押金的形式先获取包装物,以后再赎回押金的方式正好满足他们的需求。最后,对于收取的押金超过 1 年的,虽然还是要并入销售额计税,但是却将纳税期限延缓了 1 年,获得了资金的时间价值。并且,对于逾期未归还包装物的押金,应视为含税收入,在计征消费税时应首先换算成不含税收入,再并入销售额计税,这会在一定程度上降低应缴消费税税额。

【案例 4-4】 某珠宝生产企业销售一批贵重首饰,贵重首饰及首饰盒不含税售价为 520 万元。贵重首饰的消费税税率为 10%。现有以下两种方案:

方案一:首饰盒随同贵重首饰一起销售,不单独计价,贵重首饰及首饰盒的不含税销售价格为 520 万元。

方案二：首饰盒不随同贵重首饰作价销售，而是收取 20 万元的押金，贵重首饰的不含税销售价格为 500 万元。

试比较两种方案下的企业消费税负担。

【筹划思路与方法】

采纳方案一时，因首饰盒随同首饰一起销售，当期应纳消费税为：$520 \times 10\% = 52$（万元）。

采纳方案二时，因对首饰盒收取了 20 万元的包装物押金，则当时只对贵重首饰的销售额征税，其消费税为：$500 \times 10\% = 50$（万元）。首饰盒押金此时无需纳税，1 年期满后，若首饰盒还未退回，则将首饰盒押金转入其他业务收入，并计算缴纳消费税。逾期的首饰盒押金应纳消费税为：$20 \div (1 + 17\%) \times 10\% = 1.71$（万元）。

比较可知，不考虑资金时间价值的情况下，方案二节约的消费税额为：$52 - 50 - 1.71 = 0.29$（万元）。如果考虑到资金的时间价值，方案二的节税效果会更好。

三、利用进口环节的价格缩小税基

进口环节的消费税和国内征收的消费税一样，同样分为从量定额征收、从价定率以及从价定率与从量定额相结合三种征收方式，具体计算公式如下：

实行从量定额办法计征的应税消费品的应纳税额的计算公式：

$$应纳税额 = 应纳消费品数量 \times 消费税单位税额$$

"应纳消费品数量"是指海关核定的应税消费品进口征税数量。

实行从价定率办法计征的应税消费品的应纳税额的计算公式：

$$组成计税价格 = \frac{关税完税价格 + 关税}{1 - 消费税税率}$$

$$应纳税额 = 组成计税价格 \times 适用税率$$

如进口的应税消费品属于适用从价定率与从量定额相结合的办法计征的产品，其计算公式为：

$$组成计税价格 = \frac{关税完税价格 + 关税 + 消费税定额税}{1 - 消费税税率}$$

$$应纳税额 = 组成计税价格 \times 适用税率 + 消费税定额税$$

从上面的计算公式可知，对商品进口的消费税进行税收筹划时，对于从量定额计征的消费品，由于数量的刚性以及定额税率的确定性，筹划空间是非常小的。而对涉及从价定率征收的商品，其组成计税价格中，主要的构成包括关税完税价格、关税，在需要同时从量定额征收时，还包括消费税定额税。其中可以筹划的主要为关税完税价格及关税，尤其是关税完税价格具有相对更大的筹划空间。我国以海关审定的正常成交价格为基础的到岸价格作为关税完税价格。到岸价格包括货价，加上货物运抵我国关境内输入地点起卸前的包装费、运费、保险费和其他劳务费等费用。如果可以适当降低货价或降低费用就可以降低相应的关税完税价格，从而减少消费税的计税依据。

【案例 4-5】 奔马汽车公司是一家全球性的跨国大公司,该公司生产的汽车在世界汽车市场上占有一席之地。2006 年 7 月,该公司希望扩大在中国的市场占有份额,决定利用我国汽车关税税率从 30％下降到 25％的有利时机,大幅度降低公司汽车的国内销售价格,从而占有中国市场。该公司汽车的消费税税率为 15％,以前的到岸价格为 80 万元人民币(不含增值税)。

【筹划思路与方法】

关税税率降低后,公司汽车进口时应纳关税及消费税为:

$$关税 = 80 \times 25\% = 20(万元)$$
$$消费税 = (80 + 20) \div (1 - 15\%) \times 15\% = 17.65(万元)$$

而在关税税率降低前,公司汽车进口时应纳关税及消费税为:

$$关税 = 80 \times 30\% = 24(万元)$$
$$消费税 = (80 + 24) \div (1 - 15\%) \times 15\% = 18.35(万元)$$

相比原来的关税税率,公司的汽车价格下降空间为 4.7 万元(24 + 18.35 − 20 − 17.65),空间并不大。因此,公司决定采用另一方案。由公司在国内寻找一个合作伙伴,公司将以 60 万元的价格将汽车销售给合作伙伴,然后由销售公司在国内进行销售。当然,公司和其合作伙伴之间签订了相关的协议,销售价格减少的 20 万元由合作伙伴以其他方式返还给奔马汽车公司。

此时,公司汽车进口时应纳关税及消费税为:

$$应纳关税 = 60 \times 25\% = 15(万元)$$
$$应纳消费税 = (60 + 15) \div (1 - 15\%) \times 15\% = 13.24(万元)$$

这样,公司汽车在进口环节缴纳的税收较关税税率降低前减少 14.11 万元(24 + 18.35 − 15 − 13.24)。如果考虑增值税因素,减少的税收会更多。因此可以在保证公司利润不减少的情况下,将汽车的市场销售价格下降 15 万元以上,这样就大幅度地提高了该公司汽车的市场竞争力。

当然,在采用类似方法进行筹划时,还需要考虑海关对于完税价格的确定方法。如果进口货物的成交价格不符合法律规定的条件,或者成交价格不能确定的,海关与纳税义务人进行价格磋商后,会依次以下列方法审查确定该货物的完税价格:

一是相同货物成交价格估价方法,即以与该货物同时或者大约同时向我国境内销售的相同货物的成交价格来估定完税价格。

二是类似货物成交价格估价方法,即以与该货物同时或者大约同时向我国境内销售的类似货物的成交价格来估定完税价格。

三是倒扣价格估价方法,即以与该货物进口的同时或者大约同时,将该进口货物、相同或者类似进口货物在第一级销售环节销售给无特殊关系买方最大销售总量的单位价格来估定完税价格,但应当扣除同等级或者同种类货物在我国境内第一级销售环节销售时通常的利润和一般费用以及通常支付的佣金,进口货物运抵境内输入地点起卸后的运输及其相关费用、保险费,以及进口关税及国内税收。

四是计算价格估价方法,即以按照下列各项总和计算的价格估定完税价格:生产该货物所使用的料件成本和加工费用,向我国境内销售同等级或者同种类货物通常的利润和一般费用,该货物运抵境内输入地点起卸前的运输及其相关费用、保险费。

五是其他合理方法,即当海关不能根据上述方法确定完税价格时,海关根据客观、公平、统一的原则,以客观量化的数据资料为基础审查确定进口货物完税价格的估价方法。

在[案例4-5]中,当奔马汽车公司将进口价格从80万元降到60万元时,要注意海关是否会对其价格按以上顺序进行调整。在缺乏市场同类货物可比价格时,该方法是可行的。比如高档汽车由于品牌差异,价格空间巨大,所以该调整是可行的。另外,由于该公司汽车在国内市场的价格也会下降,因此,即使海关按倒扣价格估价方法也是可行的。

在进口应税消费品时,还需注意对于不同税率的消费品或同时进口的非应税消费品应分别组织进口,这样也可以降低消费税。因为根据税法规定,对于下列情况,应按适用税率中最高税率征税:

(1)纳税人兼营不同税率的应税消费品,即进口生产销售两种税率以上的应税消费品时,应当分别核算不同税率应税进口消费品的进口额或销售数量,未能分别核算的,按最高税率征税。

(2)纳税人将应税消费品与非应税消费品,或将适用不同税率的应税消费品组成成套消费品销售的,应根据组合产品的销售金额按应税消费品的最高税率征税。

最后需要注意的是:金银首饰,以金银为基底的包镀及其他贵金属的首饰,以及上述首饰的镶嵌首饰,免征进口环节消费税。

四、将应税消费品用于其他方面时的税收筹划

《消费税暂行条例》中规定,纳税人自产自用的应税消费品,除用于连续生产应税消费品外,用于其他方面的,于移送使用时纳税。这里所说的其他方面是指用于生产非应税消费品、在建工程、管理部门、非生产机构、提供劳务以及用于馈赠、集资、赞助、广告、职工福利、奖励等方面。在税法上,将应税消费品用于这些方面应作为视同销售处理,缴纳消费税。

当纳税人自产自用应税消费品,计算其消费税时,计税销售额依次有三种选择:

(1)按纳税人当月生产的同类消费品的销售价格。

(2)当月同类消费品的销售价格的加权平均或上月或最近月份的销售价格。

(3)计税销售额根据组成计税价格计算,其中:

$$组成计税价格 = \frac{成本 + 利润}{1 - 消费税税率}$$

这里需要注意的是,根据国税发〔1993〕156号文件中的规定,纳税人用于换取生产和消费资料,投资入股和抵偿债务等方面的应税消费品,应当以纳税人同类应税消费品的最高销售价格作为计税依据。因此,当纳税人用应税消费品进行投资、换取生产资料和消费资料以及抵偿债务时,可以采用先销售然后再以货币资金投资、换取生产资料和消费资料以及抵偿债务,达到降低企业消费税税收负担的目的。

【案例4-6】 某摩托车生产企业,当月对外销售同型号的摩托车时共有3种价格,以4 000元的单价销售50辆,以4 500元的单价销售10辆,以4 800元的单价销售5辆。当月

以20辆同型号的摩托车与甲企业换取原材料,双方按当月的加权平均销售价格确定摩托车的价格。摩托车消费税税率为10%。

【筹划思路与方法】

$$应纳消费税 = 4\ 800 \times 20 \times 10\% = 9\ 600(元)$$

如果该企业按照当月的加权平均价将这20辆摩托车销售后,再购买原材料,则:

应纳消费税 = $(4\ 000 \times 50 + 4\ 500 \times 10 + 4\ 800 \times 5) \div (50 + 10 + 5) \times 20 \times 10\% = 8\ 276.92(元)$

节约的消费税额 = $9\ 600 - 8\ 276.92 = 1\ 323.08(元)$

【案例4-7】 假设某摩托车生产企业A生产汽缸容量在250毫升以上的一款摩托车。A企业拟将本月自产摩托车100辆用于对B企业的投资。按双方协议,每辆摩托车折价款为5 000元。本月该类型摩托车每辆的正常销售价格为5 000元(不含税),A企业上月销售该种摩托车的最高售价为每辆6 000元(不含税)。摩托车适用消费税税率为10%。

【筹划思路与方法】

如果A企业直接以摩托车作为投资,则A企业该项业务应纳消费税额为60 000元(6 000×100×10%)。

A企业的实际投资额度为500 000元,其实A企业可以采用如下方法进行税收筹划:首先向B企业投资500 000元,然后由B企业向A企业购买摩托车10辆,每辆价格为5 000元。和前面的方案相对比,A企业投资摩托车数一样,投资额也一样,而且每辆5 000元的价格完全在正常区间内,尽管A企业和B企业为关联公司,也不会被税务机关认为价格偏低而调整计税价格,此时,A企业的消费税税额为50 000元(5 000×100×10%),可以达到节税10 000元的税收筹划效果。

五、以外汇销售应税消费品的税收筹划策略

纳税人以外汇销售应税消费品的,应按外汇市场价格,折合成人民币销售额后,再按公式计算应纳税额。因此,如果选用不同的折合方式,消费税也会有所差异。纳税人以外汇销售应税消费品时,存在筹划的可能性,其筹划的空间就在于对人民币折算率的选择上。选用了较低的折合率,可以使得折合后的人民币数额减少,也即缩小了计算消费税的税基,从而实现降低消费税税收负担的目的。

一般来说,外汇市场波动越大,比较选择节税的必要性也就越强。越是以较低的人民币汇率计算应纳税额,越有利于节税。当预期人民币处于上升通道时,当月1日的国家外汇牌价往往会相对结算当天的国家外汇牌价较高,因此应该选择结算当天的外汇牌价作为折合率;当人民币处于下跌通道时,当月1日的国家外汇牌价往往相对结算当天的外汇牌价较低,因此应当选择以当月1日的外汇牌价作为折合率。

【案例4-8】 某纳税人2012年2月5日向美国一大型卖场销售一批化妆品,以外币结算取得了10万美元销售额。

【筹划思路与方法】

如果采用当天汇率(假设为1美元=6.80元人民币),则折合人民币为68万元;如果采用2月1日汇率(假设为1美元=6.70元人民币),则折合成人民币为67万元。因此,当税

率为 30％时,后者比前者节税 3 000 元(10 000×30％)。

第三节　消费税适用低税率的筹划

消费税按不同的消费品划分税目,税率在税目的基础上,采用"一目一率"的方法,每种应税消费品的消费税率都各不相同。由于应税消费品所适用的税率和消费品类型是一一对应的,每种应税消费品都有明确而且固定的税率,看似难以进行税收筹划。其实,在很多情形中,《消费税暂行条例》中界定的消费品类型是具有一定可转换性的,而消费品类型转换后就意味着会适用不同的税率,因此这种可转换性为消费税的税收筹划提供了空间。

一、利用子税目间的转换适用低税率的筹划策略

消费税采用列举性税目,并根据"一目一率"的原则确定了每种税目对应的税率(详见表 4-1)。

表 4-1　消费税税目税率(额)表

税　目	计税单位	税率(税额)
一、烟		
1. 卷烟		
(1) 每标准条(200 支)对外调拨价在 70 元以上(含 70 元)的	标准箱(5 万支)	56％;150 元
(2) 每标准条(200 支)对外调拨价在 70 元以下的	标准箱(5 万支)	36％;150 元
2. 雪茄烟		36％
3. 烟丝		30％
4. 卷烟批发环节		11％; 0.005 元/支
二、酒		
1. 粮食白酒及薯类白酒	斤或 500 毫升	20％;0.5 元
2. 黄酒	吨(1 吨＝962 升)	240 元
3. 啤酒		
(1) 每吨出厂价格(含包装物及包装物押金)在 3 000 元(含 3 000元,不含增值税)以上的	吨(1 吨＝988 升,下同)	250 元
(2) 每吨在 3 000 元以下的	吨	220 元
(3) 娱乐业和饮食业自制的	吨	250 元
4. 其他酒		10％
三、化妆品		30％
四、贵重首饰和珠宝玉石		
1. 金、银、铂金首饰和钻石、钻石饰品		5％
2. 其他贵重首饰和珠宝玉石		10％
五、鞭炮、焰火		15％

税　目	计税单位	税率（税额）
六、成品油		
1. 汽油	升（1 吨＝1 388 升）	1.52 元/升
2. 柴油	升（1 吨＝1 176 升）	1.2 元/升
3. 石脑油	升（1 吨＝1 385 升）	1.52 元/升
4. 溶剂油	升（1 吨＝1 282 升）	1.52 元/升
5. 润滑油	升（1 吨＝1 126 升）	1.52 元/升
6. 燃料油	升（1 吨＝1 015 升）	1.2 元/升
7. 航空煤油（暂缓征收）	升（1 吨＝1 246 升）	1.2 元/升
七、摩托车		
1. 汽缸容量（排气缸，下同）在 250 毫升（含）以下的		免征
2. 汽缸容量在 250 毫升以上的		10％
八、小汽车		
1. 乘用车		
(1) 汽缸容量（排气缸，下同）在 1.0 升（含）以下的		1％
(2) 汽缸容量在 1.0 升以上至 1.5 升（含）的		3％
(3) 汽缸容量在 1.5 升以上至 2.0 升（含）的		5％
(4) 汽缸容量在 2.0 升以上至 2.5 升（含）的		9％
(5) 汽缸容量在 2.5 升以上至 3.0 升（含）的		12％
(6) 汽缸容量在 3.0 升以上至 4.0 升（含）的		25％
(7) 汽缸容量在 4.0 升以上		40％
2. 中轻型商用客车		5％
九、高尔夫球及球具		10％
十、高档手表		20％
十一、游艇		10％
十二、木制一次性筷子		5％
十三、实木地板		5％
十四、电池		4％
十五、涂料		4％

　　由表 4-1 可见，消费税在一些税目下设置了多个子目，不同的子目适用不同的税率，而同一税目不同子目间具有很多的共性，因此纳税人可以利用客观条件进行子目转换，从而能够选择较低的税率。

　　这里，通过对表 4-1 同一税目下子目的区别来讨论子目之间的可转化性。最容易进行转化的是由于价格的变化而导致税率差异。如按消费税政策规定，每一标准箱卷烟在征收 150 元定额税的基础上，如果销售价格（不含增值税）在 17 500 元以下时，按 36％的税率计税，而销售价格超过 17 500 元（不含增值税）时，则全额按 56％的税率计税。也就是说，当每一标准箱卷烟的实际销售价格超过 17 500 元时，税率将由 36％提高到 56％，因此，卷烟价格的提高,会引起纳税人应缴纳的消费税税额的增加,如果价格的增长没有达到无差别平衡点的临界价格时,价格的提高,将会减少企业的收益。因此,纳税人在商品提价前,应事先计算价税平衡点的临界价格。

【案例 4-9】 某卷烟厂拟销售 10 标准箱卷烟,将每一标准箱的销售价格从 17 000 元提高到 18 000 元,(城建税和教育费附加忽略不计),每一标准箱成本为 5 000 元,企业所得税税率为 25%。

【筹划思路与方法】

调价前,企业应缴纳的消费税和所得税税后净收益为:

$$应纳消费税 = 10 \times (150 + 17\,000 \times 36\%) = 62\,700(元)$$
$$税后净收益 = 10 \times (17\,000 - 5\,000 - 6\,270) \times (1 - 25\%) = 42\,975(元)$$

而调价后,企业应缴纳的消费税和所得税税后净收益为:

$$应纳消费税 = 10 \times (150 + 18\,000 \times 56\%) = 102\,300(元)$$
$$税后净收益 = 10 \times (18\,000 - 5\,000 - 10\,230) \times (1 - 25\%) = 20\,775(元)$$

因此可见,每一标准箱卷烟的价格虽然提高了 1 000 元,但企业的税后净收益总额却下降了 22 200 元,其原因就是每一标准箱卷烟的实际销售价格低于无差别平衡点的临界价格 25 455 元。这一临界价格可以按如下方式计算得出,假定临界价格为 P,有:

$$P - P \times 56\% - 150 \geqslant 17\,500 - 17\,500 \times 36\% - 150$$

由此可以解得 P 为 25 455 元。

需说明一点,如果价格变动后,应税消费品所适用的税率没有发生累进变化时,是不需要考虑无差别临界点计税价格的。比如,承[案例 4-9],每一标准箱卷烟的价格由原来的 10 000 元提高到 12 000 元。但由于价格提高后,税率没有发生变动,仍为 36%,所以,价格提高了 2 000 元,企业的税后净收益将增加 960 元[2 000×(1−36%)×(1−25%)]。

此外,除转化子税目从而适用低税率外,我国消费税法中还存在由于征税环节的差异导致税率不同的情况。如根据(94)财税字第 95 号文件的规定,改为零售环节征收消费税的金银首饰范围仅限于:金、银和金基、银基合金首饰,以及金、银和金基、银基合金的镶嵌首饰,适用税率为 5%。不属于上述范围的应征消费税的首饰,如镀金(银)、包金(银)首饰,以及镀金(银)、包金(银)的镶嵌首饰(简称非金银首饰),仍在生产销售环节征收消费税,税率为 10%。2003 年 5 月 1 日起,铂金首饰消费税改为零售环节征收,税率为 5%。所以既销售金银首饰,又销售非金银首饰的生产经营单位,应将两类商品划分清楚,分别核算销售额。凡划分不清楚或不能分别核算的,在生产环节销售的一律从高适用税率征收消费税,在零售环节销售的一律按金银首饰征收消费税。

二、兼营和成套销售适用低税率筹划策略

《消费税暂行条例》中规定,纳税人兼营不同税率应税消费品,应分开核算不同税率应税消费品的销售额、销售数量。未分别核算的或将不同税率的应税消费品组成成套消费品销售的,从高适用税率。这就要求企业按不同税率的应税消费品分开核算。如果为达到促

销效果,要采用成套销售方式的,可以考虑将税率相同或相近的消费品组成成套销售。例如,将税率为20%的粮食白酒和税率为10%的药酒组成礼品套装销售就是不合算的。除非企业成套销售所带来的收益远远大于因此而增加的消费税及其他成本,或者企业是为了达到占领市场、宣传新产品等战略目的,否则单纯从税收角度看,企业应将不同税率应税消费品分开核算,分开销售。

【案例4-10】 大保酒厂既生产税率为20%的白酒,又生产税率为10%的药酒。6月,该厂对外销售1 200瓶白酒,单价50元/瓶;销售800瓶药酒,单价48元/瓶,每瓶酒为500克。酒厂如何做好税收筹划?

【筹划思路与方法】

如果两类酒单独核算,应纳消费税额为:

$$白酒消费税 = 50 \times 1\ 200 \times 20\% + 1\ 200 \times 0.5 = 12\ 600(元)$$

$$药酒消费税 = 48 \times 800 \times 10\% = 3\ 840(元)$$

$$消费税额合计 = 12\ 600 + 3\ 840 = 16\ 440(元)$$

如果两类酒未单独核算,则依据税率从高的原则,因此:

$$消费税 = (50 \times 1\ 200 + 48 \times 800) \times 20\% + (1\ 200 + 800) \times 0.5 = 20\ 680(元)$$

由此可见,如果企业将两种酒单独核算,可节税:

$$20\ 680 - 16\ 440 = 4\ 240(元)$$

因此,当企业兼营不同税率应税消费品时,若能单独核算,最好单独核算,以尽量降低企业的税收负担。

在涉及成套消费品销售的问题上,要注重是否确有必要组成成套的消费品,避免因此给企业造成不必要的税收负担。对于确有必要成套销售的情况,可以变"先包装后销售"方式为"先销售后包装"方式。具体的操作方法有两种:第一,先分别将两种以上的产品销售给零售商,然后再由零售商成套包装后对外销售,这样做实际上只是在生产流程上换了一个包装地点。第二,如果当地税务机关对有关操作环节要求比较严格,还可以采取设立分支机构的操作方法,即另外再设立一个独立核算且专门从事包装业务,然后对外销售的门市部,来完成产品的成套包装和销售工作。

【案例4-11】 某日用化妆品厂将生产的化妆品、护肤护发品、小工艺品等组成成套消费品销售。每套消费品由下列产品组成:化妆品包括一瓶香水30元、一瓶指甲油10元、一支口红15元;护肤护发品包括两瓶浴液33元,化妆工具及小工艺品10元,塑料包装盒5元。化妆品消费税税率为30%。上述价格均不含税。

按照习惯做法,新产品包装后再销售给商家。有无更加节税的方案?

【筹划思路与方法】

若改变做法,将上述产品先分别销售给商家,再由商家包装后对外销售,可实现节税目的。

要注意的是,在实际操作中,只需换个包装地点,并将产品分别开具发票,在财务上分别核算销售收入即可。

改变前每套应纳消费税为:

$$(30＋10＋15＋33＋10＋5)×30\%＝30.9(元)$$

改变后每套应纳消费税为：

$$(30＋10＋15)×30\%＝16.5(元)$$

每套化妆品节税额为 14.4 元。

【案例 4-12】 甲酒业有限公司生产各类粮食白酒和果酒，本月将粮食白酒和果酒各 1 瓶组成价值 60 元的成套礼品酒进行销售，这两种酒的出厂价分别为 40 元/瓶、20 元/瓶、均为 1 斤装。该月共销售 5 万套礼品酒。这两种酒的消费税税率分别为：粮食白酒从价税率 20%、从量税额为每斤 0.5 元；果酒从价税率 10%。

《消费税暂行条例》中规定，纳税人兼营不同税率应税消费品，应分开核算不同税率应税消费品的销售额、销售数量。未分别核算的或将不同税率的应税消费品组成成套消费品销售的，从高适用税率。甲酒业公司采用"先包装后销售"方式销售 5 万套礼品酒属于"兼营"行为。同时，该公司将这些适用税率不同的应税消费品组成成套消费品销售，不能分别核算销售额，因此，应按从高原则，即适用粮食白酒的消费税税率计算消费税。

$$其应纳消费税税额＝(60×20\%＋2×0.5)×5＝65(万元)$$

【筹划思路与方法】

对以上案例进行税收筹划，可考虑改变应税消费品的包装方式，采用"先销售后包装"的方式将两种酒分别核算销售额，同时在销售柜台设置礼品盒，在消费者购买两种酒后再用礼品盒进行组合包装，该公司可按两种酒销售额分别计算应纳消费税额。

$$白酒应纳消费税税额＝(40×20\%＋1×0.5)×5＝42.5(万元)$$
$$果酒应纳消费税税额＝20×10\%×5＝10(万元)$$
$$应纳消费税额合计＝42.5＋10＝52.5(万元)$$

由此可见，对应税消费品的包装方式由"先包装后销售"改为"先销售后包装"节约消费税额 12.5 万元(65－52.5)。

三、合理降低销售价格以适用低税率

在消费税的税目中，有一些税目对于同一产品仅根据价格的差异制定了不同的税率，如卷烟、啤酒。对于这一类产品，当企业的销售价格位于《消费税暂行条例》中规定的临界价格附近时，一定要注意价格变化所导致的税率变化。因为此时的税率变化会形成实质上的全额累进税，所以当销售价格在临界价格附近时，税收是不公平的，相对高的收入可能会由于税收的更大幅增加而导致实际收益减少。如果企业的产品定价刚刚在临界价格之上，不妨考虑将价格降低到临界价格之下，这时，可以适用低税率从而取得更高的实际收益。因在前面章节已述及此知识点，这里将不再赘述。

【案例 4-13】 根据税法的有关规定，每吨啤酒出厂价格(含包装物及包装物押金)在 3 000 元以上(含 3 000 元，不含增值税)的，单位税额每吨 250 元，在 3 000 元以下的，单位税额每吨 220 元。纳税人可以通过制定合理的价格，适用较低的税率，达到减轻税负的目的。

【筹划思路与方法】

价格的选择可以通过无差别价格临界点(即每吨价格高于 3 000 元时的税后利润与每吨等于 2 999.99 元时的税后利润相等时的价格)进行判别。

其计算过程如下:

设临界点的价格为 X(由于其高于 3 000 元,故适用 250 元的税率),销售数量为 Y,即:

> 应纳消费税:$250 \times Y$
>
> 应纳增值税:$XY \times 17\% - $ 进项税额
>
> 应纳城建税及教育费附加:$[250 \times Y + (XY \times 17\% - $ 进项税额$)] \times (7\% + 3\%)$
>
> 应纳所得税:$\{XY - $ 成本 $- 250 \times Y - [250 \times Y + (XY \times 17\% - $ 进项税额$)]$
> $\times (7\% + 3\%)\} \times$ 所得税率   ①
>
> 税后利润:$\{XY - $ 成本 $- 250 \times Y - [250 \times Y + (XY \times 17\% - $ 进项税额$)]$
> $\times (7\% + 3\%)\} \times (1 - $ 所得税率$)$

每吨价格等于 2 999.99 元时税后利润为:

> $\{2\,999.99Y - $ 成本 $- 220 \times Y - [220 \times Y + (2\,999.99Y \times 17\% - $ 进项税额$)]$
> $\times (7\% + 3\%)\} \times (1 - $ 所得税率$)$ ②

当①=②时,则:

$$X = 3\,027.46(元)$$

即当临界点的价格为 3 027.46 元时,两者的税后利润相同。当销售价格＞3 027.46 元时,纳税人才能获得节税利益。当销售价格＜3 027.46 元时,纳税人取得的税后利润反而低于每吨价格为 2 999.99 元时的税后利润。

第四节　消费税充分利用税收优惠政策的筹划

消费税的税收优惠形式上包括减免税、出口退(免)税、先征后返和税项扣除等。在税收优惠中,适用面较广,筹划空间较大的是税项扣除,因此下面将就这类税收优惠来讨论其税收筹划方法。

税项扣除因其优惠面较大,对于大多数以委托加工收回或者是外购的已税消费品作为原材料继续生产的企业,都可以享受该优惠。具体来说,它包括委托加工收回的应税消费品已纳税款的扣除和外购应税消费品已纳税款的扣除两种形式,下面将分别作介绍。

一、委托加工应税消费品的税收筹划

委托加工应税消费品是指委托方提供原材料和主要材料,受托方只收取加工费和代垫部分辅助材料加工的应税消费品。以下情况无论受托方在财务上是否作销售处理,都不得作为委托加工应税消费品,而应当按照销售自制应税消费品缴纳消费税:由受托方提供原材料生产应税消费品;受托方先将原材料卖给委托方,然后再接受加工的应税消费品;由受托方以委托方名义购进原材料生产的应税消费品。

依《消费税暂行条例》规定，委托加工的应税消费品，由受托方在向委托方交货时代收代缴税款。委托加工的应税消费品，按照受托方的同类消费品的销售价格计算纳税，没有同类消费品销售价格的，按组成计税价格计算纳税。组成计税价格计算公式：

$$组成计税价格 = \frac{材料成本 + 加工费}{1 - 消费税税率}$$

同时《消费税暂行条例》中还规定，委托加工的应税消费品，委托方用于连续生产应税消费品的，所纳税款准予按规定抵扣。委托加工的应税消费品收回后直接即不加价对外销售的，不再征收消费税。当期准予扣除的已纳消费税税款的计算公式为：

当期准予扣除的外购应税消费品的已纳税款＝当期准予扣除的外购应税消费品的买价
×外购应税消费品税率

其中：

当期准予扣除外购应税消费品买价＝期初库存外购应税消费品买价＋当期购进应税消费品买价
－期末库存外购应税消费品买价

根据《消费税若干具体问题》的规定，可以从应纳消费税税额中扣除原料已纳消费税税款的，有以下消费品：

(1) 以委托加工收回的已税烟丝为原料生产的卷烟。
(2) 以委托加工收回的已税化妆品为原料生产的化妆品。
(3) 以委托加工收回的已税宝石为原料生产贵重首饰及珠宝玉石。
(4) 以委托加工收回的已税鞭炮焰火为原料生产的鞭炮焰火。
(5) 以委托加工收回的已税摩托车连续生产的摩托车。
(6) 以委托加工收回的已税石脑油为原料生产的应税消费品。
(7) 以委托加工收回的已税润滑油为原料生产的润滑油。
(8) 以委托加工收回的已税杆头、杆身和握把为原料生产的高尔夫球杆。
(9) 以委托加工收回的已税木制一次性筷子为原料生产的木制一次性筷子。
(10) 以委托加工收回的已税实木地板为原料生产的实木地板。

【案例4-14】 A实木地板厂从某企业购进一批价值100万元（不含增值税）的实木地板，准备继续加工成高级实木地板后销售。A厂在筹划加工方式时，有如下几个方案可供选择（假设所有加工后的货物全部在当期生产领用，期初无存货；受托方无同类消费品售价，且为增值税一般纳税人）：

方案一：部分委托加工。委托B厂加工，协议规定加工费为80万元。B厂加工完成运回A厂后，由A厂继续加工成最终的高级实木地板，加工成本、分摊费用共计60万元。

方案二：完全委托加工。委托B厂直接将实木地板加工成高级实木地板，协议规定加工费为140万元。加工完成后，A厂直接对外销售。

方案三：不委托加工。A厂自行将实木地板加工成高级实木地板，对外销售。加工成本、分摊费用共计140万元。

该批实木地板对外销售价为700万元（不含增值税）。实木地板的消费税税率5％，A企业为增值税一般纳税人，其所得税税率为25％，A企业和B企业所在地的城市维护建设税税率为7％，教育费附加的征收比率为3％。假设购进货物和劳务都取得增值税专用发票。我们以税后净利润为指标来评价各方案的筹划效果。

【筹划思路与方法】

方案一：

（1）委托加工环节缴纳的税金：

消费税的组成计税价格 $= (100 + 80) \div (1 - 5\%) = 189.473\ 7$（万元）

受托方代扣代缴的消费税 $= 189.473\ 7 \times 5\% = 9.473\ 7$（万元）

受托方代扣代缴的城建税和教育费附加 $= 9.473\ 7 \times (3\% + 7\%) = 0.947\ 4$（万元）

A 厂委托加工可抵扣的进项税额 $= 80 \times 17\% = 13.6$（万元）

（2）A 厂继续加工成高级实木地板后销售应纳税金：

销售环节实纳消费税 $= 700 \times 5\% - 9.473\ 7 = 25.526\ 3$（万元）

销售环节应缴增值税 $= 700 \times 17\% - 100 \times 17\% - 13.6 = 88.4$（万元）

销售环节应缴城市维护建设税和教育费附加 $= (25.526\ 3 + 88.4) \times (7\% + 3\%) = 11.392\ 6$（万元）

（3）税后净利润 $= (700 - 100 - 80 - 60 - 9.473\ 7 - 0.947\ 4 - 25.526\ 3 - 11.392\ 6) \times (1 - 25\%) = 309.495$（万元）。

因为 A 企业外购实木地板后并没有先在本企业中进行连续加工，而是先委托外单位加工，所以从某企业购进的实木地板中所含的消费税 5 万元 $(100 \times 5\%)$ 不能抵扣。

方案二：

（1）委托加工环节缴纳的税金：

消费税的组成计税价格为 $(100 + 140) \div (1 - 5\%) = 252.631\ 6$（万元）

受托方代扣代缴的消费税 $= 252.631\ 6 \times 5\% = 12.631\ 6$（万元）

受托方代扣代缴的城市维护建设税和教育费附加 $= 12.631\ 6 \times (3\% + 7\%) = 1.263\ 2$（万元）

A 厂委托加工可抵扣的进项税额 $= 140 \times 17\% = 23.8$（万元）

（2）A 厂收回后直接销售高级实木地板的应纳税金：

销售环节应缴增值税 $= 700 \times 17\% - 100 \times 17\% - 23.8 = 78.2$（万元）

收回的应税消费品在委托加工环节已纳消费税，收回后加价对外销售（700 万元 > 252.631 6 万元），因此，此时需要再缴纳一次消费税，同时委托加工环节缴纳的消费税可以扣除。

销售环节应缴纳的消费税 $= 700 \times 5\% - 12.631\ 6 = 22.368\ 4$（万元）

销售环节应缴城建税和教育费附加 $= (78.2 + 22.368\ 4) \times (7\% + 3\%) = 10.056\ 8$（万元）

（3）税后净利润 $= (700 - 100 - 140 - 12.631\ 6 - 1.263\ 2 - 22.368\ 4 - 10.056\ 8) \times (1 - 25\%) = 310.26$（万元）。

方案三：

（1）A 厂自行将实木地板加工成高级实木地板对外销售的应纳税金：

A 厂从生产企业购进实木地板可抵扣的已纳消费税 $= 100 \times 5\% = 5$（万元）

销售高级实木地板应纳消费税 $= 700 \times 5\% = 35$（万元）

销售环节实纳消费税 $= 35 - 5 = 30$（万元）

销售环节应缴增值税 $= 700 \times 17\% - 100 \times 17\% = 102$（万元）

销售环节应缴城建税和教育费附加 $= (30 + 102) \times (7\% + 3\%) = 13.2$（万元）

（2）税后净利润＝（700－100－140－30－13.2）×（1－25％）＝312.6（万元）。

比较三个方案可以看出，在加工成本相等和上述既定成本的情况下，方案三即不委托加工方式下企业得到的税后净利润最大，企业得到的税后净利之间最大。当然，成本不同，筹划结果可能不同，我们可根据上述方法合理筹划。

这里，委托加工应税消费品税收筹划时，对于允许扣除的项目需要注意的是能够扣税的产出物与其已税投入物应属于同一税目，因此，对于不属于同一税目的已税消费品，不得扣除其投入物所含的消费税。

二、外购已税消费品的税收筹划

由于某些应税消费品是用外购已缴纳消费税的应税消费品连续生产出来的，在对这些连续生产出来的应税消费品计算征税时，根据《消费税若干具体问题》规定，应按当期生产领用数量计算准予扣除外购的应税消费品已纳的消费税税款。允许扣除计算的消费品有：

（1）外购已税烟丝为原料生产的卷烟。

（2）外购已税化妆品为原料生产的化妆品。

（3）外购已税宝石为原料生产贵重首饰及珠宝玉石。

（4）外购已税鞭炮焰火为原料生产的鞭炮焰火。

（5）外购已税摩托车连续生产的摩托车。

（6）外购已税石脑油、燃料油为原料生产的应税消费品。

（7）外购已税润滑油为原料生产的润滑油。

（8）外购已税杆头、杆身和握把为原料生产的高尔夫球杆。

（9）外购已税木制一次性筷子为原料生产的木制一次性筷子。

（10）外购已税实木地板为原料生产的实木地板。

因此，根据上述规定，企业首先要了解哪些消费品允许扣除，其次要将销售中可扣除的项目尽可能多地扣除，从而减少计税依据，达到节税的目的。同时还需注意：纳税人用外购的已税珠宝玉石生产的改在零售环节征收消费税的金银首饰（镶嵌首饰）、钻石首饰，在计税时，一律不得扣除外购珠宝玉石的已纳税款。因外购已税的应税消费品与用于连续生产的应税消费品必须属于同一环节。

【案例 4-15】 某化妆品工厂 2009 年 2 月份购进化妆品 A 100 箱，每箱 200 元。

当月以外购的化妆品为原料生产化妆品 B 200 箱，消耗了 50 箱化妆品 A，化妆品 B 的市场售价为每箱 500 元，化妆品 A 每箱售价 200 元（以上售价均为不含增值税价，化妆品 A、B 的消费税税率统一为 30％）。计算该化妆品工厂 2009 年 2 月份化妆品应纳消费税税额。

【筹划思路与方法】

由于该化妆品工厂是以外购的化妆品为原料连续生产化妆品，所以允许扣除上述外购应税消费品的已纳税款。

$$应纳消费税＝500×200×30％－50×200×30％＝27\,000（元）$$

三、进出口环节消费税的税收筹划

税法规定，企业应将不同消费税税率的出口应税消费品分开核算和申报，凡划分不清适用税率的，一律从低适用税率计算应退消费税税额。这就要求企业在申报出口退税时，应分开核算不同税率的应税消费品，以获得应有的退税额，避免因适用低税率退税而减少收益。同时，还需强调的是，消费税出口退税仅适用于有出口经营权的外贸企业购进应税消费品直接出口以及外贸企业受其他外贸企业委托代理出口应税消费品，而生产企业出口或委托外贸企业代理出口应税消费品，则是不予退还消费税的。因此对于出口业务较多、出口较频繁的生产企业来说，可以考虑组建独立核算的外贸子公司，由生产企业将应税消费品销售给外贸子公司，缴纳消费税，再由外贸子公司将应税消费品出口，获得出口退税，从而在实质上减轻了企业的税收负担。当然，这一过程中能获得税收筹划收益的原因在于生产企业销售给外贸公司时价格较低，需缴纳的消费税额少，而外贸公司出口时，出口额较高，获得的消费税退税额度较高。但是需注意的是，组建外贸子公司会带来人员工资、场地租金等管理成本，这些成本很可能会高于出口退税所带来的收益。因此企业应进行成本—收益分析，从长远利益和整体考虑，而不能片面地追求出口退税所带来的短期利益。

另外，在进出口业务中，有时难免会发生退货现象。根据税法规定，出口退货须补缴相应的税款，这是毫无疑问的。这里所要说的是针对"经所在地主管机关批准可暂不办理补税，待其转为国内销售时，再向其主管税务机关申报补缴消费税"这一规定进行必要的节税筹划。对企业纳税人来说，此项节税的关键在于：①获取所在地主管税务机关的批准可以暂不办理补税；②尽量延长转为国内销售时缴纳税款时间。如果能够解决好这个问题，那么就能在一定程度上减轻退货带来的对企业财务和经营方面的冲击。

 习 题

1. D公司为一家卷烟生产企业，下设多个生产加工车间，每月购进烟叶的成本为500万元，生产加工费用为800万元，烟叶加工后可获得卷烟4万标准箱，售价为6 000万元，该种卷烟的消费税税率为56%。D公司目前应纳消费税是多少？有没有税收筹划的空间？

2. 吉祥公司是一个生产化妆品的企业，现将一批价值80万元的原材料委托如意公司加工为成套化妆品，全部委托加工的成本150万元（不含增值税），而如意公司无同类消费品销售价格，按组成计税价格代扣代缴消费税。该批化妆品售价为420万元，化妆品消费税税率为30%，适用的企业所得税税率为25%，城市维护建设税税率为7%，教育费附加为3%。若企业自行加工，加工费用为110.4万元。请问应选择委托加工还是自行加工方案？当加工费为多少时，无论选择哪种方案均可？

3. 某瓶装酒生产企业A，过去一直从另一白酒生产企业B购进粮食类白酒生产瓶装酒。年购进白酒1 000吨，白酒的价格为3元/斤。如果瓶装酒厂兼并白酒生产厂，年超额负担为100万元。如果A仍需外购白酒生产瓶装酒，企业A兼并企业B是否有利？

4. E公司为一家汽车制造企业，预计销售量为500辆，该车的市价为每辆15万元，适用消费税税率为 5%。则：E 公司应纳消费税税额 375 万元（500×15×5%），请问该公司有没有消费税节税的办法？

5. 贵妇人化妆品公司有两个生产车间，分别生产贵妇人牌口红和指甲油，2011 年销售额为 4 200 万元，其中，口红销售额为 3 100 万元，指甲油销售额为 1 100 万元，全年缴纳消费税 1 260 万元。请帮该公司进行税收筹划，以减轻其税收负担。

6. 红河卷烟厂生产卷烟，每条调拨价是 75 元，当月销售 2 000 条。这批卷烟的生产成本是 25 元每条，当月分摊在这批卷烟上的期间费用是 5 000 元。现在应纳消费税是多少？有没有税收筹划的空间？企业的原价格在什么幅度内可以降低售价，增加净收益，在什么幅度内不可以采取降低价格的销售方式？（假设城市维护建设税税率为 7%，教育费附加征收率为 3%）

第五章　企业所得税的税收筹划

　　企业所得税是国家对我国境内的企业和其他取得收入的组织，就其来源于中国境内、境外的生产经营所得和其他所得征收的一种税，它是国家参与企业利润分配的重要手段，也是我国税收收入的主体税种之一。在我国，只要有经营收入的单位和组织都属于企业所得税的征收范围，当然也就存在着税收筹划的必要性。

　　企业所得税的主要法律依据是在 2007 年 3 月 16 日中华人民共和国第十届全国人民代表大会第五次会议讨论通过的《企业所得税法》，以及与之配套的《企业所得税法实施条例》。《企业所得税法》的出台标志着我国内、外资企业所得税制度的合并宣告完成，长达十多年的两种企业所得税制度并行的局面终于结束。《企业所得税法》统一了内、外资企业适用的企业所得税法、企业所得税税率、税前扣除办法和标准以及税收优惠政策，旨在创造一个有利于各类企业公平竞争的舞台和一个规范、透明的税收环境。

　　企业所得税是典型的直接税，是在分配领域征收的税种，所有取得收入的企业或组织都要承担企业所得税负担，它和企业净收益是直接的此增彼减的关系，其税负不易转嫁，所以本章将不讨论税负转嫁策略的应用。

　　企业所得税的税基是应纳税所得额，一方面，它的计算与收入、成本、费用等密切相关，特别是要进行扣除，每项扣除的规定也不尽相同，因而相当复杂；另一方面，在应纳税所得额的确定上，按照财务制度和税收制度的规定企业有一定的自主性和选择空间，而且企业的经营管理决策也会对财务核算和应纳税所得额产生影响，这又使它具有较大的不确定性。由于这两个原因，通过税收筹划缩小企业所得税的税基就既有较大的空间，又十分复杂。故本章将重点介绍缩小税基策略在企业所得税筹划中的应用，尤其是各种成本费用的充分扣除。

　　在各国税收制度中，企业所得税由于调节灵活，始终是税收优惠最多的一个税种，我国企业所得税制度也是如此。为体现国家宏观调控的意图，企业所得税制度中存在大量的长期和短期优惠政策，如对高新技术企业、对安置残疾人单位、对资源综合利用企业等都制定了一系列税收优惠政策。这些税收优惠对国家而言，有其存在的必要性和必然性；对纳税人而言，更具有进行税收筹划的可操作性。纳税人如果能够使自己具备享受税收优惠的条件，就可以比按照正常税收制度缴纳低得多的税款。因此，企业所得税筹划中尤其应该注重充分利用税收优惠政策。

第一节　企业所得税规避纳税义务的筹划

　　企业所得税规避纳税义务的筹划主要是企业组织形式的筹划，因为企业的组织形式决定了企业所得税纳税人的身份和纳税方式。在现代高度发达的市场经济条件下,企业的组织形式日益多元化。从企业外部组织形式上看,依据财产组织形式和法律责任权限,国际上通常将企业分为公司制企业、合伙企业和个人独资企业,或者统分为有限责任公司和无限责任公司。从企业内部看,企业在设立分支机构时也有两种形式可供选择,即分公司和子公司,由此形成两对公司关系,即总分公司关系和母子公司关系。

在现行的税收制度下,不一样的企业组织形式,享受不一样的税收待遇,这是由国家宏观经济调控的意图决定的。因此,企业应该选择适合自己的,既有利于业务发展又能够在一定程度上减轻税收负担的组织形式,这是企业税收筹划中应该考虑的问题。

一、公司企业和合伙企业的选择

近年来,由于合伙企业、个人独资企业所要求的注册资本较少,申请较容易,成为广大有志创业者投资创业的一种常见形式。那么,它们和公司企业有什么区别? 投资人应如何选择呢?

从法律角度上看,公司企业属于法人企业,公司具有独立的法人资格,并且公司财产和股东个人财产要明确区分,出资者以其出资额为限承担有限责任。合伙企业和个人独资企业属于自然人企业,没有法人资格,个人财产和企业财产无法明确区分,股东需要承担无限责任,适用于规模小的企业。

在西方经济发达国家,这两种组织形式的企业税收属性是不一样的,在我国,这两种组织形式的企业在纳税上也有区别。公司企业是纳税实体,其经营利润首先要在企业环节缴纳企业所得税,税后利润以股息红利的形式分配给投资者,投资者还要就其获得的股息红利缴纳个人所得税,由此形成"双重征税",使总体税负增加。而合伙企业和独资企业不是纳税主体,其纳税主体分别是各合伙人和股东,由此对其经营利润不征收企业所得税,只对各个合伙人的生产经营所得,比照个体工商户的生产经营所得征收个人所得税(财税字〔2000〕91号)。

因此,在选择企业的组织形式时要比较是选择公司企业还是选择合伙企业或个人独资企业。选择公司企业承担有限责任,有利于公司的扩张、管理,但要承担双重税负;选择合伙企业或个人独资企业具有纳税上的好处,但要承担无限责任。企业要经过比较分析才能作出决策。当然,由于合伙企业或个人独资企业所适用的个人所得税为五级超额累进税,随着应纳税所得额的不同而分别适用5%~35%的累进税率;而公司制小型企业也会因其应纳税所得额不超过或高于30万元而分别适用20%或25%的企业所得税税率。因此,在比较合伙企业(个人独资企业)与公司制企业的所得税负担时,要考虑企业的盈利水平。

一般而言,对于规模庞大、管理水平要求高的大企业,宜采用公司企业的形式,这不仅是因为规模大的企业筹资难度大,还因为这类企业管理相对要求高、经营风险大,如果采用合伙企业或个人独资企业的组织形式,很难正常健康地运转起来。另外,从不成文的规定看,公司企业的信誉好,在融资上存在优势,税务机关对这类企业也较放心,税收环境相对宽松。

对于规模不大的企业,采用合伙企业(个人独资企业)形式比较合适。这类企业由于规模偏小,管理难度不大,合伙共管也可以见成效;最重要的还在于合伙企业(个人独资企业)

由于纳税规定上的优惠,避免了重复征税的问题,会获得更高的利润。

【案例5-1】 甲、乙两企业都是服装加工企业,投入资本金相同,生产规模相同,产量、利润也都相同。其中,甲企业是个人独资企业,对其所得要按照个体工商户所得项目缴纳个人所得税。乙企业是由两人投资的公司制企业,对其缴纳企业所得税后的所得要按规定提取10%的法定公积金,剩余的利润分红按20%的税率缴纳个人所得税。

【筹划思路与方法】

下面按照个人所得税税率和企业所得税税率的不同级次,分析以上两企业投资者的税负情况。当应纳税所得额(本例中就是企业利润)低于30 000元时,甲企业缴纳个人所得税的最高边际税率为20%,平均税率低于20%;而乙企业缴纳企业所得税和个人所得税的税率均为20%,相比之下,甲企业的整体税负绝对低于乙企业。故我们分析的起点从利润为30 000元开始。

当两企业的利润都在30 000~50 000元时:

甲企业应纳个人所得税 = 利润×30%－4 250

乙企业应纳企业所得税 = 利润×20%(小型微利企业税率)

应纳个人所得税 = 利润×(1－20%)×(1－10%)×20% = 利润×14.4%

合计应纳税款 = 利润×20%＋利润×14.4% = 利润×34.4%

对比结果可知:甲企业税负轻,它比乙企业少缴纳税款＝利润×4.4%＋4 250。

当两企业的利润都在50 000~300 000元时:

甲企业应纳个人所得税 = 利润×35%－6 750

乙企业应纳企业所得税和个人所得税同上。

合计应纳税款 = 利润×34.4%

对比结果可知:在此利润的取值范围内,利润×34.4%＞利润×35%－6 750,故仍然是甲企业税负轻。

当两个企业的利润都高于300 000元时:

甲企业应纳个人所得税 = 利润×35%－6 750

乙企业应纳企业所得税 = 利润×25%

应纳个人所得税 = 利润×(1－25%)×(1－10%)×20% = 利润×13.5%

合计应纳税款 = 利润×25%＋利润×13.5% = 利润×38.5%

对比结果可知:仍然是甲企业税负轻,它比乙企业少缴纳税款＝利润×3.5%＋6 750。

通过上面的分析,在各种收入级次上,个人独资企业经营成果的所得税负担总是低于公司制企业。而且公司制企业在税后利润中提取10%的公积金,达到《中华人民共和国公司法》(以下简称《公司法》)规定的注册资本25%以上转为股本时,还要对投资人征收20%的个人所得税。两类企业的所得税负担孰轻孰重,一目了然。

二、分公司和子公司的选择

在市场经济条件下,许多公司发展到一定规模后,基于稳定供货渠道、开辟新的地域市场或方便客户服务等方面的考虑,不可避免地需要在异地设立分支机构,这也是企业扩张的必由之路,但此刻面临着分公司和子公司的选择问题。其中,新设立的分支机构性质的不同,将决定公司所得税的缴纳方式,又会进一步影响到公司的整体税负水平。利润最大化是公司经营的目标,也是设立分支机构的初衷,因此相关的税收筹划是非常必要的。

从法律上看,子公司是独立法人,与母公司之间不是从属关系,母公司也不直接对它负法律责任。在外地创办子公司一般需要办理许多手续,要达到当地规定的公司创办条件,并缴纳企业注册登记的各项税费。根据《公司法》和企业所得税制度规定,子公司要独立承担企业所得税纳税义务,其他各项税收的计算和缴纳也都与母公司分别进行。但是,子公司作为独立法人主体可以享受当地税收政策规定的众多优惠政策。

分公司则不能被视为独立法人主体,很难享受到地区的税收优惠待遇,但是,分公司作为总公司统一体中的一部分,其业务活动由总公司控制,一切法律责任由总公司承担,分公司要接受总公司的统一管理,损益共计。在税收上,分公司只就增值税、营业税等流转税在业务发生的当地缴纳,所得税需汇总到总公司统一缴纳,这样其亏损或损失可以冲抵总机构的利润。

在具体筹划公司形式时,还有许多应该考虑的因素,如公司的发展规律、预期盈亏状况、当地税率的高低、税基的宽窄、资金控制以及税收优惠条件等。一般情况下,可以作如下筹划:

(1) 开始时的选择。企业开始设置分支机构时,由于在外地拓展业务会遇到一定的困难,经费开支也较大,故容易发生亏损,此时如果总分支机构税率一致,适宜选择分公司,以便用营运初期的亏损冲抵总公司的利润,从而减轻税负。

【案例 5-2】 北京一家公司某年年初在武汉设立一个销售分公司,这个分公司不具备独立纳税人条件,年所得额汇总到总公司集中缴纳。当年底,该公司内部核算资料表明,武汉销售分公司产生亏损 50 万元,而公司总部(不包括武汉销售分公司)盈利 150 万元,公司总部假设不考虑应纳税所得额的调整因素,适用所得税税率为 25%,该公司当年应缴纳所得税为:

$$应缴纳所得税 = (150 - 50) \times 25\% = 25(万元)$$

【筹划思路与方法】

在这个例子中,若武汉分支机构为子公司,实行单独纳税的话,那么,当年公司总部应缴纳所得税为:

$$应缴纳所得税 = 150 \times 25\% = 37.5(万元)$$

武汉子公司的亏损只能留至出现利润的以后年度弥补,且需在 5 年以内,过期不得弥补。在这种情况下,汇总纳税方式降低了公司当期税负,推迟了公司的纳税期。

(2) 扭亏为盈后的选择。分支机构扭亏为盈后,企业应适时将分公司转换为子公司,这样子公司又可以享受当地税法中的优惠待遇。

(3) 分支机构所在地可以享受税收优惠时的选择。可以享受税收优惠的地区如西部地区,对具有独立法人地位的投资者会给予税收优惠待遇,因此在税收优惠地区设立的分支机构适宜选择子公司,这样可以利用其独立核算、独立纳税享受低税负待遇;同时,还可以通过转移定价的方法将处于高税区的总公司的利润转移至低税区,以使整个利益集团税负最低。

（4）总机构所在地可以享受税收优惠时的选择。如果总公司所在地可以享受税收优惠，而分支机构设在高税率地区，可设立分公司汇总纳税，则分支机构仍可以按照总公司所在地享受税收优惠支持，这样会减少公司所得税税负。

在现实中情况复杂，但企业只要在规模扩张时，正确运用现行税收法规政策给予的所得税纳税方式，通过税收筹划，科学预测，理性分析，就可以合理合法地降低税收成本，争取到更多发展资金，更快更好地走良性发展道路，这也符合国家政策导向。

三、承包、承租经营形式的选择

个人对企事业单位的承包、承租经营形式较多，分配方式也不尽相同，承包、承租经营者按照合同规定取得的所得应如何征税也有不同的规定。国税发〔1994〕179号文件对此作了适当分类并规定了相应的税务处理。

1. 承包、承租经营后工商登记仍为企业

个人对企事业单位承包、承租经营后，如果工商登记仍为企业的，不论其分配方式如何，均应先按照企业所得税的有关规定缴纳企业所得税。然后根据承包、承租经营者按承包、承租经营合同（协议）规定取得的所得，依照个人所得税法的有关规定缴纳个人所得税。具体为：

承包、承租人对企业经营成果不拥有所有权，仍按合同（协议）规定取得一定所得的，其所得应按"工资、薪金"所得项目征收个人所得税。承包、承租人按合同（协议）规定只向发包方、出租方缴纳一定费用，缴纳承包、承租费用后的企业的经营成果归承包、承租经营人所有的，其取得的所得按"对企事业单位承包经营、承租经营所得"项目征收个人所得税。

2. 承包、承租经营后工商登记改变为个体工商户

个人对企事业单位承包、承租经营后，工商登记改变为个体工商户的，应依照"个体工商户的生产经营所得"项目计征个人所得税，不再征收企业所得税。

此外，个人所得税法规定，个体工商户的生产经营所得和对企事业单位的承包、承租经营所得共同适用5%～35%的五级超额累进税率，所不同的是，对实际经营期不满1年的经营所得，在计算确定应纳税所得额时，两者的计算方法存在原则性区别：个体工商户的生产经营所得应以每一纳税年度取得的收入计算纳税，对于生产经营期不满1年的，应将实际生产经营期间内取得的所得换算为全年所得，以正确确定适用税率；而对实行承包、承租经营的纳税人，虽然原则上要求应以每一纳税年度取得的承包、承租经营所得计算纳税，但是，对于在一个纳税年度内，承包、承租经营不足12个月的，则应以其实际承包、承租经营的月份数作为一个纳税年度计算纳税。

从上面的分析可以看出，纳税人对企事业单位进行承包、承租经营，如果不变更营业执照，则需先缴纳企业所得税，然后根据承包、承租经营取得的收入还要缴纳个人所得税，这样就多征了一道企业所得税，出现了重复征税的问题，使得总体税负增加。如果变更营业执照为个体工商户，则只征一道个人所得税，这样税收负担也较轻。现举例说明如下。

【案例5-3】 王先生所在的生产化工原料的集体工厂由于经营不景气，主管部门决定将该厂对外租赁经营承包。通过竞投，决定由王先生承包经营该厂。其承包合同上注明，

王先生每年缴纳 10 万元的费用后，所有经营成果全部归王先生个人所有。承包经营的第 1 年实现会计利润 25 万元(已扣除上缴费用 10 万元)。那么，王先生应该以什么样的身份来进行承包经营呢?

【筹划思路与方法】

对该厂的工商登记和纳税问题，王先生请有关咨询机构设计了两种方案。

方案一:将原企业工商登记改变为个体工商户。原企业工商登记改变为个体工商户后，王先生只需缴纳个人所得税，企业不缴纳企业所得税。按照规定，业主扣除费用标准为每月 2 000 元。王先生该年度的应纳税额及税后收入情况如下:

$$应纳税所得额 = 25 - 0.2 \times 12 = 22.6(万元)$$
$$个人所得税 = 22.6 \times 35\% - 0.675 = 7.235(万元)$$
$$税后收入 = 25 - 7.235 = 17.765(万元)$$

方案二:王先生仍使用原企业营业执照。这种情况下，企业要先缴纳企业所得税，税后利润才属于王先生个人。从企业角度看，王先生上缴承包费是企业内部行为，对企业而言并不是成本费用开支，上缴的租赁费不得在企业所得税前扣除，也不得把租赁费当做管理费用进行扣除，这样就要将王先生实现的会计利润调整为企业的应纳税所得额。为简化计算，我们在这里不考虑其他纳税调整因素。

$$应纳税所得额 = 25 + 10 = 35(万元)$$
$$企业所得税 = 35 \times 25\% = 8.75(万元)$$
$$王先生的收入 = 25 - 8.75 = 16.25(万元)$$
$$个人所得税 = (16.25 - 0.2 \times 12) \times 35\% - 0.675 = 4.172\,5(万元)$$
$$税后收入 = 16.25 - 4.172\,5 = 12.077\,5(万元)$$

比较两种方案后可知，作为王先生个人，第一种方案比第二种方案多获利 5.687 5 万元(17.765 - 12.077 5)。

需要指出的是，在实际操作中，税务部门判断承包、承租人对企业经营成果是否拥有所有权，一般是按照对经营成果的分配方式进行的。如果是定额上缴，成果归承包、承租人，则属于承包、承租所得;如果对经营成果按比例分配，或者承包、承租人按定额取得成果，其余成果上缴，则属于工资薪金所得。因此，纳税人可以根据预期的经营成果测算个人所得税税负，然后再确定具体的承包分配方式，已达到降低税负的目的。

第二节　企业所得税缩小税基的筹划

一、企业所得税的税基及筹划思路

按照新税法的规定，企业所得税的税基即计税依据是应纳税所得额，它是指企业在一个纳税年度内的收入总额减除不征税收入、免税收入、各项扣除以及允许弥补的以前年度亏损后的余额。其一般计算公式为:

$$应纳税所得额＝年度收入总额－不征税收入额－免税收入－$$
$$准予扣除项目金额－允许弥补以前年度亏损$$

要对企业所得税税基进行筹划,企业必须详细了解那些收入应包括在总收入额内,哪些收入是不征税收入或免税收入,哪些成本、费用、损失不能在所得税前扣除,哪些是可以扣除的,哪些是有条件扣除的。为了便于讨论,我们将上式中的"年度收入总额－不征税收入额－免税收入－允许弥补的以前年度亏损"定义为"计税收入",于是,企业所得税的税基就可以表示为:应纳税所得额＝计税收入－准予扣除项目金额。

由上面这个应纳税所得额的表达式容易看出,企业所得税缩小税基的基本途径应为:在取得的总收入和发生的成本费用开支既定的情况下,尽可能缩小计税收入的金额,尽可能增加税前准予扣除项目金额。所以,本节将首先讨论计税收入和可扣除项目的具体内容及相关规定,当然重点是可扣除项目。

（一）计税收入的确定

根据前述的定义,计税收入包括收入总额、不征税收入、免税收入和允许弥补的以前年度亏损四个项目。

企业的收入总额是企业以货币形式和非货币形式从各个不同来源取得的收入,包括以下内容:①销售货物收入;②提供劳务收入;③转让财产收入;④股息、红利等权益性投资收益;⑤利息收入;⑥租金收入;⑦特许权使用费收入;⑧接受捐赠收入;⑨其他收入。

不征税收入为收入总额中的下列收入:①财政拨款;②依法收取并纳入财政管理的行政事业性收费、政府性基金;③国务院规定的其他不征税收入。

免税收入为收入总额中的下列收入:①国债利息收入;②符合条件的居民企业之间的股息、红利等权益性投资收益;③在中国境内设立机构、场所的非居民企业从居民企业取得的与该机构和场所有实际联系的股息、红利等权益性投资收益;④符合条件的非营利组织的收入。

允许弥补的以前年度亏损是总收入中用于弥补发生在当年度前5年之内的亏损的部分,其中"亏损"是指企业依照企业所得税制度的规定将每一纳税年度的收入总额减除不征税收入、免税收入和各项扣除后小于零的数额。企业所得税新旧制度均规定,企业在纳税年度发生的亏损,准予向以后年度结转,用以后年度的所得弥补,但结转年限最长不得超过5年。因而发生在当年度前5年之内的尚未在税前弥补的亏损可以用于减少当年度的计税收入。不过,从税收筹划的角度来看,利用亏损弥补的技巧性主要不是表现在缩小税基方面,而是更多地表现在对企业所得税优惠政策的"充分"利用上。

（二）关于税前扣除项目的规定

在纳税人的支出中,有些项目可以在计算应纳税所得额时从总收入中扣除,而有些项目则不能扣除,这主要取决于支出项目是否与纳税人取得应税收入有关。

1. 准予扣除的项目

按照新税法的规定,只有企业实际发生的与取得收入有关的、合理的支出,包括成本、费用、税金、损失和其他支出,才能准予在计算应纳税所得额时扣除。

这里成本是指企业在生产经营活动中发生的购货成本、生产成本、销售成本、业务支出以及其他耗费,在企业账务处理上一般通过"生产成本""销售成本""其他业务支出"科目核算。

费用是指企业在生产经营活动中发生的销售费用、管理费用和财务费用,也就是在财务核算时所说的期间费用,已经计入成本的有关费用除外。在企业账务处理上一般通过"销售费用""管理费用""财务费用"等科目核算。

税金是指企业发生的除企业所得税和允许抵扣的增值税以外的各项税金及其附加,包括纳税人按规定缴纳的消费税、营业税、城市维护建设税、资源税、土地增值税等。由于增值税是可以转嫁的价外税,大多数情况下销项税额可抵扣进项税额,它在计价时没有包含在取得的营业收入中,所以计算企业所得税应纳税所得额时也不得在收入中扣除。这些税金在企业账务处理上一般通过"产品销售税金及附加""其他业务支出"等科目核算。

损失是指企业在生产经营活动中发生的固定资产和存货的盘亏、毁损、报废损失、转让财产损失、呆账损失、坏账损失、自然灾害等不可抗力因素造成的损失以及其他损失。对于企业发生的损失,减除责任人赔偿和保险赔款后的余额,依照国务院财政、税务主管部门的规定扣除。对于企业已经作为损失处理的资产,在以后纳税年度又全部收回或者部分收回时,应当计入当期收入。在企业账务处理上一般通过"待处理财产损溢"转入"营业外支出"科目核算。

其他支出是指成本、费用、税金、损失外,企业在生产经营活动中发生的与生产经营活动有关的、合理的支出。

2. 不允许扣除的项目

企业不仅要掌握哪些项目准予从收入总额中扣除,同样也要了解哪些项目不得从收入总额中扣除。根据《企业所得税法》的规定,在计算应纳税所得额时,下列支出不得扣除:①向投资者支付的股息、红利等权益性投资收益款项;②企业所得税税款;③税收滞纳金;④罚金、罚款和被没收财物的损失;⑤超出税法规定标准的公益性捐赠支出,以及非公益性捐赠支出;⑥赞助支出;⑦未经核定的准备金支出;⑧与取得收入无关的其他支出。

此外,企业发生的支出还应当区分收益性支出和资本性支出。收益性支出是与本年度生产经营有关的支出,如差旅费、办公费等,在发生当期直接扣除。资本性支出是指纳税人购置、建造固定资产、对外投资等支出,这种支出与好几个年度的生产经营有关。如企业购置固定资产,形成了资产价值,其支出收益涉及多个纳税年度,所以资本性支出应当分期扣除或者计入有关资产成本,不得在发生当期直接扣除。

(三)成本费用的抵税作用

《企业所得税法》规范了企业所得税的税收优惠政策。虽然利用税收优惠进行税收筹划的空间小了,但新税法放宽了税前扣除项目的扣除标准和范围,如放开了计税工资扣除限制、广告费扣除限制等,为企业特别是内资企业从另一个方面扩大了税收筹划的空间。税前扣除项目将成为今后企业所得税税收筹划的一项重要内容。

在收入总额既定的情况下,采取合适的支出项目核算方法,充分列支准予扣除的项目,就能有效地减轻企业所得税负担。由于企业发生的业务支出项目主要是成本费用,因此,在本章中以"成本费用"表示企业的业务支出。

对于税前扣除项目,仅仅了解税法规定的税前准予扣除项目的内容和不允许扣除项目的内容是不够的。因为税法对准予扣除项目的介绍是笼统的、原则性的。从理论上说，只要是企业为生产经营所发生的属于税法所规定的准予列支项目，既可以在计算应纳税所得额时予以扣除。但由于费用支出直接影响企业利润和所得税的大小，为合理确定应纳税所得额，稳定税收收入，企业所得税制度根据不同支出项目的特点，规定了不同的税前列支方法，由此形成了不同的抵税作用：有些开支项目不能在税前列支，有些开支项目可以在限定条件内部分税前列支，有些可以全额列支，还有少量项目甚至可以超额在税前列支。当然，对于税前列支规定的不同的支出项目，企业也应该有不同的应对方法。

1. 成本费用的抵税作用分类

成本费用对企业所得税的影响，是通过成本费用的税前扣除减少企业所得税的税基即应纳税所得额，从而减轻企业所得税负担。这种作用称为成本费用的抵税作用。成本费用的抵税作用因其在所得税前列支的方式不同分以下几种情况：

（1）不具备抵税作用的开支项目。按照税收制度的规定，有部分支出在计算应纳税所得额时不得扣除，起不到抵税的效果，如税收滞纳金、不符合规定的捐赠支出等。税前不得扣除的项目或者是国家不鼓励企业发生的项目，如税收滞纳金、生产经营过程中的罚金罚款等；或者是与企业生产经营没有直接关系的支出，如支付的权益性投资收益款、赞助支出等。

（2）在限定条件范围内具有抵税作用的成本费用。它是指在税前列支的成本费用和损失项目，在限定条件范围内具有抵税作用，超过限定条件范围的部分不具有抵税作用，如企业的对外捐赠支出、业务招待费支出、职工工会经费和教育经费支出等。

（3）在一定周期内逐步摊销缓慢抵税的成本费用。它是指不得一次在税前列支的成本费用项目，只有按折旧方法或费用摊销方法在一段周期内将长期资产逐期计算并计入成本费用的部分，才具有抵税作用，如固定资产折旧、无形资产摊销。

（4）可一次性全额在税前列支的成本费用和损失项目，其抵税作用很明显，如生产用固定资产维修支出、企业办公经费的支出等。

（5）可超额在税前列支的成本费用项目，其抵税作用也是超倍的，如新税法规定的对研究开发费用按照50%加计扣除，对安置残疾人支付的工资按100%加计扣除。

2. 不同抵税作用的成本费用的应对方法

研究成本费用的抵税作用，目的在于分析和考察不同的成本费用支出所减少的税收负担的差别，以便于采取不同的应对方法，使尽可能将成本费用能够在企业所得税前得到充分列支。

（1）关于不具备抵税作用的开支项目。对于国家不鼓励企业发生的项目，企业应该控制其发生额，尽量不要发生此类业务支出。如果是必须发生的支出，则尽可能将其转化为具有抵税作用或部分抵税作用的成本费用开支项目，以下举例说明。

对企业向投资者支付股息、红利等权益性投资收益，企业可以考虑变更支付方式，或者调整支付结构，让股东、董事在企业兼职，那么就可以将对他们支付的收益一部分改以工资支出在税前扣除。

对赞助支出可以根据不同的情况采取不同的筹划措施。如果是为了扩大企业影响力的赞助支出，如企业冠名赞助比赛项目、赞助大型活动，企业可以在活动现场发布宣传信息和宣传资料，则赞助支出就可以转化为宣传费用在所得税前扣除。如果是公益性质的赞助支出,如赞助中小学办学经费和活动经费,企业可以通过给公益性社会团体或者县级以上人民政府及其部门实施赞助,则赞助支出就可以转换为捐赠支出,在额定的比例范围内在所得税前扣除。

（2）对于在限定条件内具有抵税作用的成本费用,企业应该控制其发生额,使其不要超出税法规定的标准,因为超限额部分在所得税汇算清缴时必须调增应纳税所得额,就是说要在所得税后列支,这对企业是很不划算的。如果确因业务需要超限额开支,那么可以考虑通过合适的财务核算方法或者经营活动策划,改变支出方式,将有限额的开支转换为没有限额或限额较宽松的开支,避免不必要的损失。

（3）对于在一定周期范围内逐步摊销缓慢抵税的成本费用也要充分重视,每个会计期间足额摊提相关费用,但是在开支项目有可能不计入长期资产的情况下,要尽可能地计入可一次性在税前列支的成本费用。

（4）对于可一次性在税前列支的成本费用和损失项目,由于其强大的抵税作用,则要充分利用,用足政策。

（5）由于只有少量的业务支出项目可以超额在税前列支,故对于可超额在税前列支的成本费用项目,其抵税的作用范围非常有限。但如果有此类费用发生,企业应创造条件充分利用。

（四）税前可扣除成本费用的谨慎认定

从成本核算的角度看,成本费用的充分列支是减轻企业税负最根本的手段。在企业的业务状况既定也就是收入和开支项目既定时,尽量增加准予扣除的项目,必然会减少应纳税所得额,最终会减少企业所得税的计税依据,并达到减轻税负的目的。

但通常情况下,企业发生的业务支出都不能够全额或足额在税前扣除。每年年终在企业所得税的汇算清缴中,不论企业规模大小,税前可以扣除的成本费用被税务机关剔除的比率相当高,这些成本费用被剔除后,不仅要求企业补缴所得税,而且还会按照其金额处以一定的罚款。这其中既有企业所得税制度的原因,也有企业税务处理不当的原因。因此,作为经济主体,企业应该将成本费用的准确认定与计算作为企业所得税筹划的基础,充分注意成本费用的认定工作。在成本费用的认定工作中注意谨慎掌握以下原则:

（1）取得合法凭证。企业成本费用的列支必须要有真实、合法的凭证作为列支的依据,不符合条件的凭证或者没有相关凭证则不能作为账务处理的依据,这是企业财务制度和税收制度的基本要求,也是成本费用在税前列支的最起码的条件。比如,企业参加产品展览会发生的有关费用在账务上可以作为销售费用入账,并在企业所得税前扣除,但是要求企业在入账时不仅需要提供参加展览会的发票,还要提供参加产品展览的合同书、参展邀请函、销售合同等凭证。如果企业仅仅只能够提供参加展览会的发票,而不能提供参加展览的合同书、参展邀请函和销售合同等凭证,那么所发生的开支就有可能按照有限额比例开支的"业务宣传费"或者"业务招待费"入账,从而使企业面临税前不能足额扣除的风险。再说如果企业连参加展览会的发票都不能够提供,则所发生的开支就不能够入账,更谈不上在税前列支了。

企业如果在经济活动中取得有虚设行号的发票、非交易对象所开立的发票、交易对象开立的虚假发票或未及时按规定取得交易凭证等,应督促业务部门和财务部门尽快换取合法的统一发票,这样才能避免被税务机关处以罚款。

(2)及时向税务机关报告备案。税法规定部分费用及损失应向税务机关报告,向税务机关提供费用及损失发生的有效证明,并经主管税务机关审核后才能准予扣除,否则不予认定,也不予在税前列支,如企业发生的坏账损失和商品削价损失,按规定支付给总机构的与生产经营有关的管理费,当期发生的固定资产和流动资产盘亏、毁损净损失等。因此,企业在发生这些费用和损失后,因及时向税务机关办理报告备案手续。

(3)纳税申报前自行计算成本费用及开支限额。对于有开支限额的成本费用,如果企业实际开支超过限额规定就会被税务机关剔除并在所得税后列支;如果开支不足,企业就没有充分享受到政策给予的权利。如企业发生的与生产经营活动有关的业务招待费,按新法规定,按照发生额的60%扣除,但最高不得超过当年销售(营业)收入的5‰。

假设某企业年度销售收入为5 000万元,则其当年最多可在所得税前扣除招待费25万元。如果该企业当年实际发生业务招待费55万元,则只能在税前列支25万元,尚有30万元的招待费在所得税申报时要被剔除,起不到抵减所得税的效果。但如果该企业实际发生业务招待费为35万元,则只能按21万元(35×60%)在企业所得税前扣除,尚有4万元税前扣除限额没有用上,这就没有充分享受到政策给予的权利。

企业在生产经营中总是希望所花费的费用最小化,但在缴纳所得税时却又希望发生的费用开支尽量足额甚至超额已得到税前扣除。因此,在纳税申报前,必须自行计算成本费用,对于实际开支超过限额的成本费用应尽量转化为没有限额规定的成本费用或者没有达到限额的成本费用,以避免不应有的损失。

二、缩小计税收入的方法

纳税人的收入项目一方面是企业的各种流转税如增值税、消费税、营业税的征税对象,同时收入项目又是征收企业所得税的重要依据,因此可以说收入项目在企业税务策略中至关重要。

按照现行税收制度的规定,对于营业收入的实现,一般是以发出货物、提供劳务收到价款获取的索取价款的凭据为准,分期付款销售以合同约定的收款日期确定收入的实现,这在税法上有明确规定,因而收入的确定刚性较强,该认定为收入的须按税法规定予以认定,这一点毋庸置疑。缩小应税收入主要考虑及时剔除不该认定为计税收入的项目,及时认定不征税收入或设法增加免税收入。在实践中具体采取的方法有:

(1)对销货退回及折让,应及时取得有关凭证并作冲减销售收入的账务处理,以免虚增收入。

(2)在年度计算收入总额时,对预收货款、应付账款等项目也应予以清理,防止错记为收入。

(3)多余的周转资金,用于购买政府公债,其利息收入可免缴企业所得税。但是这种方法是在企业具有多余的流动资金且的确寻找不到更好的投资渠道的情况下采用的。

应注意有相当一部分企业在缩小应税收入项目上采取了一系列逃税方法,如漏记收入、私设小金库、账外设账,或将收入隐匿于往来账户中,这些都是违反税法规定的,不可效仿。

在企业的经营活动中,缩小计税收入还有另外一个税收筹划空间,就是将成本费用转化为收入项目的减项。企业发生的业务支出在大多数情况下表现为成本费用,如果这些成本费用无法足额在税前扣除且无有效的充分列支方法时,我们可以转换一下筹划思路,变成本费用的发生为收入项目的减少。其前提条件是成本费用开支的承受人同时也是企业获得收入的客户对象。比如说,企业向客户销售商品房价款 60 万元,由于客户先行支付定金而需向客户支付利息 5 万元,并在客户剩余房款项中抵扣。在这种情况下,可以将 5 万元的利息支付转换为营业收入减少,即商品房销售价款为 55 万元,同时不发生利息支付。

虽然,"成本费用的发生"和"收入项目的减少"均表现为应纳税所得额的减少,这种转换从表面上看似乎并不影响企业所得税的税负,但是其效果体现在两个方面:第一,避免了成本费用不能充分在税前列支的困扰;第二,收入项目的减少还可以减少企业应纳的流转税。因此,从总体上看这种方法可以减轻税收负担。

【案例 5-4】 楚天房地产开发公司是位于某省城的一家从事商品房开发业务的企业。为扩大销售并增加资金来源渠道,公司采用预售定金的方法促销商品房,即购房户先支付商品房价款的 40% 作为购房定金,待商品房建成后再交足剩余款项。从收取定金日至商品房建成日的这段时间,公司按 12% 的年利率将购房户缴纳的定金计息在商品房剩余款项中抵扣。同期商业银行的贷款利率为 7.2%。

比如,张先生向楚天房地产开发公司购买价值 60 万元的商品房一套,于 2007 年 5 月 1 日向公司交付 40% 的定金 24 万元,11 月 1 日房屋建成,张先生应得利息 1.44 万元（24×12%×6÷12）,张先生只需再支付 34.56 万元（60-24-1.44）。楚天公司向张先生开具 60 万元的房屋销售发票,张先生实际付款 58.56 万元,公司少收取的 1.44 万元作为张先生的预付款利息收入在企业"财务费用"科目列支。

次年 3 月,当地税务局在对该公司进行企业所得税汇算清缴时发现了此问题,经汇总查证,楚天房地产开发总公司全年列支此类商品房定金利息 150 万元。税务机关认为,楚天公司商品房定金利息项目存在以下纳税问题:

（1）漏记个人所得税。张先生等业主在楚天公司取得的定金利息所得属于股息、利息、红利所得项目,应缴纳 20% 的个人所得税,其税款应由楚天公司代扣代缴。由于楚天公司未履行扣缴义务,又未及时向税务机关报告,按规定应由楚天公司赔缴。计算赔缴个人所得税金额时,需首先将这部分利息换算成不含税所得进行计算。

$$赔缴个人所得税 = 150 ÷ (1-20\%) × 20\% = 37.5(万元)$$

此外,楚天公司还需缴纳相应的税收滞纳金和未及时履行纳税义务的罚款。

（2）企业所得税前多列支财务费用。楚天公司按 12% 的年利率计算将商品房订金利息在财务费用中列支,超过了同期银行贷款利率,其超过的部分不得税前扣除,应按当年企业所得税利率补缴企业所得税。

$$多列支的利息支出 = 150 ÷ 12\% × (12\%-7.2\%) = 60(万元)$$
$$补缴企业所得税 = 60 × 33\% = 19.8(万元)$$
$$赔缴和补缴的税款合计 = 37.5 + 19.8 = 57.3(万元)$$

对此楚天公司非常不理解。公司向购房户支付定金利息,让利给购房户,促进销售并增加流动资金,是于公司和购房都有利的行为,但公司却为此多承担了所支付利息 38.2%

（57.3÷150）的税负。也就是说，楚天公司所开支的利息费用支出，不但没有得到企业所得税前足额扣除，还招致了额外的个人所得税负担。难道这种促销手段行不通吗？这近40%的税收负担有没有办法规避呢？

【筹划思路与方法】

对楚天公司这种定金利息的处理方式进行分析。以张先生购房的情况为例，无论是从购房付款的形式上看，还是从销售方式的本质上看，实际上就是公司分两次共收取了58.56万元的房款，将原价60万元的商品房出售给张先生。在这种方式下，须按照60万元的营业收入计算营业税及附加、土地增值税，还有企业所得税。公司少收的1.44万元利息对购房户来说是收入，要计算个人所得税，对公司来说是超标准的利息支付，税前不得全额扣除，由此多承担了企业所得税负担。

如果楚天公司采取降价销售的方式，将此商品房价格降至58.56万元卖给张先生，首先，可以免除张先生应纳的个人所得税，以及免除楚天公司扣缴个人所得税的义务；其次，免除了因利率超标准不能在企业所得税前足额扣除导致的企业所得税额外负担；最后，降低了销售不动产应纳的营业税及附加、企业所得税的税基。

具体操作方法：仍然以张先生购房的情况为例。楚天公司于收到第二次房款时向张先生开具58.56万元的房屋销售发票，确认营业收入为58.56万元。这样张先生没有获得1.44万元的利息收入，楚天公司也不用支付1.44万元的利息支出。总体而言，筹划后楚天公司将减少全年度营业收入额150万元。

按照上述筹划方案，相比于筹划前，楚天公司可以减轻的税收负担情况如下：

（1）减轻赔缴的个人所得税37.5万元。

（2）减轻补缴的企业所得税19.8万元。

（3）减轻营业税及附加：150×5.5％＝8.25（万元）。

（4）减轻土地增值税若干。具体数额视由土地增值率决定的税率情况而有所不同。

（5）减轻税收滞纳金和罚款。

本案例中，楚天公司巧妙地将企业超标准开支的利息费用转化为收入项目的减少，其成功体现在两个方面：第一，减少应税收入，即通过降价销售降低了楚天公司的营业收入和购房户的利息收入，规避了相关的个人所得税及流转税、土地增值税；第二，在减少收入的同时消除了给购房户的利息支付，净收入并不会减少，但不再存在利息支付税前扣除不足的问题，由此减轻了企业所得税负担。

三、限定扣除标准的成本费用筹划

限定扣除标准的成本费用是指在一定的额度和标准范围内可以在所得税前扣除，超出了标准就不得在税前扣除的当期所开支的成本费用。它属于限定条件内具有抵税作用的成本费用项目。这样的项目包括利息费用、业务招待费支出、职工福利费、工会经费和教育经费等工资性费用、企业对外捐赠支出、广告费和业务宣传费。对于此类成本费用的筹划，首先是控制其发生额不要超出规定的标准，如果企业不得不超出开支限额，可以考虑通过筹划改变支出方式，将有限额的开支转换为没有限额或限额较宽松的开支。

（一）分散利息费用

企业在生产经营活动中难免要采取借款的方式筹集资金，而借款要支付利息费用。在大多数情况下，借款利息费用作为税前扣除项目享有所得税利益。所谓"可以税前扣除"，是指纳税人在生产经营活动中发生的合理的不需要资本化的借款费用，准予扣除。但纳税人购置、建造固定资产和无形资产等，在购置建造期间的借款费用应作为资本性支出计入有关资产的成本，而不能作为费用在所得税前列支；对于超出列支标准的利息费用，也不能在所得税前扣除。

1. 不同筹资渠道借款费用的税前扣除规定

企业为生产经营活动筹集资金的渠道有多种，例如，可以向金融部门借款、发行债券、向其他单位和组织借款、吸收投资等，这些筹资方式所涉及利息的税前扣除标准和规定略有差异，企业在实施前应充分了解。

按照新税法的规定，可以税前扣除的借款费用，应当区分如下情况：

（1）非金融企业在生产、经营期间向金融企业借款的利息支出，按照发生数予以税前扣除，包括银行按规定对逾期归还的贷款加收的罚息，也可以在税前扣除。

（2）金融企业自身发生的各项存款利息支出以及同业拆借业务所支付的利息，允许按实际发生数予以税前扣除。

（3）对企业经过国家依法批准发行债券而按规定支付的利息支出，按照实际发生数予以税前扣除。

（4）非金融企业向金融机构以外的所有企业、事业单位以及社会团体等企业、组织或个人借款的利息支出，按不超过金融企业同期同类贷款利率计算的数额的部分准予扣除。

（5）向关联企业借款的利息支出。新税法规定，企业从其关联方接受的债权性投资与权益性投资的比例超过规定标准而发生的利息支出，不得在计算应纳税所得额时扣除。至于债权性投资与权益性投资比例的具体标准，由财政部、税务主管部门另行发文规定。

此前，根据旧的企业所得税制度的规定，纳税人从关联方取得的借款金额超过其注册资本50%的，超过部分的利息支出，不得在税前扣除（国税发〔2000〕84号）。

（6）非银行企业营业机构借款的利息支出，不得扣除。

2. 避免高息借款

企业需要筹集资金时应尽量向金融机构借款或者通过金融机构发行债券，这样所支付的借款利息可以足额据实在税前扣除。

但有些企业筹集资金困难，不得不向其他企业拆借或向非金融机构私下高息借款，也有些企业为融通资金并且给职工谋取一定的经济利益，在企业内部职工中高息集资，以上种种情况中高于金融机构同类、同期贷款利率以外的部分利息支出，不得在税前列支。所以，企业筹集资金应尽量避免高息借款。在资金周转紧张，急需资金而发生高息借款后，应考虑将高息的部分分散至其他名目开支。如转化为对员工的工资及福利、企业之间的业务往来开支，在产品销售费用、经营费用等列支，从而扩大在税前扣除的支出范围。

3. 变通关联企业借款形式

在企业经营的过程中，关联交易经常发生。有时候，企业为了融资方便，会选择从关联方借款或贷款。首先，关联企业之间借款要把握不超过金融企业同期、同类贷款利率的原则,以防止超出部分税前不得扣除的情况发生。其次,还要注意关联交易的特殊性,控制纳税人从关联方取得的借款金额不要超过一定比例,因为超过比例的借款利息支出不得在税前扣除。如果以上两种情况均有发生,企业就要设法变通关联企业的借款形式。

【案例 5-5】 华星公司和华辰公司是受同一家母公司控股的关联公司。由于业务发展需要,华星公司于 2006 年 2 月 1 日向华辰公司借款 600 万元,双方协议约定,借款期限为 10 个月,年利率为 12%。华星公司注册资本 900 万元,同年银行贷款利率为 7%,金融保险业营业税税率为 5%,当时两企业所适用的企业所得税税率为 33%。此业务涉税情况分析如下:

(1) 华星公司相关支出和纳税调整情况:

$$到期应付借款利息 = 600 × 12\% × 10 ÷ 12 = 60(万元)$$

当年 12 月 1 日,华星公司到期一次性向华辰公司还本并付息 660 万元。华星公司当年"财务费用"账户列支的此笔借款利息支出为 60 万元。但根据当时适用的企业所得税制度规定(国税发〔2000〕84 号),华星公司允许税前扣除的利息为:

$$900 × 50\% × 7\% × 10 ÷ 12 = 26.25(万元)$$

在企业所得税汇算清缴时,华星公司须在会计利润的基础上调增应纳税所得额 33.75 万元(60－26.25),并补缴企业所得税:

$$企业所得税 = 33.75 × 33\% = 11.14(万元)$$

(2) 华辰公司相关收入和纳税情况:

华辰公司收取借款利息 60 万元,应按照"金融保险业"的税率规定缴纳 5% 的营业税和相应的城市维护建设税及教育费附加,而且此收入还要以扣除营业税金及附加后的金额为税基缴纳企业所得税:

$$营业税金及附加 = 60 × 5.5\% = 3.3(万元)$$
$$企业所得税 = (60 － 3.3) × 33\% = 18.711(万元)$$

(3) 企业集团利益分析:

华星公司向华辰公司借款这笔业务,从整个企业利益集团来说,由于是内部交易,所以这两家公司又是独立的企业法人,按照税收制度的规定,在这笔业务发生的流转环节,华辰公司须缴纳营业税及附加 3.3 万元,使企业集团在流转环节损失 3.3 万元的税收利益。在分配环节,华星公司按照 26.25 万元进行企业所得税前的利息费用扣除,而华辰公司要以56.7 万元为税基缴纳企业所得税,使得整个集团多缴纳企业所得税 10.048 5 万元[(56.7－26.25)×33%]。

在本案例中,华星公司向华辰公司借款并支付利息的业务,无疑让企业集团多承担了流转税以及企业所得税负担。而且,即便是华星公司的借款利息支出可以全额在企业所得税前扣除,但由于是交易,一方获得收入而另一方发生支出,就会存在流转税,这就导致整个集团承担了流转税负担。对此类业务的筹划,可以从三个方面来考虑:

(1) 控制借款金额和利率。华星公司将借款金额控制在其注册资本 50% 以内,借款利率控制在国家规定的银行利率范围内,这样尽管在集团内部还是会产生流转税,但在企业所得税方面收支相抵,基本不会产生额外负担。如果一次需要借款的金额比较大,华星公司还可以分多次或者分年度向华辰公司实施借款,这样就回避了一次性借款金额超过注册资本的50%而产生的超额税负问题。

(2) 变借款为预付货款。华星公司需要借款时,华辰公司以预付货款的形式支付其600万元,之后再在交易金额中扣减。这种方案的局限性在于,华星公司和华辰公司必须存在购销关系,比如,华辰公司要向华星公司采购进货,或者华星公司生产的产品正好是华辰公司的原材料等情况,这种筹划方法下,一方面,华辰公司的利息收入和华星公司的利息支出同时减少,免除了华辰公司利息收入的流转环节税收;另一方面,华星公司相当于获得了华辰公司提供的一笔"无息"贷款,从而解除了企业所得税制度对于关联企业借款费用利息扣除的限制。

(3) 变华辰公司贷款为华辰公司赊销销售。如果华星公司和华辰公司常年存在购销关系,如华辰公司生产的产品正好由华星公司提供原材料,在这种情况下,华辰公司可以以赊销销售的方式向华星公司销售产品,华星公司需要支付的应付款项由华辰公司作为"应收款项"挂账,这样,华星公司同样相当于获得了一笔无息贷款。

对于方案(2)或者方案(3),采用预付货款和赊销的结算方式,可以将本金和利息都包含在结算资金价款内。其中结算的利息由于包含于销售结算价格内,不再涉及双方的营业税问题以及是否能够在企业所得税前扣除的问题,也就不会使资金供需双方出现额外的税收负担。

无论是预付货款还是赊销的结算方式筹划,需要资金的一方最好能提前提出资金需求计划,以便于资金供需双方事先做好安排,并按照双方的购销业务金额提前做好预付或者赊销的筹划,以免出现到用资的这一时间点正好是购销业务的空白期,没法采用这种方法的情况。

采用预付货款和赊销销售这两种结算方式均属于依靠商业信用筹资,对于这两种筹资方式,只要关联企业双方预付或者赊销所占用的资金在正常的市场销售价格范围内,那么资金供需双方是否结算借款利息或者借款利息高低等都可以由购销双方自行决定,税法对此并无强制性规定。

(二) 控制业务招待费

业务招待费作为企业生产、经营业务必需的开支费用,会计制度规定可以全额据实扣除。所得税制度对业务招待费订有限额标准,规定其在一定的比例范围内可在所得税前扣除,超过标准的部分不得扣除。这主要是为抑制社会奢靡风气,防止企业过分浪费。

《企业所得税法》规定,企业发生的与生产经营活动有关的业务招待费支出,按照发生额的60%扣除,但最高不得超过当年销售(营业)收入的5‰。这主要是考虑到商业招待和个人消费之间难以区分,为加强管理,同时也是借鉴国际经验而制定的。也就是说,即便企业的业务招待费不超过税法规定的销售收入的一定比例限制,企业至少还须由税后利润支付40%的业务招待费。这是《企业所得税法》作出的一项重要变化。

事实上,由于请客送礼之风盛行,大多数企业为顺利开展工作,业务招待费超支是正常的现象。通过作者在税务稽查工作中的调查,流通企业业务招待费平均占营业收入的1%～3%,远远超出税法规定的税前列支比例。由于超标准的业务招待费无法在企业所得税前列支,因此它起不到企业所得税的抵税作用。因此,业务招待费在我国一直都是成本费用筹划中的重要内容。

1. 业务招待费核算与扣除的有关规定

对业务招待费进行筹划的基础是了解其核算与扣除的有关规定,其目的是:一方面避免企业由于不了解政策而导致业务招待费税前扣除不足;另一方面寻找途径,争取尽量多的业务招待费在企业所得税前得到扣除。

(1) 关于业务招待费的开支范围。在业务招待费的范围上,企业财务会计制度和企业所得税制度没有明确规定纳税人应该以什么方式招待、哪些项目花费属于招待费。但是在财务核算和税务处理实践中,业务招待费通常被界定为企业因业务活动需要而发生的招待活动中的全部费用,包括餐饮、香烟、酒水、食品、赠送的礼品、正常的娱乐活动、安排客户旅游、接送交通等产生的费用支出。所发生的业务招待费应能够提供证明其真实性的合法凭证,在会计核算中要在"管理费用——业务招待费"科目进行归集。如果不按规定而将属于业务招待费性质的支出隐藏在其他科目,则不允许税前扣除。

(2) 关于业务招待费的税前扣除比例。《企业所得税法》对业务招待费的扣除实行双重标准,即实际发生额的 60%,同时不得超过当年销售(营业)收入的 5‰,体现了在业务招待费扣除上从严掌握的原则。这意味着,业务招待费无论开支少还是开支多,都不可能全额在税前足额扣除;开支超标越多的,不能够在税前列支的份额越高。

(3) 关于计算税前扣除的业务招待费的基数。税法规定,计算业务招待费税前扣除限额的基数为当年销售(营业)收入。相关税收制度又规定,销售(营业)收入由纳税人按照会计制度核算的主营业务收入、其他业务收入以及根据税收制度规定应确认为当期收入的视同销售收入三部分组成(国税发〔2006〕56 号)。对经税务机关查增的收入,根据规定,销售(营业)收入是纳税人的申报数,而不是税务机关检查后的确定数,税务机关查增的收入应在纳税调整增加额中填列,而不能作为计算招待费的基数。因此,实际计算时要认清。

(4) 对于业务招待费超支问题的账务处理。业务招待费超支问题属于计算缴纳企业所得税时确定应税所得额时的一个概念,对其的调整只是依照税法的规定,以会计利润为基础进行纳税调整而已,不属于会计处理范围。因此并不需要调整企业会计账簿和会计报表,也不会导致账表不符。

【案例 5-6】 某公司在某年度销售产品取得收入 7 500 万元,产品销售所发生的成本费用与税金合计 5 800 万元,其中广告费和业务宣传费 600 万元,业务招待费 100 万元。以价值 400 万元的产品(成本 300 万元)抵偿债务,将价值 600 万元的产品(成本 450 万元)对外进行捐赠。企业没有其他所得调整项目。企业所得税制度规定,对于企业广告费和业务宣传费支出不超过当年销售(营业)收入 15% 的部分,准予扣除。企业财务人员对有关企业所得税项目的计算如下:

税前可以扣除的广告费和业务宣传费 1 125 万元(7 500×15%),实际发生 600 万元,允许据实扣除。

按业务招待费发生额的比例,税前可以扣除 60 万元(100×60%),但税前可以扣除的业务招待费限额为 37.5 万元(7 500×5‰),税前可以扣除金额执行 37.5 万元,应调增应纳税所得额 62.5 万元。

应纳税所得额 = 7 500－5 800＋400－300＋600－450＋62.5 = 2 012.5(万元)

企业所得税 = 2 012.5×25% = 503.125(万元)

【筹划思路与方法】

表面上看,[案例 5-6]中,企业计算税前可扣除的广告费和业务宣传费以及业务招待费的限额标准与方法都是正确的,但实际上,上述计算并不正确,其中最重要的就是税前扣除费用所依据的基数不正确。按照规定,计算广告费和业务宣传费以及业务招待费税前扣除限额的基数还应包括视同销售收入,即以产品抵债的收入 400 万元、以产品对外捐赠的收入 600 万元,那么这个基数应该为 8 500 万元(7 500+400+600)。按照这个新确定的基数,对有关企业所得税项目重新计算如下:

税前可以扣除的广告费和业务宣传费 1 275 万元(8 500×15%),实际发生 600 万元,允许据实扣除。

按发生额比例,业务招待费税前可以扣除 60 万元(100×60%),但税前可以扣除的业务招待费限额为 42.5 万元(8 500×5‰),税前可以扣除金额执行 42.5 万元,应调增应纳税所得额 57.5 万元。

$$应纳税所得额 = 7\,500 - 5\,800 + 400 - 300 + 600 - 450 + 57.5 = 2\,007.5(万元)$$
$$企业所得税 = 2\,007.5 × 25\% = 501.875(万元)$$

由于提高了计算基数,与该公司自行计算的结果相对比,税前可扣除的业务招待费增加了 5 万元,应纳税所得额减少了 5 万元,最终少缴企业所得税 1.25 万元。

在[案例 5-6]中,筹划点在于计算税前扣除的业务招待费的基数。当业务招待费发生额的 60% 低于按营业收入 5‰ 比例计算的扣除限额时,尽量扩大税前扣除的业务招待费的基数是有效的筹划方法。本例中扩大有关费用税前扣除的基数,对于业务招待费项目有筹划收益,而对于广告费和业务宣传费则无筹划收益。这是因为,广告费和业务宣传费的实际发生额远远还未达到税法规定的扣除限额,这也说明广告费和业务宣传费的扣除标准比业务招待费的扣除标准要宽松。

2. 掌握业务招待费节税临界点

按照新税法对业务招待费的扣除规定,无论企业开支多少业务招待费,至少有 40% 的费用不能够在企业所得税前扣除;如果发生额的 60% 超过了当年销售收入的 5‰,不得在所得税前扣除的比例将更高。那么如何能够充分使用业务招待费的限额又可以减少纳税调整事项呢?

假设企业年销售收入为 X,当年业务招待费为 Y,则当年允许税前扣除的业务招待费为 $Y×60\%$,须满足:$Y×60\% \leqslant X×5‰$,$Y \leqslant X×8.3‰$。

即业务招待费在销售收入的 8.3‰ 的临界点以下,企业才可能充分利用好上述政策。

一般情况下,企业的销售收入是可以测算的。我们假定某企业年销售收入为 1 000 万元,则允许税前扣除的业务招待费最高不超过 5 万元(1 000×5‰),财务预算的全年业务招待费 $Y \leqslant 8.3$(万元)。那么如果实际发生的业务招待费高于或低于临界点,情况会怎样呢?

假定该企业实际发生业务招待费 11 万元,高于临界点 8.3 万元,即大于销售收入的 8.3‰。其发生额的 60% 为 6.6 万元,当年销售收入的 5‰ 为 5 万元。按照两个标准孰低的原则进行比较,取其低值 5 万元为税前扣除额,税前扣除额只占实际发生业务招待费的 45.45%(5÷11),尚余 54.55% 的费用得不到税前扣除。业务招待费需进行纳税调整,共调整增加应纳税所得额 6 万元(11-5),此一项需补缴企业所得税 1.5 万元(6×25%)。

假定该企业实际发生业务招待费 4 万元，低于临界点 8.3 万元，即小于销售收入的 8.3‰。其发生额的 60% 为 2.4 万元，当年销售收入的 5‰ 为 5 万元。按照两个标准执低的原则进行比较，取其低值 2.4 万元为税前扣除额，税前扣除额只占实际发生业务招待费的 60%，尚余 40% 的费用得不到税前扣除。业务招待费需进行纳税调整，共调整增加应纳税所得额 1.6 万元（4－2.4），此一项需补缴企业所得税 0.4 万元（1.6×25%）。

通过上述分析可以得出结论：当企业的实际业务招待费大于销售收入的 8.3‰，能够得到税前扣除的业务招待费将不足实际发生额的 60%；当企业的实际业务招待费小于销售收入的 8.3‰ 时，60% 的限额可以得到充分利用。

3. 适当情况下进行业务招待费的转换

事实上，由于《企业所得税法》对业务招待费的税前扣除按双重标准从严执行，所有企业的业务招待费都不可能全额在税前得到扣除（至少有 40% 得不到扣除）。所以对业务招待费，企业应于申报前自行计算，在业务招待费开支比较大的情况下应自行调整减除，将部分业务招待费转移至其他科目在税前扣除。

在实际工作中，业务招待费与会议经费、业务宣传费存在着可以相互替代、相互交叉的项目内容。例如，外购礼品用于馈赠客户，在业务招待费列支，但如果礼品是纳税人自行生产或提出需求委托加工，对企业的形象、产品有标记及宣传作用的，也可作为业务宣传费入账。相反，企业参加产品交易会、展览会等发生的餐饮、住宿费等（取得合法的发票），如果参会凭证齐全就作为会议经费列支，如果参会凭证不全可以列为业务招待费支出。参会凭证包括会议时间、地点、出席人员、内容、目的、费用标准、支付凭证等。这就为业务招待费与其他项目的相互转化提供了"筹划"空间。

业务宣传费虽然和广告费一起有不超过营业收入 15% 的限额限制，但其开支范围毕竟大于业务招待费，且限额之内的费用可以全额在税前扣除，如果超限额，超过的部分可无限期向以后的纳税年度结转，而会议经费的列支甚至没有限额限制。这对企业都是有利的。

鉴于上述政策和筹划空间，纳税人可以根据支出项目的性质，合理运用自己的权利实施税收筹划。如在"管理费用"科目下设置"业务招待费"和"业务宣传费"明细科目，在"销售费用"科目下设置"会议经费"明细科目，用于分别核算平时发生的业务招待费、业务宣传费和会议经费，并在平时有意识地控制这些项目特别是业务招待费的发生额，以防年终申报或在税务机关检查时对近似项目产生不必要的争议。

4. 妥善处理筹建期间支付的业务招待费

企业在筹建期间所支付的业务招待费应列入开办费而资本化，并在规定的期限内摊销，在企业所得税前进行扣除。开办费总额不受业务招待费限额限制，企业可妥善运用此项规定，已达到减轻税负的效果。

（三）合理安排工资及工资费用

工资薪金是企业支付给员工的报酬。准确地说，工资薪金是指企业每一纳税年度支付给在本企业任职或受雇的员工的所有现金形式或者非现金形式的劳动报酬，包括基本工资、奖金、津贴、补贴、年终加薪、加班工资，以及与员工任职或者受雇有关的其他支出。企业除给职工支付工资外，还按工资的一定比例支付职工福利费、工会经费、职工教育经费等工资费用，以用于职工福利和教育等开支需要。

《企业所得税法》规定，企业发生的合理的工资薪金支出，准予扣除。企业发生的职工福利费、职工教育经费、拨缴的工会经费，分别在不超过工资薪金总额14%、2.5%、2%以内的部分，准予扣除；对职工教育经费超过限额的部分，准予在以后纳税年度结转扣除。而从2018年1月1日起，将一般企业的职工教育经费税前扣除限额与高新技术企业的限额统一，从2.5%提高至8%。企业发生的职工教育经费支出，按照不超过工资薪金总额8%的部分，准予扣除。

1. 工资薪金的税收筹划

相比旧的企业所得税制度，《企业所得税法》取消了计税工资制度，对真实、合法的工资支出准予扣除，即对工资的扣除强调实际发生的、与收入有关的、合理的支出。取消计税工资规定对内资企业是一个很大的利好政策，也是新税法给企业带来最大效益的一条，是新税法最大的亮点之一。对工资薪金"真实性、合法性"的判断，主要从雇员实际提供的服务与报酬总额在数量上是否配比合理进行，凡是符合企业生产经营活动常规而发生的工资薪金支出都可以在税前据实扣除。企业在作税前抵扣工资支出时，一定注意参考同行业的正常工资水平，则税务机关可能认定其为"非合理的支出"，而予以纳税调整。

在新的企业所得税政策下，应综合考虑工资薪金支出对企业所得税、个人所得税的影响。工资薪金可以在企业所得税前全额扣除的情况下，假设企业所得税适用税率为25%，企业每支出职工工薪100元，就会减少企业所得税负担25元，只要工资薪金适用的个人所得税平均税率不超过25%，多发放的工薪从纳税的角度看就没有增加额外的税收负担。经测算，只有职工月工资高于70 750元/人，个人所得税平均税率才会超过25%。因此，《企业所得税法》工资薪金足额扣除政策为企业实施高薪政策提供较为宽松的税收环境。

工资薪金的税收筹划除了考虑足额税前扣除外，还可以利用加计扣除政策。在新的企业所得税制度中，加计扣除政策体现在对研究开发费用和对残疾人工资支出两方面。

2. 工资费用的税收筹划

在旧的企业所得税制度基础上，《企业所得税法》继续维持了对职工福利费、工会经费和职工教育经费的扣除规定。《企业所得税法》对三项工资费用处理最大的变化，是由原来的计提扣除改为据实扣除。由于计税工资已经放开，新制度将"计税工资总额"调整为"工资薪金总额"，扣除额实际也就相应提高了；对职工教育经费不但提高了其税前扣除比例，且本年超过限额的部分还可以在以后纳税年度结转扣除。这表明对与工资有关的三项费用扣除标准也更为宽松。但是在据实扣除的政策下，如果企业不开支上述工资费用，则表示主动丧失税法赋予的税前扣除权利。

在实际工作中，建立工会组织的纳税人，按每月职工工资总额的2%向工会拨交经费，凭工会组织开具的《工会经费拨缴款专用收据》在税前扣除。凡不能出具《工会经费拨缴款专用收据》的，其提取的职工工会经费不得在企业所得税前扣除。

（四）合理安排对外捐赠

企业所得税对企业符合有关规定的捐赠是准予税前扣除的，当然一般都会有扣除限额，但对于政府特别鼓励的若干种捐赠，也允许全额在税前扣除。

1. 限额扣除及相关规定

为防止纳税人假借捐赠之名而虚列费用、转移利润、规避税负，税法对于捐赠金额及捐赠对象均有限制规定。《企业所得税法》对公益性捐赠支出规定,在按国家统一会计制度规定计算的年度会计利润总额12%以内的部分,允许扣除;超过12%的部分,不得在企业所得税前扣除。这里,公益、救济性质的捐赠是指纳税人向教育、民政等公益性事业和遭受自然灾害地区、贫困地区的捐赠,且这些捐赠必须通过中国境内非营利的社会团体,如中国青少年发展基金会、希望工程基金会、宋庆龄基金会、减灾委员会、中国红十字会、中国残疾人联合会、全国老年基金会、老区促进会以及经民政部门批准成立的非营利性的组织。此外,纳税人通过各级政府的捐赠也允许扣除,纳税人直接向受赠人的捐赠不允许扣除。

原企业所得税制度规定内资企业用于公益性、救济性的捐赠,在年度应纳税所得额3%以内的部分,准予扣除;外资企业用于中国境内公益、救济性质的捐赠,可以扣除。

《企业所得税法》除了扣除比例关系变化外,其关于公益性捐赠扣除的计算基础也有不同。原所得税法为年度应纳税所得额,新税法为年度利润总额。如果存在纳税调整项目,年度利润总额与年度应纳税所得额是不同的数额,通常年度利润总额小于年度应纳税所得额,而且差距可能很大,企业在考虑对外公益性捐赠能否扣除时,一定要注意正确计算扣除基础,准确把握可扣除的量。

还要注意的是,某一纳税人只有一项公益救济性捐赠时,其实际捐赠额小于捐赠扣除限额,税前应按实际捐赠额扣除,无纳税调整项;如实际捐赠额大于或等于捐赠扣除限额时,税前按捐赠扣除限额扣除,超过部分不得扣除,超过部分即为纳税调整项。如果某一纳税人同时有几项公益救济性捐赠,或有在税前允许全额扣除的公益救济性捐赠,这时的"实际扣除的公益救济性捐赠额"应该是某项捐赠扣除限额与允许全额扣除的公益救济性捐赠额之和。但税务机关查补的应纳税所得额,不得作为所属年度计算公益、救济性捐赠税前扣除的基数。

2. 全额扣除的规定

下列公益、救济性捐赠允许在计算应纳税所得额时全额扣除,企业在实施捐赠时可以选用:

(1) 企事业单位、社会团体和个人等社会力量通过非营利性的社会团体和国家机关向农村义务教育的捐赠,准予在缴纳企业所得税和个人所得税前的所得额中全额扣除(财税〔2001〕103号)。

农村义务教育的范围是指政府和社会力量举办的农村乡镇、农村的小学和初中以及属于这一阶段的特殊教育学校。纳税人对农村义务教育与高中在一起的学校的捐赠,也享受本通知规定的所得税前扣除政策。

(2) 企事业单位、社会团体和个人等社会力量,通过非营利性的社会团体和国家机关(包括中国红十字会)向红十字事业的捐赠,在计算缴纳企业所得税和个人所得税时准予全额扣除(财税〔2000〕30号)。

(3) 对企事业单位、社会团体和个人等社会力量,通过非营利性的社会团体和国家机关对公益性青少年活动场所的捐赠,在缴纳企业所得税和个人所得税前准予全额扣除(财税〔2000〕21号)。

公益性青少年活动场所是指专门为青少年学生提供科技、文化、德育、爱国主义教育、体育活动的青少年宫、青少年活动中心等校外活动的公益性场所。

(4) 企事业单位、社会团体和个人通过宋庆龄基金会、中国福利会、中国老年事业发展基金会、中国华文教育基金会、中国医药卫生事业发展基金会、中国教育发展基金会等用于公益救济性捐赠,准予在缴纳企业所得税前准予全额扣除(财税〔2004〕172号、财税〔2006〕

66号、财税〔2006〕67号、财税〔2006〕68号）。

（5）企事业单位、社会团体和个人等社会力量，通过非营利性的社会团体和政府部门向福利性、非营利性的老年服务机构的捐赠，在缴纳企业所得税和个人所得税前准予全额扣除（财税〔2000〕97号）。

这里所称的老年服务机构是指专门为老年人提供生活照料、文化、护理、健身等多方面服务的福利性、非营利性的机构，主要包括老年社会福利院、敬老院、老年服务中心、老年公寓等。

（6）对社会力量，包括企事业单位、社会团体、个人和个体工商户，资助非关联的科研机构和高等学校研究开发新产品、新技术、新工艺所发生的研究开发经费，经主管税务机关审核确定，其资助支出可以全额在当年度应纳税所得额中扣除。当年度应纳税所得额不足抵扣的，不得结转抵扣（财税〔2001〕5号）。

非关联的科研机构和高等学校是指不是资助企业所属或投资的，并且其科研成果不是唯一提供给资助企业的科研机构和高等学校。企业向所属的科研机构和高等学校提供的研究开发经费资助支出，不实行抵扣应纳税所得额的办法。

（7）纳税人通过中国境内非营利的社会团体、国家机关向教育事业的捐赠，准予在企业所得税和个人所得税前全额扣除（财税〔2004〕39号）。

（8）对企业社会组织和团体捐赠、资助第29届奥运会的资金、物资支出，在计算企业应纳税所得额时予以全额扣除。另外，在中国境内兴办企业的港澳台同胞、海外侨胞，其举办的企业向北京市港澳台侨同胞共建北京奥运场馆委员会的捐赠，准予在计算企业应纳税所得额时全额扣除（财税〔2003〕10号、财税〔2006〕128号）。

3. 捐赠扣除筹划的注意事项

由于我国的企业所得税制度是非超额累进的，因而在大多数情况下，对公益、救济性捐赠进行筹划的主要目标是使捐赠额能够获得全额扣除。也就是说，企业每对外捐赠100元，可以减少25元的应纳所得税额，这就相当于有25元是用国家的税收捐赠的，企业实际付出只有75元。在允许全额扣除时，这是自然达到的。但全额扣除显然是特例，一般的还是限额扣除，因此在捐赠扣除的税收筹划中主要应注意如下几点：

（1）把握捐赠时机。企业对外捐赠时应充分兼顾当年度的盈利情况以及是否享受税收优惠，对外捐赠宜选择在盈利的纳税年度，盈利多的年度多捐赠，盈利少的年度少捐赠，不盈利的年度不捐赠，以便使尽可能多的捐赠得到税前扣除。

（2）认清捐赠对象和捐赠中介。即企业应通过税法规定的社会团体和机关实施捐赠，不要直接向受赠人捐赠，否则将得不到企业所得税前扣除。

（3）注意限额。即企业实施捐赠时应权衡其利润额及可列支限额，对捐赠额应尽量掌握在本年度利润总额12%的范围之内。因为捐赠支出造成的税前会计利润与应纳税所得额之间的差异属于永久性差异，超过税法规定标准的部分，永远得不到扣除。

（4）利用临界点。在累进所得税制度下，在略高于税率跳跃临界点的收入状况，纳税人实施公益救济性质的捐赠，不但能够获得税前抵扣，还可以随应纳税所得额的减少而带来税率档次的降低，获得税基和税率的双重降低，从而使应纳税所得额大幅度减少；有时候减少的所得税额甚至比捐赠额还高，在这种情况下，捐赠起到的是"四两拨千斤"的效果。在西方国家，在累进所得税制度和遗产税制度的双重导向下，高收入的有产阶层经常通过捐赠行为获得"名利双收"，即一方面获得良好的社会声誉，另一方面也获得规避税收负担的好处。我国的企业所得税制度是非累进性的,但在特殊情况下如对年度应纳税所得额低于30万元的小型微利企业有20%的低税率优惠,这相当于两档全额累进所得税,所以,在30万元的临界点附近利用小额捐赠可以起到大幅度减少税额的作用。

（五）合理利用广告费和业务宣传费开支

随着市场经济的不断深入,企业之间争夺市场的竞争也越来越激烈。为了获得市场,提高市场占有率,越来越多的企业日益依赖于广告和其他形式的业务宣传。

广告费是指企业为扩大购销业务,通过媒体向公众介绍商品、劳务和企业信息等发生的相关费用。企业申报扣除的广告费支出必须同时具备以下三个条件:①广告是通过工商部门批准的专门机构制作的;②已实际支付费用,并已取得相应发票;③通过一定的媒体传播。

因此,对支付给非法承办广告业务的单位和个人的广告费,或尚未实际支付的广告费,或虽已支付但未取得相应发票的广告费,或虽已取得发票但未通过媒体传播的广告费等均不得税前扣除。

业务宣传费是企业为开展业务宣传活动所支付的费用,主要是指未通过媒体的广告性支出,包括企业发放的印有企业标志的礼品和纪念品、义卖特卖或展览、赠送样品或销货赠送、抽奖等费用。

我国的企业所得税制度对广告费和业务宣传费的税前扣除一直都有相关规定。《企业所得税法》规定,广告费和业务宣传费支出不超过当年销售（营业）收入15%的部分,准予扣除;超过的部分,准予在以后纳税年度结转扣除。可以说,广告费和业务宣传费支出税前扣除的政策是极为宽松的,对于销售（营业）收入15%的限额,绝大部分企业是足够用的。企业可充分利用此项目扩大税前准予扣除的金额以达到规避税负的目的。

从广告费和业务宣传费的开支范围看,它与业务招待费、部分视同销售行为、赞助支出等均有相似之处。但是业务招待费的开支限额较紧张,且只能按发生额的60%以及不低于销售收入5‰的标准扣除;视同销售行为要核算收入从而多纳流转税;赞助支出不得税前列支。广告费和业务宣传费在税前准予扣除的比例较大,限额较为宽松,而且如果超限额,还可以无限期向以后纳税年度结转,不至于当年就在税后利润中列支。因此,企业在必要的时候可以选择在这几种开支间进行规划,创造条件将部分上述费用与广告费和业务宣传费进行转化,这样就可以减轻企业的实际税收负担。

四、分期扣除的成本费用筹划

在企业开支的各项费用中,有的开支项目按规定不得一次扣除,而必须分期逐步扣除。从长期看,这样的开支项目在企业所得税前扣除的总额是一个相对固定数,但由于会计处理特别是税务处理的方法不同,会造成各个纳税期间税前扣除额的区别,从而影响到不同年度纳税额的不同。选择什么样的会计处理和税务处理方法,决定着不同年度的纳税情况,是值得研究的问题。

（一）存货计价方法的选择

企业存货包括原材料、产成品、半成品、低值易耗品、包装物等,其发出的计价方法关系到企业的生产成本、销售成本和其他费用的大小，直接影响到所得税额，如从事批发的商品流通企业期末（月底）要计算出商品销售成本并予以结转。由于企业商品的进货渠道、进货批量、付款条件和交货方式各不相同，即使是同种规格的商品，其前后不同批次进货的单价可能也不相同，因此必须根据商品的特点和核算要求，采用一定的方法来确定一个适当的计价方法，从而计算发出商品的价格即已销商品的销售成本。

按照新税法的规定，企业使用或者销售存货的成本计算方法，可以在先进先出法、加权平均法、个别计价法中选用一种。计价方法一经选用，不得随意变更。利用不同的计价方法计算出的存货的价值不同，成本不同，实现的应纳税所得额不同，缴纳的税款也不同，这既是企业财务管理的重要步骤，也是企业进行税务筹划活动所需要研究的一项内容。一般企业为了规避税负，会在存货的几种计价方法中选择对企业有利的计价方法，将存货计价作为调节利润从而调节应纳所得税的工具。这几种计价方法具体内容包括：

先进先出法又称永续盘存制，是指依据先收到的先发出（销售或耗用）这种假定的存货实物流动顺序，对发出存货成本和结存存货成本计价的一种方法。因此，在先进先出法下将存货计入成本时，是根据存货的入库时间，按先后顺序，将先入库的存货优先计入成本。

加权平均法是指在各期末以期初存货数量和本期各批收入的存货数量作权数，平均计算单位存货成本的一种计价方法。其计算公式如下：

$$加权平均单位成本 = \frac{期初结存的存货金额 + 本期增加的存货金额}{期初结存的存货数量 + 本期增加的存货数量}$$
$$发出存货成本 = 本期发出存货的数量 \times 加权平均单位成本$$
$$期末结存存货成本 = 期末结存存货的数量 \times 加权平均单位成本$$

个别计价法又称分批计价法，也叫具体辨认法，是以某种存货或某批存货收入时的实际成本作为该种存货或该批存货发出时的实际成本的一种方法，它主要适用于贵重商品或者大件商品。

以上几种存货计价方法各有特点，企业应结合自身的情况来选用。存货计价方法一经确定，在一个年度内不得随意变更，以保持年度会计核算的口径一致。

【案例 5-7】 某企业上月甲商品结存 200 件，单价 4.00 元/件，本月甲商品购进资料如表 5-1 所示，本月该企业销售甲商品 650 件。

表 5-1　当月购进甲商品的数量及价格表　　　　　　单位：元

日　　期	数量（件）	单　　价	金　　额
1	150	4.40	660
8	100	4.80	480
15	200	5.00	1 000
23	100	5.20	520
合　　计	550		2 660

【筹划思路与方法】

采用不同的计价方法，销售成本计算如下：

采用先进先出法，本期销售成本如下：

$$销售成本 = 200 \times 4.00 + 150 \times 4.40 + 100 \times 4.80 + 200 \times 5.00 = 2\ 940(元)$$
$$期末结存金额 = 800 + 2\ 660 - 2\ 940 = 520(元)$$

采用加权平均法,则商品加权平均单价为:

$$平均单价 = (800 + 2\ 660) \div (200 + 550) = 4.613\ 3(元)$$
$$销售成本 = 650 \times 4.613\ 3 = 2\ 998.65(元)$$
$$期末结存商品金额 = 800 + 2\ 660 - 2\ 998.65 = 461.35(元)$$

对于个别计价法,这里不再举例介绍。

以上几种方法计算出的销售成本不同,其结果对企业应纳税所得额的多少及缴纳所得税多少的影响不同。一般来说,在物价下降时期,采用先进先出法计算,期末存货为最近成本,其价值较低,发出商品成本则较高,应纳税所得额也低。而采用加权平均法计算发出商品的成本价值较稳定,起伏不大,适合于采用累进所得税率的情况。

如果企业处于征税期,其应纳税所得额越多,则缴纳所得税越多,那么公司宜选择发出存货成本最大,而结存存货占用资金最少的计价方法,将当期成本尽量扩大,以达到减少当期应纳税所得额和所得税的目的。相反,如果企业处于所得税的免税期,企业实现的应纳税所得额越多,得到的免税额越大,那么公司宜选择发出存货成本最小,而结存存货占用资金最大的计价方法,将当期成本缩小,扩大当期应纳税所得额,而将成本费用留在以后征税期实现。

作为企业内部核算的具体方法,存货计价方法的选择是通过利用市场价格水平变动的差异来达到避税的目的。由于商品的市场价格总是处于变动之中,政府对商品市场上的价格控制也总是有一定的限度,这就为企业利用这种价格变动为自己得到最大利益创造了前提。对存货费用而言,企业获得最大利益的基本手段就是选择存货计价方法,以达到少缴税的目的。但是,国家规定,企业一旦选定了某一种计价方法,在一定时期内就不得随意变更。这就要求企业选择存货计价方法时,要谨慎处理,兼顾长短期利益。

(二)固定资产的筹划方法

固定资产是指企业为生产产品、提供劳务、出租或者经营管理而持有的、使用时间超过12个月的非货币性资产,包括房屋、建筑物、机器、机械、运输工具以及其他与生产经营活动有关的设备、器具、工具等。

固定资产在企业属长期资产,购置固定资产的支出属于资本性支出,企业所得购置固定资产在其有效使用期内应按期计提折旧,将折旧费用计入成本费用,从财务管理和企业税收利益角度看,折旧具有抵税的效果。因此,出于降低企业所得税税基的目的,企业应研究固定资产的税务处理方法。具体而言,对固定资产的税务处理应按以下原则进行。

1. 增大固定资产价值

这种做法的好处在于可以扩大以后各期提取折旧的金额,增加各期成本费用支出。如果企业在盈利年度,由于折旧额的增加,企业可以减少当期利润,从而相应减少应缴纳的企业所得税;如果企业在亏损年度,因当年亏损可以用以后 5 年的税前利润弥补,对以后年度的应纳所得税会产生一定的影响。

增大固定资产价值的一种方法是将有开支限额的费用加以分散,即将超限额开支的费用计入固定资产价值。例如,企业购置的固定资产,按购进价加上发生的包装费、运杂费、安装费、缴纳的税金以及使固定资产达到预定用途发生的其他支出后的价值入账,其中包括为固定资产购置建造而发生的借款利息支出。通过这种渠道分散部分超限额的利息支出,即突破了这些费用限额的限制,又增大了固定资产价值,加大了后期折旧费。

增大固定资产价值的另一种方法是利用资产评估的机会使固定资产合理增值。我国现行税法并没有将资产评估增加的价值列入企业所得税的征收范围,只规定中外合资企业进行股份制改造时对资产评估增值要征收企业所得税。因此,企业就可以利用产权交易、产权变动、清产核资带来的资产增值机会,增加折旧提取额,减少利润,达到合理规避企业所得税的目的。

2. 尽量将固定资产购进改为费用支出

增大固定资产价值虽然可加大折旧费,但折旧费毕竟要分多年逐期计入成本,其抵税效果不如当期费用效果明显。所以有可能的话,企业应尽量将固定资产的购置开支转为费用开支。

例如,当企业购置需要安装的固定资产时,安装费要计入固定资产原值,以逐期计提折旧的方式计入成本费用。但固定资产修理费可直接在本期费用中开支。安装费和修理费并无严格的界限。通常的区分方法是:发生在固定资产交付使用前的为安装调试费,发生在固定资产交付使用后的为修理费。企业可以采取措施,将可以推迟的安装调试费用推延到固定资产交付使用后再予以开支,这样就可将固定资产安装费转化为固定资产修理费,从而转为当期费用处理。

(三) 及时提足或分摊有关费用

按权责发生制的原则,在企业费用的开支中,有的是现付列支,也有部分可以通过预提或摊销列支的。

预提费用是指本期已经受益,应由本期负担但尚未支付的费用,采用预提的方式在本期费用中列支。企业由于资金周转的原因或本期不必要开支的原因,没有在本期开支的费用,可以将其转为预提费用。也就是说,该属于本期负担的费用,不论有无支付能力,都应提足,这样既可增大本期费用,又符合谨慎性原则。

例如,在 20 世纪 90 年代初油源紧张时,某地方政府为鼓励当地石油公司多组织货源,曾下发红头文件,允许企业按采购数量将每吨油在企业所得税前提成 13 元作为采购人员奖金。随着市场变化,石油市场由卖方市场转变为买方市场,市场竞争日趋激烈,很多企业为降低成本费用,逐步取消了采购人员提成。但该地燃油公司却将该规定变通为预提列支方式一直执行。也就是说,该公司每年都按购进数量预提 13 元作为职工奖励基金。

这样处理可加大费用。若企业经济效益好,企业就在"其他应付款——职工奖励"账户开支公共福利支出、年终奖金等;若效益不好,资金周转困难,企业就将提取的基金放至来年开支。其结果是扩大了企业开支范围,又起到了规避税负的效果。因此此方法一直用到 2000 年该地方政府废止该文件为止。

同样,按权责发生制的原则,企业在生产经营中使用的各种财产物资的价值以及集中发生的大额开支采取计提折旧或摊销方式转入本期费用,如长期待摊费用、无限资产摊销、固定资产折旧、生产性资产折旧等。此外,还有一些待摊费用或递延资产如开办费等,也要采取分期摊销方式在规定的期限内摊销并在本期费用中列支。

在企业纳税年度，为实现费用最大化，企业对于该分摊的费用一定要摊足，不论盈亏均要摊销。在对一些企业的调查中我们发现，有的企业在亏损年度为减少账面亏损，对该摊的费用不摊，如不提折旧费、不摊销无形资产，不摊开办费等，意在有待经济效益好转时再补摊、多摊。殊不知，各项费用都有其摊销的期限和方法，如擅自不摊，则过期作废，希望在来年多摊在税法上是不允许的。其实企业在亏损年度摊销该摊的费用，虽然增大了账面亏损，但一旦经济效益好转时企业就可以利用亏损弥补政策少缴所得税，在纳税上是划算的。

五、可加计扣除的成本费用筹划

由于会计制度和税收制度的区别，造成成本费用在企业所得税前大多数情况下扣除不足，对成本费用进行筹划的目的在一般情况下也是足额扣除。但是企业所得税制度规定有两项加计扣除政策，就是对研究开发费用、安置残疾人及国家鼓励安置的其他就业人员所支付的工资可以在企业所得税前加计扣除，企业需用足这两项加计扣除政策，从而获得成本费用超倍抵税的效果。

（一）安置残疾人员工资的筹划

在促进就业、再就业的税收政策中，安置残疾人员享受税收优惠的力度是比较大的。长期以来，国家对安置残疾人员就业的福利企业都给予了减免税照顾，以鼓励企业吸纳残疾人就业。关于安置残疾人员就业最新的税收优惠政策是 2007 年 6 月出台的财税〔2007〕92 号文件，该政策对企业单位安置残疾人在增值税、营业税、企业所得税方面的税收优惠均予以明晰。该政策进一步体现了税法公平、公正的原则，同时也规范了管理，对安置残疾人就业的有关定义、享受税收优惠的条件、工资的实际支付方式等都给予了明确界定。

现行对安置残疾人就业的税收优惠政策主要内容包括：

（1）流转税方面，对安置残疾人的单位，按单位实际安置残疾人的人数，限额即征即退增值税或减征营业税。实际安置的每位残疾人每年可退还的增值税或减征的营业税的具体数额，由县级以上税务机关根据所在区县最低工资标准的 6 倍确定，但最高不得超过每人每年 3.5 万元。兼营享受增值税和营业税税收优惠政策业务的单位，可自行选择退还增值税或减征营业税，一经选定，一个年度内不得变更。

（2）企业所得税方面，单位支付给残疾人的实际工资可在企业所得税前据实扣除，并可按支付给残疾人实际工资的 100％加计扣除。如果工资加计扣除部分大于本年度应纳税所得额的，可准予扣除其不超过应纳税所得额的部分，超过部分不得扣除。亏损单位不适用工资加计扣除的办法。也就是说，在企业所得税适用税率为 25％时，企业每发放 100 元的残疾职工工资，可减少企业所得税 50 元（100×2×25％）。

认真研究安置残疾人就业的税收优惠政策可以发现，运用此政策进行企业所得税税收筹划的要点包括以下方面。

1. 正确把握税法与会计制度关于工资标准的差异

按照《企业所得税法实施条例》的规定，职工工资、薪金是指企业每一纳税年度支付给在本企业任职或与其有雇佣关系的员工的所有现金或非现金形式的劳动报酬，包括基本工资、奖金、津贴、补贴、年终加薪、加班工资，以及与任职或者受雇有关的其他支出，如地区补贴、物价补贴和误餐补贴。

对于工资，《企业会计准则》明确规定，职工薪酬是指企业为获得职工提供的服务而给予的各种形式的报酬及其他相关支出，包括职工在职期间和离职后提供给职工的全部报酬性薪酬和非货币性福利，主要包括以下项目：一是职工工资、奖金、津贴和补贴；二是职工福利费；三是社会保险费；四是住房公基金；五是职工教育经费和工会经费；六是非货币性福利；七是辞退福利；八是股份支出。

由此可见，会计与税法对工资范围的规定差别较大，会计上的工资范围远远大于税法规定的工资范围，而税务机关办理安置残疾人的流转税退税减税企业所得税加计扣除时，是以税法规定的工资范围为计算依据，同时税收制度还规定企业必须通过银行等金融机构向安置的残疾人支付工资才可以享受税收优惠。

对于企业而言，要按照税法规定的工资范围有针对性地发放工资的项目进行整理，在应发职工工资总额不变的情况下，尽量按税法规定的项目标准发放工资。同时可以考虑对企业为职工缴纳的费用等项目进行调整，如企业为职工缴纳的商业保险在企业所得税前不可以税前扣除，也不可以作为安置残疾人就业享受税收优惠计算退税免税和所得税加计扣除的依据；但是如果企业取消为职工缴纳商业保险，改为直接增加发放工资就可以在税前扣除并且作为享受税法优惠政策的计算依据。因此，企业在进行筹划时应该有意识地增加税法规定可以作为退税计算的工资范围，尽量发放现金，少发放实物性福利，少承担职工的商业保险。

2. 履行税收制度关于享受税收优惠的各项要求

为充分保证安置残疾人就业的税收优惠政策能达到预期效果，税收政策对安置残疾人就业享受税收优惠的条件进行了界定，企业需履行相关要求，包括：依法与安置的每位残疾人签订1年以上的劳动合同或服务协议，并且保证安置的每位残疾人在单位实际上岗工作；月平均实际安置的残疾人占单位在职职工总数的比例达到25%以上，并且残疾职工总人数达到10人以上；为安置的每位残疾人按月足额缴纳了国家政策规定的各项社会保险；通过银行等金融机构向安置的每位残疾人实际支付了不低于所在区县最低工资标准的工资；具备安置残疾人上岗工作的基本设施。

同时税收政策对采用签订虚假劳动合同或服务协议、伪造或重复使用残疾人证虚报残疾人数、不缴或少缴规定的社会保险、变相向残疾人收回回收的工资等手段骗取税收优惠的企业，规定了将取消其享受优惠资格并按法律规定处罚。这就要求企业遵循真实性、客观性的原则，同时在企业核算资料中如实对履行税收制度要求的条件进行客观反映和记录。

总之，企业在运用安置残疾人就业享受税收优惠政策时，应将税收筹划与对社会责任有机结合起来通盘考虑，并根据企业自身的生产经营特点及长远发展的需要尽可能多安置残疾人到企业就业，从而多享受税收优惠政策，达到社会、企业、个人多赢的目的。

(二) 研究开发费用的筹划

企业研究开发费用是指企业在产品、技术、材料、工艺、标准的研究、开发过程中发生的各项费用，包括：①研发活动直接消耗的材料、燃料和动力费用。②企业在职研发人员的工资、奖金、津贴、补贴、社会保险费、住房公积金等人工费用以及外聘研发人员的劳务费用。③用于研发活动的仪器、设备、房屋等固定资产的折旧费或租赁费以及相关固定资产的运行维护、维修等费用。④用于研发活动的软件、专利权、非专利技术等无形资产的摊销费用。⑤用于中间实验和产品试制的模具、工艺装备开发及制造费,设备调整及检验费,样品、样机及一般测试手段购置费,试制产品的检验费。⑥研发成果的论证、评审、验收、评估以及知识产权的申请费、注册费、代理费等费用。⑦通过外包、合作研发等方式,委托其他单位、个人或者与之合作进行研发而支付的费用。⑧与研发活动直接相关的其他费用,包括技术图书资料费、资料翻译费、会议费、差旅费、办公费、外事费、研发人员培训费、培养费、专家咨询费、高新科技研发保险费用等。

按照《企业所得税法》的规定,企业为开发新技术、新产品、新工艺而发生的研究开发费用,未形成无形资产计入当期损益的,在据实扣除的基础上,再按照研究开发费用的50%加计扣除;形成无形资产的,按照无形资产成本的150%摊销。在企业所得税适用税率为25%时,企业发生100元研究开发费用,可以按照150元进行税前扣除,就这一项,能够使企业应纳税所得额比会计利润减少50元,通过缩小企业所得税税基从而减轻企业所得税负担,减少企业所得税负担37.5元(150×25%)。在支付研究开发人员工薪方面,企业每支出工薪100元,按照150元进行税前扣除,就会减少企业所得税负担37.5元,只要高工资薪金适用的个人所得税平均税率不超过37.5%,多发放的工薪从纳税的角度看就没有增加额外的税收负担。经测算,只有职工月工资高至21.7万元/人时,个人所得税平均税率才会达到37.5%,而这样的高工资是很难达到的。也就是说,在一般情况下,对从事研究开发的科技人员,多安排一点工资薪金在纳税上合算的。

因此企业如果需要进行技术开发或者引进先进技术,可以充分地利用此政策。

六、通过关联企业缩小税基

企业可以通过有目的地进行关联企业分立、兼并或利润转移等活动,改变企业所得税税基,从而改变企业税收利益。

(一)降低所得税负担的企业分立筹划

企业分立是企业产权重组的一种重要类型。企业分立的动因很多,提高管理效率、提高资源利用效率、突出企业的主营业务等都是企业分立的动因,获取税收方面的利益也是企业分立的一个动因。随着我国企业产权重组行为的日益频繁、规范,通过企业分立来进行税收筹划越来越受到企业的重视。

企业分立是指一个企业为发挥专业化和职能化优势、扩大整体利益的需要,依照法律的规定,将部分或全部业务分离出去,分立成两个或两个以上新企业的法律行为。企业分立的形式一般有两种:第一种是原企业注销解散或成立两个或两个以上的新企业;第二种是原企业将部分子公司、部门、产品生产线、资产等剥离出来,组成一个或几个新公司,而原企业在法律上仍然存在。无论采用哪种分立形式,企业从本质上并没有消失,只是同原有企业相比有了新的变化。但是分立后的新企业将作为独立的纳税主体按各自所适用的税收规定进行纳税。正是这种实质上的企业存续和纳税上的变化,为企业税收筹划提供了可能。

企业分立带来的纳税上的变化,主要体现在流转税和企业所得税方面。

从流转税的角度而言,由于一些特定产品是免税的,或者适用税率较低,或者适用税负轻的流转税种,如果企业将这些特定产品的经营部门分立为独立的企业,则能够获得流转税免税或税负降低的好处。

从企业所得税的角度而言,企业分立也主要考虑了两个方面的因素:一是将可以获得减免税的项目分立为独立的企业,以便于享受税收优惠;二是通过企业分立降低所得税税率。其减轻税负的机会体现在以下几个方面。

1. 获得减免税优惠

为保证国家宏观经济调控的意图能够通过税收优惠政策这一经济杠杆来实现,政府对所颁布的税收优惠政策都界定了严格的条件。如果企业能够完全符合有关的税收优惠条件,当然可以享受相关优惠政策。但在有些情况下,可能只有部分项目符合税收优惠条件,也就是企业介于完全符合和完全不符合有关税收优惠条件之间。这时不如将符合税收优惠政策条件的项目分立出来成立新的企业,这样便于认定分立企业的性质,使其真正能够享受税收优惠政策。

比如,我国在 1999 年以后出台了大量关于高科技企业的税收优惠政策,在 2008 年实施的《企业所得税法》中也明确了高新技术企业享受 15% 的优惠税率,其在税收政策中对高新技术企业的认定标准进行了严格界定。高新技术企业一部分是新设立的符合条件的企业,还有一部分是传统企业经技术改造而成的。而其中部分传统企业在技术改造的过程中,只是某些部门先引进先进技术,具备高新技术特色,其他部门仍为传统项目。在这种情况下,整个企业被认定为高新技术企业从而享受相关税收优惠政策很困难,而如果将高新技术部门从企业中剥离出来成立新的企业,就比较容易被认定为高新技术企业并享受优惠税率。

与此类似的还有企业的环保项目、国家重点扶持的公共基础设施项目。尽管按照《企业所得税法》及其实施条例规定,环保项目和公共基础设施项目都可以按照项目享受企业所得税优惠,但前提条件是企业要将各项目分开归集收入、成本并单独核算。许多企业做不到分项目分开独立核算,或者是新项目刚启动没有相关财务制度核算经验,分项目分开独立核算得不到税务机构的认可,在这些情况下企业都不能享受税收优惠。此时采取分立企业的方法是比较明智的选择。

2. 降低税基适用企业所得税低税率

企业所得税如果采用累进税率,企业分立后,就可能分别适用相对较低的税率级次,从而降低企业整体所得税税负。我国《企业所得税法》规定,企业所得税采用 25% 的比例税率,但符合条件的小型微利企业可执行 20% 的税率。企业所得税实施细则将年度应纳税所得额、从业人数、资产总额作为小型微利企业的界定指标,这三项指标均是动态的,其中年度应纳税所得额的不确定性更明显,其标准为全年度应纳税所得额不超过 30 万元。

假定企业的从业人数、资产总额指标均符合小型微利企业的条件,那么年度应纳税所得额就是决定企业适用的所得税率关键指标。如果年应纳税所得额在 30 万元以下(含 30 万元),按 20% 的比例税率全额征收所得税;年应纳税所得额在 30 万元以上,按 25% 的比例税率全额征收所得税。这实际上构成了一种全额累进税率,30 万元就是企业所得税税率变化的临界点。在这个所得税税率变化的临界点左右,税率级次和应按所得税额的跳跃性都很大,因此进行税收筹划的效果也很明显。企业可根据其所得的实现情况,事先筹划,合法分立,以减轻税负。

【案例5-8】 华乐电子有限公司是一家生产电子产品的企业,公司内部有两个生产部门,即零配件车间和产成品车间。公司40%的利润来自零配件车间,60%的来自产成品车间。华乐电子有限公司的从业人数、资产总额符合小型微利企业条件,但年应纳税所得额为40万元,超出了小型微利企业的标准,则企业所得税税率为25%。

$$所得税 = 40 \times 25\% = 10(万元)$$

【筹划思路与方法】

华乐电子有限公司决策层认为,按照目前市场的竞争格局和公司发展规划,该公司在近5年的发展中,经营规模不会有太大的增长,年度应纳税所得额将稳定为40万～50万元。如果忽略规模经济和生产工艺流程对企业经营效益的影响,将华乐电子有限公司分设为甲、乙两企业,其中零配件车间为甲公司,产成品车间为乙公司,两家公司维持上下游供应关系不变,甲公司只生产乙公司所需要的零配件并按正常的市场价格提供给乙公司。按当年的生产经营规模,分设后甲公司和乙公司年应纳税所得额分别为16万元和24万元,两企业年应纳税所得额之和仍为40万元,但两企业适用企业所得税税率都降低为20%。则企业分设后企业所得税负担会发生变化。

筹划后,企业的税收负担发生了变化:

$$甲企业所得税 = 16 \times 20\% = 3.2(万元)$$
$$乙企业所得税 = 24 \times 20\% = 4.8(万元)$$
$$企业所得税合计 = 3.2 + 4.8 = 8(万元)$$
$$比分立前实现节税额 = 10 - 8 = 2(万元)$$

企业分立后,在下一年的税务稽查中,税务人员并没有认为企业分立的行为是逃避纳税义务的违法行为。

对比新旧企业所得税制度,给企业如下启示:①新的《企业所得税法》给予小型微利企业的低税率优惠是一种普通优惠,小型微利企业要充分利用。新的企业所得税制度之所以将年度应纳税所得额界定为30万元,是经过认真测算的,按此标准每年将有40%左右的企业适用20%的低税率。②从新旧所得税法规定的优惠税率上可以看出,国家对中小型企业的扶持力度正在与一般企业逐渐缩小,如旧的企业所得税制度中中小型企业享受到的优惠税率差为15%(33%～18%)或6%(33%～27%),而《企业所得税法》中优惠税率差只有5%。这说明今后小型微利企业只有加速发展自身的经济实力,才是应对税收政策变化的最佳选择。

对于企业分设,应注意会增加某些方面的税收:①营业税。当被分立的企业相互之间提供劳务时,分立后应缴纳营业税,而分立前,由于是企业内部之间提供劳务没有发生有偿销售行为而不用缴纳营业税。②增值税。被分立的企业相互之间提供商品及生产性劳务,在分立前由于增值税制度的中性原则,不会增加增值税负担;分离后如果有一方为小规模纳税人或者都是小规模纳税人,就不能避免重复征税问题。③企业所得税。由于分立后,被分立企业相互之间的亏损与盈利不再可以汇总纳税,盈亏相抵效应的消失可能会增加部分企业的所得税负担。

（二）兼并亏损企业缩小税基

在谋求共同发展的基础上,盈利企业通过兼并有累计经营亏损的企业,选择合理的价款支付方式,以弥补被兼并企业的账面亏损,冲抵盈利企业的应纳税所得额,可以降低企业整体所得税税负。

【案例5-9】 A企业于2000年12月合并B企业,并接管B企业的经营管理权。B企业当时有2 500万元的经营性亏损递延至以后年度,由所得税前的应纳税所得额弥补。A企业与被接管的B企业2001—2005年度各自盈亏情况如表5-2所示(假定盈利额与应纳税所得额相同),如果不合并,则两企业分别按各自的盈亏情况独立缴纳企业所得税(本案例发生在新企业所得税法实施前,故适用企业所得税税率为33%)。

表5-2 A、B两企业独立缴纳企业所得税的情况 单位:万元

年　　度	2001	2002	2003	2004	2005	5年合计
A企业盈利情况	500	700	800	800	900	3 700
A企业应缴纳所得税	165	231	264	264	297	1 221
B企业盈利情况	100	200	200	400	300	1 200
B企业弥补亏损	100	200	200	400	300	1 200
B企业应缴纳所得税	0	0	0	0	0	0

【筹划思路与方法】

由于B企业在2000年年底有巨额的经营性亏损尚未弥补,需要至迟在2005年前弥补完成。但从B企业2001—2005年度的盈亏情况看,B企业没有能力在2005年前将亏损弥补完成,从而部分丧失了享受亏损弥补优惠的权利。如果不合并,两企业5年内的整体所得税负担为1 221万元。

A企业与B企业合并后,B企业的亏损可以由A企业的盈利进行税前弥补,其2001—2005年度的盈亏情况及缴纳企业所得税情况如表5-3所示。

表5-3 A、B两企业合并后缴纳企业所得税的情况 单位:万元

年　　度	2001	2002	2003	2004	2005	5年合计
合并企业盈亏	600	900	1 000	1 200	1 200	4 900
合并企业弥补亏损	600	900	1 000	0	0	2 500
合并企业缴纳所得税	0	0	0	396	396	792

由表5-3可看出,通过企业合并的税收筹划,A、B两企业整体税负由原来的1 221万元降低到792万元,减少了429万元,归属于所有者的资金流入相应增加了429万元。之所以产生这样的效果,是因为合并后的企业可以在所得税前弥补被合并企业的巨额亏损,从而冲抵了企业的应纳税所得额,降低了企业整体所得税税负。运用此项税收筹划方法,必须首先看准被兼并企业在实施合并和接管后有足够的发展潜力,或者说企业有信心盘活被兼并企业,并不是单纯为了减税才实施合并,而是为了谋求更大的业务发展空间。否则,实施合并只会得不偿失。

在运用此项税收筹划方法时,应注意被兼并企业的纳税人资格必须被取消。按照税收

政策的规定,被兼并企业尚未弥补的经营性亏损有以下两种处理办法:①被兼并企业在兼并后继续具有独立的纳税人资格的,其兼并前尚未弥补的经营性亏损,在税收法规规定的经营期限内,由其以后年度的所得逐年延续弥补,不得用兼并企业的所得弥补;②被兼并企业在被兼并后不具有独立纳税人资格的,其兼并前尚未弥补的经营性亏损,在税收法规规定的经营期限内,由其兼并企业用以后年度的所得逐年延续弥补。因此,在企业兼并的税收筹划中,必须取消被兼并企业的独立纳税人资格,才能适用弥补亏损的政策。

(三)关联企业之间的利润转移筹划

企业所得税 25% 的基本税率和小型微利企业 20% 的照顾性税率主要依靠年度应纳税所得额是否超过 30 万元来界定,这相当于两级全额累进税率。如果某企业的应纳税所得额略高于 30 万元,其超出临界点增加的利润也许就还不足以抵付增加的企业所得税负担。这时除了进行企业分设以降低税收负担外,在关联企业之间进行利润转移,均衡安排各企业的税收负担结构,也能够收到一定的减轻税负的效果。

【案例 5-10】 甲公司和乙公司为同一家母公司控股的两个独立企业,两家公司的从业人数、资产总额符合小型微利企业的条件。某年甲公司的应纳税所得额为 15 万元,乙公司形成的应纳税所得额为 34 万元。则甲公司应按 20% 的税率缴纳企业所得税,乙公司应按 25% 的税率缴纳企业所得税。

$$甲公司企业所得税 = 15 \times 20\% = 3(万元)$$
$$乙公司企业所得税 = 34 \times 25\% = 8.5(万元)$$
$$两公司企业所得税 = 3 + 8.5 = 11.5(万元)$$
$$两公司平均企业所得税负担率 = 11.5 \div (15 + 34) = 23.5\%$$

【筹划思路与方法】

如果两公司采取一定的措施,使利润自乙公司向甲公司转移,这时甲公司的应纳税所得额为 20 万元,乙公司的应纳税所得额变为了 29 万元,两公司适用的企业所得税率均为 20%,则税负水平就会发生变化。

筹划后纳税情况为:

$$甲公司企业所得税 = 20 \times 20\% = 4(万元)$$
$$乙公司企业所得税 = 29 \times 20\% = 5.8(万元)$$
$$两公司企业所得税 = 4 + 5.8 = 9.8(万元)$$
$$两公司平均企业所得税负担率 = 9.8 \div (20 + 29) = 20\%$$

可见,在存在差别优惠税率的情况下,关联企业通过转移利润,将高税率企业的利润部分转移到低税率的企业,可以减轻税收负担。

第三节 企业所得税适用低税率的筹划

两税并轨后,我国企业所得税基本税率为 25%。但为了体现产业优惠政策,《企业所得税法》规定了两档优惠税率,即高新技术企业执行 15% 的优惠税率,小型微利企业执行 20%

的优惠税率。

税率体现着征税的深度,是计算应纳税所得额的重要因素。企业所得税的优惠税率为企业所得税税率筹划提供了空间。企业应善于利用这种税率差异,努力创造条件使自己享受较低的适用税率。

一、高新技术企业税率筹划

新税法规定,对国家需要重点扶持的高新技术企业,减按15％的税率征收企业所得税。这里所称国家需要重点扶持的高新技术企业,需拥有核心自主知识产权,并同时符合下列条件:

(1) 产品(服务)属于《国家重点支持的高新技术领域》规定的范围。

(2) 研究开发费用占销售收入的比例不低于规定比例。

(3) 高新技术产品(服务)收入占企业总收入的比例不低于规定比例。

(4) 科技人员占企业职工总数的比例不低于规定比例。

(5) 高新技术企业认定管理办法规定的其他条件。

《企业所得税法》的变化主要在于:放宽了地域限制,取消了国家高新技术产业开发区内的限制;严格了高新技术企业的认定标准,确保真正的高新技术企业享受到税收优惠政策;同时取消了2年定期减免的所得税税收优惠。

利用高新技术企业的低税率进行筹划,首先,要求企业选择国家鼓励的行业,即企业应适应国家政策鼓励方向,顺应潮流。其次,要创造条件满足高新技术企业的认定标准。对于现有的仅在某些部门开展高新技术业务的企业,其可以将高新技术业务剥离出来,成立独立的高新技术企业,以适用15％的税率。

二、小型微利企业税率筹划

小型微利企业在世界各国的企业总量中都占有很大的比重,对于促进就业、鼓励创业、增强经济活力具有重要意义。但从税收负担能力来看,小型微利企业的税收负担能力相对较弱,如使其与规模大、盈利能力强的企业适用同样的税收政策,则不利于小型微利企业的发展壮大。因此,世界各国对小型微利企业都在税收上给予优惠政策予以扶持。

为更好地发挥小型微利企业在自主创新、吸纳就业等方面的优势,利用税收政策鼓励、支持和引导小型微利企业的发展,我国《企业所得税法》沿袭了原所得税制度给予中小型低利润企业优惠税率的做法,在基本税率的基础上给予小型微利企业以20％的低税率优惠,这是企业所得税税率筹划的又一个机会。

1. 小型微利企业的认定

《企业所得税法》在原来企业所得税制度基础上扩大了小型微利企业的税收优惠范围。按照税收制度的规定,符合条件的小型微利企业,是指从事国家非限制和禁止行业,并符合下列条件的企业:对工业企业,年度应纳税所得额不超过30万元,从业人数不超过100人,资产总额不超过3 000万元;对其他企业,年度应纳税所得额不超过30万元,从业人数不超过80人,资产总额不超过1 000万元。

从企业所得税制度对小型微利企业的认定标准看,享受减免税优惠的小型微利企业必须同时满足如下四个约束条件：

（1）企业所属行业，是指不能从事国家限制和禁止的行业。

（2）企业盈利水平，是指企业的年度应纳税所得额不得超过 30 万元。

（3）企业从业人数，是指所属纳税年度内，与企业形成劳动关系的平均或者相对固定的职工人数不得超过认定标准限制。如属工业企业，从业人数不得超过 100 人；如属其他企业，不得超过 80 人。这一认定标准限制，将对处于微利状态的劳动力密集型企业如服装、箱包等加工企业产生较大的影响。

（4）企业资产总额，是指企业拥有或控制的全部资产，不得超过认定标准限制。如属工业企业，资产总额不得超过 3 000 万元；如属其他企业，不得超过 1 000 万元。这对于资产总额大、负债严重的企业将产生较大影响，因为靠大量举债经营的小型微利企业会造成资产总额随负债同步虚增，在所有者权益没有增加的情况下却超出享受小型微利企业的税收优惠的条件。

2. 小型微利企业税率筹划的突破点

要享受小型微利企业的低税率优惠，必须符合税法规定的上述条件。仔细分析小型微利企业的认定条件，可以发现其中的企业盈利水平不仅是动态变化的，而且相对不容易受企业主动掌控。因此，应该将企业盈利水平作为小型微利企业的税率筹划的突破点。

假设企业已经满足作为小型微利企业的其他条件，仅考虑企业盈利水平的变化。年度应纳税所得额 30 万元以下的，税率为 20％；30 万元以上的，税率为 25％。这实际上构成了二级全额累进税率，30 万元就是小型微利企业所得税税率变化的临界点。在这种税率机制下，以年度应纳税所得额 30 万元为基数，企业年度应纳税所得额在 30 万元的基础上增加一些，由于适用税率提高导致应纳所得税额比应纳税所得额增加得更快，其净所得不一定提高。在这种情况下，我们可以计算出一个净所得增减平衡点。

应纳税所得额为 30 万元时，企业应按所得税和净所得（设企业应纳税所得额与会计利润一致，下同）分别为：

$$应按所得税额 = 30 \times 20\% = 6（万元）$$
$$净所得 = 30 - 6 = 24（万元）$$

当应纳税所得额增加到 30.5 万元时，净所得没有随之增加，反而下降。此时情况为。

$$应纳所得税额 = 30.5 \times 25\% = 7.625（万元）$$
$$净所得 = 30.5 - 7.625 = 22.875（万元）$$

当然，随着应纳税所得额再增加，其净所得会逐步提高。那么应纳税所得额增加到什么程度时，净所得可以不低于 24 万元呢？设这个应纳税所得为 X，则有：

$$X - X \times 25\% \geqslant 24（元）$$

解方程得：

$$X \geqslant 32（万元）$$

32 万元就是应纳税所得额高于 30 万元的净所得增减平衡点。也就是说，当应纳税所得额处于 30 万～32 万元，相比应纳税所得额为 30 万元的情况，净所得不升反降。只有应纳税所得额高于 32 万元，才可以获得净所得的增加。

那么，当应纳税所得额处于 30 万～32 万元时，企业应设法减少自己的应纳税所得额，选择低档税率达到减少应纳所得税的目的。

从新税法对小型微利企业的低税率政策适用的限制条件看，小型微利企业限制从业人也不能超过规定的标准，有可能会导致一些企业为了追求低税率而裁员，这对促进就业是不利的，也违背了立法的初衷。但是作为纳税人，企业必须执行税法的规定，享受税收优惠就必须服从税法规定的标准。

总之，企业就是要创造条件使自己能够享受到各种税收优惠和低税率政策，这样就达到了企业所得税税率筹划的目的。

【案例 5-11】 大华服装厂是一家民营服装加工企业，全厂职工人数最多时为 80 人，全年资产总额均不超过 3 000 万元。某年年终决算，该厂实现销售 600 万元，年度会计利润和年度应纳税所得额均为 31 万元。财务经理在公司决策层会议上建议，年终结账前通过指定机构进行公益性捐赠 1.1 万元。

对此建议，服装厂决策层均表示不理解。财务经理解释说："我们公司在社会上还没有知名度，需要树立一定的社会形象。"接着，财务经理进一步分析："我们进行公益性捐赠，国家会加倍补偿我们，此时的捐赠能够名利双收。"为让大家理解他的用意，财务经理为大家进行了对比计算，捐赠前：

$$应纳所得税额 = 31 \times 25\% = 7.75（万元）$$
$$净所得 = 31 - 7.75 = 23.25（万元）$$

【筹划思路与方法】

对外公益性捐赠 1.1 万元，符合税法规定的范围，准予扣除，捐赠后应纳税所得额降低到 29.9 万元。由于人数和资产总额条件符合税法规定，此时大华服装厂完全符合小型微利企业条件，可以按照 20% 的税率计算缴纳企业所得税。故捐赠后：

$$应纳所得税额 = 29.9 \times 20\% = 5.98（万元）$$
$$净所得 = 29.9 - 5.98 = 23.92（万元）$$

通过财务经理的对比计算，服装厂决策层明白了其中的奥妙：通过捐赠支出，使企业按照小型微利企业的低税率纳税，减轻了税负。通过比较这两种情况，决策层发现，企业发生捐赠支出 1.1 万元，使得所得税负担减少了 1.77 万元，而税后净所得反而增加了 0.67 万元。捐赠支出不仅为企业树立了社会形象，增加了知名度，还减少了应纳所得税额，增加了税后净所得，可谓"一举两得"。

类似地，当应纳税所得额处于税率变化的临界点与净所得增减平衡点之间时，企业还可以采取支付广告支出，将购买办公用品列入管理费用等办法，这样即使企业增加开支，但得到名义上和利益上的好处，又减少应纳所得税，增加净所得。

第四节　企业所得税的延迟纳税筹划

税收筹划的一个重要理念即是在遵守税法、尊重税法的前提下，不多缴一分钱也不少缴一分钱。延缓纳税日期，对纳税人而言相当于享受到国家的无息贷款。一般而言，纳税人应尽可能地利用纳税期限的有关规定,在纳税期内推迟纳税。

企业所得税本期应税所得额为企业每一纳税年度的收入总额,减除不征税收入、免税收入、各项扣除以及允许弥补的以前年度亏损后的余额。从计算原理看,要推迟所得税纳税期,一方面要设法推迟收入的实现,另一方面要尽量提前税前扣除项目的列支。同时,企业所得税的预缴方式对年度内纳税时间会产生影响,也会引起企业的重视。具体筹划方法有以下几种。

一、推迟收入的实现

一般情况下,应尽可能地推迟销售收入的实现。销售收入的实现是以发出商品并取得索取货款的凭据为依据的。如果销售发生在月末或年末,企业可以试图延缓销售至次月或次年。企业当然不能为了自己推迟纳税而让客户推迟购买时间,这有可能失去一大批客户;同时企业也不能为推迟纳税而推迟收款,这不利于企业资金周转;但企业可以先发出商品,只是要推迟结转商品发出时间,而收款时以"预收账款"处理即可。

在采取分期收款方式销售商品时,应尽可能推迟分期收款销售的实现。分期收款销售商品以合同约定的收款日期确定收入的实现。由于合同约定收款日期与具体实际收款日期可以不一样,因此企业经过筹划,可以很容易做到既及时回笼资金,又推迟收入的实现。

对于长期工程,则应尽可能推迟长期工程收入的实现。长期工程如建筑、安装、装配工程、加工、制造大型机械设备、船舶等,持续时间超过1年的,应按完工进度或完成的工作量确定收入的实现。这里完工进度与完成的工作量是由企业自身经营情况决定的,因而在收入的实现时间上,企业具有很大的主动性,有可能尽量推迟收入的实现。

二、提前列支税前扣除项目

固定资产折旧方法和无形资产等费用的摊销在会计和税务上都有一定的选择余地,采取不同的方法折旧或摊销,虽然不会改变总的税前列支金额,但可以影响税前列支的时间,显然这又会影响到实际纳税时间。所以,可以通过提前折旧或摊销来间接推迟纳税时间。

1. 改变固定资产折旧方法和折旧年限

固定资产的价值在使用期内通过逐期计提折旧转入本期成本费用,有着"税收挡板"的效用。折旧的金额大小直接关系到成本的大小、利润高低和纳税额的多少。在固定资产入账价值一定的条件下,每期计提折旧金额的大小取决于采取的折旧方法和折旧年限。

一般情况下,固定资产按照税法规定的折旧年限采取直线法计算的折旧,准予在税前扣除。对于技术进步造成的产品更新换代较快的固定资产或者常年处于强震动、高腐蚀状态的固定资产,税法规定可以采取缩短折旧年限或者采取加速折旧的方法。缩短折旧年限的,最低折旧年限不得低于税法规定折旧年限的60%;采取加速折旧方法的,可以采取双倍余额递减法或者年数总和法。

虽然规定固定资产折旧方法有多种,折旧年限长短也不同,不同的计算方法计算出来的年折旧额也不一样。但无论采取什么方法,在固定资产有效使用期内提取折旧之和却是一个固定值,它等于固定资产原值减去残值之差。但从纳税的角度看,采取缩短折旧年限或者采取加速折旧的方法提取折旧,能够使固定资产在投入使用的前提取折旧,在后期少提或没有折旧额,相当于推迟利润和应纳税所得额的实现,从而推迟纳税。因此,企业应尽量采取缩短折旧年限或者采取加速折旧的方法。

需要注意的是,采取缩短折旧年限或者采取加速折旧的方法一定要符合税法规定的条件。比如,以高新技术企业名义争取享受加速折旧待遇,来获得推迟纳税的好处。

2. 缩短无形资产、长期待摊费用的摊销期限

与固定资产提取折旧相类似,无形资产从开始使用之日起,其价值在有效使用年限内平均摊入管理费用或其他业务支出;长期待摊费用也要求在以后年度分期摊销,其中较为典型的如开办费。企业的开办费是指除构建固定资产以外,企业在筹建期间所发生的所有费用,包括筹建人员工资、办公费、培训费、差旅费、交际应酬费、咨询费、印刷费、注册登记费、开业典礼费等,以及不计入固定资产和无形资产成本的汇兑损益和利息等支出,这些支出先在长期待摊费用中归集,待企业开始生产经营后在税法规定的期限内分期摊销。

同样的,无形资产、长期待摊费用等在其有效使用(摊销)年限内摊销总和是一定的,即等于无形资产原值和长期费用金额,从纳税人利益看,应力争在较短的年限内足额摊销这些资产或费用,以达到推迟纳税的目的。

无形资产按法定有效期限,或者合同与企业申请书规定的受益年限,以及不少于 10 年等几种可选方案确定摊销年限,这几种年限的确定弹性空间大,纳税人的回旋余地也大。纳税人可充分选择对自己有利的较短年限的方案。长期待摊费用的摊销,税法规定按照改建的固定资产预计尚可使用年限或合同约定的剩余租赁期限,以及不少于 3 年等几种可选方案确定摊销年限,且应自生产、经营月份的次月起逐年摊提,不得间断,并无强制应按平均法摊提。因此,在正常的盈利年度,应尽量足额摊销,以达到推迟纳税的目的。

三、合理安排所得税的预缴方式

我国企业所得税制度规定,企业所得税按纳税年度计算,分月或者分季预缴。月份或者季度终了后 15 日内预缴,年度终了后 5 个月内汇算清缴,结清应缴应退税款。

企业所得税制度还规定,企业分月或者分季预缴企业所得税时,应当按照月度或者季度的实际利润额预缴。按照实际利润额预缴有困难的,可以按照上一纳税年度应纳税所得额的平均水平预缴,或者其他方法,哪种方法对企业有利,则选择哪一种。

企业的会计利润是按照财务会计制度的规定计算出来的,它与企业所得税的计税依据即应纳税所得额不完全一致。按规定,纳税人的财务会计处理和税收处理不一致的,在缴纳企业所得税时应按照税收规定予以调整。因此,应纳税所得额是在会计利润的基础上,按照税法规定进行纳税调整而确定的。一般而言,企业所得税按年计算,企业的收入确认和费用的预提、摊销列支要到一个会计年度结束后才能准确地计算出来。因此,将会计利润调整为应纳税所得额也要在每年预缴企业所得税后,在年度终了后 5 个月内进行。

目前,我国《企业所得税法》规定将会计利润调整为应纳税所得额,大部分是调整增加项目,而且属于永久性差异,也就是说,期末调整后的应纳税所得额一般会大于企业计算的会计利润。企业为了获得税收利益,推迟缴纳企业所得税,拥有更多的流动资金,在预缴所得税方式上,可以进行充分的税收筹划。

如果企业预计当年的效益好于上一年,则可以选择按上一年度应纳税所得额的月度或者季度平均额预缴,因为在这种情况下,上一年度应纳税所得额将低于本年,这种方式可以减少企业预缴的企业所得税额;反之,如果企业预计今年效益差于上一年度,则选择按实际数预缴。

按实际数预缴的企业分月或分季预缴时,宜忽略会计利润与应纳税所得额的差异,按会计利润申报。由于一般情况下,应纳税所得额会大于企业的会计利润,按会计利润申报也可以减少企业预缴的企业所得税额。这种方式下,企业可以于年度终了后5个月内进行企业所得税汇算清缴时,再将会计利润调整为应纳税所得额,并缴纳少缴的部分税额。这样做是符合税法规定的,而且可以获得一定的税收利益。

第五节 企业所得税充分利用税收优惠政策的筹划

企业所得税是在分配领域对企业经营成果所征收的税,它与纳税人的纳税能力密切相关。由于企业经营实力和经营规模差距很大,需要照顾、扶持和鼓励的地区、行业、企业都非常多,因此各国的企业所得税制度中都免不了存在大量的税收优惠政策,这些税收优惠政策具有很强的政策导向和宏观调控作用。我国的新企业所得税制度也不例外。《企业所得税法》的税收优惠体现了"以产业优惠为主、区域优惠为辅、兼顾社会进步"的原则,税收优惠的主要内容涵盖:促进技术创新和科技进步,鼓励基础设施建设,鼓励农业发展及环境保护与节能,支持安全生产,统筹区域发展,促进公益事业和照顾弱势群体等。这些优惠政策涉及范围广,优惠力度大,对符合国家产业政策导向的企业和项目能够提供比较大的支持。在我国,企业所得税是所有税种中税收优惠最多的一个,充分利用这些优惠政策是企业所得税筹划的重点。

一、减免期优惠政策的充分利用

现行企业所得税中有一类比较固定的优惠政策是与减免或抵免期限相关的,过了规定期限,就不得减免或抵免。

(一)合理安排所得实现年度

虽然推迟应纳税所得额的实现是一项较好的延迟纳税方法,但并不是任何情况都适用。在《企业所得税法》中,有一些特定的关于减免税年度的规定,如对于国家重点扶持的公共基础设施项目的投资经营所得,以及符合条件的环境保护节能节水项目所得,自项目取得第一笔生产经营收入所属纳税年度起,第1至第3年免征企业所得税,第4至第6年减半征收企业所得税。对于年度亏损企业,可以用下一年度的所得弥补,下一年度不足弥补的,可以顺延至再下一年,延续弥补期最长不得超过连续5年。同时,国家制定的新政策也提供了企业所得税优惠的内容,如对经济特区和上海浦东新区内在2008年1月1日之后新设的高新技术企业,在经济特区和上海浦东新区内取得的所得,自取得第一笔生产经营收入所属纳税年度起,第1至第2年免征企业所得税,第3至第5年按照25%的法定税率减半征收企业所得税(国税发〔2007〕40号)。企业若处于以上各项减免税年度前后,就要视情况合理安排应纳税所得额的实现。总的原则就是,让企业在减免税年度内实现的应纳税所得额尽可能地大,从而使企业在减免税年度内能够享受到最大限度的税收优惠,而不能按照正常盈利年度推迟利润的实现。

1. 将所得尽量安排在享受定期减免税期间

对于公共基础设施项目的投资经营所得、环境保护节能节水项目所得,以及经济特区和上海浦东新区内新设的高新技术企业,均可以自取得第一笔生产经营收入所属纳税年度起,享受定期免税和减半征税的优惠。

按一般生产经营规律,生产经营的初期企业的产品市场未完全开拓,经营风险大,费用高,出现经营亏损是很平常的现象。享受定期减免税的企业,如果在经营初期尚无充分盈利准备,可以暂不急于取得第一笔生产经营收入;如果第一笔收入的取得接近年底,可以设法将收入的取得及后续收入推迟到下一年度。这样做的目的是推迟享受定期减免税的起始年度。而一旦取得了第一笔收入,就意味着企业进入了减免税年度,由于可享受税收优惠,企业应该尽量安排将后期的收入提前,或将本期的费用推后,使更多的应税所得额在减税、免税期间实现,这样就可以使企业享受的减免税优惠极大化。

这种对收入费用的安排可以通过权责发生制原则及其相应的处理方法来实现。

【案例 5-12】 薪火科技公司是 2008 年 8 月在经济特区新设的高新技术企业,主要业务是技术开发和系统集成。2008 年仅 11 月就接到第一笔订单并获得营业收入 60 万元,预计开业后 6 个年度的获利情况如表 5-4 所示(设获利情况为会计利润经纳税调整后的应纳税所得额)。

表 5-4　预计获利情况　　　　　　　　　单位:万元

年度	1	2	3	4	5	6
获利	20	−100	300	500	800	1 000

高新技术企业减按 15% 的税率征收企业所得税,对经济特区新设高新技术企业,在经济特区内取得的所得,自取得第一笔生产经营收入所属纳税年度起,第 1 至第 2 年免征企业所得税,第 3 至第 5 年按照 25% 的法定税率减半征收企业所得税。薪火科技公司应该自开业第 1 年起享受减免税优惠。第 1 至第 6 年该公司企业所得税的纳税情况如下:

(1) 第 1 年、第 2 年免征企业所得税 2 年,这 2 年不纳企业所得税。

(2) 第 3 至第 5 年按照法定税率减半即 12.5% 的税率计算企业所得税。

第 3 年弥补完上一年度的亏损后应纳税 = 200 × 12.5% = 25(万元)

第 4 年纳税 = 500 × 12.5% = 62.5(万元)

第 5 年纳税 = 800 × 12.5% = 100(万元)

(3) 第 6 年按照高新技术企业 15% 的税率纳税 = 1 000 × 15% = 150(万元)。

(4) 6 年共纳企业所得税 = 25 + 62.5 + 100 + 150 = 337.5(万元)。

分析可知,其失策表现在:薪火科技公司开业当年年底获得第一笔营业收入即进入减免税年度,当年盈利不高,且第 2 年亏损,两个免税年度的税收优惠利益均丧失了。

【筹划思路与方法】

企业如果经过筹划,将第一笔营业收入推迟至第 2 年实现,并合理安排收入费用的实现和摊提,重新归属所得的实现,会取得较好的纳税效果。比如,在6年盈利总和不变的情况下,将企业的获利情况重新安排如表5-5所示。

表5-5　重新安排后的获利情况　　　　　　　　　　单位:万元

年度	1	2	3	4	5	6
获利	−100	800	500	20	300	1 000

在此情况下,薪火科技公司自开业后第2年起进入减免税年度,享受2年免税3年减半征税的待遇。企业6年所得税纳税情况重新计算如下:

(1)第1年无收入,且亏损,无税。

(2)第2年、第3年免征企业所得税2年,这2年不纳企业所得税。

(3)第4至第6年按照法定税率减半即12.5%的税率计算企业所得税。

$$第4年纳税 = 20 \times 12.5\% = 2.5(万元)$$
$$第5年纳税 = 300 \times 12.5\% = 37.5(万元)$$
$$第6年纳税 = 1\,000 \times 12.5\% = 125(万元)$$

(4)6年共纳企业所得税 = 2.5 + 37.5 + 125 = 165(万元)。

与上一种情况相比,6年共纳企业所得税额减少了172.5万元。由此可以看出,合理归属所得年度,即使在盈利总额一定的情况下,企业也能大大降低税收负担。

2. 将所得尽量安排在享受亏损弥补政策期间

亏损弥补政策也在新税法中予以保留。《企业所得税法》规定:"企业纳税年度发生的亏损,准予向以后年度结转,用以后年度的所得弥补,但结转年限最长不得超过5年。"这是国家为扶持亏损企业而给予的税收优惠政策,对亏损企业的顺利发展具有重要作用,对具有风险的投资也有相当大的激励作用。这种办法的应用,需以企业在正常经营的某段时期有亏损发生为前提,否则就达不到鼓励的效果。

需要指出的是:亏损弥补政策中所说的"年度亏损额"的概念,不是企业财务报表中反映的亏损额,而是企业财务报表中的亏损额经主管税务机关按税法规定核实调整后的金额。进行税前弥补亏损,必须以调整后的亏损为依据,而不能以会计报表中反映的亏损为依据进行弥补。税务机关对企业进行检查时,如发现企业多列扣除项目或少列应纳税所得额,从而多报亏损的,经主管税务机关检查调整后,无论企业仍是亏损还是变为盈利的,应视为查出相同数额的应纳税所得额,一律按法定税率计算出相应的应纳所得税税额,以此作为进行偷税处罚的依据。如果企业多报亏损,经主管税务机关检查调整后有盈余的,还应就调整后的应纳税所得进行弥补,则还应对多报亏损已弥补部分,按适用税率计算补缴企业所得税。因此,企业只有按税法规定计算纳税所得应依法向主管税务机关申报,才能做到合法地利用现行税收政策法规来取得合法依据。

此外,亏损必须顺序递延弥补,不得间隔弥补。因此,企业必须设置专门账户反映亏损结转和弥补情况。

亏损的弥补政策,应注意政策规定是按年依序扣除,并以5年为限,超过5年以上的亏损,就无法适用该优惠政策在税前弥补;延续5年尚未弥补完的部分,从第6年起改用税后利润或盈余公积弥补。如果企业有5年内的亏损可供扣抵,应及早将亏损弥补完毕,否则若5年时限超过,企业会丧失亏损弥补权利,造成总税负增加的不利情况。及早弥补亏损的方法仍是提前利润的实现,以使应纳税所得额尽量在可以弥补亏损的年度内实现,使企业不错过可以享受的税收优惠政策。其具体筹划方法如下:

(1)提前确认收入。在有前5年亏损可供抵补的年度,企业可以提前确认收入。

(2)延后列支费用。如在有亏损可以弥补的年度,将可列为当期费用的项目予以资本化,或将某些可扣除的费用如广告费等延后支付。

(3)收购、兼并亏损企业。税法规定:企业以新设合并、吸收合并或兼并方式合并,被吸收或兼并企业已不具备独立纳税人资格的,各企业合并或兼并前尚未弥补的经营亏损,可在税法规定的弥补期限的剩余期间内,由合并或兼并后的企业逐年弥补。

【案例5-13】 表5-6是某企业10年内的盈亏情况。假设该企业10年内一直执行25%的企业所得税率,同时也享受亏损弥补政策。

表5-6 某企业10年内的盈利情况　　　　　　　　　单位:万元

年份	1	2	3	4	5	6	7	8	9	10
获利	90	−100	−80	−60	50	10	30	40	50	60

让我们来分析该企业10年内的纳税情况。

该企业第2年的亏损可以弥补至第7年,但至第7年该企业只能弥补90万元亏损,尚有10万元亏损没有弥补,且失去弥补权。

第3年亏损可以弥补至第8年,但至第8年尚有40万元亏损未弥补,且失去弥补权。

第4年亏损可以弥补至第9年,但至第9年尚有10万元亏损未弥补。

第10年企业的应纳税所得额不能再弥补第2至第4年产生的亏损,按当年盈利额60万元及25%的税率纳税,该企业各年应纳所得税为:

$$第1年所得税 = 90 \times 25\% = 22.5(万元)$$

第2至第9年由于亏损或者弥补亏损,无税。

$$第10年所得税 = 60 \times 25\% = 15(万元)$$
$$10年内企业所得税总额 = 22.5 + 15 = 37.5(万元)$$

【筹划思路与方法】

分析上述情况,该企业第2年、第3年、第4年发生的亏损中共有60万元亏损未弥补完,且自动失去弥补权,也就是说,企业应享受的亏损弥补优惠政策没用足。如果企业通过合理安排收入、费用的实现、摊提,将第10年的应纳税所得额提前几年实现,则能充分享受亏损弥补政策,减轻税负。假设该企业对其各年的盈亏情况重新安排如表5-7所示。

表5-7 重新安排后的盈亏情况　　　　　　　　　单位:万元

年份	1	2	3	4	5	6	7	8	9	10
获利	90	−100	−80	−60	50	10	40	80	60	0

这种情况下,第2年发生的亏损正好于第7年在5年内弥补完,第3年亏损在第8年弥补完,第4年亏损在第9年弥补完。第2至第9年由于亏损或者弥补亏损,无税;第10年无应纳税所得额,也无税。10年内只有第1年纳税,纳税额为22.5万元。

由此也可看出,合理归属所得年度,对于减轻税负效果是明显的。

总之,当企业处于企业所得税免税期或亏损弥补期,企业获得的利润越多,其得到的免税额就越大,此时企业就应采取提前实现应纳税所得额的方法,合理归属免税前后期间各年的所得额度,以享受最大限度的税收优惠。提前实现应纳税所得额的可能性,仍然来自于权责发生制收入的确认,费用的分摊、预提方法、成本计算方法等。企业利用税法赋予的各种税务处理方法选择权,按照前述推迟应纳税所得额实现的方法,反其道而行之,就可达到减轻税负的目的。

(二)投资抵免期的充分利用

税收抵免是纳税人在计算缴纳税款时,准予在税法规定的限度内对用纳税款按照一定的标准进行冲抵,以减轻其税收负担。投资抵免所得税税款是税收抵免的重要形式。

投资抵免所得税是对纳税人进行投资给予一定限额的所得税款抵免,如我国在1999年出台了鼓励企业进行技术改造购置国产设备的投资抵免优惠政策,对于企业进行技术改造购置国产设备的投资额的40%,可以在连续5个纳税年度内新增的企业所得税中抵免(财税字〔1999〕290号)。这是国家为了鼓励企业加大对技术改造项目的投资,加快设备更新,促进科学技术的发展和国家产业结构调整,而采取的对企业投资的税收优惠。此政策可以直接减少企业应纳税额,减轻投资企业的负担。

投资抵免是世界各国常用的刺激投资和经济增长的主要税收优惠政策之一,包括投资抵免、研究开发抵免等,在西方发达国家已使用多年。投资抵免是国家鼓励适用的优惠政策,利用这种政策进行税收筹划符合国家宏观调控导向。

投资抵免技术运用的是绝对节税原理,直接减少纳税人的税收绝对额。总体来说,税收抵免一般计算简便,普遍适用于满足条件的所有纳税人。因此,投资抵免政策覆盖范围广,优惠力度大,税收收益相对稳定,风险较少,几乎适用于我国境内的所有制造业企业。

1. 关于税收抵免的相关政策及其调整

1999年,为了鼓励企业加大对技术改造项目的投资,促进科学技术发展和国家产业结构调整,保持国民经济稳定发展,我国出台了财税字〔1999〕290号文件。该文件规定:凡从事符合国家产业政策技术改造项目的企业,用银行贷款或企业自筹资金购进技术改造项目所需国产设备投资额的40%,可以从企业技术改造项目设备购置当年比前一年新增的企业所得税中抵免。企业每一年度投资抵免的企业所得税税额,不得超过该企业当年比设备购置前一年新增的企业所得税税额。如果当年新增的企业所得税税额不足抵免时,未予抵免的投资额,可用以后年度企业比设备购置前一年新增的企业所得税税额延续抵免,但抵免的期限最长不得超过5年。如果企业设备购置前一年为亏损,其投资抵免年限内实现的利润先用于弥补亏损,弥补后应缴企业所得税可用于抵免国产设备投资额。

此政策出台后,对当年急于加大技术改造投入、扩大再生产的企业来说,无疑是一个利好消息。在这个政策的支持下,许多要进行技术改造的企业都享受了国家税收优惠,有效地促进了国家产业结构调整。

随着新《企业所得税法》的实施,该政策走到了终点,其主要原因是对国产设备普遍抵免有违国民待遇原则。

购买国产设备投资抵免企业所得税的政策在我国加入WTO后曾经历了严峻的挑战。

一些外国政府及企业认为,该政策明显违背了世界贸易组织国民待遇的原则。购买国产设备能够抵免企业所得税,而购买进口设备则不行,与国民待遇原则相悖。此外,自2004年在东北地区以及2007年在中部部分地区实施扩大增值税抵扣范围的政策后,以及2009年实行增值税由生产型转向消费型以来,特定行业的企业购买国产设备既可以抵扣增值税进项税额,产生效益后又可以抵免企业所得税,享受了双重的税收优惠,加剧了不同地区企业税负的不公平。这些问题的出现都要求对该政策进行调整。

但是,新《企业所得税法》及其实施条例并没有完全取消购买国产设备抵免企业所得税的优惠政策,相似的优惠政策在新税法中也有所体现,那就是用特定抵免取代了普遍抵免。即企业购置并实际使用《环境保护专用设备企业所得税优惠目录》《节能节水专用设备企业所得税优惠目录》和《安全生产专用设备企业所得税优惠目录》规定的环境保护、节能节水、安全生产等专用设备的,该专用设备投资额的10%可以从企业当年的纳税额中抵免;当年不足抵免的,可以在以后5个纳税年度结转抵免。

这一规定,更加突出了产业政策导向,贯彻了国家可持续发展战略,符合构建和谐社会的总体要求。新的投资抵免政策的变化:一是将投资抵免企业所得税的设备范围规范为环境保护、节能节水、安全生产等专用设备;二是按照WTO原则不再限于国产设备;三是投资抵免的比例将在原40%的基础上降低到10%;四是明确规定企业享受税额抵免优惠的专用设备应是企业实际购置并自身实际投入使用的,对企业实际购置后又转让、出租或没有使用的,则不享受税额抵免优惠。

2. 利用投资抵免筹划的要点及方法

关于购置环境保护、节能节水、安全生产等专用设备的投资抵免政策,还有一系列政策需要明晰,如环境保护、节能节水、安全生产等专用设备的认定,对各行业专用设备名称的规范、对享受税收优惠企业条件的明确等,都需要相关配套政策的出台。故利用投资抵免政策进行税收筹划还有一些待定因素。下面,我们先以财税字〔1999〕290号文件即老企业所得税制度下的国产设备投资抵免所得税的优惠政策为例,介绍利用投资抵免筹划的方法。尽管财税字〔1999〕290号文件已经失效,但利用其进行税收筹划的方法仍然值得借鉴。

利用投资抵免所得税政策,企业到底可以获利多少税收利益呢?试看一例。

【案例5-14】 2004年,某生产性企业在技术改造前1年实现应税所得额100万元,缴纳企业所得税33万元。为谋求企业长期利益,企业决定自筹资金和银行贷款方式进行技术改造,2003年共筹集资金1 000万元,原打算购买进口设备,考虑到税收利益,企业花700万元购买了国产设备。设该项目当年改造、当年投产、当年获利。预计当年企业利润120万元,第2年实现企业利润280万元,第3年实现利润400万元,第4年实现利润600万元,第5年实现利润500万元。

【筹划思路与方法】

按照国家关于投资抵免政策的规定,企业固定资产设备投资额的40%可以从企业技术改造项目设备购置当年比前1年新增的企业所得税中抵免。该项目可抵免企业所得税共280万元(700×40%)。

企业第1年应缴企业所得税39.6万元,比设备购置前1年新增企业所得税6.6万元,可以抵免所得税6.6万元,企业实际按设备购置前1年纳税水平缴纳企业所得税33万元。企业第2年应缴企业所得税92.4万元,比设备购置前1年新增企业所得税59.4万元,可以抵免所得税 59.4 万元,企业按 33 万元缴纳企业所得税。企业第 3 年应缴企业所得税 132 万元,比设备购置前 1 年新增企业所得税 99 万元,可以抵免所得税 99 万元,企业仍按 33 万元缴纳企业所得税。企业第 4 年应缴企业所得税 198 万元,比设备购置前 1 年新增企业所得税 165 万元,由于前 3 年已经抵免企业所得税共 165 万元,本年可以抵免所得税 115 万元 (280－165),企业实际缴纳企业所得税 83 万元。企业第 5 年应缴企业所得税 165 万元,由于前 4 年已经抵免完可以抵免的企业所得税额,企业按正常情况缴纳企业所得税 165 万元。有关数据如表 5-8 所示。

表 5-8　企业 5 年中所得税的抵免和缴纳情况　　　　　　单位:万元

时间	盈利	抵免前应缴企业所得税	新增企业所得税	所得税抵免额	实纳企业所得税	净利润
第 1 年	120	39.6	6.6	6.6	33	87
第 2 年	280	92.4	59.4	59.4	33	247
第 3 年	400	132	99	99	33	367
第 4 年	600	198	165	115	83	517
第 5 年	500	165	132	0	165	335
合　计	1 900	627		280	347	1 553

由[案例 5-14]可以看出,由于企业技术改造项目中购置了国产设备,企业在技术改造项目投产后的 5 年内共享受了 280 万元的所得税抵免,5 年实际所得税税负只有 18.26% (347÷1 900)。

投资抵免政策可以使企业短期内直接得到所得税的税收利益,增加企业的经济效益。但是,企业享受这项税收政策优惠需要满足一定条件:

(1) 企业必须从事技术改造项目。并不是所有购买国产设备的投资都可以享受所得税抵免政策。只有筹集了资金用于技术改造项目购进的国产设备才可以获得设备投资额 40% 的所得税抵免。这主要是为了鼓励企业在原有生产规模基础上改造传统项目,进行生产结构调整,加大企业生产的技术含量,促进国家生产力的发展。因此,企业为享受这项税收优惠,应积极寻找适合于本企业的科技项目,并对企业现有生产状况进行改造。

(2) 技术改造项目必须购买国产设备。国产设备和进口设备各有优缺点,通常企业在购买设备时会在国产设备和进口设备之间作出取舍。为了促进我国工业的发展,投资抵免政策规定只有购买国产设备才可以享受抵免所得税的优惠。因此,企业在技术改造项目中购买设备时,应尽量购买国产设备。

(3) 技术改造项目必须有较显著的收益。企业进行技术改造投资是要承担一定风险的,并非所有的投资项目都会盈利,且收效显著。按照税收政策的规定,企业进行技术改造后,只有企业进行了较显著的收益,比投资前 1 年企业所得税有所增长,才可以从增长的所得税中进行抵免。由于技术改造设备投资额一般较大,按其 40% 进行抵免,则增长的所得税也应较大,这就要求企业利润增长也较大。否则,企业就不足抵免国产设备投资额的 40%。为了用足这项政策,企业要事先进行充分的市场调查和可行性论证,这不仅是为了保证企业资金的投资效果,同时也是为了投资后能享受到所得税抵免的税收利益。

(4) 技术改造项目必须短期内见效。企业进行的技术改造投资,收效有快慢,周期有长短,根据财税字〔1999〕290 号的规定,企业用新增的所得税抵免国产设备投资额的 40％,当年不足抵免的,可以用以后年度企业比设备购置前 1 年新增的企业所得税延续弥补,但抵免期限最长不得超过 5 年。这就是说,如果 5 年内新增企业所得税总计不超过技术改造项目国产投资额的 40％,没有抵免完的部分自动失效,以后不能再抵免。这种政策对于那些投资周期长、见效慢、主要在后期盈利的项目是不利的。因此,企业一方面要选择短平快的项目,并且还要加强对项目的管理,使项目在运行前期有较好的效益。否则,企业就会遭受经济效益和税收利益的双重损失。另一方面要使企业能够充分享受投资的抵免权,必须使其 5 年内有很大的新增税款。我们知道,"新增税款＝抵免年度实现的所得税－设备购置前 1 年度的所得税",根据这个公式,如果抵免年度实现的所得税额大,或者设备购置前 1 年度(即基期)的所得税额小,那么,新增税款越多,即可以充分享受抵免权。要做到这一点并不难,投资企业只要将基期的利润递延到抵免期实现就可以达到这一目的。比如,可以采用推迟销售时间的方式,或者采取赊销或分期收款方式销售产品,也可以采用增加基期成本和费用的方式来实现。基期的应纳所得税额少了,以后 5 年的新增税款就多了,享受抵免的金额自然就会大。

二、其他优惠政策的充分利用

如前所述,与减免或抵免期限相关的一些优惠政策是比较稳定的政策,另外一些调控性更强的政策则具有更多的灵活性和变动性,内容也更庞杂。

（一）企业所得税税收优惠政策概述

《企业所得税法》根据国民经济和社会发展的需要,借鉴国际上的成功经验,按照"简税制、宽税基、低税率、严征管"的要求,统一实行了以产业优惠为主、区域优惠为辅、兼顾社会进步的税收优惠体系。税收优惠的主要原则是:促进技术创新和科技进步,鼓励基础设施建设,鼓励农业发展及环境保护和节能,支持安全生产,统筹区域发展,促进公益事业和照顾弱势群体,构建和谐社会等。

新的企业所得税的税收优惠主要体现在以下几个方面。

1. 技术创新和科技进步的税收优惠政策

借鉴国际税收政策和我国高新技术产业发展的成功经验,新税法继续保持了促进技术创新和科技进步的税收优惠政策,并采取多角度全方位的优惠范围和优惠形式。其具体内容包括:①对符合条件的技术转让所得予以免征、减征企业所得税;②对国家需要重点扶持的高新技术企业减按 15％的税率征收企业所得税;③对企业发生的研究开发费用允许在计算应纳税所得额时加计扣除;④对创业投资企业从事国家需要重点扶持和鼓励的创业投资,可以按投资额的 70％,在股权持有满两年的当年抵扣应纳税所得额;⑤企业的固定资产由于技术进步等原因需要加速折旧的,可以缩短折旧年限或者采取加速折旧的方法。

2. 农林牧渔业、基础设施投资的税收优惠形式

农业是弱势产业,世界各国一般都对农业实行特殊扶持政策。对农林牧渔业项目给予税收优惠,有利于提高农业综合生产能力和增值能力,促进农业产业结构、产品结构和区域布局的优化,对引导社会向农业的投资、加强农业基础建设、增加农民收入、将起到积极作

用。基础设施建设是经济发展的根本，对基础设施投资实行税收优惠也非常必要。

《企业所得税法》保留了对农林牧渔业、基础设施投资的税收优惠政策，规定对从事农林牧渔业税目所得可以免征、减征企业所得税；从事国家重点扶持的公共基础设施项目投资经营的所得，可以享受"两免三减半"的企业所得税优惠。

3. 安置特殊就业人员的税收优惠

就业是民生之本、安国之策，是社会和谐的基础。残疾人员更是社会的弱势群体。对安置特殊就业人员实行税收优惠，有利于鼓励社会各类企业吸纳特殊人员就业，为社会提供更多的就业机会，更好地保障弱势群体的利益。

《企业所得税法》对安置特殊就业人员的税收优惠体现在两个方面：①优惠范围不仅限于安置残疾人员，还包括安置国家鼓励安置的其他就业人员；②优惠形式由过去的直接减免税改为间接优惠，即对安置特殊就业人员所支付的工资可以在计算应纳税所得额时加计扣除。

这样的税收优惠政策，既有利于使所有安置特殊人员就业的企业都能享受到税收优惠，也有利于把税收优惠真正落实到需要照顾的人群，避免出现因作假而带来的税收漏洞。

4. 对小型微利企业等弱势群体的税收优惠

《企业所得税法》在多处体现了对社会弱势群体的扶持，其中对小型微利企业的税收优惠是其中一方面。在我国的企业总量中，小企业占比重很大，在国民经济中占有特殊的地位。为更好地发挥小企业在自主创新、吸纳就业等方面的优势，利用税收政策鼓励、支持和引导小企业的发展，《企业所得税法》规定对符合规定条件的小型微利企业实行20％的优惠税率。

另外，《企业所得税法》还对于公益性捐赠支出给予了年度利润总额12％的扣除限额，对于安置特殊就业人员给予了工资加计扣除的优惠。这些政策都体现了对弱势群体的照顾和扶持。

5. 环境保护、节能节水、安全生产的税收优惠

《企业所得税法》对环境保护、节能节水、安全生产、资源综合利用继续实行税收优惠，主要目的是鼓励企业加大对以上方面的资金投入力度，更加突出产业政策导向，贯彻国家可持续发展战略，有利于我国节能型社会的建设。

《企业所得税法》在环境保护、节能节水、安全生产、资源综合利用方面的税收优惠内容包括：①对环境保护、节能节水项目的所得实行定期减免税；②对综合利用资源生产符合国家产业政策规定的产品取得的收入，减按90％计入收入总额；③购置并实际使用环境保护、节能节水、安全生产等专用设备的投资额，按照10％在企业当年的应纳税额中抵免。

6. 对原来享受税收优惠的企业规定了过渡措施

为保持税法的严肃性和连续稳定性，避免因新税法的实施使企业的税负产生较大的波动，《企业所得税法》制定了对原来享受税收优惠企业的过度优惠政策。主要内容包括：对原来享受低税率优惠的，可以在新税法实施后5年内，逐步过渡到新税法规定的税率；享受定期减免税优惠的，可以在新税法施行后继续享受到期满为止，但因未获利而尚未享受优惠的，优惠期限从新税法施行年度起计算(国税发〔2007〕39号)。

另外，《企业所得税法》还有一部分实质性的税收扶持政策，并没有专门归纳在税收优惠的条款中，如对亏损的弥补政策，它可以归属于对企业的税收扶持，也可以归属于应纳税

所得额计算方法,在《企业所得税法》中是归属于应纳税所得额的相关条款,这也是可以为企业税收筹划所用的政策。

企业所得税是在分配环节征收的税种,规避企业所得税会直接带来企业净利润的增加;再加上较之其他税种,企业所得税税收优惠相对较多,也就是税收筹划诱因较多。因此,企业应充分重视企业所得税的税收优惠政策来进行税收筹划。

(二)充分利用安置特殊人员就业的税收优惠

近年来,国家为了缓解社会就业压力,扶持残疾人员、下岗失业人员,以及军队转业干部、随军家属的就业,鼓励企业吸纳上述人员就业,出台了一系列税收优惠政策,设计增值税、营业税和企业所得税等多个税种的税收优惠。企业如果根据岗位设置的需要,选聘不同群体的职工,则将既能帮助社会解决就业难题,又能享受税收优惠政策带来的节税利益。

可以说,我国现行的促进就业、再就业的税收优惠政策涉及的税收种类和人群都很广泛。而且安置不同种类人员就业的税收优惠政策都各自具有明确的条件限制,其优惠政策的种类和力度也有所不同。因此,企业要充分利用现行促进就业的税收政策,综合考虑各种税收优惠政策的利弊,整体把握相关优惠政策的内容,根据政策的最新变化和自身的实际情况灵活运用,以最大限度地发挥税收优惠政策的效能。

1. 合理配置下岗人员

在现行促进就业的税收优惠政策中,针对下岗失业人员再就业的税收优惠最多,影响也最大。

为鼓励企业录用下岗人员或下岗人员自谋职业,缓解社会就业压力,我国出台了相关税收优惠政策。现行的下岗失业人员再就业税收优惠政策主要体现在以下几方面:

第一,商贸企业、服务型企业、劳动就业服务企业中的加工型企业和街道社区具有加工性质的小型企业实体,在新增加的岗位中,当年新招用持《再就业优惠证》人员,与其签订1年以上期限劳动合同并依法缴纳社会保险费的,按实际招用人数享受定额,依次扣减营业税、城市维护建设税、教育费附加和企业所得税优惠。定额标准为每人每年4 000元,可上下浮动20%。

享受定额扣减营业税的单位仅为从事现行营业税"服务业"税目规定经营活动的服务型企业(国家限制行业除外),按"服务业"税目缴纳的营业税。其他类型企业发生的营业税应税行为所缴纳的营业税,不计入扣减范围。

第二,持《再就业优惠证》人员从事个体经营的(除建筑业、娱乐业以及销售不动产、转让土地使用权、广告业、房屋中介、桑拿、按摩、网吧、氧吧外),按每户每年8 000元为限额,依次扣减当年实际应缴纳的营业税、城市维护建设税、教育费附加和个人所得税。

第三,国有大中型企业通过主辅分离和辅业改制分流安置本企业富余人员兴办的经济实体(从事金融保险业、邮电通信业、娱乐业以及销售不动产、转让土地使用权、广告业、房屋中介、桑拿、按摩、网吧、氧吧,建筑业中从事工程总承包的除外),凡符合规定条件的,经有关部门认定,税务机关审核后,企业3年内免征企业所得税。

安置下岗失业人员再就业按实际招用人数享受定额扣减相关税收,利用此优惠政策进行筹划,企业必须认识到,要想最大限度地获得税收定额减免的效益,需要根据企业当年预期的纳税数额合理确定吸纳下岗失业人员的数量。例如,某小型服务企业预计当年缴纳的

营业税、城市维护建设税、教育费附加和企业所得税合计为 14 万元，假定当地每吸纳一名下岗失业人员定额扣减 4 800 元税款，其最多可吸纳 30 位下岗失业人员，再多吸纳是无法获得减税效益的。

【案例 5-15】 某大型国有企业因产品转型、企业改制，造成部分房产主要是仓库闲置、下岗失业人员增加，为了盘活资产，增加效益，2004 年该企业准备对闲置的房产进行经营。

该企业的基本情况如下：闲置房产建于 1970 年，原值 3 000 万元（现在市场价 3 000 万元左右），使用年限 40 年，无残值，目前年折旧 75 万元；对闲置的房产进行整修，组织下岗失业人员进行物业管理，管理成本 50 万元/年；物流公司 B 拟租赁该房产，作为物流周转、仓储货物之用。为了便于分析，不考虑其他经营业务、资金时间价值及其他税种的影响。

A 企业拟采用的经营方式是对物流公司 B 出租，合同为 1 000 万元/年。为此，A 企业承担的税收负担及收益分别为：

$$营业税金及附加 = 1\ 000 \times 5.5\% = 55（万元）$$
$$房产税 = 1\ 000 \times 12\% = 120（万元）$$
$$税前利润 = 1\ 000 - 55 - 120 - 75 - 50 = 700（万元）$$
$$所得税 = 700 \times 33\% = 231（万元）$$
$$净收益 = 700 - 231 = 469（万元）$$
$$纳税合计 = 55 + 120 + 231 = 406（万元）$$

【筹划思路与方法】

总体税收负担达到 40.6%（406÷1 000），该企业税收负担是比较重的。为此，A 企业向会计师事务所咨询相关的税收筹划方案，税务师提出了以下三种方案供企业选择。

方案一：分解租赁合同。

因 A 企业对出租的房产进行的物业管理非常到位，税务师建议 A 企业将租赁合同分解为租赁和物业管理服务两项合同，租赁合同金额 800 万元/年，物业管理服务合同金额 200 万元/年，管理成本 50 万元/年不变。此方案下 A 企业承担的税收负担及收益分别为：

$$营业税金及附加 = (800 + 200) \times 5.5\% = 55（万元）$$
$$房产税 = 800 \times 12\% = 96（万元）$$
$$税前利润 = 1\ 000 - 55 - 96 - 75 - 50 = 724（万元）$$
$$所得税 = 724 \times 33\% = 238.92（万元）$$
$$净收益 = 724 - 238.92 = 485.08（万元）$$
$$纳税合计 = 55 + 96 + 238.92 = 389.92（万元）$$

方案二：变租赁合同为仓储保管合同。

B 公司在接受 A 企业物业管理服务的同时，还招聘人员对仓储的货物进行收发保管，每年另支付收发保管费 50 万元。税务师建议 A 企业从物业管理人员中抽调部分精干人员加强对 B 公司仓储货物知识的学习，同时将租赁合同改变为仓储保管合同，由 A 企业对 B 公司的货物进行全方位的仓储保管服务。仓储保管合同金额 1 050 万元（原合同金额 1 000 万元加原由 B 公司支付的收发保管费 50 万元），假定 A 企业不增加其他成本。合同关系改变后，A 企业缴纳房产税的计税依据不再是租金，而是房产计税余值。此方案下 A 企业承担的税收负担及收益分别为：

$$营业税金及附加 = 1\ 050 \times 5.5\% = 57.75(万元)$$
$$房产税 = 3\ 000 \times 70\% \times 1.2\% = 25.20(万元)$$
$$税前利润 = 1\ 050 - 57.75 - 25.20 - 75 - 50 = 842.05(万元)$$
$$所得税 = 842.05 \times 33\% = 277.88(万元)$$
$$净收益 = 842.05 - 277.88 = 564.17(万元)$$
$$纳税合计 = 57.75 + 25.20 + 277.88 = 360.83(万元)$$

方案三:在仓储保管合同条件下聘用下岗职工。

在此案例发生的当年,国家对下岗失业人员再就业的税收优惠政策值得利用:对新办的服务型企业(除广告业、桑拿、按摩、网吧、氧吧外)当年新招用下岗失业人员达到职工总数 30% 以上(含30%),并与其签订 3 年以上期限劳动合同的,经劳动保障部门认定,税务机关审核,3 年内免征营业税、城建税、教育费附加和企业所得税(财税〔2002〕208 号)。根据此项税收优惠政策,税务师为 A 企业设计了第三种筹划方案。

A 企业出租闲置的房产,其控股的子公司 H 和部分职工出资金,共同投资成立大地仓储物流有限公司,同时全部招聘本企业的下岗失业人员从事仓储物流工作,并与其签订 1 年以上期限劳动合同,再履行一定的法律程序,可在 3 年内免征营业税、城市维护建设税、教育费附加和企业所得税。

为了便于分析,办理新公司的费用暂不考虑,A 企业以闲置的房产出资价为 3 000 万元,大地仓储物流有限公司与 B 公司签订保管合同金额为 1 050 万元,其他有关资料与前述相同。此方案下 A 企业承担的税收负担及收益分别为:

营业税金及附加为 0,企业所得税也为 0(企业享受 3 年税收优惠期)。

$$房产税 = 3\ 000 \times 70\% \times 1.2\% = 25.20(万元)$$
$$税前利润 = 1\ 050 - 25.2 - 75 - 50 = 899.80(万元)$$
$$净收益 = 899.80(万元)$$
$$纳税合计 = 25.20(万元)$$

3 年优惠期满后效益同方案二。

从以上方案比较可知,方案三的节税效果最为明显,与 A 企业拟采用的经营方式相比,在税收优惠期内每年少纳税 380.80 万元,净收益增加 430.80 万元。

需要指出,方案三所利用的对下岗失业人员再就业的税收优惠政策现已失效,自 2005 年开始,对下岗失业人员再就业的税收优惠适用财税〔2005〕186 号文件。新的优惠政策与原优惠政策的区别主要在于减免税方式发生了变化:由 3 年内主要税种的全部减免调整为按实际超用人数定额依次减免。这种调整既体现了对下岗失业人员再就业的支持,也方便了政策操作,减少了税收征管漏洞,应该引起企业重视。

在实施上述筹划方案时,应注意以下几点:必须保证租赁、物业管理服务、物流仓储业务的真实性,不能一味地为了节税,使合同内容与真实发生的业务性质不一致,否则会被税务机关认定为偷税;筹划前后 B 公司付出的现金流一样,都是 1 050 万元,这样签订合同比较容易成功;招用下岗失业人员必须经劳动保障部门认定,新办服务性企业必须经税务机关审核审定。企业最终是否选择以上税收筹划方案,还与企业的历史状况、市场环境以及企业以后的发展战略有关,在实施方案三的条件不成熟时,可以先实施方案二或方案一作为过渡性方案,在条件成熟后,再实施方案三。

2. 安置随军家属及转退军人

在就业、再就业税收优惠政策体系中，军队转业干部、城镇退役士兵、随军家属就业税收优惠政策占有重要地位，值得转退军人和企业双方研究和考虑。

首先，安置自主择业的军队转业干部或随军家属就业而新开办的企业，凡安置上述人员占企业总人数60%（含60%）以上的，经主管税务级机关批准，自领取税收登记证之日起，3年内免缴营业税和企业所得税（财税〔2000〕84号、财税〔2003〕26号）。

其次，新开办的服务型企业（除广告业、桑拿、按摩、网吧、氧吧外）当年新安置自谋职业的城镇退役士兵达到职工总数30%以上，并与其签订1年以上期限劳动合同的，3年内免缴城市维护建设税、教育费附加和企业所得税；如果安置的转退军人比例不到30%，3年内可按比例减免企业所得税。而新办的从事商品零售兼营批发业务的商业零售企业，凡安置自谋职业的城镇退役士兵并与其签订1年以上期限劳动合同的，每吸纳1名自谋职业的城镇退役士兵，每年可享受企业所得税2 000元定额税收扣减优惠（财税〔2004〕93号）。

最后，从事个体经营的军队转业干部、随军家属，经主管税务机关批准，自领取税务登记证之日起，3年内免缴营业税和个人所得税；自谋职业的城镇退役士兵从事个体经营（除建筑业、娱乐业以及广告业、桑拿、按摩、网吧、氧吧外）的，自领取税务登记证之日起，3年内免缴营业税、城市维护建设税、教育费附加和个人所得税（财税〔2000〕84号、财税〔2003〕26号、财税〔2004〕93号）。

在吸纳军队转业干部、随军家属和城镇退役士兵就业的税收优惠政策中，对企业实行按比例减免营业税和企业所得税政策，而且对行业的限制很少。这对于营业额大、利润高的行业而言，如娱乐业和餐饮服务业，吸纳军队转业干部、随军家属和城镇退役士兵就业就是非常好的选择。另外，各省、自治区、直辖市还根据国家的法律、法规制定了具体的优惠政策。企业在运用安置特殊人员享受税收优惠时，要注意了解相关的税收政策及信息。

【案例5-16】 中天建筑公司是2007年3月新办的建筑施工企业，公司已经招聘了管理人员和技术人员25人，其中包括自主择业军队转业干部15人，另外计划招聘建筑工人150人。公司有几笔建筑施工合同正待签订，预计当年能够实现建筑业营业收入7 000万元，扣除各项成本费用后，实现企业所得税应纳税所得额800万元。由于中天建筑公司安置资助择业军队转业干部的比例仅为8.57%（15÷175），因此，不能享受安置军队转业干部的税收优惠。忽略印花税及税务机构代征的各种费用，则该公司预计当年应负担的主要税收负担为：

$$营业税及附加 = 7\,000 \times 3.3\% = 231（万元）$$
$$企业所得税 = 800 \times 33\% = 264（万元）$$
$$合计税收负担 = 231 + 264 = 495（万元）$$

【筹划思路与方法】

企业安置军队转业干部达到规定的比例可以享受税收优惠，财税〔2003〕26号文件进行了相关规定。既然中天公司已经安置了部分军转干部，只是未达到税法规定的比例，可否通过税收筹划享受税收优惠呢？

中天建筑公司投资人可以考虑再另外独立注册一个纯施工劳务公司，中天建筑公司主要从事建筑总承包，负责业务开拓和技术质量，但将施工劳务分包给独立出去的施工劳务公司。从人员安排上看,主要管理人员和技术人员留在中天公司,即原有员工中留用 24 名管理人员和技术人员,其中自主择业的军队转业干部 15 人,军队转业干部的比例达到 62.5%(15÷24),可以享受安置军队转业干部的税收优惠。

新注册的劳务公司的业务为承接中天公司分包出来的工程劳务,在人员安排上,中天公司分过来一位管理人员从事工程施工管理,计划招聘的建筑工人 150 人由施工劳务公司实施招聘。

筹划后,中天公司原计划的业务流程关系不改变,但原有业务和人员均分解到两个公司。中天公司是利润中心,由于负责业务开拓、技术及管理,业务收入和利润主要留在中天公司,但它可以享受安置军队转业干部的税收优惠。施工劳务公司是利润中心,主要负责施工劳务,人员多,尽管要缴纳营业税和企业所得税,但其业务收入和利润都不高。

以 2007 年数据测算。按照原业务计划及分设劳务公司后的业务流程安排,中天公司全年实现建筑业营业收入 7 000 万元,其中分包给施工劳务公司 1 000 万元;中天全年实现应纳税所得额 720 万元,施工劳务公司实现应纳税所得额 80 万元。那么两个公司的税收负担分别为:

(1) 中天公司税收负担。由于享受到 3 年内免征营业税和企业所得税的税收优惠,当年无营业税和企业所得税负担。

(2) 施工劳务公司税收负担。按照现行营业税的有关规定,施工劳务公司从中天公司分包到施工劳务工程并提供施工劳务,属于提供建筑业应税劳务,应按照"建筑业"税目征收营业税。

$$营业税及附加 = 1\,000 \times 3.3\% = 33(万元)$$
$$企业所得税 = 80 \times 33\% = 26.4(万元)$$
$$合计税费负担 = 33 + 26.4 = 59.4(万元)$$

筹划后,两个公司的税收负担共计减少了 435.6 万元(495−59.4),税收负担减轻了 88%。

在本筹划方案中,原本中天公司没有达到享受税收优惠的条件,但通过人员和业务剥离达到了享受税收优惠的条件,而且在原业务流程和人员分工不变的情况下,合理地将大部分利润实现在可以享受税收优惠的公司,从而极大地减轻了税收负担。可见,企业要享受税收优惠必须创造条件使自己符合相关条件。此外,从税收减免的税种分析,利用享受安置军队转业干部的税收优惠进行税收筹划,只适合缴纳营业税的行业,如服务业、建筑安装业、交通运输业、文化体育业等,而制造业和流通业在流转环节主要缴纳增值税,不适合选择此政策进行税收筹划。

3. 技术服务所得的税收优惠筹划

21 世纪是高科技的世纪,近年来,各国都制定了一系列科技优惠政策,我国也不例外。对生产经营中应用了先进技术的企业而言,充分利用科技优惠政策进行税收筹划是符合税收政策导向的。

(1) 产品销售和技术服务税收优惠的比较。在生产经营中应用了先进技术的企业,其业务构成一般既存在先进性产品的销售业务,也有技术成果转让、技术开发等技术服务业务。但产品销售收入和技术服务收入在税收上的待遇是不一样的。相比于产品销售而言,技术服务的税收待遇要更为优惠。

在企业所得税方面,仅对软件企业和集成电路企业实行若干税收优惠,包括:新企业自获利年度起第1年和第2年免征企业所得税,第3至第5年减半征收企业所得税;部分集成电路生产企业自开始获利的年度起,第1至第5年免征企业所得税,第6至第10年减半征收企业所得税;软件企业职工培训费用在企业所得税前据实扣除;对符合条件的软件企业和集成电路企业投资者的再投资进行40%或80%的退税等(财税〔2008〕1号)。此外,并没有专门针对其他产品销售的企业所得税优惠。《企业所得税法》及实施细则规定,在一个纳税年度内,居民企业技术转让所得不超过500万元的部分,免征企业所得税;超过500万元的部分,减半征收企业所得税。

在流转税方面的差别待遇更为明显。对于产品销售,现行税收制度仅对软件产品和集成电路产品在增值税方面给予超税负即征即退的税收优惠,即对其增值税实际税负超过3%的部分实行即征即退政策(财税〔2000〕25号、财税〔2002〕70号)。对先进技术企业生产的其他产品,则都没有流转税方面的优惠。但对技术服务有很优惠的流转税政策,即对单位和个人从事技术转让、技术开发业务和与之相关的技术咨询、技术服务业务取得的收入(四技收入),免征营业税(财税字〔1999〕273号)。其中,技术转让是指转让者将其拥有的专利和非专利技术的所有权或使用权有偿转让给他人的行为;技术开发是指开发者接受他人委托,就新技术、新产品、新工艺或者新材料及其系统进行研究开发的行为;技术咨询是指就特定技术项目提供可行性论证、技术预测、专题技术调查、分析评价报告等;与技术转让、技术开发等相关的技术咨询、技术服务业务是指转让方(或受托方)根据技术转让或开发合同的规定,为帮助受让方(或委托方)掌握所转让(或委托开发)的技术,而提供的技术咨询、技术服务等业务。

因此,对高新技术企业而言,技术服务收入的税收待遇要优于产品销售收入。

(2)利用技术服务收入与产品销售收入的税收差别待遇进行筹划。许多先进技术企业都存在着技术服务和产品销售的兼营行为,往往技术服务收入与产品销售收入是相伴发生的,它们之间并无严格的界限,既然技术服务收入的税收待遇比产品销售更为优惠,企业如果在适当的范围内调整收入结构,将产品销售收入部分转化为技术服务收入,就意味着将高税负的收入转变为低税负的收入,从而可以减轻税收负担,增加净收入。

【案例5-17】 科利达计算机公司是先进技术企业,它开发生产各种计算机产品,也从事技术开发和技术转让业务。2008年,科利达公司承接一笔业务,为其客户开发一项工业控制项目,并将该成果转让给客户,该项技术转让及技术服务价款共200万元。此业务中该客户还向科利达公司购买计算机产品400万元(不含税),预计计算机产品销售成本和相关费用280万元,可抵扣增值税进项税额42.5万元。科利达公司当年技术收入仅此一笔。

此业务中科利达公司技术转让收入免征营业税,但产品销售收入要缴纳增值税。技术转让收入为200万元,技术转让所得一定低于200万元,没有超过500万元,免征企业所得税;但产品销售所得要缴纳企业所得税。科利达公司纳税情况和营利情况如下:

无营业税。

$$增值税 = 400 \times 17\% - 42.5 = 25.5(万元)$$

$$企业所得税 = (400 - 280) \times 25\% = 30(万元)$$

$$客户总支出 = 200 + 400 \times 1.17 = 668(万元)$$

其中，200万元以无形资产入账，469万元以固定资产入账，668万元均属于长期资产。

【筹划思路与方法】

对该业务分析：既然技术转让的税收待遇由于产品销售，如果能够将产品销售收入部分转化为技术服务收入，税负就会减轻。

根据上述分析，科利达公司对从该客户取得的收入结构进行了调整，减少销售计算机产品收入，增加技术转让及技术服务收入。该计算机公司将技术转让及技术服务收入增加为300万元，将销售计算机产品收入减少为300万元。

对科利达公司而言，技术转让及技术服务价款300万元免征营业税和企业所得税，公司只需对销售计算机产品的收入300万元按规定缴纳增值税和企业所得税。相对于筹划前，科利达公司多获得了100万元收入免缴营业税和企业所得税的好处，其税收负担会减轻。

对客户而言，接受技术转让及技术服务按无形资产入账，购买计算机产品按固定资产入账，这两项均为资本性支出，其对费用的影响基本相同；而且，购买计算机产品由于不能抵扣增值税进项税额，其实际购买成本为计算机产品的价款加上由此负担的17%的增值税进项税额，这样降低计算机产品销售价格，实际上是减少了客户的总支出17万元。因此，这项筹划方案不会遭到客户的反对。

筹划以后科利达公司流转税和企业所得税都减轻了，客户总支出也减少了。科利达公司应负担的主要税收负担为：

无营业税。

$$增值税 = 300 \times 17\% - 42.5 = 8.5（万元）$$
$$企业所得税 = (300 - 280) \times 25\% = 5（万元）$$

筹划以后增值税负担随产品销售收入减少而减少了17万元，企业所得税负担随产品销售收入减少100万元而减少25万元，净收入增加25万元。

$$客户总支出 = 300 + 300 \times 1.17 = 651（万元）$$

其中，300万元以无形资产入账，351万元以固定资产入账，651万元均属于长期资产。客户总支出减少了17万元。

本筹划方案充分利用了技术转让与产品销售的税收差别待遇。通过调整收入结构，提高了可以享受税收优惠的技术转让收入，降低了无税收优惠的产品销售收入，从而最大限度地享受了税收优惠政策，达到减轻税负的目的。

 习　题

1. 准予在计算应纳税所得额时扣除的项目有哪些内容？根据成本费用在所得税前的列支方式不同，成本费用的抵税作用分几类？不同抵税作用的成本费用应采取怎样的税收筹划方法？

2. 分公司和子公司的法律地位及涉税情况有什么不同？企业在设立分支机构时应该如何选择？

3. 小型微利企业有什么认定标准？如何利用小型微利企业税收待遇进行税收筹划？

4. 某生产性外商投资企业已享受企业所得税的定期减免税政策,无以前年度未弥补的亏损。2008年度实现产品销售收入10 000万元。企业当年发生业务招待费90万元,广告费400万元,业务宣传费80万元,发放工资200万元,无职工教育经费及工会经费发生额。另外当年还直接向社区游泳馆捐赠10万元,通过中国红十字会向雪灾地区捐赠50万元,支付交通违规罚款1万元。年底经董事会决议,从已提取的职工奖励及福利基金中拿出20万元用于奖励在产品开发、市场开拓和经营管理方面取得成就的员工,其中对作出突出贡献的1名科研人员奖励价值15万元的汽车1辆;对其他5名有功人员每人奖励价值1万元的笔记本电脑1台。企业发放时,借记"盈余公积"账户,贷记"银行存款"账户。年终决算,企业税前会计利润总额为500万元。请计算其应纳企业所得税额,并对企业上述处理提出税收筹划建议。

5. 海天公司是一家工业企业,该公司总人数为1 000人,其中营销人员20人,近几年共安置城镇退役士兵15人。该公司2008年实现利润1 000万元,应纳税所得额850万元。由于海天公司是工业企业,即使安置再多的城镇退役士兵也不能享受税收优惠。因此,该公司须按照正常的所得税、流转税制度缴纳各项税费。请问该公司有没有可能利用安置城镇退役士兵的税收政策享受税收优惠?如何才能够做到?

第六章　个人所得税的税收筹划

　　本章的基本法律依据是《中华人民共和国个人所得税法》（以下简称《个人所得税法》），该法于 1980 年 9 月经由第五届全国人民代表大会第三次会议通过，此后由全国人民代表大会常务委员会分别于 1993 年 10 月、1999 年 8 月、2005 年 10 月、2007 年 6 月、2007 年 12 月、2011 年 6 月和 2018 年 8 月进行了七次修订。全国人大常委会关于修改个人所得税法的决定草案 2018 年 8 月 27 日提请十三届全国人大常委会第五次会议审议，2018 年 8 月 31 日，关于修改个人所得税法的决定经十三届全国人大常委会第五次会议表决通过。

　　本次修订，《个人所得税法》的变化主要体现在以下几个方面：第一，起征点确定为每月 5 000 元。新《个人所得税法》规定：居民个人的综合所得，以每一纳税年度的收入额减除费用 6 万元以及专项扣除、专项附加扣除和依法确定的其他扣除后的余额，为应纳税所得额。第二，减税向中低收入者倾斜。新《个人所得税法》规定，个税的部分税率级距进一步优化调整，扩大 3％、10％、20％三档低税率的级距，缩小 25％税率的级距，30％、35％、45％三档较高税率级距不变。第三，多项支出可抵税。计算个人所得税在扣除基本减除费用标准和"三险一金"等专项扣除外，还增加了专项附加扣除项目。新《个人所得税法》规定：专项附加扣除，包括子女教育、继续教育、大病医疗、住房贷款利息或者住房租金、赡养老人等支出，具体范围、标准和实施步骤由国务院确定，并报全国人大常委会备案。

　　依据《个人所得税法》，我国的现行个人所得税具有以下特点：①实行分类综合所得税制；②存在多种税率形式；③有多种费用扣除形式；④在征管方式上，源泉扣缴和自行申报相结合。本章将根据这些特点来讨论如何应用基本策略，以寻求合理有效的个人所得税的具体筹划方法。

　　由于我国城乡居民收入水平的不断上升，特别是税务机关征收力度的不断加大，我国的个人所得税收入绝对额虽然还不大，但增长的速度却很快。因此，对个人所得税进行税收筹划也变得日益重要。

　　本章将分节介绍规避纳税义务、缩小税基、适用低税率、充分利用税收优惠政策等税收筹划基本方法的应用。由于个人所得税的税负转嫁一般来说比较困难，又由于个人所得税大多数税目按月征收，额度相对较小，其资金的时间价值一般也就不太重要，所以，本章对税负转嫁和税收递延方法的应用将不予讨论。

第一节　个人所得税规避纳税义务的筹划

　　个人所得税的纳税义务人，包括中国公民、个体工商户以及在中国有所得的外籍人员和香港、澳门、台湾同胞。个人独资企业和合伙企业投资者也为个人所得税的纳税义务人。个人所得税的征税对象是纳税义务人的应税所得,我国实行分项所得税,应税所得被分成了 11 类。按照《个人所得税法》,严格地说,所有纳税人无论是否取得了应税所得,都有申报纳税的义务。不过,我国目前实际上尚未要求没有取得应税所得的纳税义务人办理纳税申报手续。因此,个人所得税应用规避纳税义务方法进行税收筹划时可以分别从规避成为个人所得税纳税人和规避取得个人所得税应税所得两个方面展开。

一、避免成为居民纳税人

《个人所得税法》中规定,我国个人所得税的纳税人包括居民纳税人和非居民纳税人。居民纳税义务人负有无限纳税义务,就其来源于中国境内或境外的全部所得缴纳个人所得税;而非居民纳税义务人承担有限纳税义务,仅就其来源于中国境内的所得,向中国政府缴纳个人所得税。很明显,非居民纳税义务人将会承担较轻的税负。因此纳税人身份的不同界定,也为居民提供了税收筹划空间。

所谓避免成为个人所得税纳税人主要是指避免成为我国的居民纳税人,从而避免就自己来源于国外的所得纳税。来源于境内的所得无论是居民纳税人还是非居民纳税人都应该向我国政府缴税,如果就来源于境内的所得还采取规避成为纳税人的方法,通常会触及偷逃税的高压线,带来巨大的风险。

根据国际惯例,对居民纳税人和非居民纳税人的划分,我国采用了住所标准和居住时间标准。这里所指的住所标准是指习惯性居所或住所,是在税收上判断居民和非居民的一个法律意义上的标准,不是指实际居住在或在某一特定时期内的居住地。我国对时间标准的规定为,一个纳税年度内在中国境内住满 183 天,即以居住满半年为时间标准,达到这个标准的个人即为居民纳税人。在居住期间内临时离境,即在一个纳税年度中一次离境不超过 30 日或者多次离境累计不超过 90 日的,不扣减日数,连续计算。同时,为了鼓励人员的国际交流,我国税法还规定在我国境内居住累计满 183 天的年度连续未满 5 年的个人,就其来源于中国境内的所得应全部依法缴纳个人所得税;对于其来源于中国境外的各种所得,经主管税务机关批准,可以只就由中国境内公司、企业以及其他经济组织或个人支付的部分缴纳个人所得税。对于居住超过 5 年的个人,从第 6 年起,开始就来源于中国境内、境外的全部所得缴纳个人所得税。

因此,对在我国境内没有住所的纳税人可以从时间标准考虑,避免成为个人所得税的居民纳税人,从而降低税收负担。

【案例 6-1】 一位美国工程师受雇于一家位于美国的总公司,从 2012 年 1 月起,他到中国境内的分公司帮忙筹建某工程。2012 年度内他曾离境 60 天回国向总公司述职,又曾离境 40 天回国探亲。2012 年度,他共领取薪金 96 000 元。由于这两次离境每次离境时间超过 30 天,累计离境时间超过 90 天,因此,这名美国工程师在 2012 年度为中国的非居民纳税人。又由于他从美国总公司取得的 96 000 元的薪金不是来源于中国境内的所得,所以不征收个人所得税。

【筹划思路与方法】

这位工程师就合法地利用"非居民纳税义务人"的身份节约了在中国境内应缴纳的个

人所得税。如果他在2012年度每次离境时间不超过30日,累计离境时间不超过90日,他将成为中国税法意义上的居民纳税人,需要就其全部所得缴纳个人所得税。

当然,根据美国税法的规定,该美国工程师从美国总公司取得的所得也要按美国税法缴纳个人所得税。由于中美两国有税收协定,如果在中国境内缴纳了个人所得税,可以在美国得到抵免,这时应分析他在美国的纳税情况,综合考虑。

二、规避应税所得

就我国绝大多数个人所得税纳税人而言,居民纳税人的身份是很难有筹划空间的。虽然如此,但在一些特殊情况下也可以设法规避征税对象,使自己的收入不属于应税所得。我国个人所得税将个人所得分为11类分别进行征税,如果能在不直接取得这11类收入的情形下,获得价值相当的实际收益,就可以有效避免收入被作为征税对象。

1. 避免取得所有权

《中华人民共和国个人所得税法实施条例》(以下简称《个人所得税法实施条例》)中规定,个人取得的各种实物收入也需要纳入征税范围,因此,发放实物的方式并不能降低税收负担。但如果纳税人不获得实物的所有权而仅取得实物的使用权,则无须纳税。因此,可以从这一方面考虑应用规避征税对象的方法。比如,纳税人获得股息、红利或者工资、薪金,其消费意图是购房或购车。那么取得的收入先需缴纳个人所得税,税后收入才能用于购房或购车。但如果纳税人所在公司以公司名义购房或购车,仅将房屋、车辆的使用权交给个人则无须缴纳个人所得税。通过这一方式,就可以规避征税对象,达到降低税收负担的目的。

2. 将收入转化为股权

依我国《个人所得税法》的相关规定,个人取得的明确收入无疑是需要纳税的,但如果是取得的不明确的期望收入则往往无须纳税。这是由于期望收入难以确认为实际收入,如果征税可能会对纳税人当前的生活产生较大的负面影响,所以我国税法中对一些这种性质的收入免征个人所得税。例如,按照《个人所得税法》规定,个人以无形资产投资入股,其评估增值取得的所得在投资取得企业股权时,暂不征收个人所得税(国税函〔2005〕319号)。对于特许权使用费所得即可利用这一点进行税收筹划。

【案例6-2】 2006年,高校教师李教授发明了一种新技术,该技术获得了国家专利,专利权属李教授个人拥有。如果将其一次性转让,可获转让收入80万元。如果将该专利折合股份投资,让其拥有等价的股权,预期当年可获股息收入8万元,而且预期未来10年内每年盈利水平业也与之大体相当。李教授应选取那种获利方式呢?

【筹划思路与方法】

方式一:李教授将该专利一次性转让。

首先,根据营业税有关法规规定,转让专利权属于转让无形资产,应缴纳营业税及附加税费:营业税及附加=80×5.5%=4.4(万元)

其次,根据《个人所得税法》的有关规定,转让专利使用权收入属特许权使用费收入,应缴纳个人所得税。由于营业税属于可扣除项目,故李教授营业税后的该项个人所得税应纳税所得额为75.6万元(80-4.4)。个人转让无形资产所得的税前允许扣除率为20%,税率也为20%。

$$个人所得税 = 75.6 \times (1 - 20\%) \times 20\% = 12.096(万元)$$

$$税后收入 = 80 - 4.4 - 12.096 = 63.504(万元)$$

方式二:李教授将专利折合成股份,拥有股权。

首先,按照营业税的有关规定,以无形资产投资入股,参与接受投资方的利润分配,共同承担投资风险的行为,不征收营业税。由于李教授将专利折合成股份投资,且拥有公司股权,该股权所实现的收益是不确定的,存在风险,属于无形资产投资入股,免征营业税。因此,李教授不用负担营业税。

其次,由《个人所得税法》规定,拥有股权所取得的股息、红利,应按20%的比例税率缴纳个人所得税,且税前不允许扣除。所以应纳个人所得税=8×20%=1.6(万元)。

通过专利投资,当年仅需负担1.6万元的税款,10年李教授共需缴纳个人所得税16万元,少于将专利单纯转让一次性需缴纳的16.496万元;当年税后实际收入为6.4万元(8-1.6),10年共计64万元,比方式一的税后收入63.504万元多,而且仍然持有80万元的股份,可继续通过股权获利。

两种做法各有明显的利弊。将专利一次性转让,没有什么风险,缴税之后,就可以实实在在地拥有个人所得,但它是一次性收入,税负较重,而且收入是固定的,没有升值的希望;采用投资方式仅需负担投资分红应负担的税收额度,股份只有在转让时,才需负担税收。同时还可以得到企业利润或资本金配股所带来的收入,股份还有升值可能。但其不足之处是风险大,收益不确定。当然,纳税人也可以考虑将两种方法结合,一部分转让收益要求直接支付,另一部分转让收益作为投资入股,这样既缩小了部分税基又获得了部分实际收益,降低了税收负担同时也不用承担太大的风险。

第二节　个人所得税缩小税基的筹划

我国的《个人所得税法》将个人所得分为11类,针对每一类不同性质的所得采用了不同的征收方法。但无论采用哪一种征收方法,无论采用累计税率还是比例税率,个人应税所得都是计算个人所得税的依据,应税所得也就是个人所得税的税基。虽然《个人所得税法》规定的每一项应税所得的计算方法都有所不同,但总体上还是一致的,即应税所得等于计税收入减去可扣除费用后的余额。由此可知,个人所得税的税基主要受两个因素影响:一是个人的计税收入,二是税前允许扣减的费用额度,减少税法确认的个人计税收入或者增加允许税前扣减的费用额度都可以减少个人所得税的税基。所以,应用缩小税基方法于个人所得税筹划时可以从这两个方面着手。

一、减少计税收入缩小税基

由于11类所得的特征和计税方法互不相同,因而不同的所得项目减少计税收入的方法也会有所不同,这意味着具体的减少计税收入的筹划方法在应用上有一定的所得项目适用范围。如有《个人所得税法》对工资薪金所得的规定可知,缩小工资薪金所得税基时,可以从两方面考虑:一是采用非货币支付办法,提高职工公共福利,间接增加职工福利。例如,免费为职工提供宿舍,免费提供交通便利,提供免费职工用餐等。企业替员工个人支付这些支出,个人在实际工资水平未下降的情况下,减少了应由个人负担的税款;企业也可以把这些支出作为费用税前列支,从而减少企业所得税应税所得额,可谓一举两得。二是可以将收入保险化,即替职工多购买允许税前扣除的养老保险、公积金等,这样职工可以在不减少实际收入的情况下,减少计税依据,从而降低实际税收负担。本节基本上是按照所得项目的不同,依次分别介绍工资薪金所得、劳务报酬所得以及偶然所得和股权所得减少计税收入的筹划方法。

(一)工资薪金所得计税收入的减少

1. 收入非货币化

取得高薪是提高个人消费水平的主要手段,但由于工资薪金个人所得税的税率是累进的,当薪金较高时,对应的税率也高,纳税人的税后收益将大幅度减少。所以,把纳税人现金性工资转为福利,同样可以满足其消费需求,却可缩小税基,减少个人所得税。

但需注意的是,根据《个人所得税法实施条例》的规定,个人取得的应税所得包括现金、实物和有价证券。当所得为实物时,应当按照取得的凭证上所注明的价格计算应纳税所得额;无凭证的实物或者凭证上注明的价格明显偏低的,由主管税务机关参照当地市场价格核定应纳税所得额,因此,企业提供的福利应该是不能转化为现金的。

【案例 6-3】 2012 年,张先生任职于武汉市一家公司,公司提供的工资待遇为月工资 6 000 元(其中 800 元为公司给予的货币性住房补贴,因此公司不再提供住房)。这一工资支付方式合适吗? 是否有税收筹划的空间?

【筹划思路与方法】

张先生每月工资为 6 000 元,因此:

$$个人所得税 = (6\,000 - 3\,500) \times 10\% - 105 = 145(元)$$

扣除租房支出后,实际收入为 5 055 元(6 000-145-800)。张先生的租房支出是必不可少的,因此可约定由公司提供住房,但每月的工资相应地降为 5 200 元。此时:

$$个人所得税 = (5\,200 - 3\,500) \times 10\% - 105 = 65(元)$$

税后实际收入为 5 135 元(5 200-65),但无需再租房。所以,张先生选择这一方式每月可以减少个人所得税 80 元,1 年就是 960 元。显然,这一方式更优一些。

本例中,如果公司给予张先生 800 元的货币性住房补贴,由张先生自己负担租房的相应费用,由于张先生的租房支出不能在税前扣除,同时货币性住房补贴又要加入工资总额计征个人所得税,导致在扣除个人所得税及租房费用后的实际收入降低。如果公司不把住房补贴发放给张先生个人,而是由公司租房再提供住房,则这部分收入就不必缴纳个人所得税,而张先生个人实际收入也并没有下降。总之,将职工的货币性支出进行转化,由企业通过非货币性的支付方式提供,同时相应降低职工名义工资的做法,能较好地减少职工的个人所得税,但并不降低职工的实际收入水平。

2. 收入保险化

收入保险化是指根据在税前扣除养老保险、公积金的税法规定,尽量争取更多税前扣除额,从而降低计税收入的筹划方式。下面以公积金为例说明这一筹划方法。

《个人所得税法》规定，个人每月住房公积金缴存额可从工资总额中进行税前扣除，免纳个人所得税。按照公积金有关文件规定，职工个人与其所在单位，分别依据职工月工资总额的同一比例，按月缴存住房公积金。职工个人每月缴存额等于职工每月工资总额乘以个人缴存率，单位每月缴存额等于该职工每月工资总额乘以单位缴存率，两笔资金全部存入个人账户，归职工个人所有。我国目前住房公积金按国家规定比例为5％～20％。

根据以上条件，税收筹划的具体做法是：提高公积金计提比例，减少个人所得税应纳税额，从而提高职工的实际收入水平。

【案例6-4】 若2013年武汉某公司职工林某每月工资7 000元，公积金提取比例为5％，不考虑其他税前扣除因素，则林某的收入及缴税情况为：

$$住房公积金个人缴存额 = 7\ 000 \times 5\％ = 350(元)$$
$$应纳税所得额 = 7\ 000 - 3\ 500 - 350 = 3\ 150(元)$$
$$个人所得税 = 3150 \times 10\％ - 105 = 210(元)$$
$$实际收入 = 7\ 000 + 350 - 210 = 7\ 140(元)$$
$$公司实际支出 = 7\ 000 + 350 = 7\ 350(元)$$

【筹划思路与方法】

若公积金提取比例提高到20％，在不增加企业支出的情况下，假定企业支付给职工工资为A，则林某工资需满足下列公式：

$$20\％A + A = 7\ 000 + 350$$

求解可得：
$$A = 6\ 125(元)$$

所以，按20％提取住房公积金时，林某的收入及缴税状况为：

$$住房公积金 = 6\ 125 \times 20\％ = 1\ 225(元)$$
$$应纳税所得额 = 6\ 125 - 3\ 500 - 1\ 225 = 1\ 400(元)$$
$$个人所得税 = 1\ 400 \times 3\％ = 42(元)$$
$$实际收入 = 6\ 125 + 1\ 225 - 42 = 7\ 308(元)$$

可见，提高公积金提取比例后，职工实际收入提高168元，亦即前后两次个人所得税额之差。

通过这种操作，职工的实际收入提高了，而且住房公积金存款是免利息税的，因此，还可获得高出普通银行存款的收益。进一步考虑，职工购房时获得的住房公积金贷款额度跟职工个人的公积金存款金额正相关，并且公积金的贷款利率是低于商业银行住房贷款的，所以，两者之间的利息差额也可以视为职工的潜在收益。不仅住房公积金可以这样进行税收筹划，医疗保险金、基本医疗保险金和失业保险金都可以参照类似的思路进行税收筹划。

(二)劳务报酬所得计税收入的减少

个人取得劳务报酬所得时，实际上往往也要承担交通、餐饮等多种费用，但《个人所得税法》不允许扣除这些费用。因此，当个人在获得劳务报酬的同时需要支付相应费用时，如伙食、交通、住宿等，就可以约定由雇佣方支付这些费用。这样可以在不减少劳务提供方实际收益的情况下，降低劳务报酬的应纳税所得额，实质上就是缩小了税基，最终减少了个人所得税，劳务报酬所得者总体上保持更高的税后收益水平。而且，由于雇佣方在提供的伙食、交通等服务时所发生的费用可以在所得税前扣减，所以也可以降低雇佣方的所得税负担。因此,雇佣方对这一做法应该会持支持的态度。

【案例6-5】 某教授到外地某企业讲课,企业给教授支付讲课费50 000元人民币,往返交通费、住宿费、伙食费等一概由该教授自己负责,讲课期间该教授的开销为:往返飞机票3 000元,住宿费5 000元,伙食费2 000元。这一过程是否可以进行税收筹划?

讲课属于劳务报酬,应该缴纳个人所得税。

$$个人所得税 = 5 \times (1 - 20\%) \times 30\% - 0.2 = 1(万元)$$

个人所得税由企业代扣代缴,教授实际收到讲课费为扣除个人所得税后的额度。

$$净收入 = 5 - 1 - (0.3 + 0.5 + 0.2) = 3(万元)$$

【筹划思路与方法】

根据前文的分析,更好的支付办法是由企业支付教授讲课费4万元,往返交通费、住宿费、伙食费等全部由企业负责。当企业支付各种费用时,该教授应纳个人所得税和实际收入状况为:

$$个人所得税 = 4 \times (1 - 20\%) \times 30\% - 0.2 = 0.76(万元)$$
$$净收入 = 4 - 0.76 = 3.24(万元)$$

由此可见,由企业支付交通费、住宿费及伙食费,教授可以获得更多的实际收益。而对于企业来讲,企业的实际支出没有变多,反而因为这些开销往往可以在所得税前抵扣而使得企业所得税有所减少。因此,支付劳务报酬时,费用开支最好由企业来支付。这样既可以减少个人劳务报酬应纳税所得额,同时又不会增加企业额外的负担。

(三)减少计税收入的其他方法

前文讨论了对于工资薪金所得、劳务报酬所得等收入项目如何减少计税收入以缩小税基的方法,而当纳税人取得其他个人收入时,如果存在可以不计应税所得的收入形式,应该尽量争取采用这种收入形式以减少计税收入。下面举例介绍偶然所得与股权所得争取抵免的方法。

【案例6-6】 某饭店推出了"除夕有奖用餐"活动。该活动共有三个奖项:一等奖1名,奖价值600元的微波炉一台;二等奖2名,奖价值200元的电风扇一台;三等奖10名,奖价值15元的小玩具一只。活动规则为:凡参加当晚用餐的每一桌均有一次抽奖机会,中奖者既可以领取奖品,也可以按奖品同样的价值抵减当晚的用餐费用。中奖者的税款按规定由饭店代扣代缴。张先生当晚在饭店和家人用餐,餐费为500元,就餐后张先生得知自己幸运地中了二等奖。

【筹划思路与方法】

如果张先生领取电风扇,则张先生应当按照"偶然所得"缴纳个人所得税40元(200×20%)。如果采取抵减用餐费用的方法,张先生可以少支付200元的餐费,同时由于没有领取电风扇,缩小了偶然所得的税基,可以节税40元。而且这样也可以降低饭店的营业额,从而减少饭店的营业税和企业所得税,所以,饭店是乐意这样操作的。

另外,一般情况下,个人所得税不涉及流转,不会存在对同一征税对象重复征税的现象。但在某些特定情况下,也有可能出现重复征税的问题。这时,尽量避免这一现象可以减少个人所得税,这样实质上也是降低整体的计税收入。

【案例6-7】 某公司为王军创立,在多年的经营中一直没有分红,目前公司有较多的盈余公积,依王军的股份可以分得100万元的红利,而且公司盈利状况良好。2013年8月,王军将其持有的股权转让给廖某,取得收入300万元(假定该转让不涉及其他税费)。2013年9月,公司分配现金股利,廖某取得股利收入100万元。

$$王军取得了财产转让所得,需缴纳个人所得税 = 300 \times 20\% = 60(万元)$$
$$廖某取得股息、红利所得,也需缴纳个人所得税 = 100 \times 20\% = 20(万元)$$

【筹划思路与方法】

其实,股权的价值一般是由企业的所有者权益以及企业的未来盈利能力所决定的。企业分配现金股利,会减少企业的所有者权益,从而减少股权的价值。对于本例中的情形,王军可以争取在股权转让前进行股利分配,这样会降低股权的价值,从而缩小转让股份时个人所得税的税基。比如,公司先分配现金股利100万元,然后王军将股权以200万元的价格转让给廖某。按此方案实施后,王军应按取得股息、红利所得和财产转让所得分别纳税,纳税额度如下:

$$股息、红利所得个人所得税 = 100 \times 20\% = 20(万元)$$
$$财产转让所得个人所得税 = 200 \times 20\% = 40(万元)$$

而廖某不需要缴纳个人所得税。所以筹划后,两人总体税负降低了20万元,尽管税收收益的分配情况为王军应纳税款没有减少,廖某减少应纳个人所得税20万元。但通过双方的谈判协调,应该能够共享这20万元的税收收益。这一案例中,实质上是对所得中的100万元避免作为转让所得先征收一次个人所得税,然后又作为股息红利所得再征收一次个人所得税,从而降低了两人总的计税收入。

二、增加可扣除费用缩小税基

个人所得税直接对纳税人个人征收,这将在很大程度上影响纳税人的实际生活水平。因此,在个人所得税制中,为保证纳税人的基本生活水平,对于大多数不同性质的所得,税法都规定了可以扣除的费用。这些允许税前扣除的费用中,有些是固定的,有些是根据纳税人的生产经营状况确定的。如果能增加这些可扣除费用,也可达到缩小税基,减少个人所得税的目的。本节将讨论对于固定可扣除费用和其他非固定可扣除费用的筹划方法。

(一)对固定可扣除费用的筹划

固定可扣除费用粗看额度一定,不存在可以筹划的空间。但仔细分析后,一是存在可扣除800元或20%税率的选择;而是存在多人取得同一笔收入时,固定可扣除费用总额的选择,所以仍然存在税收筹划的空间。固定可扣除费用在稿酬所得、财产租赁所得、劳务报酬所得等多类所得中应用方式基本一致,下面以稿酬所得为例讨论这一筹划方法。

稿酬所得是指个人因其作品以图书、报刊形式出版、发表而取得的所得。稿酬所得采用20%的比例税率,但《个人所得税法》规定可以减征30%,所以实际上是14%的比例税率。比例税率在税收计算上要简单一些,税收筹划的空间也相对累进税率少一些。而且稿酬所得一般由出版社代扣代缴,也降低了税收筹划的可操作性。但是,在适当的情形下,仍然可以对稿酬所得进行税收筹划,如多人出版同一作品时。

【案例6-8】 某高校李教授和9位老师合写了一本书,稿酬5万元,每人可得5 000元。《个人所得税法》规定:稿酬所得每次收入4 000元以上的,减去20%的费用,其余额为应纳税所得额。稿酬所得税率为20%,并按应纳税额减征30%,因此:

$$个人所得税 = [5\,000 \times (1-20\%)] \times 20\% \times (1-30\%) = 560(元 / 人)$$

10人共纳税5 600元,税后每人得4 440元。

【筹划思路与方法】

在这一过程中,每人的税前扣除比例都为20%,但如果每人税前所得仅为800元,则可以全部扣除,相当于扣除比例为100%。因此,可以通过将收入重新分配,使其中部分收入的扣除比例从20%增加到100%。比如将稿酬拆分,李教授得42 800元,其余9人均为800元的话,则实际纳税人只有李教授一人,其余9人无须纳税。因此:

$$个人所得税 = [42\,800 \times (1-20\%)] \times 20\% \times (1-30\%) = 4\,793.6(元)$$

在取得税后收入后,10人平分收益,结果是共纳税4 793.6元,平均每人纳税479.36元,每人实际获得4 520.64元,相比前一方案增加了80.64元。

这里节税效果是由于其余9人在共获得收入7 200元的情形下,抵扣额达到7 200元,这7 200元相当于扣除了100%,但李教授仍然就剩余的42 800元抵扣了20%而产生的,实际上是增加了抵扣额,也就是缩小了税基。当多人共同取得稿酬所得、财产租赁所得、劳务报酬所得时,都可以采用类似的筹划思路,即通过对多人收入比例的合理分配来增加抵扣额,从而缩小税基,最终降低税收负担。

(二)充分利用可扣减项目

在个人所得税允许的可扣减费用中,一些性质的所得除扣除固定费用外,还可以扣除相关的一些费用。如财产租赁所得,依照《个人所得税法》规定,纳税人出租财产取得财产租赁收入,在计算征税时,除可以依法减去规定费用和有关税费外,还准予扣除纳税人负担的该出租财产实际开支的修缮费用。允许扣除的修缮费用,以每次800元为限,一次扣除不完的,准予在下一次继续扣除,直至扣完为止。(国税函〔2002〕146号)关于财产租赁所得计算个人所得税时,税前扣除有关税费的次序问题明确如下:个人出租财产取得的财产租赁收入,在计算缴纳个人所得税时,应依次扣除以下费用:租赁过程中缴纳的税费;由纳税人负担的该出租财产实际开支的修缮费用;税法规定的费用扣除标准。因此,在对这一类所得进行税收筹划时,可以从允许扣除的项目着手,增加可扣除的项目,使得税基减少,这样即使税率不变也可以减少所得税。

【案例6-9】 常先生准备在下月初把地处市区的一套老房子出租,租期为12个月,已经和承租方签订租赁合同。主管地方税务机关根据常先生的房屋出租收入,减去应纳的税费及其他相关费用后,核定月应纳税所得额为10 000元。同时,他还有意向将盖房子进行装修。经维修队的技术员测算,房屋维修费要10 000元。如果现在装修,只需一个星期的时间就可装修好,不会影响房屋出租。常先生应该现在装修吗?

这里,常先生主要应该考虑房屋出租的个人所得税因素。出租房屋时需缴纳营业税和个人所得税,因为只要价格相同,所缴纳的营业税也相同。所以,本例中不考虑营业税的影响,仅比较个人所得税。

【筹划思路与方法】

如果常先生在房屋出租期满后装修。那么,按税法规定,从 2001 年 1 月 1 日起,对个人出租房屋取得的所得暂减按 10% 的税率征收个人所得税。常先生应纳税所得额为 10 000 元,每月应纳个人所得税为 1 000 元(10 000×10%),即在 12 个月的房屋租赁期内,常先生总共应纳个人所得税 12 000 元(1 000×12)。

如果常先生马上对房屋进行装修,维修费用为 10 000 元。依照税法的规定,房屋租赁期的第 1 个月至第 12 个月,每月应纳税所得额为 9 200 元(10 000－800),每月应纳个人所得税 920 元(9 200×10%),在房屋租赁期内,累计可扣除房屋维修费 9 600 元(800×12),剩余房屋维修费 400 元(10 000－9 600),可在以后的房屋租金中扣除。常先生在出租房屋 12 个月的时间内,实际缴纳个人所得税 11 040 元(920×12)。

本例中,采取先装修再出租方式可以节税 960 元(12 000－11 040)。如果今后仍对外出租,节税效果将更明显。当然,纳税人在支付装修费时,一定要向维修队索取房屋维修发票,并及时报主管税务机关核实,装修费只有经税务机关核实后才能扣除。

(三)扩大可列支生产经营费用

个人所得税在对个体工商户生产经营所得进行征税时,由于个体工商户的生产经营所得和企业所得税在费用扣除方面有很大的相似性,因此,可以借鉴企业所得税的筹划方法进行筹划。从降低计税依据的角度出发,可以采用合理折旧、费用分摊和转化等方法。

对于固定资产折旧,原理和企业所得税中采取加速折旧筹划的原理是一致的,但在具体操作上和企业所得税不完全一样。在企业所得税中,由于是比例税率,所以筹划时应当尽量提前折旧以获得尽早的扣除,从而获得税款的时间价值。个人所得税中,由于对个体工商户的生产经营所得采用的是累进税率,所以不能一味地将折旧提前,而应充分考虑每年所得的均衡性。所以,个体工商户或个人独资企业等在提取固定资产折旧时,首先要注意不同的折旧方法使利润额受冲减的程度,注意由此造成的年收益额的波动,避免形成累进税率制度下的税率升高。其次,在固定资产折旧不会改变最终适用税率的情形下,要尽早折旧以提高资金的时间价值。与固定资产折旧类似,个体工商户或个人独资企业等在考虑存货计价原则时,也可采用类似思路。

对于费用的分摊,由于个体户使用的是五级超额累进税率,所以当个体户的生产经营处于相对稳定状况时,最佳方式就是平均费用,这是最大限度抵消利润、减少纳税的最佳选择。只要纳税人符合持续经营的原则,那么,将一段时期内发生的各项费用进行最大限度的平均,就可以将这段时期内获得的利润进行最大限度的平均,这样就不会出现某个阶段利润额及纳税额过高的现象,其所适用的税率也会较低,税收负担也会降低。但当个体工商户生产经营处于上升时期时,由于开始时往往收入还较低,从税收角度考虑应当将费用延后摊销,使得以后年度所得减少。因为以后年度所得较高,对应的税率也较高,在以后摊销可以降低整体税负。当然,如果个体工商户需要资金,这不能仅从税收的角度考虑了,在近期能少缴纳部分税款,相当于给该个体经营者提供了相应的流动资金,等到生产经营形成一定的规模以后,虽然要多缴纳一些税款,但其资金时间价值已经远远超过多缴的税款,所以此时应选择尽早摊销费用。

对于费用的转化,是指通过一定的合理安排,将一些费用转化为税前可列支支出,从而减少应纳税所得额、减轻税负的筹划方法。一般来说,有以下几种方法:

(1)尽量将一些开支转化为费用列支。对于个体工商户而言,用于个人和家庭的支出不能列支。因此,如何合理分配这些支出就直接关系到最终应纳税额的多少。实际情况中,家庭的很多日常开支事实上很难与其经营支出区分开,如电话费、交通费等。个体工商户可以在适当时候将其家庭开支转化为生产经营开支,这样不仅满足家庭的生活需要,而且能够冲减生产经营利润,减少应纳税额,达到少交缴个人所得税的目的。

(2)收取自有房产租金。如果个体工商户用自有的房地产进行生产经营,就可以考虑收取租金。虽然从表面上看,个体工商户个人要为取得租金缴纳一定的房产税和个人所得税,似乎增加了应纳税收的种类。但实际上,由于个体户支付的租金是要计入经营成本的,所以,个体工商户生产经营所得的应纳税所得额将减少,相应地其税收负担也会下降。

(3)给参加经营的家人发放工资。按照税法的规定,个体工商户的生产经营所得中可以扣除从业人员的工资支出,但应该按照有关规定的限额进行。因此,经营者家人在其中工作时,个体工商户可考虑给在其单位工作的家人发放工资、奖金等,这样家人可以获得个人收入,经营者也可以少缴税款。

(4)让员工家人享受医疗、卫生、保健等福利。按照《个人所得税法》有关规定,个体工商户在生产经营中按标准支出的福利费可以在税前列支。作为员工的家人,在日常生活中肯定会发生一些支出,如医疗费、保险费等。如果该个体户建立一定的福利制度,使得各项福利支出可以列为费用支出,则其家人可以享受到福利待遇,个体工商户本人又可以少缴税款。

第三节　个人所得税适用低税率的筹划

在个人所得税的有关税收规定中,存在较大的税率差异。这种税率差异来源于两个方面:一是由于个人所得税采取分项征收,不同性质的所得采用了有差异的税率;二是由于个人所得税对一些性质的所得采用累进税率。因此,适用低税率方法在应用于个人所得税筹划时,有比较大的筹划空间。在具体筹划时,应分别从这两个形成税率差异的原因着手。对于由于收入项目不同导致的税率差异,可以采用转换收入性质的方法。例如,工资薪金采用累进税率,因此,当纳税人每月的收入较高时,可以根据实际情况将收入转化为股息红利所得或者是劳务报酬所得等性质所得,从而争取适用较低的税率。对于采用累进税率的所得,应该尽量地将所得进行平均分摊。如我国税法对工资薪金所得实行七级超额累进税率,将工资薪金平均分摊后可以适用较低税率。

一、转换税目以适用低税率

(一)个体工商户生产经营所得的转换

由于我国对个体工商户实行累进税率,当应税所得额越大时,对应的税率越高。个体工商户生产经营所得额大会导致适用税率高于其他一些所得项目,因此,个体工商户应划分清楚所得性质,从而使部分所得不按照个体工商户生产经营所得进行征税,避免较高税率。

根据我国《个人所得税法》的规定,个体工商户和从事生产经营的个人取得与生产经营活动无关的各项应税所得,应分别按各项应税所得的规定计算个人所得税。在实际经营过程中,有许多所得是比较难以区分其是否和生产经营有关,所以对这些所得存在灵活的调整空间。比如,个体工商户出租房屋获得租金收入时既可以作为生产经营所得,也可以作为财产租赁所得,这取决于投资者将财产作为经营资产还是个人资产。当所得可以区分时,如果所适用的税率低于或等于按个体工商户生产经营所得对应的税率,个体工商户应争取将这些收入确认为其他性质的所得,因为各项所得分别计算可以获得更多的免征额并适用较低的税率。反之,则应争取将全部所得确认为个体工商户生产经营所得。将个体工商户生产经营所得和其他性质所得进行转换时,主要的途径是通过对企业注册资金的增加或减少。

【案例 6-10】 王先生在某市开了一家个体餐馆。由于地处黄金地段,再加上王先生灵活经营,餐馆多年来一直处于盈利状态。2010 年,全年取得以下收入:餐馆营业收入 18 万元,租金收入 2.4 万元;与某市一家食品加工企业联营,分得利润 2 万元;全年发生的费用共计 11.8 万元,上缴各项税费 1.2 万元。王先生全年应如何缴纳个人所得税?

按照目前的经营模式,所有收入都应该作为餐馆所得,此时餐馆需缴纳个人所得税为:

应纳税额 = $(18+2.4-11.8-1.2) \times 35\% - 0.675 = 1.915$(万元)

投资联营分得利润应纳税额 = $2 \times 20\% = 0.4$(万元)

纳税合计 = $1.915 + 0.4 = 2.315$(万元)

【筹划思路与方法】

实际上,在王先生的经营过程中,可以争取将收入分别作为个体工商户生产经营所得、房屋出租所得、股利所得等多种方式计算个人所得税。目前王先生将房屋作为个体工商户的经营资产,以工商户的名义和食品加工厂联营,则所有收入都应该作为餐馆所得。但如果王先生以个人名义出租房屋,则收入应该按照不同所得项目分别计算。此时,王先生应纳个人所得税计算过程如下:

餐馆收入应纳税额 = $(18-11.8-1.2) \times 30\% - 0.425 = 1.075$(万元)

租金收入应纳税额 = $(0.2-0.08) \times 20\% \times 12 = 0.288$(万元)

投资联营分得利润应纳税额 = $2 \times 20\% = 0.4$(万元)

纳税合计 = $1.075 + 0.288 + 0.4 = 1.763$(万元)

节税额 = $2.315 - 1.763 = 0.552$(万元)

当然,由于个体工商户的生产经营所得适用五级超额累进税率,最低为 5%。因此,如果个体工商户一年的生产经营所得较小,应该将其他收入转换为生产经营所得,由此适用较低的税率,实现整体税负最低的目的。需要注意的是,国税函〔2001〕84 号文件明确规定,个人独资企业和合伙企业对外投资分回的利息或者股息、红利,不并入企业的收入,应单独作为投资者个人取得的利息、股息、红利所得,按"利息、股息、红利"所得应税项目缴纳个人所得税。因此,对纳税人取得的利息、股息、红利所得收入不可采取上述筹划方法。

（二）工资薪金所得和劳务报酬所得的转换

在工资薪金中，税率从3％变化到45％，而其他性质的所得如劳务报酬所得、财产转让所得等大多采用20％的比例税率，并且这些所得之间存在着互相转化的可能性，因此，可以通过税目的转换来争取适用较低的税率。在实际经济生活中，工资薪金所得与劳务所得是比较容易转化的。在转换时，不仅可以考虑将劳务报酬所得转换为工资薪金所得，也可以考虑将工资薪金所得转换为劳务报酬所得。那么，何时需要进行这两种转换呢？这需要从税率和允许扣除的额度来进行比较。当收入较少时，按工资薪金征税对应3％或10％等较低的税率，所以应当转换为工资薪金所得；而当收入较多，对应的税率超过20％时，则应当考虑将所得性质改变为劳务报酬所得。

【案例6-11】 李某为一私营企业长期负责设备维修，随叫随到，但不用每天上班。老板每年给李某25 000元。

【筹划思路与方法】

方案一：按劳务报酬所得对待。

$$李某每月缴纳个人所得税 = (25\,000 \div 12 - 800) \times 20\% = 257(元)$$
$$全年缴纳个人所得税 = 257 \times 12 = 3\,084(元)$$

方案二：按工资薪金所得对待。

$$李某每月应纳税所得额 = (25\,000 \div 12 - 3\,500) = -1\,417(元)$$

李某每月平均收入低于起征点，不用缴纳个人所得税。

可见，李某与该私营企业建立稳定的雇佣关系，则其每月可以节税257元，一年可以节税3 084元。再具体操作中，只需李某和私营企业协商好，签订临时用工合同即可将劳务报酬所得转换成工资薪金所得。

【案例6-12】 韩某是某软件开发公司的工程师，5月份取得收入52 000元。

【筹划思路与方法】

方案一：按工资薪金所得对待。

$$韩某应纳个人所得税 = (52\,000 - 3\,500) \times 30\% - 2\,755 = 11\,795(元)$$

方案二：按劳务报酬所得对待。

$$韩某应纳个人所得税 = 52\,000 \times (1 - 20\%) \times 30\% - 2\,000 = 10\,480(元)$$

因此韩某和该公司不存在稳定的雇佣关系，可节税 = 11 795 - 10 480 = 1 315(元)。

（三）个人所得和企业所得的转换

在进行税目转换以适用低税率时，除了在个人所得税中转换不同所得项目外，还可以在企业所得税和个人所得税之间转化。

个人从事生产经营，可以选择的企业组织形式有作为个体工商户从事生产经营、从事承包承租业务、成立个人独资企业、组建合伙企业、设立私营企业。在对这些投资方式进行比较时，如果其他因素相同，投资者应承担的税收，尤其是所得税便成为决定投资成功与否的关键。个体工商户的生产经营所得和个人对企事业单位的承包经营、承租经营所得，适用 5%～35%五级超额累进税率。根据财税字〔2000〕91号文件规定,从2000年1月1日起,对个人独资企业、合伙企业停止征收企业所得税,投资者的投资所得,比较个体工商户的生产经营所得征收个人所得税。私营企业作为企业法人,企业的利润应该缴纳企业所得税,当投资者从投资企业分得股利时,按股息红利所得缴纳20%的个人所得税,这样私营企业投资者取得的股利就承担了双重所得税负。因此可见,在收入相同的情况下,个体工商户、个人独资企业、合伙企业的税负是一样的,私营企业的税负最重。

【案例 6-13】 企业家杨某和陈某共同经营一家有限责任公司,两人股份分别为 70%和30%。2012年应税所得额40万元,且全部在两人间分配。他们有什么好的税收筹划方案吗?

【筹划思路与方法】

当成立有限责任公司时:

$$企业所得税 = 40 \times 25\% = 10(万元)$$

$$净税后利润 = 40 - 10 = 30(万元)$$

杨某的收入状况和纳税状况为:

$$收入额 = 30 \times 70\% = 21(万元)$$

$$个人所得税 = 21 \times 20\% = 4.2(万元)$$

$$税后收入 = 21 - 4.2 = 16.8(万元)$$

陈某的收入状况和纳税状况为:

$$收入额 = 30 \times 30\% = 9(万元)$$

$$个人所得税 = 9 \times 20\% = 1.8(万元)$$

$$税后收入 = 9 - 1.8 = 7.2(万元)$$

将公司注册成合伙企业时:

杨某的收入状况和纳税状况为:

$$收入额 = 40 \times 70\% = 28(万元)$$

$$个人所得税 = 28 \times 35\% - 1.475 = 8.325(万元)$$

$$税后收入 = 28 - 8.325 = 19.675(万元)$$

陈某的收入状况和纳税状况为:

$$收入额 = 40 \times 30\% = 12(万元)$$

$$个人所得税 = 12 \times 35\% - 1.475 = 2.725(万元)$$

$$税后收入 = 12 - 2.725 = 9.275(万元)$$

与变更纳税人身份相比,杨某税后纯收入增加 2.875 万元,陈某税后纯收入增加 2.075 万元。可见,成立合伙企业的税收负担较低,其原因是适用了整体较低的税率。那么,投资者是否一定会选择这一筹划形式呢? 如果仅从税收的角度考虑,当然还应该选择。但成立有限责任公司,在企业规模、客户信任度、税务机关的管理模式、一般纳税人的认定、发票的认购等多方面都占有优势,比较容易开展业务,经营的范围较广,并且可以享受国家的一些税收优惠政策。所以,投资者在进行税收筹划时,一定要考虑整体收益而不能仅从税收角度决策。

二、其他适用低税率的筹划方法

个人所得税中由于对部分性质的收入采用累进税率,并且在计算有些项目的个人所得税时存在简易的计税方法。因此,除了通过转换税目以适用低税率的筹划方法外,还有许多针对同一税目仍然可以争取适用低税率的筹划方法。

(一)所得平均化

由于《个人所得税法》对工作对工资薪金所得采用累进税率,所以如果收入集中在一个月或少数几个月,意味着将适用较高的税率,承担较高的个人所得税。如果能将收入分摊到1年或更长时间,则每个月的应税所得额将减少,最终整体税负减少。将收入平均到较长时间,在不增加雇主和雇员实际支出的情形下,通过协商是非常容易达到的。

【案例6-14】 某食品厂为季节性生产企业,该企业2009年中只有5个月生产,期间职工平均工资为3 000元。

若按生产期间发放工资,某职工在获得收入的月份每月纳税:

$$(3\ 000 - 2\ 000) \times 10\% - 25 = 75(元)$$

全年共纳税:$75 \times 5 = 375(元)$。

【筹划思路与方法】

若将5个月工资均摊到12个月,则职工月平均工资1 250元($3\ 000 \times 5 \div 12$),低于免征额2 000元,因此职工不用缴纳个人所得税。

(二)避免临界点

我国对工资薪金所得实行的是七级超额累进税率,一般情况下不会出现税前收入增加税后收入反而减少的状况。但年终奖缴税其实是存在临界点现象的。在对年终奖的个人所得税进行税收筹划时,一定要注意这一问题,否则就会出现奖金多而实际拿到手的少的现象。

纳税人取得全年一次性奖金,单独作为一个月工资薪金所得计算纳税,并按以下计税办法,由扣缴义务人发放时代扣代缴:

(1)先确定适用税率和速算扣除数。现将雇员当月内取得的全年一次性奖金,除以12个月,按其商数确定适用税率和速算扣除数。

(2)如果雇员当月工资薪金高于或等于税法规定的费用扣除额,适用公式为:

应纳税额 = 雇员当月取得全年一次性奖金 × 适用税率 - 速算扣除数

(3)如果在发放年终一次性奖金的当月,雇员当月工资薪金低于税法规定的费用扣除额(3 500元),应将全年一次性奖金减除“雇员当月工资薪金所得与费用扣除额的差额”后的余额,按上述办法确定全年一次性奖金的适用税率和速算扣除数。适用公式为:

应纳税额 = (雇员当月取得全年一次性奖金 - 雇员当月工资薪金所得与费用扣除额的差额) × 适用税率 - 速算扣除数

【案例6-15】 甲、乙两人的当月工资都高于扣除金额3 500元。甲的年终奖金18 000

元,乙的年终奖金18 100元。

甲适用税率计算:18 000÷12＝1 500(元),甲适合3%的税率,速算扣除数0元:

$$甲应纳税额 = 18\ 000 \times 3\% = 540(元)$$
$$甲净收入 = 18\ 000 - 540 = 17\ 460(元)$$

乙适用税率计算:18 100÷12＝1 508.33(元),乙适合10%的税率,速算扣除数105元:

$$乙应纳税额 = 18\ 100 \times 10\% - 105 = 1\ 705(元)$$
$$乙净收入 = 18\ 100 - 1\ 705 = 16\ 395(元)$$

【筹划思路与方法】

表面看,乙比甲的年终奖金多发了100元,其结果乙比甲少得收入17 460－16 395＝1 065元。

(三)收入人员均衡法

收入人员均衡法是指对同一应税所得项目,尽可能有两人或两人以上人员来共同完成所得由全体参与人员平均分享。将收入在多人间分摊具有以下好处:一是降低各人应税所得额,适用低税率;二是增加税前费用扣除额,缩小税基。

【案例6-16】 老张设计一机械图纸,取得收入5 000元。他上大学的儿子为积累经验也参与设计。

则如果由老张一人完成,需要缴纳税额:

$$5\ 000 \times (1 - 20\%) \times 20\% = 800(元)$$

【筹划思路与方法】

如果按老张父子共同完成,需要缴纳税额:

$$(2\ 500 - 800) \times 20\% \times 2 = 680(元)$$

如果是五人合作完成,一人1 000元

则需缴纳税额:

$$(1\ 000 - 800) \times 20\% \times 5 = 200(元)$$

如果是7个人合作,就不用缴纳税款了。因为每人取得的劳务报酬不够减除800元费用的。

由此可见,对于同一劳务所得项目,参与分配的人员越多,需要缴纳的个人所得税税款就越少。

(四)收入次数均衡法

如果一个项目需要几个月完成,一次性取得收入就不如分成多次取得收入。因为收入次数均衡法,一是可以多次扣除免征额,减少每月的应税所得额;二是能够避免适用较高的税率,争取使用低税率。

【案例6-17】 某工程需要10个月完成,王工程师为其设计图纸并负责解答工程中的各类问题。施工企业一次给付王工程师30 000元。

则:

王工程师应纳税额 ＝ 30 000 × (1 − 20%) × 30% − 2 000 ＝ 5 200(元)

【筹划思路与方法】

如果按每月给付王工程师 3 000 元。

则：　　　　　应纳税额 ＝ (3 000 − 800) × 20% × 10 ＝ 4 400(元)

通过税收筹划，王工程师实现个人所得税节税 ＝ 5 200 − 4 400 ＝ 800(元)。

第四节　个人所得税充分利用税收优惠政策的筹划

个人所得税是和纳税人的生活水平最为密切的一个税种，因此，国家对于个人所得税的税收优惠非常多，这些税收优惠条款为税收筹划提供了广阔的空间。在进行个人所得税的税收筹划时，必须充分熟悉这些税收优惠政策。另外，还需注意，各省、自治区和直辖市也根据国家的法律、法规制定了具体的优惠政策，这也是个人所得税筹划的重要依据。

一、优惠政策的有关规定

《个人所得税法》及其实施条例，以及财政部、国家税务总局的若干规定等，都对个人所得税项目给予了减税、免税的优惠。

（一）免纳个人所得税的项目

(1) 省政府、国家部委和军以上单位以及外国组织颁发各种奖金。

(2) 国债和国家发行的金融债券利息。

(3) 按照国家统一规定发给的补贴、津贴。

(4) 福利费、抚恤金、救济金。

(5) 保险赔款。

(6) 军人的转业费、复员费。

(7) 按规定发放安家费、退休工资、离休工资、离休生活补助费。

(8) 规定应予免税的各国公使和其他人员的所得。

(9) 中国政府参加的国际公约以及签订的协议中规定免税的所得。

(10) 见义勇为奖金免征个人所得税。

(11) 住房公积金、医疗保险金、基本养老保险金，免征个人所得税。

(12) 对个人取得的各类专项基金存款的利息所得，免征个人所得税。

(13) 经国务院财政部门批准免税的所得。

（二）经批准可以减征个人所得税的情况

(1) 残疾、孤老人员和烈属的所得。

(2) 因严重自然灾害造成重大损失的。

（3）其他经国务院财政部门批准减税的。

（三）暂免征收个人所得税的所得

（1）外籍个人以非现金或实报实销取得的住房、伙食补贴、搬迁费、洗衣费。

（2）外籍个人按合理标准取得的境内、外出差补贴。

（3）外籍个人取得的探亲费、语言训练费、子女教育费等。

（4）个人举报、协查各种违法、犯罪行为而获得的奖金。

（5）个人办理代扣代缴税款手续，按规定取得的扣缴手续费。

（6）个人转让自用达5年以上并且是唯一的家庭居住用房取得的所得。

（7）对按规定的达到离休、退休年龄，但确因工作需要，适当延长离休退休年龄的高级专家，其在延长离休退休期间的工资、薪金所得，视同退休工资、离休工资免征个人所得税。

（8）外籍个人从外商投资企业取得的股息、红利所得。

（9）符合相关条件的外籍专家取得的工资、薪金所得可免征个人所得税。

（四）对在中国境内无住所，但在境内居住累计满183天的年度连续不满5年的纳税人的减免税优惠

《个人所得税法实施条例》规定：在中国境内无住所，但在境内居住累计满183天的年度连续不满5年的个人，其来源于中国境外的所得，经主管税务机关批准，可以只就由中国境内公司、企业以及其他经济组织或者个人支付的部分缴纳个人所得税，由境外单位或者个人支付的所得，免予缴纳个人所得税；居住超过5年的个人，从第6年起，应当就其来源于中国境外的全部所得缴纳个人所得税。

（五）对在中国境内无住所，且在一个纳税年度中在中国境内居住不超过90天的纳税人的减免税优惠

《个人所得税法实施条例》规定：在中国境内无住所，但是在一个纳税年度中在中国境内连续或者累计居住不超过90天的个人，其来源于中国境内的所得，由境外雇主支付并且不由该雇主在中国境内的机构、场所负担的部分，免予缴纳个人所得税。

二、利用个人所得税优惠政策的筹划

（一）充分利用关于工资薪金所得的优惠规定

现行税法对于个人从任职单位取得的工资、薪金所得规定了相应的免税所得项目，即雇员从任职单位取得的某些所得，不属于工资、薪金所得，不需要缴纳个人所得税。这就为任职单位和个人进行税收筹划提供了一定的空间。

对于个人从任职单位取得的免税所得，现行税法有着严格的规定，主要包括：

（1）下列不属于工资、薪金性质的补贴、津贴或者不属于纳税人本人工资、薪金所得项目的收入，不征税：①独生子女补贴；②执行公务员工资制度未纳入基本工资总额的补贴、津贴差额和家属成员的副食品补贴；③托儿补助费；④差旅费津贴、误餐补助。

（2）按照国家的规定，单位为个人缴付和个人缴付的基本养老保险、医疗保险、失业保险、住房公积金等，允许从纳税义务人的应纳税所得额中扣除。

【案例 6-18】 中国籍公民赵某经常出差和替单位外出办事，其工作单位为其报销差旅费和交通费，但不对其给予出差补助和误餐补助，2010 年单位向其每月支付工资薪金收入5 000 元，则其每月应缴纳的个人所得税为：

$$应纳个人所得税 = （5\ 000 - 2\ 000）\times 15\% - 125 = 325（元）$$

对此，应如何进行税收筹划？

【筹划思路与方法】

如果赵某能和工作单位之间达成协议，单位每月按照其实际出差的天数和误餐的次数向其支付误餐补助和出差补助，补助的数额从其每月工资中扣除，就可以减少应纳税额。假设赵某 2010 年 8 月收到的出差补助和误餐补助共为 1 100 元，则其当月应缴纳的个人所得税为：

$$应纳个人所得税 = （5\ 000 - 2\ 000 - 1\ 100）\times 10\% - 25 = 165（元）$$

$$税收筹划节税收益 = 325 - 165 = 160（元）$$

就此种情况来说，税收筹划为纳税人减少了 160 元的纳税支出，同时也意味着其税后可支配收益增加了 160 元。

（二）充分利用关于捐赠的优惠规定

为鼓励高收入者向公益、教育事业作贡献，我国《个人所得税法》规定，个人将其所得通过中国境内的社会团体、国家机关向教育和其他社会公益事业以及遭受严重自然灾害地区、贫困地区的捐赠，只要捐赠额未超过其申报的应纳税所得额的 30% 的部分，就可以从其应纳税所得额中扣除。纳税人对外捐赠是出于自愿，捐多少、何时捐都由纳税人自己决定。允许按应纳税额的一定比例扣除，其前提必须是取得一定的收入。也就是说，如果纳税人本期未取得收入，而是用自己过去的积蓄进行捐赠，则不能进行税前扣除。由此可见，选择适当的捐赠时期对纳税人来说，是非常重要的。纳税人打算对外捐多少，应当取决于本期取得的收入，如果本期取得的应纳税收入较多，则可以多捐；反之，如本期取得的应税收入少，则可先捐赠一部分，剩余捐赠可安排在下期捐赠。

【案例 6-19】 孙先生 2007 年每月取得工资薪金收入 7 600 元，本月对外捐赠 3 000元。其应该如何捐赠呢？

按照在本月一次性捐赠 3 000 元，则：

$$允许税前扣除的捐赠 = （7\ 600 - 1\ 600）\times 30\% = 1\ 800（元）$$

$$本月应纳税额 = （7\ 600 - 1\ 600 - 1\ 800）\times 15\% - 125 = 505（元）$$

$$次月应纳税额 = （7\ 600 - 1\ 600）\times 20\% - 375 = 825（元）$$

【筹划思路与方法】

如果孙先生改变捐赠方式：在本月捐赠 1 800 元，剩余 1 200 元安排在次月捐赠。

则：本月允许扣除 1 800 元，所纳个人所得税和筹划前一样。

$$次月应纳税额 = （7\ 600 - 1\ 600 - 1\ 200）\times 15\% - 125 = 595（元）$$

通过比较,我们不难发现,同样是捐 3 000 元,但税负不同。采用第二种方法,可降低税负 230 元(825－595)。

 **习　题**

1. 王教授 2008 年度的全年所得超过了 12 万元,按照现行个人所得税法的规定,他应在年度终了后 3 个月内到主管税务机关办理纳税申报。

王教授除工资、薪金外,于 2008 年度内还取得了如下所得:(1)3 月份为某编辑部审稿,获得报酬 5 000 元;(2)6 月份赴国内某大学讲学,获得报酬 20 000 元;(3)8 月份为国内某公司提供技术咨询,获得报酬 20 000 元;(4)10 月份为国内某公司进行项目设计,获得报酬 10 000 元;(5)11 月份赴国内另一所大学讲学,获得报酬 15 000 元。

对此,应如何进行筹划?

2. 张教授是国内某大学会计学专业的资深教授,是国内知名的会计专家。2008 年 6 月,张教授到较远的外地出差 3 天,任务是为当地的某企业集团提供会计咨询和辅导服务。预计可以取得毛收入 30 000 元,发生的食宿费、交通费等各项费用支出共为 5 000 元。

假设张教授与支付单位在合同中约定,食宿费、交通费等各项费用由其自己承担,支付单位在结算时按照 30 000 元向其支付报酬。其纳税义务为:应纳营业税＝30 000×5％＝1 500(元);应纳城市维护建设税、教育费附加＝1 500×10％＝150(元);应纳个人所得税＝30 000×(1－20％)×30％－2 000＝5 200(元);个人应纳税额合计＝1 500＋150＋5 200＝6 850(元)。

对此,应如何进行税收筹划?

第七章 其他税种的税收筹划

在许多纳税人眼里,只重视增值税、消费税、所得税等主要税种的筹划,常常忽视关税、资源税、土地增值税、房产税、城镇土地使用税等地方税的筹划。然而,纳税人在生产经营中总是会频繁地涉及这些税种,而且有些如关税、契税的税额还相当大,他们忽视小税种筹划的后果往往是缴纳了很多不必要的税额,影响了资金流转,增加了税负,因而关税及其他税种的筹划不仅是必要的,而且是重要的。因而本章主要介绍了关税、土地增值税、印花税、房产税、契税、城市维护建设税、资源税以及城镇土地使用税等生产经营过程中常见小税种的筹划策略。

通过本章的学习,使学生了解关税、土地增值税、印花税、房产税、契税、城市维护建设税、资源税、城镇土地使用税等小税种的法律规定及税收筹划空间,掌握税收筹划的要点及方法,从细微处入手,以小见大,使纳税人的税收效益最大化。

第一节 关税的税收筹划

一、关税的法律界定

关税是由海关对进出国境或关境的货物、物品征收的一种税。国境是一个国家以边界为界限,全面行使主权的境域,包括领土、领海和领空。而关境是一个国家关税法令完全实施的境域,又称税境或海关境域。

关税的纳税人是经营进出口货物的收货人、发货人。物品的纳税人包括:入境时随身携带行李、物品的携带人;各种入境运输工具上携带自用物品的持有人;馈赠物品以及其他方式入境个人物品的所有人;进口个人邮件的收件人。

关税的征税范围:凡是国家允许,属于《中华人民共和国进出口税则》(以下简称《进出口税则》)规定应税的货物、物品,均属于关税的征税范围。货物是指贸易性商品;物品包括入境旅客随身携带的行李和物品、个人邮递物品、各种运输工具上的服务人员携带进口的自用物品以及其他方式进入我国国境或关境的个人物品。除关税优惠政策规定的以外,进口货物大部分都征收关税;出口货物一般不征税,仅对少部分货物征收出口关税。

二、关税的税收筹划

(一)关税优惠政策的应用

关税优惠是纳税人进行税收筹划的重点。例如,世界上几百个经济特区对关税的课征一般都实施大同小异的优惠待遇。又如，我国对企业从事高新技术和生产出口产品实行鼓励政策，对于从事上述产品生产的企业所需的进口设备及配套技术、配件、备件及软件费等给予减免关税和进口环节增值税的优惠政策。再如，我国对日本三种产品加征特别关税后，许多汽车进口商很快就转向从欧美进口汽车，可以简单地避免高关税。这些都为企业开展税收筹划、调整经营战略提供了空间。

（二）合理控制完税价格

在税率确定的情况下，完税价格的高低就决定了关税的轻重。完税价格的确定是关税弹性较大的一环，在同一税率下，完税价格如果高，以价计征的税负则重，如果低税负则轻。而且在许多情况下，完税价格的高低还会影响关税的税率。所以，关税筹划的另一个切入点就是合理控制完税价格。

在审定成交价格情形下，如何缩小进出口货物的申报价格而又能为海关审定认可为"正常成交价格"就成为筹划的关键所在。该成交价格的核心内容是货物本身的价格（即不包括运、保、杂费的货物价格）。该价格除包括货物的生产、销售等成本费用外，还包括买方在成交价格之外另行向卖方支付的佣金。由此看来，利用控制完税价格进行税收筹划，就要选择同类产品中成交价格比较低的，运输、杂项费用相对小的货物进口或出口。

按审定成交价格法经海关审查未能确定的，海关主要按以下方法依次估定完税价格，其分别为：相同货物成交价格法、类似货物成交价格法、国际市场价格法、国内市场价格倒扣法、由海关按其他合理方法估定的价格。

当然，不能把完税价格的筹划方法片面地理解为降低申报价格。如果为了少缴关税而降低申报价格，就会构成偷税。

（三）充分利用原产地标准

我国进口税则设有最惠国税率、协定税率、特惠税率、普通税率共四栏税率。同一种进口货物的原产国不同，适用的税率也将有很大区别。而关于原产地的确认，我国设定了全部产地标准和实质性加工标准。正确合理地运用原产地标准，选择合适的地点，就可达到税收筹划的效果。

目前许多跨国公司在全球不同国家设立了分支机构，这些机构在某种商品的生产过程中承担了一定的角色，可以说，成品是用在不同国家生产的零部件组装起来的，那么最后组装成最终产品的地点（即原产国）就非常重要，一般应选择在同进口国签订有优惠税率的国家或地区，避开进口国征收特别关税的国家和地区。比如，甲国与乙国未签订飞机整机进口关税优惠协议，而乙国与丙国签订了有关互惠条约，那么，甲国可以把在不同地区生产的飞机零部件运到丙国组装成整机，再向乙国出口，那么这种飞机整机就不会被乙国视为原产于甲国，从而可以避开高额关税。

（四）利用保税制度的税收筹划

为了创造完善的投资、运营环境，国家通常在境内设立保税区，保税区是在海关监控管理下进行存放和加工保税货物的特定区域。保税区内复运出口的进口货物通常免征进口关税和进口环节税。

利用保税制度进行税收筹划，首先，纳税人就要积极在保税区内投资设厂，开展为出口贸易服务的加工整理、保障、运输、仓储、商品展出和转口贸易，以获取豁免进出口关税的好处。其次，纳税人若能将进口货物向海关申请为保税货物，待该批货物向保税区外销售之时再补纳进口关税，这时纳税人可在批准日到补缴税款之间的时段内占有该笔税款的时间价值，达到筹划目的。也就是说，保税制度为纳税人提供了把进口货物应纳的税款滞后缴纳，从而相当于从海关获得一笔无息贷款的可能性。

另外，如果保税货物复运出口，基本环节包含了进口和出口，税收筹划的入手处就是这两个环节。纳税人在进口和出口时都必须向海关报关，在纳税人填写的报关表中有单耗计量单位一栏，税收筹划的突破口就是这一个栏目。所谓单耗计量单位，即生产一个单位成品耗费几个单位原料，通常有以下几种形式：一种是度量衡单位/度量衡单位，如米/米、吨/立方米等；一种是度量衡单位/自然单位，如吨/块、米/套等；还有一种是自然单位/自然单位，如件/套、匹/件等。度量衡单位容易测量，而自然单位要具体测量则很困难，所以纳税人可以利用第三种形式作出税收筹划。

（五）选择货物的进口方式进行税收筹划

境内纳税人进口货物除了采用一般方式报关进口外，还可以采取其他特殊方式进口货物，这时报关的完税价格也有区别：运往境外修理的货物以海关审定的境外修理费和料件费，以及该货物复运进境的运输及其相关费用、保险费估定完税价格；运往境外加工的货物以海关审定的境外加工费和料件费，以及该货物复运进境的运输及其相关费用、保险费估定完税价格；租赁方式进口货物，在租赁期间以海关审定的租金作为完税价格等。

不同的货物进口方式选择，就为纳税人提供了筹划空间。如纳税人要引进国外新设备扩大生产，就可以通过计算向国外购买该设备和租赁该设备的关税成本进行决策。

（六）选择货物的运输方式进行税收筹划

运输及其相关费用、保险费用的计算，在进出口货物的完税价格中占有很大一部分，对运输方式的选择形成关税的筹划空间。以一般陆运、空运、海运方式进口的货物，运费应核算到起卸地点，保险费应按照实际支付或结算比例计算。若用其他运输方式进口货物，运费和保险费的计算有所不同：邮运的进口货物，以邮费作为运输及其相关费用、保险费；以境外边境口岸价格条件成交的铁路或公路运输进口货物，海关按照货价的1%计算运输及其相关费用、保险费；作为进口货物的自驾进口的运输工具，海关在审定完税价格时，则可以不另行计入运费。

另外，纳税人也可以选择不同的外贸运输方式，进口货物有CIF（货价＋运费＋保险费）价格、FOB（仅含货价）价格、CFR（货价＋运费）价格；出口货物也有FOB价格、CIF价格、CFR价格以及CIFC（货价＋运费＋保险费＋佣金）价格。不同的外贸方式计算完税价格的方式也不同，因而具有一定的税收筹划空间。

（七）行邮税的税收筹划

行邮税的税率有50%、20%和10%三个档次。纳税人可在入境时选择携带低税率的物品，以避免被征高税。比如，回国探亲时选购礼品，可选10%税率的原版录音带、金银制品等,而不选税率为 50% 的烟酒。

(八)反倾销税的税收筹划

在对外贸易中,我国廉价能源、原材料、劳动力竞争优势下的合理低成本、低出口价常常被认为是"倾销",国内企业因而不得不承受高额的反倾销税。可见,对如何避免不公平的反倾销税进行筹划十分必要。

可以采取的措施包括:提高产品附加值,取消片面的低价策略;组建出口企业商会,加强内部协调和管理,塑造我方整体战略集团形象;分散出口市场,尽量减少被控诉的可能;调整产品利润预测,改进企业会计财务核算,以符合国际规范和商业惯例;还要密切注意国际外汇市场的浮动状况;与外方投诉厂商私下进行谈判、妥协;全面搜集有关资料信息情报,有效地获取进口国市场的商情动态,查证控诉方并未受到损失,以便在应诉中占据有利、主动的地位;在出口地设厂,筹建跨国公司;凭借便利的销售条件、优质的产品、高水平的服务和良好的运输条件去占有市场,提高单位产品的价格(效用),降低其替代率,从而增强外方消费市场对我方产品的依赖性,获得消费者支持等。

(九)关税法律救济的筹划

在进出口贸易中,经常会产生关税纠纷,如对海关的如下行为表示异议:原产地认定、税则归类、税率或汇率适用、完税价格确定、关税减征、免征、追征、补征和退还等征税行为是否合法或适当,是否侵害了自身合法权益。而在处理纠纷时,纳税人也不是完全被动的,他们有自己的权利分析产生税务纠纷的原因、纠纷会带来多大的损失、纠纷的解决途径、纠纷的胜算率等,从而采取主动,以便尽量减少损失,或者采取正当的法律行为维护自己的合法权益。这被称作关税法律救济的筹划。

【案例 7-1】 某年 6 月 21 日,国务院关税税则委员会发出公告:根据《中华人民共和国进出口关税条例》第六条的规定,决定自 6 月 22 日起,对原产于日本的汽车、手持和车载无线电话机、空气调节器加征税率为 100% 的特别关税,即在原关税的基础上,再加征 100% 的关税。在这种情况下,日本商用空调的最大生产厂家——大金工业宣布,从该年 10 月份开始,将把在中国销售的楼房用大型商用空调由出口改为在中国生产,以此来应对中国为报复日本对中国农产品实施进口限制而采取的对空调进口加征 100% 特别关税的措施。

【筹划思路与方法】

毫无疑问,如果大金工业的战略得以顺利实施,将彻底避免承担关税和特别关税的税负。大金工业的这种行为,就主要是为应对特别关税而采取的投资决策,属于典型的关税筹划。主要思路是根据关税的性质和纳税环节,由原来在日本生产后再出口到中国,改为在中国直接生产、销售,从而彻底避免了缴纳关税。

【案例 7-2】 李先生为回国探亲在国外买了 300 美元的名酒、800 美元的松下影碟机、500 美元的瑞士金表作为探亲礼物,那么李先生在回国时需要缴纳的进口行邮税为:

$$应纳税额 = 300 \times 50\% + 800 \times 20\% + 500 \times 10\%$$
$$= 150 + 160 + 50$$
$$= 360(美元)$$

【筹划思路与方法】

李先生为了探亲,光送礼就花了1 960美元(1 600+360)。但是如果李先生带回的都是税率为10%的金银戒指、项链、金表等,那么所负担的税负仅为160美元(1 600×10%)。相比之下,同样花了1 600美元买的礼物,却节约了200美元的关税。

【案例7-3】 实力汽车公司是一家全球性的跨国大公司,该公司生产的汽车在世界汽车市场上占有一席之地。2011年8月,该公司决定打入中国市场。同月。公司召开董事会商议此事并初步拟定两套方案:

方案1:在中国设立一家销售企业作为实力汽车公司的子公司,通过国际转让定价,压低汽车进口的价格,从而节省关税,使中国境内子公司利润增大,以便于扩大规模,占领中国汽车市场。

方案2:在中国境内设立一家总装配公司子公司,通过国际转让定价,压低汽车零部件的进口价格,节省关税,也可使中国境内子公司利润增大,以便于扩大规模,占领中国汽车市场。

后经进一步讨论,公司决定采用方案2。

【筹划思路与方法】

根据方案1,企业利用了转让定价法进行筹划,由于我国沿海地带优惠较多,利润从高税国转到低税国会节省税款,包括了关税的节约。根据方案2,企业也可以得到方案1中转让定价的好处,但更重要的是,方案2利用了关税税率差异筹划方法,考虑到零部件的进口关税比成品汽车的税率要低很多,而低的关税税率也可以帮企业节约不少税款。另外,考虑到零部件生产国比较分散,更加易于进行转让定价筹划,所以方案2优于方案1。

第二节 土地增值税的税收筹划

一、土地增值税的法律界定

土地增值税是指转让国有土地使用权、地上的建筑物及其附着物并取得收入的单位和个人,以转让所取得的收入包括货币收入、实物收入和其他收入减除法定扣除项目金额后的增值额为计税依据向国家缴纳的一种税。

土地增值税的纳税人是转让国有土地使用权及地上建筑物和其他附着物产权并取得增值性收入的单位和个人。转让房地产的增值额,是纳税人转让房地产的收入减去税法规定的扣除项目金额后的余额。

计算增值额的扣除项目包括:取得土地使用权所支付的金额;开发土地的成本、费用;新建房及配套设施的成本、费用,或者旧房及建筑物的评估价格;与转让房地产有关的税金;财政部规定的其他扣除项目。

土地增值税实行四级超率累进税率(见表7-1)。

表 7-1　土地增值税税率表

级别	计税依据(增值额)	税率	速算扣除数
1	土地增值额未超过扣除项目金额 50％的部分	30％	0
2	土地增值额超过扣除项目金额 50％未超过 100％的部分	40％	5％
3	土地增值额超过扣除项目金额 100％未超过 200％的部分	50％	15％
4	土地增值额超过扣除项目金额 200％以上的部分	60％	35％

二、土地增值税的筹划空间

(一)房产适当增值的筹划

土地增值税税法规定：纳税人建造普通标准住宅出售，增值额未超过扣除项目金额的 20％时，免征土地增值税；增值额超过扣除项目金额 20％的，应就其全部增值额按规定计税。按此原则，纳税人建造住宅出售的，应考虑增值额增加带来的效益和放弃起征点的优惠而增加的税收负担间的关系，避免增值率稍高于起征点而导致得不偿失。这点特别适合于低价房产的销售。

在现行超率累进税率下，当房地产企业开发的房产对外销售的增值率达到 50％时，土地增值税税负将会达到销售额的 10％；当增值率达到 100％时，土地增值税税负将达到销售额的 17.5％；当增值率达到 200％时，土地增值税税负将达到销售额的 28.33％。具体如表 7-2 所示。

以增值率达到 200％为例计算其税负：假设一家房地产公司开发一栋商品房的可扣除项目金额为 P，对外销售价格为 $3P$，增值率＝$(3P-P)\div P\times100\%=200\%$，应纳土地增值税税额＝$2P\times60\%-P\times35\%=0.85P$。土地增值税实际税负＝$(0.85P\div3P)\times100\%=28.33\%$；当增值率达到 300％时，土地增值税税负将达到销售额的 36.25％。全国各地的房地产企业的土地增值税实际税负会大大增加。

表 7-2　房地产开发企业实际税收负担(普通商品房的开发)

1. 房产增值率(T)	2. 土地增值税实际税负	3. 营业税及附加税负	4. 所得税税负	5. 税负合计
≤20％	0	5.5％	3.75％	9.25％
50％	10.00％	5.5％	3.75％	19.25％
100％	17.50％	5.5％	3.75％	26.75％
200％	28.33％	5.5％	3.75％	37.58％
300％	36.25％	5.5％	3.75％	45.50％

注：土地增值税适用于 30％～60％四级超率累进税率。

对表 7-2 计算过程的说明：房地产开发企业对外销售普通商品房，若增值率低于 20％的，则免征土地增值税，销售不动产的营业税率为 5％，加上城建税与教育费附加合计为 5.5％；企业所得税税率为 25％，预征利润率不低于 15％，两项相乘为 3.75％。

表 7-2 中的第 2 项与第 4 项，在"房产新政"出台前房地产企业实际的税收负担较轻。在新政实施后，土地增值税将成为房地产企业负担最重的一个税种，在这种国家宏观税收

调控背景下，房地产企业税收如何有效合法地降低土地增值税税收负担，这需要精心地进行筹划。下面就结合具体案例分析土地增值税的税收筹划方法与技巧。

【案例7-4】 南京市某一房地产开发商于2006年10月取得近郊的一块土地，根据南京市土地规划，这块土地需用于开发经济适用房，于2008年年底建成，除营业税税金及附加以外可扣除项目总金额为4 000万元（包括加计扣除的20%），拟于2009年3月份完成对外销售，整个楼盘预计对外销售总价款为5 400万元。试计算这家房地产开发商应缴纳的土地增值税、营业税及企业所得税（其他小税种忽略不计）。

应纳营业税金及附加 $= 5400 \times 5.5\% = 297$（万元）

增值额 $= (5400 - 4\,000 - 297) = 1\,103$（万元）

增值率 $= (5\,000 - 4\,000 - 297) \div 4\,000 \times 100\% = 25.67\% > 20\%$

应纳土地增值税额 $= 1\,103 \times 30\% = 330.9$（万元）

应纳企业所得税额 $= (5\,400 - 297 - 4\,000 - 330.9) \times 25\% = 193.03$（万元）

税后获利 $= (5\,400 - 297 - 4\,000 - 330.9 - 193.03) = 579.07$（万元）

【筹划思路与方法】

在采纳筹划专家的建议后，该房地产开发商改变了销售价格策略，在销售价格上作出调整，将整个楼盘对外销售价格总额调整为5 100万元，其他情况与前面相同。此时，该开发商整个纳税情况如下：

应纳营业税金及附加 $= 5\,100 \times 5.5\% = 280.5$（万元）

增值额 $= (5\,100 - 4\,000 - 280.5) = 819.5$（万元）

增值率 $= (5\,100 - 4\,000 - 280.5) \div 4\,280.5 \times 100\%$
$\qquad = 19.15\% < 20\%$ （故免征土地增值税）

应纳企业所得税额 $= (5\,100 - 280.5 - 4\,000) \times 25\% = 204.88$（万元）

税后获利 $= (5\,100 - 4\,000 - 280.5 - 204.88) = 614.62$（万元）

筹划后与筹划前的纳税情况比较，从表面上看开发商虽在销售价格上降低了300万元，但由于充分利用了土地增值税的税收优惠政策后，其税后利润反而增加了35.55万元（614.62 - 579.07）。这就是充分利用税收优惠政策所带来的合法节税收益，其实这种增值率较低的普通商品房销售时，其销售价格定价可遵循一般定价模型。

模型一：假设某房地产开发商建成一批商品房待售，除销售税金及附加外的全部允许扣除项目的金额为100万元，当其销售这批商品房的价格为 X 时：

相应的销售税金及附加 $= X \times 5\% \times (1 + 7\% + 3\%) = 5.5\%X$

其中：5%为营业税税率；7%为城市维护建设税税率；3%为教育费附加征收率。

这时，其全部允许扣除项目金额 $= 100 + 5.5\%X$。

如果该房地产开发商要想享受到免征土地增值税税收优惠政策，其房地产最高售价满足：$X \leqslant 1.2 \times (100 + 5.5\%X)$。

解以上方程可知，此时的最高售价为128.48万元，允许扣除金额为107.07万元（100 + 5.5% $\times$ 128.48）。

模型二：如果该房地产开发商想通过提高售价达到增加税后收益。当增值率略高于20%时，即应适用"增值率在50%以下税率为30%"的规定。假设此时的售价为128.48 + Y。

由于售价提高 Y,相应的销售税金及附加和允许扣除项目金额都相应提高 5.5‰Y。这时允许扣除项目的金额和增值额如下:

$$允许扣除项目的金额 = 107.07 + 5.5\%Y$$
$$增值额 = 128.48 + Y - (107.07 + 5.5\%Y)$$
$$= 94.5\%Y + 21.41$$
$$应纳土地增值税 = 30\% \times (94.5\%Y + 21.41)$$

若企业欲使提高售价所带来的收益超过因突破土地增值税起征点而新增加的税收,就必须使:Y>30%×(94.5%Y+21.41),即 Y>8.86。

这就是说,如果想通过提高售价获取更大的收益,就必须使价格高于 137.34 万元(128.48+8.86)。

通过以上分析可知,当转让房地产的企业,其销售项目除销售税金及附加外的全部允许扣除项目金额为 100 万元时,将售价定为 128.48 万元是该纳税人可以享受免税照顾的最高价位。在这一价格水平下,既可享受起征点照顾,还可获得较大收益。如果售价低于此数,虽能享受起征点的照顾,却只能获取较低收益;如欲提高售价,则必须使价格高于137.34万元,否则,价格提高带来的收益,将不足弥补价格提高所增加的税收负担。

根据以上两个基本模型,这家房地产开发企业享受免税政策的房产最高总售价可为5 139.20万元(4 000×128.48÷100)。而一旦提高售价,使其土地增值税适用税率为 30%时,如果想要通过提高售价获得更多的税后收益,此时总售价必须高于 5 493.6 万元(4 000×137.34÷100)。

因此,对从事普通商品开发的地产商而言,并不是销售价格越高其税后收益就高。房价过高对于企业来说,至少带来三个方面的负面影响:其一,房价虚高可能引起泡沫经济,国家必须进行宏观调控,对房地产价格进行一定程度打压,有些地方政府甚至开始利用行政手段来干预房价过高的现象,地产商如果继续抬高房价,实际与政府的调控方向相背,不会带来节税收益。其二,不符合一般的经济学原理。提高销售价格是否能带来更多的收益,主要看这种商品的需求弹性是否大于 1,而房产是一种需求弹性小于 1 的商品。其三,房价过高,普通消费者承受不起,会引发社会不满,使开发商背负偏离"和谐社会"和不负社会责任的罪名。因而,房地产商适当地降低房产销售价格,不但获得更多的税后收益,也会赢得社会舆论的支持。

(二)高价房产巧用税收优惠政策的筹划

高价房产销售时,从房地产整个开发过程的每个环节与细节着手也可以寻找到一定的筹划空间。

【案例 7-5】 北京某地产开发商在北京市及全国各地长期从事房地产开发项目,2006年 7 月份竞价拍得北京市北三环附近一块土地,拟于 2008 年 9 月份开发一批可供销售的房产,共 2 万平方米,经财务部门核算,该项目的可扣除金额约为 8 000 元/平方米(含加计扣除的 20%部分,假定实际发生的房地产开发费用与计算土地增值税时可扣除的房地产开发费用相同),拟对外销售的市场可接受价格为每平方米 15 000 元,该楼盘的销售完全由该开发商的销售中心来完成(企业所得税税率为 25%)。

未筹划前其各项纳税情况如下：

营业税及其附加 = 15 000 × 2 × 5.5％ = 1 650(万元)

土地增值额 = 15 000 × 2 − 8 000 × 2 − 1 650 = 12 350(万元)

土地增值率 = 12 350 ÷ (8 000 × 2 + 1 650) × 100％ = 69.97％

土地增值税 = 12 350 × 40％ − 17 650 × 5％ = 4 057.5(万元)

企业所得税 = (15 000 × 2 − 8 000 × 2 − 1 650 − 4 057.5) × 25％ = 2 073.125(万元)

税后获利 = (15 000 × 2 − 8 000 × 2 − 1 650 − 4 057.5) × (1 − 25％) = 6 219.375(万元)

【筹划思路与方法】

其实改变一下销售策略，纳税情况可能就大不一样。房地产开发企业与包销商签订合同，将房产交给包销商，由包销商根据市场情况自定价格进行销售，由房产开发企业向客户开具房产销售发票，包销商收取价差或手续费，合同期满未出售的房产由包销商进行收购。在合同期内房产企业将房产交给包销商承销，包销商代理房产开发企业进行销售，所取得的手续费或价差应按"服务业——代理业"征收营业税；合同期满后，房屋未售出，由包销商进行收购，实质是房产开发商将房屋销售给包销商了，对房产开发商应按"销售不动产"征收营业税；包销商将房产再次销售时，对包销商也应按"销售不动产"征收营业税。因此，对于这家长期从事房产开发的企业来说，完全有必要成立专门的房产销售经纪公司，而没有必要由自己公司下面的销售中心来完成其开发的楼盘销售工作。

一般来说，这家房地产开发企业可以折价形式销售给房地产销售公司，折价销售通常也是符合市场经济规律的，同时，依据我国现行《企业所得税法》，折价销售符合独立定价原则，可借助预约定价安排加以解决。这样一来，对于房地产企业与房产销售公司组成的集团，通过转让定价在三个方面取得税收上的好处：其一，根据市场公允价格通过手续费或差价的形式降低销售价格给房产销售公司，从而房地产开发的土地增值率会降低，直接会减少土地增值税；其二，尽管房地产企业与房产销售公司都面临着同等税率的营业税，但是由于政策许可，房产销售公司在营业税上可享受免税3年；其三，企业所得税也可以通过转让定价形式所获得的利润在房产销售公司实现3年的免税。

(三) 收入分散筹划法

在确定土地增值税税额时，很重要的一点便是确定售出房地产的增值额。而增值额是纳税人转让房地产所取得的收入减去规定扣除项目金额后的余额，因而纳税人转让房地产所取得的收入对其应纳税额有很大影响。如果能想办法使转让收入变少，从而减少纳税人转让的增值额，显然是节省税款的。

在累进税制下，收入分散的筹划显得更为重要。因为，在累进税制下，收入的增长，预示着相同条件下增值额的增长，从而使高的增长率适用较高的税率，使纳税人税负急剧上升，因而分散收入有着很强的现实意义。如何使收入分散合理合法，是这个方法的关键。

一般常见的方法就是将可以分开单独处理的部分从整个房地产中分离，如房屋里面的各种设施。很多人在售出房地产时，总喜欢整体进行，不善于利用分散技巧，显然这样可以省去不少麻烦，但不利于节税。

【案例 7-6】 某企业准备出售其拥有的一幢房屋以及土地使用权。因为房屋已经使用过一段时间，各种设备均已安装齐全。估计市场价值是 800 万元，其中各种设备的价格约为

100万元。如果该企业和购买者签订合同时，不注意区分这些，而是将全部金额以房地产转让价格的形式在合同上体现，则增值额无疑会增加100万元。而土地增值税适用的是四级超率累进税率，增值额越大，其适用的税率越高，相应地应纳税额也就会增大。

【筹划思路与方法】

如果该企业和购买者签订房地产转让合同时，采取变通方法，将收入分散，便可以节省不少税款，具体做法是在合同上仅注明700万元的房地产转让价格，同时签订一份附属办公设备购销合同，则问题迎刃而解。这样将收入分散进行筹划，不仅可以使得增值额变小从而节省应缴土地增值税税额，而且由于购销合同适用0.3‰的印花税税率，比产权转移书据适用的0.5‰税率要低，也可以省不少印花税，一举两得。

税法规定，纳税人建造普通标准住宅出售，如果增值额没有超过扣除项目金额的20%，免予征收土地增值税。同时税法规定，纳税人既建造普通标准住宅，又建造其他房地产开发的，应分别核算增值额；不分别核算增值额或不能准确核算增值额的，其建造的普通住宅不享受免税优惠。房地产开发企业如果既建造普通住宅，又搞其他房地产开发的话，分开核算与不分开核算税负会有差异，这取决于两种住宅的销售额和可扣金额。在分开核算的情况下，如果能把普通标准住宅的增值额控制在扣除项目金额的20%以内，从而免缴土地增值税，则可以减轻税负。

【案例7-7】 某房地产开发企业，2008年商品房销售收入为1.5亿元，其中普通住宅的销售额为1亿元，豪华住宅的销售额为5 000万元。税法规定的可扣项目金额为1.1亿元，其中普通住宅的可扣除项目金额为8 000万元，豪华住宅的可扣除项目金额为3 000万元。

【筹划思路与方法】

(1) 不分开核算(当地允许不分开核算)。

增值额与扣除项目金额的比例为：

$$(15\ 000 - 11\ 000) + 11\ 000 \times 100\% = 36\%$$

适用30%的税率，该企业应缴纳土地增值税为：

$$应缴纳土地增值税 = (15\ 000 - 11\ 000) \times 30\% = 1\ 200(万元)$$

(2) 分开核算。

普通住宅：

增值额与扣除项目金额的比例为：

$$(10\ 000 - 8\ 000) \div 8\ 000 \times 100\% = 25\%$$

适用30%的税率，应缴纳土地增值税为：

$$应缴纳土地增值税 = (10\ 000 - 8\ 000) \times 30\% = 600(万元)$$

豪华住宅：

增值额与扣除项目金额的比例为：

$$(5\ 000 - 3\ 000) \div 3\ 000 \times 100\% = 67\%$$

适用40%的税率，应缴纳土地增值税为：

$$应缴纳土地增值税 = (5\ 000 - 3\ 000) \times 40\% - 3\ 000 \times 5\% = 650(万元)$$

两者合计为1 250万元，分开核算比不分开核算多支出税金50万元。

（四）成本费用筹划法

房地产开发企业的成本费用开支有多项内容，不仅包括土地的征用及拆迁补偿费、前期工程费、建筑安装工程费、基础设施费、公共配套设施费、开发间接费等，而且还包括与房地产开发项目有关的销售费用、管理费用和财务费用。前者是房地产开发成本，后者是房地产开发费用。作为土地增值税扣除项目的房地产开发费用，不按纳税人房地产开发项目实际发生的费用进行扣除，而按《中华人民共和国土地增值税暂行条例实施细则》的标准进行扣除，因而该筹划主要涉及房地产开发成本。

土地增值税纳税人转让房地产所取得的收入减除规定的扣除项目金额后的余额为增值额，作为扣除项目金额重要组成部分的房地产开发成本的大小会严重地影响纳税人应纳税额的大小，即房地产开发成本越高，应纳税额越小，房地产开发成本越低，应纳税额越大，如果纳税人能最大限度地扩大费用列支比例，则肯定会节省很多税款。

当然这种筹划应有一定的限度，无节制地任意扩大的后果就是导致税务机关的纳税调整，结果反倒得不偿失。而且这种扩大也并不是越大越好，在必要的时候适当地减少费用开支可能效果会更好，这主要是针对房地产开发业务较多的企业。因为这类企业可能同时进行多处房地产的开发业务，不同地方开发成本比例因为物价或其他原因可能不同，这就会导致有的房屋开发出来销售后的增值率较高，而有的房屋增值率较低，这种不均匀的状态实际会加重企业的税收负担，这就要求企业对开发成本进行必要的调整，使各处开发业务的增值率大致相同，从而节省税款。

详细的分析论证及大量的实践证明，平均费用分摊是抵消增值额、减少纳税的极好选择。只要生产经营者不是短期行为，而是长期从事开发业务，那么，将一段时间内发生的各项开发成本进行最大限度的调整分摊，就可以将这段时期获得的增值额进行最大限度的平均，这样就不会出现某处或某段时期增值率过高的现象，从而节省部分税款的缴纳。

（五）建房方式的税收筹划

税法对不同的建房方式进行了一系列界定，并规定一些建房行为不属于土地增值税的征税范围，不用缴纳土地增值税，纳税人如果能注意运用这些特殊政策进行税收筹划，其节税效果是很明显的。

第一种建房方式是房地产开发公司的代建房方式，这种方式是指房地产开发公司代客户进行房地产的开发建设，开发完成后向客户收取代建房报酬的行为。对于房地产开发公司来说，虽然取得了一定的收入，但由于房地产权属自始至终是属于客户的，没有发生产权转移，其收入也属于工程劳务性质的收入，故不纳入土地增值税的征税范围。

因此，如果房地产开发公司在房产开发之初便能确定最终用户，就完全可以采用代建房方式进行开发，而不采用税负较重的先开发后销售方式。这种筹划方式可以是由房地产开发公司以用户名义取得土地使用权和购买各种材料设备，也可以协商由客户自己取得和购买，只要从最终形式上保证房地产的产权没有发生转移便可以了。

为了使该项筹划更加顺利，房地产开发公司可以降低代建房劳务性质收入的金额，以取得客户的配合。由于房地产开发公司可以通过该项筹划节省不少税款，让利部分于客户也是可能的,而且这样也会使得房屋各方面条件符合客户要求。

第二种建房方式是合作建房方式。税法规定,对于一方出土地、一方出资金,双方合作建房,建成后按比例分房自用的,暂免征收土地增值税。房地产开发公司也可以很好地利用该项政策。比如,某房地产开发公司购得一块土地使用权准备修建住宅,则该公司可以预收购房者的购房款作为合作建房的资金来源。这样,从形式上就符合了一方出土地、一方出资金的条件。一般而言,一幢住房中土地使用权价款所占比例相对较小,这样房地产开发公司分得的房屋就较少,大部分由出资金的用户分得自用。这样,在该房地产开发公司售出剩余部分住房前,各方都不用缴纳土地增值税,只有在房地产开发公司建成后转让属于自己的那部分住房时,就该部分缴纳土地增值税。

（六）利息支出的筹划

房地产开发企业在进行房地产开发业务过程中,一般都会发生大量的借款,因此利息支出是不可避免的。利息支出的不同扣除方法会对企业的应纳税额产生很大的影响。

根据《土地增值税暂行条例实施细则》第7条规定,财务费用中的利息支出,凡能够按转让房地产项目计算分摊并提供金融机构证明的。允许据实扣除,但最高不能超过按商业银行同类同期贷款利率计算的金额。其他房地产开发费用,按本条第一项和第二项规定计算的金额之和的5%以内计算扣除。用公式表示:房地产开发费用=利息+(取得土地使用权所支付的金额+房地产开发成本)×5%以内。

例如,某房地产开发企业开发某住宅,共支付地价款200万元,开发成本为400万元,则其他开发费用扣除数额不得超过30万元[(200+400)×5%],利息按实际发生数扣除。

如果纳税人不能按照转让房地产项目计算分摊利息支出,或不能够提供金融机构贷款证明的,房地产开发费用按地价款和房地产开发成本金额的10%以内计算扣除,用公式表示:房地产开发费用=(取得土地使用权所支付的金额+房地产开发成本)×10%以内。

如上例,则房地产开发费用总扣除限额为60万元[(200+400)×10%],超限额部分不得扣除。

纳税人在能够按转让房地产项目计算分摊利息支出,并能提供金融机构的贷款证明时,利息支出如何计扣值得考虑。一般而言,企业在进行房地产开发时,借款数额会较大,其实际数会大于(取得土地使用权所支付的金额+房地产开发成本)×5%。

因此,一般来说,按照第一种方式计扣比较有利于企业节省税款,即房地产开发费用按下式计扣:

房地产开发费用 = 利息+(取得土地使用权所支付的金额+房地产开发成本)×5%

但是,现实中的情况并不总是如此简单。有些企业由于资金比较充裕,很少向银行等金融机构贷款,这方面的利息支出相应地就比较少。这时,如果按照第一种方法计算,则扣除项目金额会较少,而按照第二种方法计算则扣除项目金额会较多。因此企业比较合乎逻辑的做法就是故意不按照转让房地产项目计算分摊利息支出,或是假装不能提供金融机构的贷款证明,这样税务机关就会按照第二种方法计算。

（七）适当捐赠筹划法

房地产的赠与是指房地产的原产权所有人和依照法律规定取得土地使用权的土地使用人,将自己所拥有的房地产无偿地捐赠给其他人的民事法律行为。对于这种赠与行为,很多国家都开征了赠与税。我国目前还没有开征这种税收,也不对之征收土地增值税。因为按课征土地增值税的三条标准,赠与人捐赠房产是无偿转让,并没有取得收入,因此,不用缴纳土地增值税。

但是,这里仅指以下两种情况:

（1）房产所有人、土地使用权所有人将房屋产权、土地使用权赠与直系亲属或承担直接赡养义务人的。

（2）房产所有人、土地使用权所有人通过中国境内非营利性的社会团体、国家机关将房屋产权、土地使用权赠与教育、民政和其他社会福利、公益事业的。

上述社会团体是指中国青少年发展基金会、希望工程基金会、宋庆龄基金会、减灾委员会、中国红十字会、中国残疾人联合会、全国老年基金会、老区促进会以及经民政部门批准成立的其他非营利性的公益组织。

房产所有人、土地使用权所有人将自己房地产进行赠与时,如果不是以上所述两种情况,应该视同有偿转让房地产,应当缴纳土地增值税。因此,当事人应当注意自己的捐赠方式,以免捐赠完了之后,自己反而要承担大笔税款。具体来说,如果当事人在进行捐赠时可以采用以上两种方式,最好采用这两种方式。比如,某房地产所有人欲将其拥有的房地产捐赠给希望工程,就一定要符合法定的程序,即通过在中国境内非营利性的社会团体、国家机关如希望工程基金会进行捐赠,而不要自行捐赠。但如果当事人确实无法采用以上两种方式,则应充分考虑税收因素对自己及他人的影响。

比如,某房地产所有人欲将拥有的房地产赠与一位好朋友,则可以考虑让受赠人支付税款,也可以采用隐性赠与法,即让该好友实际占有使用该房地产,而不办理房地产产权转移登记手续。

第三节　印花税的税收筹划

一、印花税的法律界定

印花税是对经济活动和经济交往中书立、领受具有法律效力的凭证的行为所征收的一种税。

凡在我国境内书立、领受、使用属于征税范围内所列应税经济凭证的单位和个人,都是印花税的纳税人。具体纳税人是:立合同人(不包括保人、证人和鉴定人)、立账簿人、立据人、领受人和使用人。

印花税的税率有比例税率和定额税率。

（一）比例税率

印花税比例税率适用如表7-3所示。

表 7-3　印花税比例税率

税率	适用对象
1‰	财产租赁合同、仓储保管合同、财产保险合同、从 2008 年 9 月 19 日起,证券(股票)交易印花税改为单边征收,由出让方缴纳,受让方不缴纳
0.3‰	购销合同、建筑安装工程承包合同、技术合同
0.5‰	加工承揽合同、建设工程勘察设计合同、货物运输合同、产权转移书据、记载资金的营业账簿
0.05‰	借款合同

（二）定额税率

"权利、许可证照"和"营业账簿"税目中的其他账簿,适用定额税率——每件 5 元。

二、印花税的筹划空间

（一）模糊金额筹划法

在现实经济生活中,各种经济合同的当事人在签订合同时,有时会遇到计税金额无法最终确定的情况。而我国印花税的计税依据大多数都是根据合同所记载金额和具体适用税率确定,计税依据无法最终确定时,纳税人的应纳印花税金额也就相应的无法确定。而根据《中华人民共和国印花税暂行条例》第 7 条规定,纳税凭证应当于书立或者领受时贴花。也就是说,经济当事人在书立合同之时,其纳税义务便已经发生,应该根据税法规定缴纳应纳税额。

税法规定,有些合同在签订时无法确定计税金额,如技术转让合同中的转让收入,是按销售收入的一定比例收取的或是按其实现利润多少进行分成的;财产租赁合同,只是规定了月(天)租金标准而无租赁期限的。对这类合同,可在签订时先按定额 5 元贴花,以后结算支付再按照实际金额计税,补贴印花税票,这就给纳税人进行税收筹划创造了条件。在经济交往活动中,当事人签订的合同如果本身金额比较小,自然没有筹划的必要,但如果金额相对较大,应纳税额较大时筹划便显得很有实际意义。

模糊金额筹划法是指当事人在签订数额较大的合同时,有意地使合同上所载金额,在能够明确的条件下,不最终确定,以达到少缴印花税目的的一种筹划方法。

【案例 7-8】　假定某设备租赁公司欲和某生产企业签订一份租赁合同,由于租赁设备较多,而且设备本身也比较昂贵,因而租金每年约定为 200 万元。这时如果在签订合同时明确规定年租金 200 万元,则两企业均应缴纳印花税。其金额计算如下:

$$应纳印花税 = 2\ 000\ 000 \times 1‰ = 2\ 000(元)$$

【筹划思路与方法】

这时,如果两企业在签订合同时仅规定每天的租金数,而不具体确定租赁合同的执行时限,则根据上述规定,两企业只需各自先缴纳 5 元钱的印花税,余下部分等到最终结算时才缴纳,对企业来说筹划过程极为简单,但实现了印花税的递延缴纳。

（二）压缩金额筹划法

印花税是对在我国境内设立、领受应税凭证的单位和个人,就其设立、领受的凭证征收的一种税。由于各种经济合同的纳税人是订立合同的双方或多方当事人,其计税依据是合同所载的金额,因而出于共同利益。双方或多方当事人可以合理筹划,使各项费用及原材料等的金额通过非违法的途径从合同所载金额中得以减除,从而压缩合同的表面金额,达到少缴税款的目的。

如甲公司和乙公司欲签订一份加工承揽合同,金额较大。由于加工承揽合同的计税依据是加工承揽收入,而且这里的加工承揽收入是指合同中规定的受托方的加工费收入和提供的辅助材料金额之和,因此,如果双方当事人能想办法将辅助材料金额压缩,问题便解决了。具体的做法就是由委托方自己提供辅助材料,如果委托方自己无法提供或无法完全提供,也可以由受托方提供,当然这时的筹划就要分两步进行:第一步,双方签订一份购销合同,由于购销合同适用的印花税税率为0.3‰,比加工承揽合同适用税率0.5‰要低。只要双方将部分或全部辅助材料先行转移所有权,加工承揽合同和购销合同要缴纳的印花税之和便会下降。第二步,双方签订加工承揽合同,其合同金额仅包括加工承揽收入,而不包括辅助材料金额。

其实在日常生活中,如果经济交易活动能当面解决,一般是不用签订合同的,上面所说的筹划中,辅助材料的购销不用订立购销合同,这也会省去部分税款。如果经济当事人双方信誉较好,不签订加工承揽合同当然更能节省税款,但这样可能会带来一些不必要的经济纠纷。

压缩金额筹划法在印花税的筹划中可以广泛地应用,如在以物易物的交易合同中,双方当事人尽量互相提供优惠价格,使合同金额降低到合理的程度。当然这要注意限度,以免被税务机关调整关联价格,最终税负反而加重,得不偿失。

（三）减少参与人数筹划法

这种筹划方法极其简单,操作也很方便,其思路就是尽量减少书立使用各种凭证的人数,使更少的人缴纳印花税,使当事人总体税负下降,从而达到少缴税款的目的。根据印花税相关规定,应税凭证凡是由两方或两方以上当事人共同书立的,其各方当事人都是印花税的纳税人。

如果多方当事人在书立合同时,能不在合同上出现的当事人就不要以当事人身份出现在合同上,这样筹划节税效果就达到了。比如甲、乙、丙、丁四人签订一份合同,乙、丙、丁三人基本利益一致,就可以任意选派一名代表,让其和甲签订合同,则合同的印花税纳税人便只有甲和代表人。

这种筹划方法也可以应用到书立产权转移书据的立据人方面。因为一般来说,产权转移书据的纳税人只有立据人,不包括持据人,持据人只有在立据未贴或少贴印花税票时,才负责补贴印花税票。但是如果立据人和持据人双方当事人以合同形式签订产权转移书据,双方都应缴纳印花税,因而这时采取适当的方式,使尽量少的当事人成为纳税人,税款自然就会减少。

（四）分开核算筹划法

《中华人民共和国印花税暂行条例实施细则》第17条规定,同一凭证,因载有两个或两个以上经济事项而适用不同税目税率,如分别记载金额的,应分别计算应纳税额,相加后按合计税额贴花,如未分别记载金额的,按税率高的计税贴花。

【案例7-9】 某煤矿2008年7月与铁道部门签订运输合同,所载运输费及保管费共计200万元,由于该合同中涉及货物运输合同和仓储保管合同两个税目,而且两者税率不相同,前者为0.5‰,后者为0.1‰,根据上述规定,未分别记载金额的,按税率高的计税贴花,即按0.1%。税率计算应贴印花,印花税额计算如下:

$$应纳印花税 = 2\,000\,000 \times 0.1\% = 2\,000(元)$$

【筹划思路与方法】

其实,纳税人只要进行简单的税收筹划,便可以节省不少税款。假定这份运输保管合同包含货物运输费150万元,仓储保管费50万元,如果纳税人能在合同上详细地注明各项费用及具体数额,便可以分别适用税率,其计算如下:

$$应纳印花税 = 1\,500\,000 \times 0.5‰ + 500\,000 \times 0.1‰ = 1\,250(元)$$

订立合同的双方均可节省750元税款。

(五)借款方式筹划法

借款方式筹划法是指利用一定的筹资技术使企业达到最大获利水平和最小税负水平的筹划方法。对任何企业来说,筹资是其进行一系列生产经营活动的先决条件。没有资金,任何有益的经济活动和经营项目都无法进行,与经营相关的盈利和税收也就谈不上了。

一般来说,筹资方法有:①争取财政拨款和补贴;②金融机构贷款;③自我积累;④社会集资;⑤企业间拆借;⑥企业内部集资。从资金角度看,所有这些筹资方法,如果可行的话,都可以满足企业从事生产经营活动对资金的需求。从纳税的角度分析,这些不同的筹资方式产生的税收后果却有很大的差异。

通常来说,自我积累筹资方式所承受的税收负担要重于向金融机构贷款筹资方法承受的税收负担。因为金融机构贷款利息对企业而言可以作为支出,相应的利润会有所减少,应纳税额会发生一些变化,从而节省税款。在这一方面,金融机构借款和企业间的同业拆借效果差不多。这里仅就印花税对两者的影响作进一步的分析。

根据印花税法的规定,银行及其他金融机构与借款人(不包括银行同业拆借)所签订的合同,以及只填开借据并作为合同使用,取得银行借款的借据应按照"借款合同"税目缴纳印花税。而企业之间的借款合同则不用贴花。因而对企业来说,和金融机构签订借款合同其效果和企业(其他企业)签订借款合同在抵扣利息支出上是一样的,而前者要缴纳印花税,后者不用缴纳印花税。如果两者的借款利率是相同的,则向企业借款效果会更好。

(六)最少转包筹划法

建筑安装工程承包合同是印花税中的一种应税凭证,该种合同的计税依据为合同上记载的承包金额,其适用税率为0.3‰。根据印花税的规定,施工单位将自己承包的建设项目分包或者转包给其他施工单位所签订的分包合同或者转包合同,应按照新的分包合同或者转包合同记载的金额再次计算应纳税额。印花税是一种行为性质的税种,只要有应税行为发生,则应按税法规定纳税。尽管总承包合同已依法计税贴花,但新的分包或转包合同又是一种新的应税凭证,又发生了新的纳税义务。

【案例 7-10】 假定某城建公司 A 与某商城签订一份建筑合同,总计金额为 1 亿元,该城建公司因业务需要又分别与建筑公司 B 和 C 签订分包合同,其合同记载金额分别为 4 000 万元和 4 000 万元,B 和 C 又分别将 2 000 万元转包给 D 和 E。则应纳税额的计算如下:

(1) A 与商场签合同时,双方各应纳税:

$$应纳印花税 = 10\,000 \times 0.3‰ = 3(万元)$$

(2) A 与 B、C 签合同时,各方应纳税额:

$$A 应纳印花税 = (4\,000 + 4\,000) \times 0.3‰ = 2.4(万元)$$
$$B、C 各应纳印花税 = 4\,000 \times 0.3‰ = 1.2(万元)$$

(3) B、C 与 D、E 签合同时,各方应纳税额为:

$$应纳印花税 = 2\,000 \times 0.3‰ = 0.6(万元)$$

(4) 这五家建筑公司共应纳印花税总额:

$$应纳印花税总额 = 3 + 2.4 + 1.2 \times 2 + 0.6 \times 4 = 10.2(万元)$$

【筹划思路与方法】

如果各方进行合理筹划,该商城分别与上述 A、B、C、D、E 五家建筑公司签订 2 000 万元的承包合同,则五家公司共应纳印花税为:

$$应纳印花税 = 2\,000 \times 0.3‰ \times 5 = 3(万元)$$

经过筹划,可以节省 7.2 万元(10.2 − 3)税款。

这种筹划方法的核心就是尽量减少签订承包合同的环节,书立尽可能少的应税凭证,以节约印花税款。

(七) 保守金额筹划法

由于理论与现实的差距,理论上认为可能实现或完全能实现的合同,可能在现实中由于种种原因无法实现或无法完全实现。这样,最终合同履行的结果会与签订合同时有些出入。根据税法规定,无论合同是否兑现或是否按期兑现,均应贴花。而且对已履行并贴花的合同,所载金额大于合同履行后实际结算金额的,也不再办理退税。

【案例 7-11】 假如两经济当事人订立合同之初认为履行合同金额为 1 000 万元,而实际最终结算时发现只履行 800 万元或甚至因为其他原因没有办法履行,则双方当事人就会多负担一笔印花税。如果结合其他税种,比如增值税,便会代垫很大一笔税款,人为地造成自己企业资金的短缺。因而在合同设计时,双方当事人应充分地考虑到以后经济交往中可能会遇到的种种情况,根据这些可能情况,确定比较合理、比较保守的金额。如果这些合同属于金额难以确定的,也可以采用前面说过的模糊金额筹划法,等到合同最终履行后,根据实际结算情况再补贴印花税票,这样也能达到同样的效果。

除此之外,经济当事人还可以采取其他办法弥补多贴印花税票的损失,这就是在合同中注上一句:"如果一方有过错导致合同不能履行或不能完全履行,有过错方负责赔偿无过错方多缴的税款。"这样一来,税收负担问题就很好地解决了。

在印花税的征管中,有些纳税人采取隐匿应税凭证等方法偷漏印花税税款,造成国家税款的流失,这种方法不属于税收筹划的范畴,税法对此规定了严厉的惩罚措施。

(八)委托加工合同的税收筹划

根据税法规定,加工承揽合同应按 0.5‰的税率计算贴花,对加工合同中涉及的材料价款不再贴花。这里所称的加工合同是指委托方提供原材料,受托方代填辅助材料,并收取加工费的合同。对于由受托方提供原材料的加工、定作合同,则不能直接按加工承揽合同征税。税法规定,凡在合同中分别记载加工费金额与原材料金额的,应分别按照"加工承揽合同"(税率0.5‰)、"购销合同"(税率0.3‰)计税,两项税额相加数,即为合同应贴印花;合同中不划分加工费金额与原材料金额的,应按全部金额并依照"加承揽合同"计税贴花。

依照上述规定,在订立由受托方提供原材料的加工合同时,应从以下两方面节税:

(1)合同中应明确把加工费金额和提供原材料金额分开。加工承揽合同的税率为0.5‰,购销合同的税率为0.3‰,如果不能分开,从高适用税率。因此,纳税人对载有两个以上经济事项的合同或凭证,一定要把不同经济事项的金额分开,然后分别计税贴花。

(2)适当降低加工费金额,提高原材料金额。在合同总金额不变的情况下,降低加工费与提高原材料金额,会使降低的加工费金额少缴 0.2‰的印花税。由于合同总价不变不影响双方的增值税。

第四节 房产税的税收筹划

一、房产税的法律界定

房产税以房屋为征税对象,以房屋的计税余值或租金收入为计税依据,向房屋产权所有人征收的一种财产税。

房产税以在征税范围内的房屋产权所有人为纳税人。房产税纳税人的具体规定如表7-4所示。

表7-4 房产税纳税人具体规定

房产类型	纳税人
产权属国家所有的	由经营管理单位纳税
产权属集体和个人所有的	由集体单位和个人纳税
产权出典的	由承典人纳税
产权所有人、承典人不在房屋所在地的	由房产代管人或者使用人纳税
产权未确定及租典纠纷未解决的	由房产代管人或者使用人纳税
无租使用其他房产的	由房产使用人纳税
融资租赁的房产	由承租人依照房产余值纳税

从 2009 年 1 月 1 日起,外商投资企业、外国企业和组织以及外籍个人适用房产税。房

产税税率如表 7-5 所示。

表 7-5 房产税的税率——比例税率

1. 从价计征	依据房产计税余值计税的,税率为 1.2%
2. 从租计征	依据房产租金收入计税的,税率为 12%
	个人、企事业单位、社会团体以及其他组织按市场价格向个人出租用于居住的住房,减按 4% 的税率征收房产税

房产税应纳税额的计算如表 7-6 所示。

表 7-6 房产税应纳税额的计算

计税方法	计税依据	税率	计税公式
从价	房产计税余值＝房产原值×(1－原值减除率)	年税率 1.2%	应纳税额＝应税房产原值×(1－扣除比例)×1.2% (这样计算出的是年税额)
从租	租金收入 以劳务或其他形式抵付房租收入的,按当地同类房产租金水平确定	12%	应纳税额＝租金收入×12%或4%
	个人出租住房	4%	

二、房产税的筹划空间

(一)合理选择建厂地址,避免缴纳房产税

税法规定,房产税在城市、县城、建制镇和工矿区征收。其中,城市是指国务院批准设立的市;县城是指县人民政府所在地;建制镇是指经省人民政府批准的建制镇;工矿区是指城市、县城、建制镇范围以外,工商企业比较发达,人口比较集中,符合国务院规定的建制镇标准,但尚未设立建制镇的大中型工矿企业所在地。除上述范围以外的房产不属于房产税的征收范围,不征房产税。企业组建选址时如果能考虑到这一点,会给企业带来巨大的效益:

(1)免缴了房产税。因为房产税实行按年征收,只要企业建立在房产税征收范围之内,无论企业盈亏,均要按年缴税,这对企业无疑是一笔很大的开支,如果把企业建在乡村,则无须缴纳房产税,企业就节省了这笔开支。

(2)把企业建立在农村,可以为企业节省土地购置费。

(3)在农村建立企业,不征城镇土地使用税;城市维护建设税按 1% 征收。

(4)有利于农村的城市化改造,企业可以使用大量的农村廉价劳动力。

(二)正确区分房屋和建筑物

会计核算固定资产一般采用分类法,"房屋和建筑物"属于同一类,所以在计算房产税时,往往直接以"房屋和建筑物"的原值作为计税基础,这样就造成了多缴房产税。所以在缴纳房产税时应注意以下问题。

1. 正确划分房屋和建筑物

房屋是指有屋面和围护结构(有墙或两边有柱),能遮风避雨,可供人们生产、休息、学

习、娱乐、活动、仓储等的场所。根据这个定义,可以把房屋之外的建筑物与房屋区分开,如围墙、烟囱、水塔、油池、酒精池、游泳池、菜窖、酒窖、玻璃暖棚以及各种储油气罐等,以上建筑物不是房产,不应该缴房产税。

2. 正确划分"在建工程"的成本核算对象

税法规定,独立于房屋之外的建筑物不征房产税,与房屋不可分的附属设施要并入房屋原值计征房产税。这就要求企业在确定在建工程成本核算对象时,把应该划入房屋的费用核算到房屋成本中去,把不属于房屋的费用,如烟囱、绿地、长廊、道路、供暖锅炉及管道等,单独形成固定资产,避免误缴房产税。属于房屋附属设备的水管、下水道、暖气管、煤气管等应从最近的探视井或三通管以外的部分,不计算房产原值;电灯网、照明线从进线盒连接管以外的部分,也不计算房产原值。但新购建的房产中不可随意移动的中央空调,无论在会计核算中是否单独记账与核算,都应计入房产原值,计征房产税。

（三）房屋租赁房产税的筹划

1. 利用合同签订方法筹划房产税

由于房产税有从价计征和从租计征两种方式,企业在出租房屋时,租赁合同怎样签订就值得研究。例如,企业把闲置的仓库对外出租,如果签订仓库出租,就要按租金收入的12%征收房产税;如果签订仓储合同,仓储是企业对外提供的商品保管服务,企业要对所保管的商品安全负责,仓库属于企业自用,就可以按仓库余值的12%征收房产税。同样道理,企业把地下车库对外出租,要按租金的12%征收房产税;如果出租车位,属于车辆保管,车库属于企业自用,就可按车库的余值征收房产税。

如果企业将一项房产连同设备整体出租,签订一份合同,就要按合同总金额缴房产税,这样做显然是把设备的租金也缴了房产税,最好是房产和设备分别签订租赁合同,这样就可以降低房产税。

【案例7-12】 A企业是家百货零售企业,拥有1万平方米营业楼一栋,价值8 000万元,楼内计算机及一些其他设备净值1 000万元。营业1年后,因经营亏损,无力继续经营,准备出租。该营业楼处于三类城市,城市人口规模50万人以上,因该营业楼面积较大,且整体租赁,所以价格因人、因时都可能变动,很难确定一个公允的市场价格。B企业是一家连锁零售企业,正在寻找场地扩张营业面积,准备租赁A企业营业楼进行经营。双方拟定合同期5年,价格为年租金1 000万元,整体租赁营业楼包括其中的设备。

【筹划思路与方法】

方案一:营业楼整体出租,年租金1 000万元。

$$营业税 = 1 000 \times 5\% = 50(万元)$$
$$房产税 = 1 000 \times 12\% = 120(万元)$$
$$城市维护建设税及教育费附加 = 50 \times 10\% = 5(万元)$$

方案一税金合计金额为175万元。

方案二:用出租成本推算收入。A企业年收入1 000万元不变,假设营业楼折旧年限20年,无净残值,计算机等设备折旧年限5年,无净残值。则:

$$营业楼的年出租成本 = 8 000 \div 20 = 400(万元)$$
$$计算机等设备的年出租成本 = 1 000 \div 10 = 100(万元)$$

因此：

$$营业楼年租金收入 = 1\,000 \times 400 \div (400 + 100) = 800(万元)$$
$$计算机等设备年租金收入 = 1\,000 \times 100 \div (100 + 400) = 200(万元)$$

据此，A企业与B企业签订两份合同，其一，房屋租赁每年租金800万元，租期5年；其二，计算机等分期付款出售合同，总额1\,000万元，分5年付款，年付200万元。根据财税〔2002〕29号文件，销售旧设备，其售价未超过原位的免征增值税，所以设备出售可以免征增值税。

$$营业税 = 800 \times 50\% = 40(万元)$$
$$房产税 = 800 \times 12\% = 96(万元)$$
$$城市维护建设税及教育费附加 = 40 \times 10\% = 4(万元)$$

上述税金合计金额为140万元，每年节省税金35万元。

2. 房屋出租转化为房产投资筹划房产税

对于投资联营的房产，应根据投资联营的具体情况，在计征房产税时予以区别对待。对于以房产投资联营，投资者参与投资利润分红、共担风险的情况，按房产原值作为计税依据计征房产税。

企业将房屋对外出租，按规定要按租金收入缴纳房产税，如将房屋对外投资入股，参与被投资方的利润分配，共同承担风险，投资方就不用按12%的高税率缴纳房产税，而被投资方只需按房屋余值的1.2%缴纳，相比之下，这样计算的房产税要少得多。

第五节　契税的税收筹划

一、契税的法律界定

契税是以境内转移土地、房屋权属的行为为征税对象，依据土地使用权、房屋的成交价格或市场价格，向承受的单位和个人征收的一种税。

契税的计税依据和应纳税额的计算如表7-7所示。

表7-7　契税的计税依据和应纳税额的计算

征税对象	计税依据	税率	计税公式
土地使用权出售、房屋买卖	成交价格	3%～5%的幅度内，各省、自治区、直辖市人民政府按本地区实际情况确定	应纳税额 = 计税依据 × 税率
土地使用权赠与、房屋赠与	市场价格		
土地使用权交换、房屋交换	价格差额		
出让国有土地使用权	支付的全部经济利益		
土地使用权及所附属建筑物、构筑物等（包括在建的房屋、其他建筑物、构筑物和其他附着物）转让给他人	转让的总价款		

二、契税的筹划空间

（一）签订等价交换合同，可不征契税

【案例7-13】 金信公司有一块土地价值3 000万元拟出售给南方公司。然后从南方公司购买其另外一块价值3 000万元的土地。双方签订土地销售与购买合同后，金信公司应缴纳契税＝3 000×4％＝120（万元）。南方公司应缴纳契税＝3 000×4％＝120（万元）。

【筹划思路与方法】

根据《中华人民共和国契税暂行条例》及其实施细则规定：土地使用权、房屋交换、契税的计税依据为所交换的土地使用权、房屋的价格差额，由多交付货币、实物、无形资产或其他经济利益的一方缴纳税款，交换价格相等的，免征契税。

按照上述规定，提出税收筹划方案如下：金信公司与南方公司改变合同订立方式，签订土地使用权交换合同，约定以3 000万元的价格等价交换双方土地。金信公司和南方公司各自免征契税120万元。

（二）签订分立合同，可降低契税支出

【案例7-14】 红叶实业公司有一化肥生产车间拟出售给月星化工公司，该化肥生产车间有一幢生产厂房及其他生产厂房附属物，附属物主要为围墙、烟囱、水塔、变电塔、油池油柜、若干油气罐、挡土墙、蓄水池等，化肥生产车间总占地面积3 000平方米。整体评估价为600万元（其中生产厂房评估价为160万元，3 000平方米土地评估价为240万元，其他生产厂房附属物评估价为200万元），月星化工公司按整体评估价600万元购买，应缴纳契税＝600×4％＝24（万元）。

【筹划思路与方法】

根据《财政部　国家税务总局关于房屋附属设施有关契税政策的批复》（财税〔2004〕126号）规定：

（1）对于承受与房屋相关的附属设施（包括停车位、汽车库、自行车库、顶层阁楼以及储藏室）所有权或土地使用权的行为，按照契税法律、法规的规定征收契税；对于不涉及土地使用权和房屋所有权转移变动的，不征收契税。

（2）采取分期付款方式购买房屋附属设施土地使用权、房屋所有权的，应按合同规定的总价款计征契税。

（3）承受的房屋附属设施权属如为单独计价的，按照当地确定的适用税率征收契税；如与房屋统一计价的，适用与房屋相同的契税税率。

按照上述规定，提出税收筹划方案如下：红叶实业公司与月星化工公司签订两份销售合同，第一份合同为销售生产厂房及占地3 000平方米土地使用权的合同，销售合同价款为400万元；第二份合同为销售独立于房屋之外的建筑物、构筑物以及地面附着物（主要包括围墙、烟囱、水塔、变电塔、油池油柜、油气罐、挡土墙、蓄水池等），销售合同价款为200万元。经过筹划，月星化工公司只就第一份销售合同缴纳契税，应缴纳契税＝400×4％＝16（万元），节约契税支出8万元。

（三）改变抵债时间，可免征契税

【案例7-15】 金图公司因严重亏损准备关闭，尚欠主要债权人明珠公司5 000万元，准备以公司一块价值5 000万元的土地偿还所欠债务。明珠公司接受金图公司土地抵债应缴纳契税＝5 000×4％＝200（万元）。

【筹划思路与方法】

根据《财政部　国家税务总局关于企业改制重组若干契税政策的通知》（财税〔2003〕184号）规定：企业按照有关法律、法规的规定实施关闭、破产后，债权人（包括关闭、破产企业职工）承受关闭、破产企业土地、房屋权属以抵偿债务的，免征契税。按照上述规定，提出税收筹划方案如下：明珠公司改变接受金图公司以土地抵债的时间，先以主要债权人身份到法院申请金图公司破产，待金图公司破产清算后再以主要债权人身份承受金图公司以价值5 000万元的土地抵偿债务。可享受免征契税，节约契税支出200万元。

（四）改变抵债不动产的收入，可不纳契税

【案例7-16】 华业公司欠石林公司货款2 000万元，准备以华业公司原价值2 000万元的商品房偿还所欠债务。石林公司接受华业公司商品房抵债后又以2 000万元的价格转售给亚美公司偿还所欠债务2 000万元，石林公司接受华业公司抵债商品房应缴纳契税＝2 000×4％＝80（万元）。

【筹划思路与方法】

石林公司最终需将抵债商品房销售给亚美公司抵债，华业公司抵债商品房在石林公司账面只是过渡性质，却需多缴纳契税80万元，在三方欠款均相等的情况下，进行税收筹划后这80万元多缴纳的中间环节契税可免征。可考虑税收筹划方案如下：石林公司与华业公司、亚美公司签订债务偿还协议。由华业公司将抵债商品房直接销售给亚美公司，亚美公司将房款汇给华业公司。华业公司收亚美公司房款后再汇给石林公司偿还债务，石林公司收华业公司欠款后再汇给亚美公司偿还债务。经上述筹划后，三方欠款清欠完毕，且石林公司可享受免征契税，节约契税支出80万元。

（五）改变投资方式，可享受免征契税优惠

【案例7-17】 王明有一幢商品房价值500万元，李立有货币资金300万元，两人共同投资开办新华有限责任公司，新华公司注册资本为800万元。新华公司接受房产投资后应缴纳契税＝500×4％＝20（万元）。

【筹划思路与方法】

根据财税〔2003〕184号文件的规定：非公司制企业，按照《中华人民共和国公司法》的规定，整体改建为有限责任公司（含国有独资公司）或股份有限公司，或者有限责任公司整体改建为股份有限公司的，对改建后的公司承受原企业土地、房屋权属，免征契税。

根据上述规定，提出税收筹划方案如下：

第一步，王明到工商局注册登记成立王明个人独资公司，将自有房产投入王明个人独资公司，由于房屋产权所有人和使用人未发生变化，故无需办理房产变更手续，不需缴纳契税。

第二步,王明对其个人独资公司进行公司制改造。改建为有限责任公司,吸收李立投资,改建为新华有限责任公司,改建后的新华有限责任公司承受王明个人独资公司的房屋,免征契税,新华公司减少契税支出20万元。

（六）改变购买不动产方式,可获免征契税

【案例7-18】 金盛有限责任公司于2004年1月向国有独资公司兴业有限责任公司购买三幢商品房,价值9 800万元,金盛公司应缴纳契税=9 800×4%=392（万元）。

【筹划思路与方法】

根据财税〔2003〕184号文件的规定:非公司制国有独资企业（公司）或国有独资有限责任公司,以其部分资产与他人组建新公司,且该国有独资企业在新设公司中所占股份超过50%的,对新设公司承受该国有独资企业的房屋、土地权属,免征契税;两个或两个以上的企业,依据法律规定和合同约定,合并改建为一个企业,对合并后的企业承受原合并各方的房屋、土地权属免征契税。执行期限为2005年12月31日之前。

另外,根据《财政部 国家税务总局关于延长企业改制重组若干契税政策执行期限的通知》（财税〔2006〕141号）规定,企业改制重组涉及的契税政策,继续按照财税〔2003〕184号文件规定执行,执行期限为2006年1月1日至2008年12月31日。

根据上述规定,提出税收筹划方案如下:

第一步,金盛公司与兴业公司签订投资协议,共同出资组建兴盛有限责任公司,注册资本为1亿元,金盛公司出资200万元,出资方式为货币资金,投资比例为2%,兴业公司出资9 800万元,出资方式为三幢商品房,投资比例为98%,并约定兴盛有限责任公司成立后,于6个月内办理商品房产权变更手续。办理商品房产权变更手续时,新设立的兴盛有限责任公司承受兴业公司投入的房产,因兴业公司投资比例超过50%。享受免征契税392万元。

第二步,办理完商品房产权变更手续后,金盛公司与兴业公司另签订一份股权转让协议。约定兴业公司将所持兴盛有限责任公司9800万元股份原价转让给金盛公司股东。

第三步,股权转让手续办理完毕后,金盛公司与兴盛有限责任公司于2005年1月签订合并协议,由金盛公司合并兴盛有限责任公司,合并后金盛公司承受原兴盛有限责任公司的房产,享受免征契税392万元。

在以上若干案例筹划中,要注意契税缴纳和土地增值税缴纳密切相关。进行税收筹划时需同时考虑土地增值税的税负,并结合有关营业税和企业所得税的相关免征政策,综合考虑企业总体税负支出,方能取得较好的筹划效果。

第六节　城市维护建设税的税收筹划

一、城市维护建设税的法律界定

城市建设维护税是国家对缴纳增值税、消费税的单位和个人就其缴纳的增值税、消费税税额为计税依据而征收的一种税。

城市维护建设税的税率实行地区差别比例税率,按纳税人所在地的规定税率执行,具体如表 7-8 所示。

表 7-8　城市维护建设税税率

档　　次	纳税人所在地	税　　率
1	市区	7%
2	县城、镇	5%
3	不在市、县、城、镇	1%

二、城市维护建设税的筹划空间

(一)企业选址的筹划

由于城市维护建设税按企业所在地区实行差别税率,分为三个档次,即:纳税人所在地为市区的,税率为 7%;纳税人所在地为县城、镇的,税率为 5%;纳税人所在地不在市区、县城或者镇的,税率为 1%。纳税人所在城镇以外地区还可以免缴城镇土地使用税,从税收筹划出发,纳税人选址时,应考虑选在城市、县城、建制镇以外的地区。

对于受托方代扣代缴,代收代缴增值税、消费税的单位和个人,其代扣代缴、代收代缴的城市维护建设税按受托方所在地适用税率执行。对这种税率差异也应考虑。

(二)利用税收优惠政策进行筹划

(1)海关对进口产品代征的增值税、消费税,不征收城市维护建设税。

(2)对个别缴纳城市维护建设税有困难的企业和个人,由市县人民政府批准,给予减免照顾。

第七节　资源税的税收筹划

一、资源税的法律界定

资源税是以各种应税自然资源为课税对象、为了调节资源级差收入并体现国有资源有偿使用而征收的一种税。

纳税人为在中华人民共和国领域及管辖海域开采应税矿产品以及生产盐的单位和个人。对于进口矿产品或盐以及经营已税矿产品或盐的单位和个人不属于资源税纳税人。

二、资源税的筹划空间

(一)利用折算比例筹划

纳税人出于某种原因,在现实经济生活中可能无法提供或无法准确提供应税产品销售数量或移送数量,根据《中华人民共和国资源税暂行条例实施细则》第5条规定:以应税产品的产量或主管税务机关确定的折算比例换算成的数量为课税数量,这条规定给税收筹划创造了一定的条件。

【案例7-19】 某个体户生产煤炭并连续加工生产某种煤炭制品,而且由于其采用的加工技术相对落后,使其产品的加工生产综合回收率与同行业企业相比较低,便可用这种方法进行筹划。

具体筹划过程如下:在确知自己企业综合回收率相对较低的时候故意不提供或不准确提供应税产品销售数量或移送数量,这样税务机关在根据同行企业的平均综合回收率折算应税产品数量时,就会相对少算课税数量。这里假定该企业生产出的最终产品有1 000吨,同行业综合回收率为40%,该企业的综合回收率为25%,则实际课税数量应为4 000吨(1 000÷25%),而税务机关最终认定数量为2 500吨(1 000÷40%)。由于资源税采用的是从量定额征收方法,课税数量的减少将会明显地减少应纳资源税额。可用这种方式进行筹划的资源主要有以下两种:

(1)煤炭。对于连续加工前无法正确计算原煤移送使用量的,可按加工产品的综合回收率,将产品实际销量和自用量折算成原煤数量作为应缴税数量。

(2)金属和非金属矿产品原矿。因无法准确掌握纳税人移送使用原矿数量的,可将其精矿按选矿比例折算成原矿数量作为应纳税数量。

显然,如果某企业的加工技术相对先进,使得本企业产品的加工生产综合回收率相对同行业较高,便应该准确进行核算,给税务机关提供准确的应税产品销售数量或移送数量。

(二)利用相关产品筹划

在现实中,一个矿床不可能仅有一种矿产。一般而言,一个矿床除了一种主要矿产品外,还有一些其他矿产品,即伴生矿;同样,矿产品加工企业在生产过程中,一般也不会只生产一种矿产品。

伴生矿是指在同一矿床内,除了主要矿产品以外,还含有多种可供工业利用的成分,这些成分即为伴生矿。考虑到一般性开采是以主产品的元素成分开采为目的,因此确定资源税税额时,一般将主产品作为定额的主要依据,同时也考虑作为副产品的元素成分及其他相关因素。如果企业在开采之初仅注重个别元素,当然关于这种元素的矿产品适用税额应该相对较低,以此来影响税务机关确定单位税额,使整个矿床的矿产品适用较低税率,那么筹划的结果便不言而喻了。只要税务机关受纳税人影响确定了较低的税额,其效果就达到了。

伴采矿是指开采单位在同一矿区内开采主产品时,伴采出来的非主产品元素的矿石。根据有关税法规定,对伴采矿量大的,由省、自治区、直辖市人民政府根据规定,对其核定资源税单位税额标准;对伴采矿量小的,则在销售时,按照国家对收购单位规定的相应品目的单位税额标准缴纳资源税,如果伴采矿的单位税额主产品高,则利用这项政策进行合理节税的关键就在于让税务机关认定伴采矿量小。伴采矿量的大小由企业自身生产经营所决定,如果企业在开采之初采取一定的策略,如少采甚至不采伴生矿,税务机关在进行认定时,通常都会认为企业的伴采矿量小。等到税务机关确定好单位税额标准后,再扩大企业的伴采矿量便可以实现预期目的。如果伴采矿的税额相对较低,则企业应进行相反的操作。伴选矿是指在对矿石原矿中所含主产品进行精选的加工过程中,以精矿形式伴生出来的副产品。由于国家对以精矿形式伴选出来的副产品不征收资源税,对纳税人而言,最好的筹划方式就是尽量完善工艺,引进技术,使以非精矿形式伴生出来的副产品以精矿形式出现,从而达到一定税收筹划效果。

（三）准确核算筹划

《中华人民共和国资源税暂行条例》（以下简称《资源税暂行条例》）第8条规定:纳税人的减税、免税项目,应当单独核算课税数量;未单独核算或者不能准确提供减、免税产品课税数量的,不予减税或者免税。

《资源税暂行条例》第4条还规定:纳税人开采或生产不同科目应税产品的,应当分别核算不同税目应税产品的课税数量;未分别核算或者不能准确提供不同税目应税产品的课税数量的,从高适用税率。

因此,纳税人可以通过准确核算各税目的课税数量,清楚区分哪些是应税项目,哪些是免税项目,应税项目适用于何种税额,以便充分地享受到税收优惠,达到节省资源税税款的目的。

【案例7-20】 华北某矿产开采企业2015年3月开采销售原油10 000吨,生产销售原煤5 000吨,开采使用天然气10万立方米（其中,5万立方米开采原油时伴生,5万立方米开采煤炭时伴生,该企业未分开核算）,已知原油售价3 300元/吨,原煤售价700元/吨,天然气售价2.35元/立方米,其适用税率为原油6%、原煤2.5%、天然气6%。该企业应如何进行税收筹划?

该企业2015年3月应缴纳的资源税为:10 000×3 300×6%＋5 000×700×2.5%＋100 000×2.35×6%＝2 081 600(元)

【筹划思路与方法】

根据税法的规定,煤炭开采时生产的天然气免税。因此,如果该企业将采煤时伴生的天然气分开核算,则可以享受免税优惠,从而节省资源税7 050元(50 000×2.35×6%)。

第八节　城镇土地使用税的税收筹划

一、城镇土地使用税的法律界定

城镇土地使用税是以开征范围的土地为征税对象,以实际占用的土地面积为计税标准,按规定税额对拥有土地使用权的单位和个人征收的一种税。

纳税人为在城市、县城、建制镇、工矿区范围内使用土地的单位和个人,不包括农村。

二、城镇土地使用税的筹划空间

（一）企业选址的税收筹划

由于城镇土地使用税的纳税义务人为在城市、县城、建制镇、工矿区内使用土地的单位和个人,在大中小城市单位税额不同,在同一座城市的不同地段土地等级也不同。所以,企业在选择设立地址时就应该考虑税负的高低,如果建在城市、县城、建制镇、工矿区以外的地区就可以不缴城镇土地使用税。同时,把企业设在乡、村所在地,无需缴纳房产税;城市建设维护税也按照最低一档的税率1%。现在,我国农村经济快速发展,"农村城市化、城乡一体化"的格局已经基本形成,农村交通网已逐步形成,运输方便,劳动力廉价,减少城市污染,有利企业今后扩建和发展,把企业建在乡村,可谓一举多得。

(二)利用税收优惠政策进行筹划

税收筹划的关键是用好用足税收优惠政策,与房地产开发企业有关的优惠政策有:

(1)房地产开发公司建造商品房的用地,原则上应按规定计征城镇土地使用税。但经批准开发建设经济适用房的用地,经各省、自治区、直辖市地方税务局批准,可以免征土地使用税。

(2)经批准开山填海整治的土地和改造的废弃土地,从使用的月份起免缴土地使用税5年至10年,具体免税期限由各省、自治区、直辖市地方税务局在《中华人民共和国城镇土地使用税暂行条例》规定的期限内自行确定。

(3)建材行业的石灰厂、水泥厂、大理石厂、砂石厂等企业的采石场、排土场地,炸药库的安全区用地以及采区运岩公路。

(三)正确掌握纳税期限和纳税义务发生时间,避免误缴税

(1)如果当地规定,城镇土地使用税每年分两次缴纳,企业从其规定,不要一次缴纳。

(2)税法规定房地产开发企业自用、出租、出借本企业建造的商品房,自房屋使用或交付之次月起,缴纳城镇土地使用税。就是说企业自用、出租、出借当月并不纳税。

(3)税法规定纳税人新征用的耕地,自批准征用之日起满1年时开始缴纳土地使用税。纳税人新征用的非耕地,自批准征用次月起缴纳土地使用税。企业要按税法规定纳税,避免提前纳税或多缴税。

 习　题

1. 土地增值税有哪些筹划方法?
2. 印花税的筹划空间有哪些?
3. 房产税有哪些筹划方法?
4. 如何筹划契税?
5. 车船税的计税依据是什么? 如何筹划车船税?
6. 如何筹划资源税? 它主要有哪些税收筹划方法?
7. 城镇土地使用税有哪些筹划空间?

第八章　企业运营实务的税收筹划

以上几章是从税种的角度来分别介绍企业在生产经营过程中涉及的不同税种的基本税收筹划方法,本章则是根据税收筹划适用于企业生产经营的不同阶段来介绍企业运营实务的税收筹划方法。这里主要对企业的融资活动、投资决策、重组活动和利润分配进行税收筹划的介绍。

融资是企业进行一系列生产经营活动的先决条件,其对企业理财经营业绩的影响,主要是通过资本结构的变动而发生作用的。因而,企业融资活动的税收筹划,应着重考虑两个方面:资本结构变动如何影响企业业绩和税负;企业应当如何进行资本结构配置,才能在节税同时实现企业价值最大化的目标。

企业投资决策的税收筹划是指企业将税收作为投资决策的一个重要因素,在投资活动中充分考虑税收影响,从而选择税负最合理的投资方案的行为。企业为了获得更多利润,总会不断地扩大再生产,进行投资。投资影响因素的复杂多样性决定了投资方案的非唯一性,而不同的投资方案也有不同的税收待遇。因此,企业对于不同投资方案,需要衡量税负轻重,择优选择最佳方案。

企业在生产经营过程中,由于各种原因不能按期偿还债务,或难以及时收回债权,可能会进行债务重组;出于发展壮大的目的,可能与其他企业进行合并;出于提高企业经营效率或其他目的,会进行分立活动;由于破产或者设立目的已经达到等原因,需要进行清算。这些特定的活动,都会影响企业的纳税金额,而且都可以通过税收筹划,增加企业的税收利益。

企业实现的利润依照税法规定弥补以前年度亏损并进行相应的纳税调整之后,依法缴纳所得税。企业对一定时期的税后利润在企业和投资者之间进行分配,即企业利润分配。企业利润分配不仅关系到企业能否长期稳定地发展,关系到投资者的权益能否得到保障,还对企业和投资者的税负产生直接的影响。

第一节　企业融资活动的税收筹划

融资亦称筹资,是企业根据生产经营、对内外投资和调整资本结构的需要,通过各种渠道和方式有效地筹措资金的行为。这是企业资金运动的起点,也是决定企业资金规模和生产经营规模的基本因素。任何一个企业开展生产经营活动,都必须具备一定数量的资金,用于购置原料、支付各种费用、扩大经营规模、开发新产品、提高技术水平等,能否及时、足额、经济地筹集到所需资金,直接关系到企业的发展计划能否真正实现。目前,企业融资的方式主要有企业自我积累、向金融机构借款、向非金融机构和企业借款、向社会发行债券和股票、企业内部集资、租赁等。从纳税的角度来看，不同的融资方式对应不同的融资渠道，形成不同的资本结构，企业最终的税负和税后收益也存在差异，这就需要企业在融资决策中进行税收筹划。

一般而言，自我积累融资方式的税收负担要重于向金融机构贷款的税收负担，贷款筹资的税收负担要重于企业之间相互拆借的税收负担，企业之间相互拆借的税收负担重于企业内部集资的税收负担。从税收筹划的角度看，企业内部集资和企业之间拆借方式的效果最好，金融机构贷款次之，自我积累效果最差。

一、负债融资的税收筹划

（一）企业负债规模的税收筹划

企业从事生产经营活动所需要的资金有负债和所有者投入两种来源。负债融资的财务杠杆效应主要体现在节税和提高权益资本收益率等方面。其中节税功能反映为负债利息计入财务费用抵扣应税所得额，从而减少应纳所得税额。在息税前收益（或收益率）不低于负债成本总额（或负债成本率）的前提下，负债比率越高，额度越大，其节税效果越明显。当然，负债最重要的杠杆作用在于提高权益资本的收益水平及普通股的每股收益额方面，这可从下式得以反映：

权益资本收益率（税前）＝息税前投资收益率＋负债÷权益资本×（息税前投资收益率－负债成本率）

当前，我国企业负债融资从单一的向银行贷款发展到向其他企业借款、向非银行金融机构借款、企业发行债券等多种方式。只要企业息税前投资收益率高于负债成本率，增加负债额度，提高负债比重，就会带来权益资本收益水平提高的效应。企业利用负债进行税收筹划时，必须合理确定负债的总规模，将负债控制在一定的范围之内，使负债融资带来的利益能够抵消由于负债融资的比重增大所带来的财务风险及融资风险成本的增加。

【案例 8-1】 烟台大华公司计划筹资 2 000 万元用于一项新产品的生产，制定了甲、乙、丙三个方案。三个方案的利率均为 10%，企业所得税税率均为 33%。假设企业的资本结构、权益资本投资利润率如表 8-1 所示。

表 8-1　不同资本结构下的融资选择

资本结构（债务资本：权益资本）	甲（0：100）	乙（20：80）	丙（60：40）
息税前利润（万元）	600	600	600
利率	10%	10%	10%
税前利润（万元）	600	560	480
应纳税额（税率为33%）（万元）	198	184	158
税后利润（万元）	402	376	322
税前投资利润率（权益资本）	30%	35%	60%
税后投资利润率（权益资本）	20.1%	23.5%	40.3%

从表 8-1 可以看出，随着债务资本比重的加大，企业纳税呈递减趋势，从 198 万元减为 184 万元，再减为 158 万元，从而表明债务筹资具有节税功能。同时还可以看出，当投资利润率大于负债利率时，债务资本在投资中所占的比例越高，对企业权益资本越有利。

（二）向银行借款的税收筹划

借款筹资方式主要是指向金融机构（银行）融资，其成本主要是利息。向银行的借款利息一般可以在税前列支，从而减少企业的应税所得额。同时，向金融机构贷款筹资方式只涉及企业与银行两个主体，如果企业与银行有一定的关联关系，就可以通过利润的平均分摊，减轻税收负担。当然，大多数企业与银行之间是没有关联关系的，因此，这种筹资方式，在税负的沟通上要比企业自筹方式差，但要好于企业自我积累这种筹资方式，因为企业仍可以利用在业务联系过程中与金融机构逐渐建立起来的特殊业务联系，实现一定程度的减轻税负的目的。

【案例 8-2】　经纬设备制冷有限公司为兴建冷库用于出租，需筹集资金 4 000 万元，预计冷库出租每年可获租金收入 600 万元，冷库使用寿命为 20 年，企业所得税税率为 33%。现有两个方案可供选择：

方案一：用 5 年积累留存收益 4 000 万元兴建冷库用于出租。

方案二：向银行贷款 4 000 万元兴建冷库用于出租，假定银行贷款年利率为 8%。

企业选择哪个方案才能保证税负最低呢？

【筹划思路与方法】

方案一：该冷库建成后每年获得租金应纳企业所得税。

$$应纳所得税 = 600 \times 33\% = 198（万元）$$

20 年应纳所得税合计 = 198 × 20 = 3 960（万元）（未考虑资金的时间价值，下同）

方案二：扣除银行贷款利息，假定租金不变，企业每年均可盈利（未考虑其他因素）。

$$年盈利额 = 600 - 4 000 \times 8\% = 280（万元）$$
$$企业每年应纳税额 = 280 \times 33\% = 92.4（万元）$$
$$20 年应纳所得税合计 = 92.4 \times 20 = 1 848（万元）$$

设银行综合税率为 15%：

$$银行年纳税额 = 4 000 \times 8\% \times 15\% = 48（万元）$$
$$20 年银行纳税合计 = 48 \times 20 = 960（万元）$$
$$银行与企业的税负合计 = 1 848 + 960 = 2 808（万元）$$

可见，采用贷款兴建冷库的方式，即使银行与企业的总税负也比企业以自己积累资金兴建冷库所需要缴纳的税额要少。

显而易见，企业采用向银行贷款的方式筹措资金兴建该冷库所负担的税负低。当然，企业在这一过程中也享受到了其他利益。例如，对该企业而言，不仅享受到了税收上的好处，还可以提前利用其租金收益进行其他项目的投资。又如，由于企业是从银行贷款取得的资金，其自身所承担的资金风险明显下降，即使企业仅考虑税负这一因素，也可以利用与金融机构的特殊业务联系，提升其税收负担的灵活性，若企业能够与银行达成某种协议，由银行提高利率,使企业计入成本的利息费用提高,则还可以降低企业的税负,银行也可以某种形式将获得的高额利息返还给企业或以更便利的形式为企业提供贷款,也可达到节税的目的。即使在同一借款方式下,也会因为还本付息方式的不同形成企业税收负担的差异。

（三）企业间资金拆借的税收筹划

按照我国现行法规的规定,企业之间不允许相互拆借资金,但实际情况是关联企业之间的资金往来和拆借现象比比皆是,两者之间也难以严格区分,虽属违规拆借,但也罚不责众。企业间的资金拆借可以为企业税收筹划提供以下便利条件:其一,资金拆借的双方一般是关联企业,而关联企业是有"血缘关系"的,存在密切的供产销、资产重组、融资往来以及担保、租赁等事项。关联双方通过明确产供销关系,可以优化资本结构和内部资源配置,提高资产的盈利能力,保证生产经营的正常进行和快速发展;其二,通过相互拆借资金,相互担保,及时筹措资金,可以有效地把握投资机会,降低机会成本,提高资金运营效率;其三,通过充分利用集团内部的生产资源,可以降低交易成本,提高上市公司运营效率,有利于实现集团公司资本运营的目标。由此可见,正是这种"亲缘"关系的存在,为企业在税收筹划方面提供了可操作的空间。

【案例 8-3】 兴华实业公司是一家商贸企业,广元公司是一家电子产品生产企业,两公司均为增值税一般纳税人。2006 年两公司生产经营所需资金不足,资金缺口分别为 200 万元和 250 万元。为筹集资金,现有两个方案可供选择:

方案一:利用自我积累的方式筹集资金。

方案二:以相互融资的方式提供所需资金。具体操作如下:兴华实业公司为广元公司提供 250 万元资金,广元公司为兴华实业公司提供 200 万元资金。兴华实业公司投资回收期为 10 年,广元公司投资回收期为 8 年。两企业相互提供资金的年利率均为 25%。兴华实业公司 10 年平均盈利为 100%,广元公司 8 年平均盈利为 100%。两企业适用的所得税税率均为 33%,利息收入适用的所得税税率均为 15%。

企业应选择哪个方案筹集资金呢?

【筹划思路与方法】

（1）兴华实业公司用自我积累的方式筹集资金。

$$应纳税额 = 200 \times 33\% = 66(万元)$$

（2）兴华实业公司用相互融资的方式提供所需资金,付息后需纳税。

$$应纳税额 = (200 - 200 \times 25\%) \times 33\% = 49.5(万元)$$
$$减少纳税额 = 66 - 49.5 = 16.5(万元)$$
$$减轻税负 = 16.5 \div 66 \times 100\% = 25\%$$

兴华实业公司从广元公司得到融资利息收入需纳税。

$$应纳税额 = 250 \times 25\% \times 15\% = 9.375(万元)$$
$$兴华实业公司应纳税额合计 = 49.5 + 9.375 = 58.875(万元)$$

（3）广元公司用自我积累的方式筹集资金。

$$应纳税额 = 250 \times 33\% = 82.5(万元)$$

（4）广元公司用相互融资的方式提供所需资金，付息后需纳税。

$$应纳税额 = (250 - 250 \times 25\%) \times 33\% = 61.875（万元）$$
$$减少纳税额 = 82.5 - 61.875 = 20.625（万元）$$
$$减轻税负 = 20.625 \div 682.5 \times 100\% = 25\%$$

广元公司从兴华实业公司得到融资利息收入需纳税。

$$应纳税额 = 200 \times 25\% \times 15\% = 7.5（万元）$$
$$广元公司应纳税额合计 = 61.875 + 7.5 = 69.375（万元）$$

将兴华实业公司、广元公司分别付息、收息后的利润收入及纳税额作一调整，兴华实业公司、广元公司的税负、纳税额、利润分别为：

$$兴华实业公司调整利润 = 200 - 50 + 62.5 = 212.5（万元）$$
$$纳税额 = 49.5 + 9.375 = 58.875（万元）$$
$$税后利润额 = 212.5 - 58.875 = 153.625（万元）$$

比未付息前（即全部投资均为自己筹集时）多留利润 19.625 万元[153.625－（200－66）]。

$$广元公司调整利润 = 250 + 50 - 62.5 = 237.5（万元）$$
$$纳税额 = 61.875 + 7.5 = 69.375（万元）$$
$$税后利润额 = 237.5 - 69.375 = 168.125（万元）$$

比未付息前（即全部投资均为自己筹集时）多留利润 0.625 万元[168.125－（250－82.5）]。

由以上计算可知，两企业均应选择相互融资的形式提供投资资金。

显而易见，企业之间相互拆借资金效果明显好于完全靠自己筹资，也比向银行金融机构贷款效果要好，它不仅使企业的税后利润的相对额增加，也使企业税后利润的绝对额增加；它不仅使企业缴纳的税额、税负相对值减少，也使纳税的税额、税负的绝对值减小。如果两个企业均为超额累进税率，其少缴的税款更多。

为了防止企业利用关联方借款任意避税，我国税法对关联方借款费用的税前扣除进行了限制。《企业所得税税前扣除办法》规定，纳税人从关联方取得借款金额超过其注册资本50%的，超过部分的利息支出不得在税前扣除。同时还应注意以下问题：

（1）对于企业从关联方借款金额超过其注册资本50%的，超过部分的利息支出不得扣除，也不能资本化。

（2）对于集团母公司从金融机构统一取得的贷款，再转贷给子公司使用的，如能证明有关资金确系从金融机构取得的贷款，可不作为关联方贷款对待。

（3）从严格意义上讲，属于同一法人的总分机构是同一个法人实体，不属于关联企业的范畴。但是，如果总分机构符合独立的纳税人条件，总分机构分别作为独立纳税人的，总分机构之间发生的借贷款理应受到《企业所得税税前扣除办法》第36条规定的限制。

（四）发行债券的税收筹划

负债融资的另一种方式是发行企业债券。债券是企业为筹集资金，向债权人发行的、在约定时间支付一定比例的利息，并在到期时偿还本金的一种有价证券。发行债券筹资和长期借款筹资都是企业长期负债的主要形式，都要按期还本付息，但两者在一些方面存在很大区别。对于长期借款而言,不存在溢价和折价的问题;但对长期债券而言,却存在发行价格不等同于债券面值的情况,即平价、溢价和折价。平价是指以债券的面值为发行价格;溢价是指以高于面值的价格为发行价格;折价是指以低于面值的价格为发行价格。债券发行价格的形成受诸多因素的影响,其中主要是票面利率与市场利率的一致程度。债券的面值、票面利率、到期日在债券发行前即已参照市场利率和发行公司的具体情况确定下来,并载明于债券之上。但在发行债券时已确定的票面利率不一定与当时市场利率相一致。为了协调债券购销双方在债券利息上的利益,就要调整发行价格,即当票面利率高于市场利率时,以溢价发行债券,其售价高于面值的溢价额实际上就是购买者把将来多收的利息先行退还给发行公司;当票面利率低于市场利率时,以折价发行债券,其面值高于售价的折价额实际上就是发行公司给予债券购买者的额外利息。当票面利率和市场利率一致,则以平价发行债券。因此,溢价和折价的摊销要贯穿于债券发行的全过程。由于在计算应纳税所得额时,利息费用作为扣除项目,因而利息费用的多少将直接影响到纳税人的应纳税额的多少。

不论债券是溢价发行还是折价发行,其溢价、折价的摊销方法均可采用直线法或实际利率法。两种方法的区别在于:直线法每期摊销额是相等的,实际利率法每期的摊销率是相等的。直线法摊销额没有考虑到债券每期账面价值变化这个因素,而实际利率法摊销额随着债券账面价值的变化而变化。

若债券折价发行,实际利率法下的前几年的利息费用要小于直线法下的利息费用,从而公司前期缴纳的税款较多,后期缴纳的税款较少;若债券溢价发行,实际利率法下前几年的利息费用要大于直线法下的利息费用,从而公司前期缴纳的税款较少,后期缴纳的税款较多。但在不同的摊销方法下,利息费用的总额是相同的,应纳税总额也相同。因而,若将时间价值因素考虑在内的话,则理性的理财者应选择直线法作为折价摊销的方法,而选择实际利率法作为溢价摊销的方法。

【案例8-4】 大发公司2008年1月1日发行债券100 000元,期限为5年,票面利率为10%,每年支付一次利息。公司按溢价108 030元发行,市场利率为8%。该公司债券溢价发行时,既可以采用直线法摊销,又可以采用实际利率法摊销,何种摊销方式能尽可能降低税负呢?

【筹划思路与方法】

方案一:采用直线摊销法摊销计算的利息费用如表8-2所示。

表8-2 公司债券溢价发行直线摊销法下的摊销额 单位:元

付息日期	实付利息	利息费用	溢价摊销	未摊销溢价	账面价值
2008.1.1	—	—	—	8 030	108 030
2008.12.31	10 000	8 394	1 606	6 424	106 424
2009.12.31	10 000	8 394	1 606	4 818	104 818
2010.12.31	10 000	8 394	1 606	3 212	103 212
2011.12.31	10 000	8 394	1 606	1 606	101 606
2012.12.31	10 000	8 394	1 606	0	100 000
合计	50 000	41 970	8 030	—	—

注:实付利息=债券面值×票面利率;利息费用=实付利息-溢价摊销;溢价摊销=溢价总额÷5(年);未摊销溢价=期初未摊销溢价-本期溢价摊销;账面价值=期初账面价值-本期溢价摊销。

方案二:该公司债券溢价发行时,采用实际利率摊销额如表8-3所示。

表8-3　公司债券溢价发行实际利率摊销法下的摊销额　　　　单位:元

付息日期	实付利息	利息费用	溢价摊销	未摊销溢价	账面价值
2008.1.1	—	—	—	8 030	108 030
2008.12.31	10 000	8 642.4	1 357.6	6 672.4	106 672.4
2009.12.31	10 000	8 533.8	1 466.2	5 206.2	105 206.2
2010.12.31	10 000	8 416.5	1 583.5	3 622.7	103 622.7
2011.12.31	10 000	8 289.8	1 710.2	1 912.5	101 912.5
2012.12.31	10 000	8 087.5*	1 912.5	0	100 000
合计	50 000	41 970	8 030	—	—

注:实付利息=债券面值×票面利率;利息费用=账面价值×市场利率;溢价摊销=实付利息-利息费用;未摊销溢价=期初未摊销溢价-本期溢价摊销;账面价值=期初账面价值-本期溢价摊销;8 087.5*=10 000-1 912.5。

由以上计算可知,债券摊销方法不同,不会影响利息费用总和,但会影响各年度的利息费用摊销额。如果采用实际利率法,前几年的溢价摊销额少于直线法的摊销额,前几年的利息费用则大于直线法的利息费用,公司前期缴纳税收较少,后期缴纳税收较多。因此,考虑货币的时间价值,大多数企业采用实际利率法对债券的溢价进行摊销。

二、权益融资的税收筹划

任何一个以盈利为目的的企业,在其初创阶段都必须以权益资本的形式从企业发起人以及一些原始投资者那里获得其所需的原始资本。这一部分权益资本,通常构成一个新企业的原始资金来源,而且是该公司后来吸引其他投资或各种类型债款的基础和保证。因此,权益资本是企业经营的主要资本来源。在股份有限公司中,权益资金的融资方式主要有发行普通股和留存收益两种。

向社会发行股票同发行债券一样,属于直接融资,可以避开支付给券商的手续费、中介费等。但如前所述,借款利息和债券利息是税前发生,可以作为财务费用在税前冲抵利润,从而减少应纳税所得额,降低税负。而对于筹资公司来讲,普通股股利从税后利润中支付,不像债券利息作为费用从税前支付,因而不具有抵税作用,这相对增加了税收负担。因此,一般情况下,企业以发行普通股股票的方式筹资所承受的税负要重于以债务资金筹资的税负。

留存收益是由企业税后利润所形成的。公司以税后利润支付股东的股利后,余下的税后利润可供公司支配使用。公司可以通过少发放现金股利的办法,保留更多的税后利润,以满足公司发展对资金的需求。如果公司能将留存利润投资于报酬率更高的项目,这将给公司的股东带来更多的好处。同时,由于通过外部融资,其融资费用通常很高,而留存利润筹资不必动用现金支付筹资费用。因此,留存利润融资对公司来说是一种非常有益的筹资方式。但从税收筹划角度看,留存收益这一融资方式存在双重纳税问题。因为以自我积累的方式将资金占有和使用融为一体,税收难以分割或抵消,难以进行税收筹划。此外,从税负和经营的效益上看,自我积累的资金需要很长一段时间才能完成,而且企业投入生产和经营之后,产生的全部税负将由企业自担。这种融资方式对企业而言有诸多益处,但税负确实最重的。

通过以上分析可知,一般情况下,企业以自我积累的方式融资所承受的税负要重于向金融机构贷款所承受的税收负担,贷款融资所承受的税负要重于企业间拆借资金所承受的税负。从税收筹划角度来看,企业间互相拆借资金的效果最好,金融机构贷款次之,留存收益效果最差。这是因为,企业的内部融资和企业间的拆借资金这两种融资行为涉及的人员和机构较多,容易寻求降低融资成本、提高投资规模效益的途径。就金融机构贷款而言,企业可利用金融机构的特殊业务实现一定的减税目标。自我积累方式由于资金的占有和使用融为一体,税收难以分割和抵消,因而难以进行税收筹划。

【案例 8-5】 佳音公司拟新上一个投资项目,需要资金 150 万元,预计可获收益 30 万元(支付利息和所得税前),所得税税率为 33%。

【筹划思路与方法】

如要获得这笔资金,现有两个方案可以选择:

方案一:通过发行收益率为 16% 的优先股筹集资本。

由于股息不能在税前列支,该公司税后所得 201 000 元(300 000-300 000×33%),不足以支付优先股 240 000 元(15 000 000×16%)的股利,所以这一方案是不可取的。

方案二:举债以市场利率为 16% 的借款筹资。

利息支付 240 000 元(15 000 000×16%)在税前列支后,税后还有所得 40 200 元[(300 000-240 000)×(1-33%)]。

方案二优于方案一,纳税人应当选择举债的办法筹资。

采用债权融资产生的正常利息允许税前列支,由于股权筹资分配给股东的利益在税后进行,因此,从节税角度讲,股权融资不如债权融资更有利于税收筹划。尽管利用发行股票方式不能获得税收上的好处,并且筹资成本也比较高,但发行股票筹资不需要偿还,可为企业长期无偿占用,因此,越来越多的企业愿意选择这种渠道融资。

三、企业租赁的税收筹划

租赁是资产所有者(出租人)以收取租金为目的将资产出让给承租人、承租人按合约使用资产,并向出租人定期支付租金的一种财务经济活动。随着租赁业的发展,现代租赁已出现多种形式。总体来说,租赁可分为两大类:融资租赁与经营租赁。融资租赁是指具有融资性质和所有权转移特点的设备租赁业务,即出租人根据承租人所要求的规格、型号、性能等条件购入设备租赁给承租人,合同期内设备所有权属于出租人,承租人只拥有使用权,合同期满付清租金后,承租人有权按残值购入设备,以拥有设备的所有权。其租金包括租赁设备的价款、价款利息和手续费。租赁期内,承租人除分期向出租人支付租金外,还应给租赁设备保险,融资租赁具有可选择租赁设备、租赁时间长和中途不得毁约等特点。经营租赁则是一种以提供租赁物短期使用权为特点的租赁形式,通常用于一些需要专门技术进行维修保养和技术更新较快的设备,它具有出租物由出租人根据市场需要选购、事项高度专业化和租赁期较短等特点。

租赁经营方式对出租人、承租人均有很大的好处。出租人当然是以赚取租金为目的。而对承租人来说,其优点主要有:筹措资金有了新的渠道;相对节约投资成本;手续简单,方便快捷;可减轻一次性巨额投资的压力和加快技术改造的步伐等。对承租单位来说,租金支付过程是比较平稳的,具有很大的均衡性。企业自己购买设备时,一般需要一次付清全部价款,即使是采取分期付款的方式,其资金的支付方式仍然比较集中。而支付租金的方式,可在签订合同时由双方共同商定。这样承租企业就可以从减少税负的角度出发,通过租金的平稳支付,来减少企业的利润水平,使利润在各年度均摊,以达到减税目的。由于承租方支付的租金可以抵税,出租方获得的租金缴纳的营业税比自己使用出租设备生产产品销售时缴纳的增值税要低等原因,在企业租赁设备进行生产经营活动中,筹划得当,也可节税。

租赁属于一种特殊的筹资方式,与其他筹资方式相比,租赁方式的筹资特点在于融资和融物为一体,因而在市场经济中的运用日益广泛。企业通过租赁,可以迅速获得所需财产,保存企业的举债能力,避免因长期拥有机器设备而承担资金占用的风险,更重要的是租入的资产支付的租金可按规定在所得税前扣除,若是融资租赁的话,租入的固定资产可以计提折旧,而这就可以计入成本费用,从而减少企业所得税课税基础。因此,租赁过程的税收筹划,对于减轻税负具有重要意义。

(一)企业集团内部租赁的税收筹划

当出租人和承租人同属一个企业集团时,租赁可将资产直接从一个企业转让给另一个企业,从而达到转移收入和利润、减轻税负的目的。

国家税务总局《关于融资租赁业务缴纳流转税问题的通知》中规定,对经中国人民银行批准融资租赁业务的单位所从事的融资租赁业务,无论租赁资产的所有权是否转让给承租方,均按《中华人民共和国营业税暂行条例》的有关规定缴纳营业税,不缴纳增值税。其他单位从事融资租赁业务的,租赁的资产转让给承租方,缴纳增值税,不缴纳营业税;租赁的资产所有权未转让给承租方的,缴纳营业税,不缴纳增值税。

【案例8-6】 洪大集团公司有6家控股子公司,其中预计子公司甲在2012年盈利2 000万元,而预计子公司乙2012年将亏损1 000万元。集团公司经过税收筹划,作出经营性调整,将甲公司的一条年盈利1 000万元的生产流水线出租给乙公司,并向乙公司收取300万元的租赁费。假设甲、乙公司适用的所得税税率均为25%。

【筹划思路与方法】

筹划前:

$$甲公司应纳所得税 = 2\,000 \times 25\% = 500(万元)$$

乙公司亏损1 000万元,不缴纳所得税。

筹划后:

$$甲公司应纳所得税 = (2\,000 - 1\,000 + 300) \times 25\% = 325(万元)$$

乙公司亏损300万元,不缴纳所得税。

因此,通过企业集团内部租赁业务的税收筹划,该集团在这笔租赁业务上就减轻了税收负担。减少税负 = 500 - 325 = 175(万元)。

(二)非企业集团内部租赁的税收筹划

租赁产生的节税效应,并非只能在同一利益集团内部实现,即使在专门租赁公司提供租赁设备的情况下,承租方和出租方仍可获得减轻税负的好处。

1. 承租方的税收筹划

企业进行技术改造,需要购进价值昂贵的进口机器设备。当企业自有资金无力支付这笔款项时,只有靠向外部筹资来解决。同时,企业若不符合发行股票和债券的条件,只有在银行贷款和融资租赁两种方式中选择一种。那么,企业该选择哪种方式既能筹到资金,又能在税收方面获得利益呢?租赁又分为经营租赁和融资租赁两种形式,企业获得生产经营设备的方式不同,其税务处理也是有差异的。用银行贷款购买设备,支付的贷款利息可以在税前扣除,企业对设备计提的折旧又可以抵税。关于租赁费的扣除问题,我国《中华人民共和国企业所得税暂行条例实施细则》第 17 条规定:纳税人根据生产、经营需要租入固定资产所支付租金的扣除,分别按下列规定处理:①以经营租赁方式租入的固定资产而发生的租赁费,可以据实扣除。②融资租赁发生租赁费不得直接扣除。承租支付的手续费以及安装使用后支付的利息等可在支付时直接扣除。企业应对这几种获得设备的方式所要承担的税负进行比较,在考虑时间价值的基础上,选择对企业最有利的方式。

2. 出租方的税收筹划

拥有出租设备的一方可以利用税种的差异来进行税收筹划。对出租企业而言,出租设备的租金收入有的适用营业税,有的适用增值税,而销售设备只能适用增值税。因为,对于企业所拥有的机器设备,是卖还是租,企业所承受的税负是不一样的,企业需要对不同方式下的税负进行比较,选择税负较轻的方式。

第二节　企业投资决策的税收筹划

企业的投资行为涉及经济活动的方方面面,包含资金链条的起始到终止,因此必然要涉及相关的众多税种。从实业投资和金融投资的分类方式来看,投资人如果进行实业投资就必然涉及流转税和所得税,以及财产税、资源税的不同税种:若企业投资于工业加工的生产型企业,销售产品获得收入就要缴纳增值税、城市维护建设税以及教育费附加;若企业生产的适用于消费税征税范围的产品,还应缴纳消费税。而无论是投资于哪一种企业,盈利后都要缴纳企业所得税。另外,企业的营业账簿以及企业与其他企业签订购销、借款等各类合同必然涉及印花税;企业利用城镇土地、房屋进行经营还需缴纳房产税、土地使用税等。当企业投资设立的企业属于某些特定行业时,还会涉及更多税种,如投资于房地产行业,销售房地产获得增值要缴纳土地增值税;投资于资源开发企业,开发国家矿产资源需缴纳资源税,等等。

在企业的金融投资中,主要涉及证券交易印花税、投资收益的企业所得税等。因而金融投资方向、渠道的不同,国家税收制度、政策又有较大的差别,对企业投资行为常会产生较大的影响。

一、固定资产投资的税收筹划

（一）把握固定资产投资的购置时机

从税收筹划的角度看,企业购置固定资产的时机,主要应考虑两个方面:一是如何充分利用税收优惠政策;二是税制改革变化对企业采购的影响。

　　企业购置固定资产的时机,是选择在所得税优惠期内好,还是在所得税优惠期外好呢?

　　企业在优惠期内购置,可以延长企业的获利年度,使企业享受税收减免的期限延长。例如,一外商投资企业享有"两免三减半"的税收优惠,设立已经 2 年,企业第 1 年亏损 20 万元,第 2 年亏损 15 万元,第 3 年预计将盈利 50 万元。企业经过筹划,决定当年购置一台价值 200 万元的固定资产,预计使用年限 10 年(不考虑残值)。这样,当年折旧额为 20 万元,可冲减企业当年获利收入 20 万元,加上企业前 2 年的 35 万元亏损,企业当年由盈利 50 万元转为亏损 5 万元。这样企业就递延了纳税年度,为企业带来了税收好处。

　　企业在优惠期外购置,可以使企业在高税率下多抵减应纳税所得额。例如,企业在税收优惠期的最后 1 年购置,就没有等到下一年度再购置划算,因为优惠期内的税率要低于正常的税率,而企业在高税率下购置固定资产可以多抵减计税收入,从而减少企业的税收成本。所以,企业应根据自身所处的税收优惠期时间点,判断何时购置最为划算。

　　（二）利用固定资产折旧的杠杆效应

　　利用固定资产折旧的杠杆效应进行税收筹划,即利用固定资产折旧方式的调整实现最大限度冲减利润,降低所得税税负的节税办法。企业投资于固定资产可以根据税法享受折旧抵税的税收优惠,从而减轻企业的整体税负。企业营业收入由成本和利润共同构成,当营业收入既定时,成本与利润是互为消长的关系:成本增加,利润相应减少,企业的应税所得减少,应纳税额随之下降;反之亦然。企业投资购置固定资产,在使用年限内计提的折旧是成本费用的重要构成部分,这部分成本费用数额的增加会相应减少应纳税所得额。在税收学术界,一般把折旧这种减轻税负的作用称为"折旧税收"。我国现行税制中,企业进行固定资产投资时是在资产试用期内分期计提折旧的,因而在这种固定资产投资的筹划活动中,还需对投资期限进行筹划。

　　按现行制度规定,企业常用的折旧方法有直线法(包括平均年限法和工作量法)和加速折旧法(包括双倍余额递减法和年数总和法)。由于运用不同的折旧方法计算出的折旧额不同,分摊到各期生产成本中去的固定资产成本也会存在差异。因此,折旧的计提必然关系到成本的大小,直接影响企业的利润水平,最终影响企业的税负轻重。

　　通常影响企业固定资产折旧方法选择的因素包括:

　　（1）税制模式。在比例税率的税制中,纳税人各年的所得税税率不变,选择加速折旧法对企业较为有利。这是因为采用加速折旧法在前期年份提取的折旧较多,在后期年份计提折旧较少,可使企业获得延期纳税的好处,相当于企业在初始年份内取得了一笔无息贷款。但是,如果未来所得税率越来越高,则选择平均年限法较为有利,可使企业在边际税率较高的年份计入更多的折旧费用,加大折旧的抵税效应。

　　（2）通货膨胀程度。企业计提的折旧费随着产品的销售而转化为货币资金,这部分由货币资金提存累积形成的折旧基金,被企业用于补偿固定资产价值。然而,按现行制度规定,我国对企业拥有的资产实行历史成本记账原则。这样,如果存在通货膨胀,企业按历史成本所收回的资金的实际购买力无疑已大大贬值。如果采用加速折旧方法,既可以使企业加快投资的回收速度,并在抑制未来不确定性风险的同时,将补偿的折旧资金投入企业的再增值过程。

（3）企业各年收益的分布情况。如前所述，在比例税制环境下，如果未来税率不变且企业各年收益较均衡，则采用加速折旧法对企业节税较有利；如果在累进税制环境下，企业收益早期较高、晚期较低，并有逐年降低趋势时，则采用加速折旧法给企业带来的计税收益额会更大。这是因为加速折旧法早期提取的折旧额大，晚期提取的折旧额小，刚好与企业早期收益高、晚期收益低呈比例配合，避免企业某一时期收益过高给企业带来的高税负，使企业各年的净收益均衡分布。

（4）折旧年限的影响。税法赋予企业折旧方法的选择权中包含着企业对固定资产折旧年限的选择。一般情况下，缩短固定资产折旧年限，往往可以加速固定资产成本的回收，使企业后期成本费用前移，获得延期纳税的好处。但是，在企业创办初期且享有减免税优惠待遇时，企业可通过固定资产折旧年限，将计提的折旧递延到减免税期满后计入成本，从而获得节税的效益。

但是，固定资产加速折旧在实际操作中也有明显的局限性，加速折旧并不是在任何时候都可以给企业带来节税收益。企业在盈利前期如果享受免税、减税的待遇，固定资产折旧速度越快，企业所得税税负越重。这是因为，企业在可以享受减免税期间，将可以作为利润的部分作为费用了，没能使这部分利润享受减免税优惠。如在享受"三免三减半"的税收优惠政策的环保项目的投资中，采用加速折旧法，在前3年免税优惠期内，企业提取较多折旧，减少了这一期间的利润，而这一期间即使有较多会计利润也是不许缴税的；反而在以后年度需要缴税时，由于折旧数额的减少增加了利润，增加了企业应缴的企业所得税。

二、企业对外投资的税收筹划

（一）创建新企业的税收筹划

1. 公司形式的选择

首先，根据税法规定，目前享受税收优惠的企业主要有三资企业、民政企业、劳动服务企业、新技术企业等。企业身份不同，税收优惠不同，投资时选择不同身份，就是选择了不同的税收优惠，因此企业应根据自身情况选择身份，以达到节税的目的。

其次，现代企业制度决定企业的性质。我国的企业主要有三类：个体工商户、合伙企业、公司制企业。不同性质的企业，税收政策不一样。公司制企业的营业利润在利润分配环节缴纳企业所得税，税后利润作为股息分配给投资者，投资者还要缴纳个人所得税。而合伙制企业则不作为公司看待，营业利润不缴企业所得税，只由各个合伙人就分得的收益缴纳个人所得税。个体工商户与合伙制企业虽然都不缴纳企业所得税，但其缴纳个人所得税的方法也不尽相同，合伙制企业对每一合伙人均按五级超额累进税率缴纳个人所得税，实际上是有几个合伙人，就几次分别适用从低向高累进的税率，合伙人越多，使用低税率次数越多，整体税负越低。而个体工商户一次按五级超额累进税率缴纳个人所得税。因此，在投资过程中，可根据企业自身情况选择适当的组织形式，进行税收筹划。

【案例 8-7】 某纳税人投资设立一企业进行经营，企业组织形式设为有限责任公司，年获利润为 40 万元。

【筹划思路与方法】

$$该企业缴纳企业所得税 = 40 \times 25\% = 10(万元)$$

假设全部分红,则:

$$应缴个人所得税 = (40 - 10) \times 20\% = 6(万元)$$
$$合计所得税税负 = 10 + 6 = 16(万元)$$

按照税收筹划的思路,则应把有限责任公司改为合伙制企业,这样不需缴纳企业所得税,仅需直接缴纳个人所得税,则:

$$应缴税额 = 40 \times 20\% = 8(万元)$$

通过企业组织形式的上述筹划,共节税 8 万元。

2. 公司行业的选择

纳税人投资何种行业是按照其发展战略选择的,但一定时期国家的税收政策表明国家支持什么行业、限制什么行业、禁止什么行业。因而,纳税人在投资时必须考虑税收政策,来进行恰当的税收选择。纳税人在投资时通过行业税收政策比较分析,选择国家政策支持的行业进行投资也是税收筹划的重要内容。

利用行业性税收优惠政策必须考虑两个层次:一是在投资地点相同情况下,选择优惠更大的行业进行投资;二是在投资地点不同的情况下,选择有利可图的行业进行投资。我国税收优惠的行业重点有所差别,在投资行业选择时,要充分了解这些优惠政策及优惠政策的差别,谋取企业的最大化利益。

3. 公司的地区选择

我国对不同区域有不同的税收优惠政策:经济特区的税收优惠政策;沿海经济开放区的税收优惠政策;经济技术开发区的税收优惠政策;高新技术产业开发区的税收优惠政策;上海浦东地区的税收优惠政策;西部地区的优惠政策;东北三省的地区优惠政策;中部六省的地区优惠政策;"老、少、边、穷"地区的税收优惠政策,等等。企业在进行投资时,应该特别关注这些税收优惠政策,充分利用,以达到合理节税的目的。

(二)投资方式的选择的税收筹划

按投资的客体划分,企业投资可分为直接投资和间接投资两大类。直接投资一般是指经营资产的投资,即通过购买经营资本物、兴办企业、掌握被投资企业的实际控制权,从而获取经营利润。间接投资指对股票或债券等金融资产的投资。

1. 直接投资的税收筹划

一般来讲,进行直接投资应考虑的税制因素比间接投资要多。直接投资者通常要对企业的生产经营活动进行直接的管理和控制,这就涉及企业所面临的各种流转税、所得税、财产税和行为税等;间接投资一般仅涉及收取股息或利息的所得税以及股票、债券资本增益而产生的资本利得税等。

法人投资者在进行直接投资时还面临着收购现有亏损企业或新建企业的选择。如果税法允许投资法人与被收购企业合并报表集中纳税,则盈亏互抵之后投资者所得税税负将有所减轻。当然,假定新建企业投产后将产生账面亏损,同样由投资法人集中纳税,则其整体税负同样有所减轻。这就要求投资者依照税法的有关规定,结合自身情况进行综合决策。

对直接投资的综合评估主要考虑投资回收期、投资的现金流出和现金流入的净现值、项目的内部报酬率等财务指标。我们需要考虑的税收因素主要是指影响这些指标的税收因素。投资者首先要判定其投资项目按照税法规定应征收哪些流转税,是征收增值税还是征收营业税? 如征收增值税,是否还要征收消费税? 除了征收增值税、消费税外,还有城市维护建设税和教育费附加,其税率或费率是多少? 这一切都将影响企业的税费负担,并因此进一步影响到投资者的税后净收益,这需要投资者在估算销售收入的时候必须考虑销售税金及附加,搞好税收筹划。

2. 间接投资的税收筹划

间接投资是指对股票或债券等金融资产的投资。在间接投资中,企业关注的重点是投资收益的大小和投资风险的高低。间接投资依据具体投资对象的不同,可分为股票投资、债券投资及其他金融资产的投资,这些投资又可以依据证券的具体品种作进一步划分。比如,债券投资又可细分为国库券投资、金融债券投资、企业债券投资等。各具体投资方式下取得的投资收益的税收待遇是有差别的。例如,我国税法规定,企业分取的股息收入需按有关规定进行计税,而国库券利息收入则可在计算纳税所得时加以扣除。也就是说,企业股息收入必须计缴企业所得税,而国库券利息收入则可以免税。这样,企业在进行间接投资时,除要考虑投资风险和投资收益等因素外,还必须考虑相关的税收规定,以便全面权衡和合理决策。

投资方式不同,企业享受的实际税收待遇也不同,甚至存在很大差别。投资方式筹划的存在依据就在于此。按投资物的性质,一般可将投资方式分为三类,即货币投资、无形资产投资和有形资产投资;按投资期限,投资方式可分为分期投资方式和一次性投资方式。

首先,在投资方式筹划过程中,有形资产投资方式中的设备投资折旧费及无形资产摊销费可在税前扣除,从而达到削减企业所得税税基的节税效果;其次,在变动有形资产和无形资产产权时,必须进行资产评估,由于评估方法选择的不同可能导致高估资产价值,这样既可以节省投资成本,又能通过折旧费和摊销费,缩小企业所得税税基。

在投资期限中,应尽量选择分期投资方式,尽可能延长投资期限,未到位的资金通过向银行或其他渠道贷款解决。这样就可以缩小企业所得税税基,达到节税的目的。同时,在企业盈利的情况下,可以少投入资本,充分利用财务杠杆效应。

此外,企业还可以通过在投资总额中压缩注册资本比例,实现税收筹划。注册资本不够投资额的可通过借贷取得,增加贷款所支付的借款利息,可以被列入被投资企业的期间费用,从而节省所得税支出,同时可以减少投资风险,享受财务杠杆利益。

(1) 股权投资的税收筹划。根据《企业所得税法》的规定:符合条件的居民企业之间的股息、红利等权益性投资收益为免税收入。企业的股权投资所得是指企业通过股权投资从被投资企业所得税后累计未分配利润和累计盈余公积金分配取得的股息性质的投资收益。根据《国家税务总局关于企业股权投资业务若干所得税问题的通知》(国税发〔2000〕11 号)的规定,凡投资企业适用的所得税税率高于被投资企业适用的所得税税率的,除国家税收法规规定的定期减税、免税优惠以外,其取得的投资所得应按规定还原为税前收益后,并入投资企业的应纳税所得额,依法补缴企业所得税。企业对外进行股权投资,在不同的时期享受不同的税收待遇,企业通过适当调整利润回收的方式可以进行税收筹划。

【案例8-8】 甲企业是按25%税率计算缴纳企业所得税的企业。2008年,甲企业准备对某一主要从事国家重点扶持的公共设施项目经营的乙企业投资1 000万元,获得乙企业40%的股权。乙企业可以享受"三免三减半"的企业所得税定期减免税优惠政策,定期减免税优惠享受年份结束后有望获得按15%低税率计税的优惠。假设乙企业自开办之日起10年内的年应纳税所得额均为500万元。乙企业各年均将税后利润的60%用于分配。请计算该企业应缴纳的所得税。有没有更好的筹划方案帮助企业节减部分税款呢?(暂不考虑折现问题)

【筹划思路与方法】

第1、第2、第3年,乙企业处于免税期,不需要缴纳企业所得税。每年税后利润为500万元,甲企业可以分得120万元(500×60%×40%),3年共可分得利润360万元(120×3)。第4、第5、6年,乙企业需要缴纳12.5%的企业所得税,每年税后利润为437.5万元[500×(1−12.5%)],甲企业可以分得105万元(437.5×60%×40%),3年共可分得利润315万元(105×3)。这6年乙企业享受国家定期减免税优惠政策,故分配给甲企业的利润,甲企业不需补缴企业所得税。第7至第10年,乙企业需缴纳15%的企业所得税,每年税后利润425万元[500×(1−15%)],甲企业可以分得102万元(425×60%×40%),4年共分得408万元(102×4)。这4年甲企业应补缴税款48万元[500×60%×40%×(25%−15%)×4]。甲企业共分得税后利润1 035万元(360+315+408−48)。

如果乙企业分配比例,前6年将税后利润的80%用于分配,后4年将税后利润的30%用于分配,这样,分配的总额保持不变[原方案10年利润分配总额为1 200万元(500×40%×60%×10),调整方案后10年利润分配总额仍为1 200万元(500×40%×80%×6+500×40%×30%×4)],但甲企业在不需补缴税款的年份获得更多的利润,而需补缴税款的年份获得较少的利润,因而减少了应补缴的税款,增加了税后利润。具体计算如下:

前6年,甲企业分得利润共计900万元[500×40%×80%×3+500×(1−12.5%)×40%×80%×3],获得分配的利润不需补缴企业所得税。后4年,甲企业可分得利润204万元(425×40%×30%×4),需要补缴企业所得税24万元[204÷(1−15%)×(25%−15%)]。10年中,甲企业共获得税后利润1 080万元(900+204−24)。

通过税收筹划,甲企业共计增加税后利润45万元(1 080−1 035)。

当然,改变税后利润的分配比例会影响企业的发展能力,因此,在进行这种税收筹划的过程中需要综合考虑相关因素。如果增加税后利润分配的比例会降低企业发展的能力,则甲企业可以考虑通过贷款的方式将多分得的利润贷给乙企业。这样,一方面乙企业获得了足够的发展资金,另一方面也达到了税收筹划的目的。

(2)债权投资的税收筹划。债权投资是企业的投资方式之一,投资风险较小,但相对股权投资,其收益也较小。企业可利用的对外债权投资有多种方式,如可转让定期存单、存款、银行承兑汇票、商业票据、商品及外汇期货、政府债券、金融债券、企业债券、投资基金、企业间资金拆借等。不同的债权投资方式涉及的税收种类不同,因此会直接影响企业的税负水平。因此,企业在债权投资形式选择过程中可适当考虑税收因素,进行税收筹划,为企业减轻税负,增加收益。

根据各种不同的投资方式,以及相关的不同税收事项,在进行税收筹划时应遵循以下步骤:第一,根据企业自身情况,确定当前可选择的投资形式;第二,根据我国的税收制度,分别测算不同投资形式下企业需缴纳的税收种类,以及相应的税负总水平;第三,预测不同投资方案下企业可能获得的投资税后收益;第四,对比不同投资方案的投资收益率和该方案所要承担的税负,得到不同投资方案的收益,进而选择最佳的投资方案。

由于不同投资形式的风险不一样,在进行收益测算和税收筹划时,还要考虑不同债权投资形式的风险,根据不同方案的风险程度,对投资净收益进行调整,选择最好的投资方案。

【案例 8-9】 A 企业计划投资一大型项目,正在资金筹集期,预计 1 年后该项目的投资资金才能到位,已经筹集到的资金目前处于闲置状态,该企业计划用这一笔资金进行债权投资,这笔资金可用于购买国债,也可用于购买 B 企业发行的债券。国债的年利率为 10%,企业发行的债券年利率为 15%,由于 B 企业发行债券获得的资金用于投资一高新技术项目,该项目风险较大,B 企业能否按期还本付息存在一定的风险。

【筹划思路与方法】

A 企业投资国债获得的利息可以免缴企业所得税,投资净收益率为 10%,投资 B 企业的企业债券获得的利息要并入企业的营业收入,缴纳 25% 的企业所得税,投资净收益率为 15%×(1−25%)=11.25%。从投资净收益来看,投资于企业债券获得的收益要高一些,但要承担 B 企业不能按期还本付息的风险。这时就要对 B 企业不能按期还本付息的风险进行估算,根据 B 企业以往资信状况、其投资项目的市场前景等,计算的风险系数为 10%,则需在税后收益水平的基础上按该系数进行换算,即 11.25%×(1−10%)=10.125%,经测算后,这一收益水平与购买国债的收益水平相差无几,故如果 A 企业是风险厌恶型投资者,更倾向于从稳健的角度考虑投资方案,就应选择投资于国债;如果 A 企业是较为激进的投资者,愿意承受一定的风险,那么应该选择投资于企业债券。进一步讲,如果测算 B 企业不能按期还本付息的风险系数为 30%,则购买 B 企业债券的投资收益率应界定为 11.25%×(1−30%)=7.875%,明显低于购买国债的投资回报,则 A 企业应选择投资购买国债。但无论采用哪一种投资形式,都应考虑税收的因素。

(三) 投资过程的税收筹划

1. 投资项目的选择

选择投资项目是企业投资的重要工作。投资项目是多种多样的,不同项目所享受的税收待遇也各不相同。企业可以根据自身的优缺点,紧扣税法的规定,在生产经营过程中选择恰当的投资项目。

投资项目的评估主要考虑投资回收期、投资的现金流出和现金流入的净现值、项目的内部报酬率等财务指标,这其中要考虑的税收因素是指影响这些指标的税收政策。

【案例 8-10】 A 企业位于某经济特区,在市区的繁华地段拥有临街厂房一栋。目前该企业为节约成本并扩大生产规模,将公司的生产车间迁移到郊区其他地方,留下厂房以待处理。经过评估机构评估,该厂房的重置价值为 2 000 万元人民币(账面折余价值为 800 万元人民币,剩余折旧年限为 10 年)。现在有一企业 B 欲在该市投资设立一家企业,打算将 A 企业原有的厂房进行改造以适应自身生产经营的需要,B 企业所经营的项目经认定是符合国家重点扶持的公共基础设施项目。B 企业的投资可行性研究表明:将投入 1 000 万美元(约折合人民币 8 000 万元),作为注册资本,投资期限 15 年。预计投产后当年开始取得经营收入并盈利,盈利前 3 年的税前利润为人民币 800 万元,以后 12 年每年的利润将稳定在 1 200 万元左右。现在有三个方案可供 A 企业选择:

方案一:以 2 000 万元的公平市场价格将厂房转让给 B 企业。

方案二:将厂房租给 B 企业,每年租金 200 万元,租期 15 年,15 年后处置该厂房的税后账面净值为 500 万元。

方案三:A 企业以该厂房折合 25% 的股权投资入股,共同投资 B 企业的该项目。

在三种不同的方案中,A 企业需要缴纳的税收各不相同,企业的税后净利润也不相同(假设 A 企业要求的投资报酬率为 8%,A 企业适用的所得税税率为 25%)。分析如下:

方案一:首先,转让不定需要按 5% 的税率缴纳营业税,以及城建税和教育费附加;其次,转让厂房的收入扣除相应的税金后,应并入企业的收入总额缴纳企业所得税。

$$应缴营业税 = 2\,000 \times 5\% = 100(万元)$$
$$应缴城建税和教育费附加 = 100 \times (7\% + 3\%) = 10(万元)$$
$$应缴企业所得税 = (2\,000 - 800 - 100 - 10) \times 25\% = 272.5(万元)$$
$$税后净收入合计 = 2\,000 - 800 - 100 - 10 - 272.5 = 817.5(万元)$$

方案二:A 企业首先要就资金收入缴纳营业税及附加和房产税,然后该租金收入扣除相应的税收后,应并入企业的收入总额,缴纳企业所得税每年折旧抵税 20 万元($80 \times 25\%$)。

$$应缴营业税 = 200 \times 5\% = 10(万元)$$
$$应缴城建税和教育费附加 = 10 \times (7\% + 3\%) = 1(万元)$$
$$应缴房产税 = 200 \times 12\% = 24(万元)$$
$$应缴企业所得税 = (200 - 10 - 1 - 24) \times 25\% = 41.25(万元)$$
$$每年税后租金净收入 = 200 - 10 - 1 - 24 - 41.25 = 123.75(万元)$$
$$考虑折旧抵税,每年税后租金净收入 = 123.75 - 20 = 103.75(万元)$$
$$15 年的收入按年金折合成现值 = 103.75 \times 8.559\,5 = 888.048(万元)$$
$$处理厂房的 500 万元净收入折算成现值 = 500 \times 0.312\,5 = 157.6(万元)$$
$$税后净收益合计 = 888.048 + 157.6 = 1\,045.648(万元)$$

方案三:由于该项目符合国家重点扶持的公共基础设施项目的认定资格,享受从开始取得收入年度起,第 1 年至第 3 年免征企业所得税、第 4 年至第 6 年减半征收企业所得税的优惠政策。A 企业的适用税率和 B 企业相同,均为 25%,因此,A 企业不必就投资收益补缴企业所得税。

表 8-4 反映了 B 企业在今后 15 年内的利润情况及 A 企业在这一项目上的投资收益情况。

表 8-4　B 企业 15 年内的利润及 A 企业的投资收益情况　　　　　　　单位:万元

年度	新设合股企业税前利润	新设合股企业应纳企业所得税	新设合股企业税后利润	B 企业税后利润	A 企业税后利润	A 企业税后利润净现值
1～3	800	0	800	600	200	515.40
4～6	1 200	150	1 050	840	210	429.62
7～15	1 200	300	900	720	180	707.49
合计	16 800	3 150	13 650	10 920	2 730	1 652.51

$$A 企业 15 年投资收益的净现值 = 1\,652.51(万元)$$

从以上三种方案的对比可以看出,第三种方案的净现值最大,第二种方案的净现值最小。如果仅从净现值的多少来决定取舍,第三种方案无疑是最佳的。如果不考虑时间价值的话,第一种方案和第三种方案的收益将远远大于第一种方案。所以,纳税人在投资的时候,务必要将资金的时间价值考虑在内,才能作出对企业最有利的决策。

2. 投资规模的确定

对于一家企业的生产经营来讲,投资规模并非越大越好,当然也不是越小越好。投资规模扩大是企业发展壮大的标志,往往可以带来规模经济;但是投资规模不顾具体情况而过度膨胀,往往会导致资源的浪费。投资规模小,一般可以使企业具有灵活运行的优点,即所谓的"船小好掉头"。但企业的投资规模太小,往往不具备规模效益和雄厚的经济实力,在残酷的市场经济竞争中很容易遭到淘汰。

究竟应如何确定企业投资的规模呢?首先,对企业自身营运能力进行分析,即通过对存量投资优化组合的分析,确定投资的既有能力、潜在能力和追增能力。其次,把握企业经营外部环境的变动情况。市场经济环境变化多端,必须利用预测手段把握经济环境发展态势,决定投资规模的大小。另外,还需对税前收益最大化的投资规模进行实证分析。投资规模应该趋近于企业营运负荷能力的极限,即投资的边际成本等于其边际收益,此时,投资规模是最适宜且最有效的。需要注意的是,投资规模的确定依据是企业运营能力和外部经济环境,因而,必须注意到其动态演进的变化特征。

在投资规模的确定中也不可避免地涉及税收问题,如涉及增值税一般纳税人和小规模纳税人身份的区别,从而导致计税方法的不同,应缴的增值税款也不一样;又如,如果是民间投资,还要考虑是个人独资企业(或合伙制企业)还是有限责任公司形式,各自缴纳的所得税有所差别,都需按照税收筹划的思路进行测算后进行选择。

3. 投资伙伴的选择

企业在投资过程中,往往会因为资金问题而出现需要与其他企业联合投资的情况。选择一个适当的投资伙伴可能会对自己的投资起到很大的帮助作用,提高自身的收益水平。在选择投资伙伴时,应主要考察两个方面的因素:一是合作伙伴的税收待遇;二是合作伙伴的实力。

选择好的投资伙伴有时会使企业享受税收优惠待遇,如增值税转型优先在我国东北三省、中部六省八大行业实施后,这类企业由于有了固定资产购进抵扣的优惠,增值税税负明显降低,其他地区、行业的企业与这类企业合作,实际上可间接享受到税收优惠待遇。

选择好的投资伙伴更应充分考察对方的实力,因为能力低下的投资伙伴往往会连累己方企业,轻则毁掉联合投资项目,重则使联营双方俱损。而投资伙伴的经济实力有时也是通过多年享受国家给予的税收优惠而逐渐积累起来的。

4. 投资意向的选择

在投资过程中,往往会存在选择难题,这就需要依据投资意图来决定取舍。究竟取什么、舍什么,会涉及选择项目的对照比较。一般来说,这个选择过程与自身经营状况联系极为紧密。如果企业自身资金紧缺,可以选择收购部分股份来增加企业的生产控制力;如果企业自身资金充足且新增项目多,就可以选择组建新企业。由投资意向决定的不同投资方式,需要考虑各环节涉及的税收问题——税种、税目、税率、计税依据、优惠政策等的差异,以及最终导致的税负差距和税后收益的差异。

5. 税收屏蔽的利用

税收屏蔽是当今税收学术界的新概念,也是企业纳税活动中的新理念。所谓税收屏蔽并不是直接为企业减少税基、减轻税负,而是使企业的应税所得延迟纳税,暂时免除税收负担。税收屏蔽虽然没有使企业免于纳税,但为企业带来了应缴税款的时间价值。这好比是从政府得到了一笔无息贷款,因而税收屏蔽可以使企业从中获利,达到节税效果。因此,只要合理运作,税收屏蔽是可以间接减轻税负的。税收屏蔽投资可以部分缓解企业资金紧缺的压力,甚至在通货膨胀的环境下,还能因为物价指数的狂升而得到通胀收益。在寻求税收屏蔽的投资过程中,有限合伙经营便是一种可取之道。

(四)投资结构的税收筹划

投资结构是指企业的构成及各种构成之间的相互关系,通常包括投资的产品结构、行业结构、地区结构和收入来源结构等。同等数量的资金,投资结构不同,所承担的税负也不同,所以企业在投资时,必须对现有投资结构精心筹划,选择能使企业股东价值最大化的结构。投资结构最终决定企业应税收益的构成,从而最终影响企业的纳税负担。投资结构对企业税负以及税后利润的影响有机地体现在三个方面:税基宽窄、税率高低、纳税成本大小。所以,税收筹划也应从这三个方面着手。

为配合国家经济政策,促进国民经济健康、有序发展,国家对不同地区、行业、用途、性质的投资项目给予不同的税收待遇。企业在进行投资决策时,必须充分考虑投资结构对投资收益的影响,充分了解各类地区、行业及不同用途、性质项目的各种税收优惠政策,尽可能选择具有优惠待遇的地区、行业、项目进行投资,以实现最大限度的投资收益。当然,从分担风险的角度出发,企业不可能也不应该把资金全部投资于某个地区、某个行业或全部用于某种用途、某类投资项目。因此,这里就有一个投资结构的优化组合问题。而不同的投资结构必然形成不同的应税收益,不同的应税收益构成又最终影响企业的纳税负担。

1. 税基宽窄

税基宽窄对企业纳税负担的影响主要表现为名义税率和实际税率的差异,由于某一课税对象的法定税基和实际税基之间往往存在一定程度的差异,并且后者通常小于前者,因此,企业的实际税负一般比法定税负低。这样,就给企业提供了一个有利的机遇:在税前收益增加或不变的前提下,通过比较不同纳税对象有效税基的大小,合理安排投资结构,将资金投入较为有利的纳税项目,借以谋求纳税负担相对于应税收益差量金额最大、比重最低的增收节税效应。

例如,我国对出口商品采取向纳税人退还前期缴纳的增值税、消费税的政策,这样,企业在内销产品与出口产品之间进行选择时,就应将出口退税因素考虑进来,通过加大出口产品的经销比例尽可能享受该项政策。

【案例8-11】 某企业有100万元资金,可以投资于产品A,也可以投资于产品B(两种产品均适用17%的增值税和25%的所得税),产品A的购进价税总额与销售价税总额分别为90万元和140万元,各项费用总额10万元,全部用于国内销售;产品B购进价税总额与销售价税总额分别为93万元和138万元,各项费用总额9万元,其中内销10%,假定增值税出口退税率为17%。

【筹划思路与方法】

(1) 投资产品 A：

$$应纳增值税 = [140 \div (1+17\%)] \times 17\% - [90 \div (1+17\%)] \times 17\% = 7.27(万元)$$

$$税前利润 = 140 \div (1+17\%) - 90 \div (1+17\%) - 10 = 32.73(万元)$$

$$应纳所得税 = 32.73 \times 25\% = 8.18(万元)$$

$$税后利润 = 32.73 - 8.18 = 24.55(万元)$$

$$纳税现金支出合计 = 7.27 + 8.18 = 15.45(万元)$$

$$现金流入净增加额 = 140 - 90 - 10 - 15.45 = 24.55(万元)$$

(2) 投资产品 B：

$$销项税额 = [138 \times 10\% \div (1+17\%)] \times 17\% = 2.01(万元)$$

$$进项税额 = [93 \div (1+17\%)] \times 17\% = 13.51(万元)$$

$$出口退税额 = [93 \times 90\% \div (1+17\%)] \times 17\% = 12.16(万元)$$

$$应纳增值税 = 2.01 - (13.51 - 12.16) = 0.66(万元)$$

$$税前利润 = 138 \div (1+17\%) - 93 \div (1+17\%) - 9 = 29.46(万元)$$

$$应纳所得税 = 29.46 \times 25\% = 7.37(万元)$$

$$税后利润 = 29.46 - 7.37 = 22.09(万元)$$

$$纳税现金支出合计 = 0.66 + 7.37 = 8.03(万元)$$

$$现金流入净增加额 = 138 - 93 - 9 - 8.03 = 27.97(万元)$$

综上，投资于 B 产品比投资于 A 产品的现金净流入量增加 3.42 万元，纳税减少 7.42 万元。

可见，尽管产品 A 账面的税前利润与税后利润都比产品 B 大，然而后者的现金净流入量反而比前者增加了 3.42 万元，即产品 A 与产品 B 各自的再投资规模将由原来的 100 万元分别增加到 124.55 万元和 127.97 万元。因此，从现金流入量优于账面收益增加的原则出发，投资于产品 B 较之产品 A 对企业更为有利。

最近几年，国家为体现对不同产品出口的鼓励或限制政策，较大幅度地调整了不同产品的退税率，这样，企业出口不同产品享受的退税待遇也存在较大差别，因此，企业在进行产品投资结构选择时，应尽可能加大适用退税率较高产品的比重，降低适用退税率较低产品的比重，从而获得最大的节税利益。

2. 税率高低

即使在有效税基比例相等、内涵一致的情况下，如果法定税率存在差异，也会影响企业的实际税负。甚至出现有效税基比例较低的企业由于承受了较高的法定税率，其实际的纳税负担反而重于有效税基相对较高的企业，从实务来看，税率的差异往往比有效税基比例高低对企业税负影响更大。

【案例 8-12】 A、B 两企业当年实现的税前利润都是 500 万元，其中 A 企业尚有 130 万元的以前年度未弥补亏损，A、B 企业由于税收优惠政策不同，所得税税率分别为 25% 和 15%。

【筹划思路与方法】

A 企业有效税基比例为 74%[(500-130)÷500]，A 企业应纳所得税 92.5 万元(500×74%×25%)，税基税负水平为 18.5%；B 企业有效税基比例为 100%，应纳税额为 75 万元，税负水平为 15%,反而大大轻于 A 企业的税收负担。由此可见,税率的高低是影响企业税负的决定性因素,因而成为企业投资配置过程中进行税收筹划必须考虑的问题。

3. 纳税成本的大小

一般认为,纳税成本是企业为计税、缴税、退税等所发生的各项成本费用。实际上,纳税通常会给企业带来或加重投资扭曲风险、经营损失风险和纳税支付有效现金不足风险,这些方面的纳税成本损失并不能直接通过会计核算资料得到。因为这些方面的成本损失往往表现为潜在的机会成本,是否必然会发生以及程度如何通常也是难以确定的。正因为如此,它对企业的影响更大。纳税成本大小是企业合理安排投资结构、进行税收筹划、减轻纳税负担过程中必须充分考虑的重要内容。

第三节　企业重组活动的税收筹划

企业重组是对企业的资产权属关系进行重新划分,对生产要素资源进行重新配置,通过资产结构和资源的战略调整,提高资源要素的利用率,实现企业资产最大限度的增值。或者说,不同法人的法人财产权、出资人所有权及债权人债权通过符合资本最大增值目的的相互调整与改变,对实业资本、金融资本和无形资本进行的重新组合。这是企业经常采取的一种运作方式,同时也是国家合理配置资源、调整产业结构,进行国有经济布局的重要手段。

理论上,企业重组包含了三大类不同但相互关联的行为:企业扩张、调整、所有权和控制权的变更。这三类不同的重组行为基于不同的重组目的而组合成不同的重组模式。企业的扩张通常指扩大企业经营规模和资产规模的一大类重组行为,包括购买资产、收购股份、合资或联营组建子企业、企业的合并等。企业的调整包括不改变控制权的股权置换、股权资产置换、不改变企业资产规模的资产置换,以及缩小企业规模的资产出售、企业分立、资产负债剥离等。企业的所有权和控制权变更是企业重组的最高形式,如股权的无偿划拨、股权的协议转让、企业股权托管和企业托管、表决权信托与委托书收购、股份回购、交叉控股等。

在实践中,企业重组的类型很多,基本方法有兼并、收购、分设等。通过购并,企业之间形成不同层次的联属关系,或是集团化,从而加强经营上的分工、协作,提高整体的竞争力。就重组而言,其首要目标是追求利益的最大化。

一、企业合并的税收筹划

(一)企业合并的含义及分类

根据《公司法》的规定,企业合并是指两个或两个以上的企业,依据法律规定和合同约定,合并为一个企业的法律行为。企业合并有狭义和广义之分。狭义合并是指两个或两个以上企业,依据有关法律合并为一个企业,包括吸收合并与新设合并。广义合并是指两个或两个以上企业,成为一个依据有关法律需要编制合并会计报表的企业集团,包括吸收合并、新设合并、控股合并等。我国《公司法》所规范的合并指的是狭义口径的合并。

吸收合并是指接纳一个或一个以上的企业加入本公司，加入方解散并取消原法人资格，接纳方存续，也就是所谓的企业兼并。新设合并是指公司与一个或一个以上的企业合并成立一个新企业，原合并各方解散并取消原法人资格。由于税收筹划是一个长期动态过程，要求企业的生产经营处于连续状态，而新设合并企业的原生产经营过程的连续状态已被合并终止，所以本节主要讨论吸收合并的税收筹划。至于新设合并的税收筹划，其原理与一般新设企业的税收筹划基本相同。

（二）企业合并的税收筹划

我国《公司法》规定：公司合并时，合并各方的债权、债务，应当由合并后存续的公司或者新设的公司承继。依照原《企业所得税暂行条例》及其实施细则规定：被吸收或兼并的企业符合企业所得税纳税人条件的，分别以被吸收或兼并的企业和存续企业为纳税人；被吸收或兼并的企业已不符合企业所得税纳税人条件的，应以存续企业为纳税人，被吸收或兼并企业的未了税务事宜，应由存续企业承继。

从流转税的角度讲，企业合并涉及增值税、消费税。如果合并企业向被合并企业提供其生产所需的原材料，则合并后这种原材料的购销关系转变为企业内部的转让关系，这往往可以减少甚至取消增值税与消费税的缴纳。此外，如果被合并企业起初有大量的存货可以抵扣进项税，则合并企业也可减少其应纳增值税。

从契税角度讲，企业在合并过程中会涉及产权转移，进而也会带来契税缴纳的相关问题。根据财政部、国家税务总局《关于企业改制重组若干契税政策的通知》（财税〔2003〕184号），两个或两个以上的企业，依据法律规定、合同约定，合并改建为一个企业，对其合并后的企业承受原合并各方的土地、房屋权属，免征契税。

从所得税角度讲，企业合并的税收筹划主要分为两个方面：第一，企业合并时产权交换支付方式的税收筹划；第二，企业合并后所得税的税收筹划。下面分别对这两个方面进行介绍。

1. 企业合并中产权交换支付方式的税收筹划

（1）相关规定。国家税务总局《关于企业合并分立业务有关所得税问题的通知》（国税发〔2000〕119号）规定，企业合并应视情况，分别按下述方法处理：

第一，企业合并，通常情况下，被合并企业应视为按公允价值转让、处置全部资产，计算资产的，依法缴纳所得税。被合并企业以前年度的亏损，不得结转到合并企业弥补。合并企业接受被合并企业的有关资产，计税时可以按照评估确认的价值确定成本。被合并企业的股东取得合并企业的股权视为清算分配。

第二，合并企业支付给被合并企业或其股东的收购价款中，除合并企业股权以外的现金、有价证券和其他资产（简称非股权支付额），不高于所支付的股权票面价值（或支付的股本的账面价值）20％的，经税务机关审核确认，当事各方可选择按下列规定进行所得税处理：

被合并企业不确认全部资产的转让所得或损失，不计算缴纳所得税。被合并企业合并以前的全部企业所得税纳税事项由合并企业承担，以前年度的亏损，如果未超过法定弥补期限,可由合并企业继续按规定用以后年度实现的与被合并企业资产相关的所得弥补。具体按下列公式计算:某一纳税年度可弥补被合并企业亏损的所得税＝合并企业某一纳税年度未弥补亏损前的所得额×(被合并企业净资产公允价值÷合并后合并企业全部净资产公允价值)。

被合并企业的股东以其持有的原被合并企业的股权(简称旧股)交换合并企业的股权(简称新股),不视为出售旧股、购买新股处理。被合并企业的股东换得新股的成本,需以其所持有的旧股的成本为基础确定。但未交换新股的被合并企业的股东取得的全部非股权支付额,应视为其持有的旧股的转让收入,按规定计算确认财产转让所得或损失,依法缴纳所得税。

合并企业接受被合并企业全部资产的计税成本,须以被合并企业原账面净值为基础确定。

第三,关联企业之间通过交换普通股实现企业合并的,必须符合独立企业之间更公平交易的原则,否则,对企业应纳税所得造成影响的,税务机关有权调整。

第四,如被合并企业的资产与负债基本相等,即净资产几乎为零,合并企业以承担被合并企业全部债务的方式实现吸收合并,不视为被合并企业按公允价值转让、处置全部资产,不计算资产的转让所得。合并企业接受被合并企业全部资产的成本,须以被合并企业原账面净值为基础确定。被合并企业的股东视为无偿放弃所持有的旧股。

(2) 企业合并的税收筹划。当一个企业合并另一个企业时,可以采用以现金或信用债券购买被合并企业的方式,也可以采用以自身股票换取被合并企业股票的方式。当采用前者时,被合并企业收到的来自合并企业的现金或信用债券视为其转让股票的收入,即资本利得,要缴纳企业所得税。当采用后者时,股票转换不视为资产转让,被合并企业未实现资本利得,不需缴纳企业所得税。

综合上述《关于企业合并分立业务有关所得税问题的通知》的规定,可以总结出:在企业合并中,被合并企业是否确认财产转让收益取决于产权交换的支付方式。即,如果在合并企业支付给被合并企业或其股东的收购价款中,非股权支付额不高于所支付的股权票面价值(或股本账面价值)20%的,被合并企业可以不确认全部资产的转让所得或损失,只有待股权转让后才计算损益,作为资本利得缴纳所得税。但如果合并企业支付给被合并企业或其股东的非股权支付额高于所支付的股权票面价值(或股本账面价值)20%的,被合并企业应视为按公允价值转让、处置全部资产,计算资产的转让所得,依法缴纳财产转让所得税。因此,在企业合并过程中,应合理控制非股权支付的比例。

【案例 8-13】 甲企业购买乙企业,出价 300 万元,乙企业账面净资产为 200 万元。购买方式有两种选择:一是全部用股票支付;二是用股权支付 80%,其余用现金支付。

【筹划思路与方法】

第一种方式:乙企业不计算资产转让所得,不用缴纳所得税。

第二种方式:由于非股权支付额超过 20%,则乙企业在合并时应按资产转让所得计算缴纳所得税。应纳所得税为 25 万元[(300－200)×25%]。

2. 企业合并后所得税的税收筹划

(1) 资产的计税成本。我国《关于企业合并分立业务有关所得税问题的通知》规定,在非股权支付额不高于所支付股权票面价值 20%的情况下,合并企业接受被合并企业的全部资产的计税成本,可以被合并企业原账面净值为基础确定;而如果非股权支付额高于所支付股权票面价值20%的,合并企业接受被合并企业的资产,可以按经评估确认的价值确定计税成本。

合并企业接受被合并企业资产的计税成本不同,则资产计入成本费用、进行税前扣除的金额就不同,从而使合并后合并企业的所得税税负不同。但资产的评估值小于资产账面净值时,应使所支付的非股权支付额低于股权票面价值20%,从而获得增加税前扣除、延迟纳税的好处。而当资产的评估价值大于资产的账面价值时,则无论非股权支付额与股权票面价值的比例如何,都可以按评估价值作为计税成本,因此应该综合考虑其他方面的因素。

【案例8-14】 在甲企业对乙企业的合并中,乙企业的固定资产账面价值为500万元。累计已计提折旧400万元(不考虑净残值),预计尚余使用年限为5年,在合并时评估价为90万元。

【筹划思路与方法】

由于资产的账面净值为100万元,大于评估价值90万元,为了获得多提折旧从而少纳税的好处,应该采用非股权支付额低于股权票面价值的20%的支付方式。此时,合并企业甲企业对该批固定资产的年折旧计提额为20万元[(500-400)÷5]。

否则,甲企业对该批固定资产的年折旧计提额为18万元(90÷5)。

(2)亏损的承继结转。公司合并后的亏损承继结转是指两个或两个以上的公司合并后,存续公司或新设公司可以承继被兼并公司或原各公司的亏损,结转冲抵以后若干年度的所得,直至亏损全部冲抵完才开始缴纳企业所得税。

我国《关于企业合并分立业务有关所得税问题的通知》规定,在非股权支付额不高于所支付的股权票面价值20%的情况下,被合并企业以前年度的亏损,如果未超过法定弥补期限的,可由合并企业继续按规定用以后年度实现的与被合并企业资产相关的所得弥补,具体按下列公式计算:某一纳税年度可弥补被合并企业亏损的所得额=合并企业某一纳税年度未弥补亏损前的所得额×(被合并企业净资产公允价值÷合并后合并企业全部净资产公允价值);而如果非股权支付额高于所支付的股权票面价值20%的,被合并企业以前年度的亏损,不得结转到合并企业弥补。

从规定可以看出,如果一个企业有大量盈利,可以考虑合并一个某1年中严重亏损或连续几年亏损,拥有相当数量累计亏损的企业来减少应纳所得税税额。在确定合并后,为了获得亏损弥补承继结转的好处,还应该考虑产权交换的支付方式,采取非股权支付额不高于所支付的股权票面价值20%的方法进行合并。

【案例8-15】 A企业2009年年初合并B企业,B企业当时有100万元的亏损尚未得到弥补,其税前弥补的期限尚有3年。被合并的B企业净资产的公允价值为100万元,合并后合并企业全部净资产的公允价值为500万元,合并后合并企业2009年、2010年、2011年未弥补亏损前的应税所得为100万元、200万元和300万元。则两种不同的支付方式的应纳税所得额计算如下:

【筹划思路与方法】

(1)第一种支付方式(即非股权支付额未超过20%):

$$2009 年应弥补亏损 = 100 \times 100/500 = 20(万元)$$
$$2009 年应纳企业所得税 = (100 - 20) \times 25\% = 20(万元)$$
$$2010 年应弥补亏损 = 200 \times 100/500 = 40(万元)$$
$$2010 年应纳企业所得税 = (200 - 40) \times 25\% = 40(万元)$$
$$2011 年应弥补亏损 = 100 - 40 - 20 = 40(万元)$$
$$2011 年应纳企业所得税 = (300 - 40) \times 25\% = 65(万元)$$
$$3 年共计应纳所得税 = 20 + 40 + 65 = 125(万元)$$

（2）第二种支付方式（即非股权支付额超过20%）：

$$3 年共计应纳所得税 = (100 + 200 + 300) \times 25\% = 150(万元)$$

采用第一种合并方式比采用第二种合并方式实现节税25万元（150－125）。

两种不同支付方式的综合比较：

比较方案优劣，应该明确是基于合并方还是被合并方，这样才可以得到准确的判断。

当采用非股权支付额不超过20%的支付方式时，合并企业可以用被合并企业的亏损抵减本企业的收益，但需要每年为新增加的股权支付相应的股利。被合并企业可以由合并企业来弥补亏损，并且不需要为转让的资产所得缴纳所得税。

当采用非股权支付额超过20%的支付方式时，合并企业不能用被合并企业的亏损弥补本企业的收益，但可在资产评估价值的基础上计提折旧，这往往可以减少所得税。被合并企业需要为其资产的转让所得缴纳所得税，并且不能由合并企业为其弥补亏损。

（3）税收优惠的承继。国家税务总局印发的《企业改组改制中若干所得税业务问题的暂行规定》（国税发〔1998〕97号）对企业改组中税收优惠承继问题作出了如下规定：

第一，企业无论采取何种方式合并、兼并，都不是新办企业，不应享受新办企业的税收优惠照顾。

第二，合并、兼并前各企业应享受的定期减免税优惠，且已享受期满的，合并或兼并后的企业不再享受优惠。

第三，合并、兼并前各企业应享受的定期减免税优惠，为享受期满的，且剩余期限一致的，经主管税务机关审核批准，合并或兼并后的企业可继续享受优惠至期满。

第四，合并、兼并前各企业应享受的定期减免税优惠，未享受期满的，且剩余期限不一致的，应分别计算相应的应纳税所得额，分别按税收法规规定继续享受优惠至期满。合并、兼并后不符合减免税优惠的，照章纳税。

二、企业分立的税收筹划

（一）企业分立的含义和分类

企业分立是指一个企业依照有关法律、法规的规定，分立为两个或两个以上企业的法律行为。企业分立根据被分立企业是否存续，可以分为存续分立和新设分立的形式。存续分立亦称派生分立，是指原企业存续，而其一部分分出设立为一个或数个新的企业。新设分立亦称解散分立，分立出的各方分别设立为新的企业。企业分立是企业产权重组的一种重要类型。

（二）企业分立的税收筹划

税收筹划活动是针对企业在一定时期内的生产经营活动而进行的,其存在的前提是企业的生产经营活动持续进行。而企业分立是原企业在发展过程中的变动,企业的生产经营仍然是持续的,这是我们进行税收筹划的前提。企业分立的税收筹划主要涉及流转税、所得税和契税。

1. 流转税的税收筹划

在流转税的相关规定中,有些特殊产品是免税的,或者其适用税率是较低的,这些产品在税收核算上往往要求独立核算。而如果企业未满足独立核算的要求,根据我国税法中的一些常用规则,即税率适用界限模糊时从高适用税率,企业会丧失一些税收上的利益;反之,如果企业将这些特定产品的生产部门分设出来,就可以享受低税负的好处。这样,企业分立的安排,有时就是为了将原来一些适用税率界限模糊不清而被从高适用税率的商品或劳务分离出来,从而使其适用较低税率,避免无端多缴税款额情况而采用的一种办法。由于在进行税收筹划时,消费税与增值税的筹划原理类似,下面仅以增值税为例进行说明。

（1）综合性企业分立为若干专门企业。我国《增值税暂行条例》中明确规定,纳税人兼营不同税率的货物和应税劳务,未分别核算的,从高适用税率。此外还规定,用于免税项目和非应税项目的购进货物或应税劳务的增值税进项税额不能从销项税额中抵扣。当纳税人兼营免税货物或非应税项目(不包括固定资产、在建工程)而无法准确划分不得抵扣进项税额时,按下列公式计算:

不得抵扣的增值税进项税额＝当月全部增值税进项税额×(当月免税项目销售额＋非应税项目营业额)÷(当月全部销售额＋营业额)

【案例8-16】 福建福龙股份有限公司 2010 年 8 月销售商品共取得收入 400 万元,同时经营小吃获得营业收入 100 万元。全年购进货物进项税额 40 万元。只从增值税角度考虑,该厂是否应该把经营小吃分离出来,单独设立一个饮食公司呢?

【筹划思路与方法】

不分立时可以抵扣的进项税额为:

$$40 - 40 \times 100 \div (100 + 400) = 32(万元)$$

若分立出来,则可以分三种情况讨论:

第一种情况:假设饮食公司食品进项税额为 5 万元,则公司可抵扣的进项税额为 35 万元(40-5)。

第二种情况:假设饮食公司食品进项税额为 10 万元,则该公司可抵扣的进项税额为 30 万元(40-10)。

第三种情况:假设饮食公司食品进项税额为 8 万元,则该公司可抵扣的进项税额为 32 万元(40-8)。

其中,第一种、第二种情况分别大于和小于合并经营时的可抵扣税额,第三种情况等于合并经营时的可抵扣税额。这是由于存在一个税负平衡点,即:

非应税产品进项税额÷全部进项税额 ＝ 非应税产品销售额÷全部销售额

说明:当非应税产品进项税额÷全部进项税额＞非应税产品销售额÷全部销售额时,

合并经营较为有利;当非应税产品进项税额÷全部进项税额＜非应税产品销售额÷全部销售额时,分立经营较为有利;当非应税产品进项税额÷全部进项税额＝非应税产品销售额÷全部销售额时,无论合并还是分立在税收上都是没有差别的。

(2) 一般纳税人分立为小规模纳税人。增值税纳税人分为两种类型,即一般纳税人和小规模纳税人。由于两者在税法上的适用税率或征收率是不同的,因此企业可以通过选择不同的纳税人类型来调控自身的税负。根据增值率判断法可以求得两者的税负平衡点。其中增值率是增值额占不含税销售额的比例。假设某工业企业 2007 年的不含税销售额为 M,不含税购进金额为 N,增值率为 A。如果该企业为一般纳税人,其应纳增值税为 $M \times 17\% - N \times 17\%$,引入增值率计算,则为 $M \times A \times 17\%$;如果是小规模纳税人,应纳增值税为 $M \times 6\%$。令两种身份的税负相等,则有 $M \times A \times 17\% = M \times 6\%$,得 $A = 35.29\%$。即当增值率为 35.29% 时,该企业无论是选择一般纳税人还是小规模纳税人,税负都是相等的。当增值率高于税负平衡点时,小规模纳税人的税负低于一般纳税人。因此,当日常经营中的增值率比较高,又是一般纳税人身份,为降低增值税税负希望成为小规模纳税人时,可以考虑采用企业分立的形式。

【案例 8-17】 某商业批发企业,年应纳增值税销售额 100 万元,会计核算健全,符合一般纳税人条件。但该企业准予从销项税额中抵扣的进项税额较少,只占销项税额的 40%。而且估计在未来一段时间,企业规模不会有太大增长,经营业务项目也不会有大的改变。

【筹划思路与方法】

由于企业未来一段时间规模不会有太大变化,经营业务项目也不会有大的改变,因此可以考虑将企业分立为 A、B 两个批发企业,各自独立核算,销售额分别为 40 万元和 60 万元,成为小规模纳税人,则适用税率 3%。

分立前:

$$企业应纳增值税 = 100 \times 17\% - 100 \times 17\% \times 40\% = 10.2(万元)$$

分立后:

$$A 企业应纳增值税 = 40 \times 3\% = 1.2(万元)$$
$$B 企业应纳增值税 = 60 \times 3\% = 1.8(万元)$$
$$共计应纳增值税 = 1.2 + 1.8 = 3(万元)$$
$$企业通过分立减轻税负 = 10.2 - 3 = 7.2(万元)$$

2. 所得税的税收筹划

与企业合并相对应,企业分立的税收筹划也涉及产权交换支付方式、纳税人的认定、资产的计税成本、亏损的承继结转、优惠的承继结转几个方面。

(1) 相关规定。《关于企业合并分立业务有关所得税问题的通知》(国税发〔2000〕119号)对企业分立资产转让的损益确认、资产的计税成本和亏损的承继结转问题的规定如下:

被分立企业应视为按公允价值转让其被分立出去的部分或全部资产,计算被分立资产的财产转让所得,依法缴纳所得税。分立企业接受被分立企业的资产,在计税时,可按经评估确认的价值确定成本。

分立企业支付给被分立企业或其股东的交换价款中,除分立企业的股权以外的非股权支付额,不高于支付的股权票面价值(或支付的股本的账面价值)20%的,经税务机关审核

确认,企业分立当事各方也可选择按下列规定进行分立业务的所得税处理:

第一,被分立企业可不确认分离资产的转让所得或损失,不计算所得税。

第二,被分立企业已分离资产相对应的纳税事项由接受资产的分立企业承继。被分立企业的未超过法定弥补期限的亏损额可按分离资产占全部资产的比例进行分配,由接受分离资产的分立企业继续弥补。

第三,分立企业接受被分立企业其全部资产和负债的成本,需以被分立企业的账面净值为基础结转确定,不得按经评估确认的价值进行调整。

《企业改组改制中若干所得税业务问题的暂行规定》(国税发〔1998〕97号),对纳税人的认定和税收优惠的承继结转问题的规定如下:

第一,纳税人的处理。分立后各企业符合企业所得税纳税人条件的,以各企业为纳税人。分立前企业的未了税务事宜,由分立后的企业承继。

第二,减免税优惠的处理。企业分立不能视为新办企业,不得享受新办企业的税收优惠照顾。分立前享受有关税收优惠尚未到期,分立后的企业符合减免税条件的,可继续享受减免税至到期。分立前的企业符合税法规定的减免税条件,分立后已不再符合的,不得继续享受有关税收优惠。

(2)税收筹划分析。从是否确认资产转让损益来看,当被分立企业分离使分立企业的资产转让价格高于账面净值时,应选择分立企业支付给被分立企业的非股权支付额不高于支付股权票面价值(或股本账面价值)20%的支付方式,因为选择这种支付方式,可以不确认分离资产的转让所得,不缴纳资产转让所得税,从而降低被分立企业的所得税税负;当被分立企业分离使分立企业的资产转让价格低于账面净值,则应选择分立企业支付被分立企业的非股权支付额高于支付的股权票面价值20%的支付方式,因为选择这种支付方式,可以确认分离资产的转让损失,并入被分立企业的利润总额,从而降低被分立企业的所得税税负。

从资产计价的税务处理来看,当被分立企业分立使分立企业资产的评估价值低于账面净值时,应选择非股权支付额不高于支付股权票面价值20%的支付方式,因为选择这种支付方式,从而降低分立企业的所得税税负;当被分立企业分离使分立企业资产的评估价值高于账面净值时,要选择哪一种支付方式,应综合考虑其他各方面的因素,因为不管采用哪种支付方式,分立企业都可按其所接受的资产的评估价值确定结转计税成本。

从亏损弥补的处理来看,如果被分立企业尚有未超过法定弥补期限的亏损额,应选择非股权支付额不高于支付股权票面价值20%的支付方式,因为选择这种支付方式,被分立企业的未弥补亏损额可由接受分离资产的分立企业承继,从而降低分立企业的所得税税负。

由于2008年1月1日起开始执行新的《企业所得税法》,内外资企业所得税税率统一为25%,不再执行以前的33%基本税率和18%、27%两档照顾性税率,因此,企业分立不再具有通过降低税率来减轻税负的作用。此外,还应注意,企业分立还可能使被分立企业之间的盈利与亏损不再具有盈亏相抵效应,从而减少应纳税所得额。

3. 契税的税收筹划

由于在企业分立过程中,涉及资产的转让、产权变更、必然会涉及契税问题。根据财政部、国家税务总局《关于企业改制重组若干契税政策的通知》(财税〔2003〕184号)规定,企业依照法律规定、合同约定分设为两个或两个以上投资主体的企业,对派生方、新设方承受原企业土地、房屋权属,不征收契税。

三、企业清算的税收筹划

(一)企业清算的含义和分类

在企业经营过程中,由于经营不善或者其他原因,企业可能会选择通过清算的方式实现资源的优化配置。企业清算是指企业宣告终止以后,除因合并与分立事由外,终止企业法律关系,取消其法人资格的法律行为。企业清算按其原因划分,可分为解散清算和破产清算;按清算是否自行组织,可以分为普通清算和特别清算。

企业清算之所以需要进行税收筹划,是因为企业的生产经营过程是持续的,而纳税义务的履行往往滞后于生产经营过程,当企业进行清算时,纳税义务往往还未履行完毕,因此,仍然要在清算过程中进行税收筹划以减轻税负。

(二)企业清算的税收筹划

企业进行清算的税收筹划主要涉及企业所得税。由于2008年开始实施的《企业所得税法》只做了原则性规定,本节暂按原各相关文件规定进行表述。原相关文件规定:清算所得是指企业的全部资产可变现价值或者交易价格减除资产净值、清算费用以及相关税费后的余额。企业应当在办理注销登记前,就其清算所得向税务机关申报并依法缴纳企业所得税。对清算中企业所得税的税收筹划包括两个方面,即清算所得中资本公积项目的筹划和清算日期的确定。

1. 清算所得中资本公积项目的筹划

投资方企业从被清算企业分得的剩余资产,其中相当于从被清算企业累计未分配利润和累计盈余公积中应当分得的部分,应当确认为股息所得;剩余资产减除上述股息所得后的余额,超过或者低于投资成本的部分,应当确认为投资资产转让所得或者损失。

具体计算公式如下:

(1)纳税人全部清算财产变现损益=存货变现损益+非存货变现损益+清算财产损益。

(2)纳税人的净资产或剩余财产=纳税人全部清算财产变现损益-应付未付职工工资、劳动保险费等-清算费用-拖欠的各项税金-尚未偿付的各项债务-收取债券损失+偿还负债的收入。

(3)纳税人的清算所得=企业的净资产或剩余财产-企业累计未分配利润-税后利润提取的各项基金结余-企业的资本公积金-企业的盈余公积金+企业法定财产重估增值+企业接受捐赠的财产价值-企业的注册资本金。

对于资本公积金,除了企业法定财产重估增值和接受捐赠的财产价值外,其他项目可以从清算所得中扣除。对重估增值和接受捐赠,发生时计入资本公积,清算时并入清算所得予以课税,这相当于对其延期纳税。因此可以在其他条件不变的情况下,创造条件进行资产评估,以评估增值后的财产价值作为折旧计提基础,这样可以多提折旧,减少所得税,从而减轻税负。

2. 清算日期确定的税收筹划

企业依法清算时,应当以清算期间作为一个纳税年度。那么,这期间发生的所有费用都是清算费用,如果推后清算日期,就可以使清算期间的费用抵减公司盈利甚至达到亏损,从而减少清算所得税。

【案例8-18】 某股份有限公司董事会于2010年8月18日向股东会提交了公司解散申请书,股东会8月20日通过决议,决定公司于8月31日宣布解散,并于9月1日开始正常清算。

该有限公司在成立清算组前进行的内部清算中发现,2010年1月至8月公司预计盈利100万元。于是在尚未公告和进行税务申报的前提下,股东会再次通过决议将公司解散日期推迟至9月25日,并于9月26日开始清算。该公司在9月1日至9月25日发生费用160万元。设改变清算日期后,企业清算所得为90万元。

按照我国现行税制的规定,企业清算期间应单独作为一个纳税年度,即这160万元费用本应属于清算期间费用,但因清算日期的改变,该公司经营年度由盈利100万元变为亏损60万元。

【筹划思路与方法】

如果将清算开始日确定为9月1日,其纳税情况如下:

$$2010年1～8月应纳所得税额 = 100×25\% = 25(万元)$$

清算所得为亏损70万元(90-160),不纳税。

如果将清算开始日确定为10月1日,其纳税情况如下:

2010年1～9月亏损60万元,本期不纳企业所得税。

清算所得为90万元,应先抵减上期60万元亏损后,再纳税。

$$清算所得税额 = (90-60)×25\% = 7.5(万元)$$

两方案比较,通过税收筹划,后者减轻税负17.5万元(25-7.5)。

第四节 企业利润分配的税收筹划

在企业利润分配方面进行税收筹划,主要涉及的税种是企业所得税和个人所得税。企业税后利润的分配主要涉及企业所得税,而对于投资人为自然人个人的企业(包括民营企业和以社会公众为股东的公开发行股票的上市公司)而言,在税收筹划方面还要受个人所得税的影响。

企业财务管理的目标就是在考虑风险的同时不断地提高企业利润,而企业利润的增加必然带来所得税费用的增加。企业实现的利润总额扣除所得税费用就是净利润,是可供企业分配的利润。企业的利润分配策略往往会影响到企业及其投资者的税收负担。因此,加强对企业利润分配的税收筹划,对于降低企业的总体税负乃至投资者的税负意义重大。

一、按利润分配顺序的税收筹划

(一)企业利润分配顺序

企业实现的净利润,应当按照国家规定的顺序进行分配,以保证所有者的合法权益和企业长期稳定地发展。企业本年实现的净利润加上年初未分配利润为可供分配的利润。

企业实现的利润必须遵照国家有关政策、制度和企业公司章程及董事会决议进行分配。其分配顺序为：

第一步，国家参与的利润总额分配。企业在一定期间内实现的利润总额应按照《企业所得税法》及其实施条例的规定进行调整，将会计利润调整为应纳税所得额，再根据企业适用的所得税税率计算上缴企业所得税。这一层次的利润分配是以政府颁布的所得税法为依据，具有强制性的特征，任何企业都不具备控制权和取舍权。企业只能通过合理地安排尽量减少应纳税所得额或者使企业充分享受税收优惠政策和税前弥补亏损政策，达到税收筹划的目的。

第二步，由企业掌握的利润分配。《企业财务通则》规定：企业缴纳所得税后的利润，除国家另有规定外，应当按照下列顺序分配：

（1）承担被没收的财物损失，支付各项税收滞纳金和罚款。企业因违反各项法规而被没收的财物损失和因违反税法被税务机关处以滞纳金和罚金，必须用企业的税后利润开支，而不能在税前列支，以免损害国家利益。企业承担的被没收的财物损失和税收滞纳金和罚款，也是企业的支出。但这一部分支出不同于企业发生的其他成本费用支出，它不具备抵税的作用，虽然会影响企业的利润水平，但对企业的税收负担不会产生影响。

（2）弥补企业以前年度的亏损。企业发生的亏损，如果未能在 5 年内用税前利润进行弥补，就只能用税后利润弥补。也就是说，企业的税后利润用于弥补以前年度亏损的部分，也不会影响到企业的应纳税所得额。

（3）提取盈余公积金。盈余公积金是企业按照一定比例从税后利润中提取的，用于企业发展和积累的资金，包括法定盈余公积金和任意盈余公积金。公司制企业应当按照企业税后利润的 10％提取法定盈余公积金，非公司制的企业可以按照超过 10％的比例提取法定盈余公积金，当企业提取的法定盈余公积金累计超过企业注册资本的 50％时，可以再提取。

任意盈余公积金是公司制企业经股东大会或类似机构批准，按照规定的比例从净利润中提取盈余公积。法定盈余公积与任意盈余公积的区别就在于其各自计提的依据不同，法定盈余公积是以国家的法律或法规为依据提取的，而任意盈余公积则是由企业自行决定提取的。

（4）提取公益金。公益金是企业根据公司章程或股东大会决议规定从税后利润中提取的，用于职工福利设施支出的资金。由于各企业对职工福利设施的需求不一致，公益金的提取比例并不要求一致。企业对于盈余公积金和公益金的提取，都是从企业的税后利润中提取的，因此并不影响企业所得税的缴纳。

（5）向股东分配利润。企业以前年度的未分配利润，可以并入本年度向股东分配。企业分配给股东的利润，一般以各股东的投资比例即持股数为依据，原则上应从累计盈利中分派。但若公司用盈余公积金补亏后，为了维护企业形象，维持企业信誉，经股东大会特别决议，也可以用盈余公积金分派现金股利，但必须确保留存的法定盈余公积金不得低于企业注册资本的 25％。

应当注意的是，企业如果发生亏损，可以用以后年度实现的利润进行弥补，也可以用以前年度提取的盈余公积金弥补。企业以前年度亏损未弥补完的，不能提取法定盈余公积金。在提取法定盈余公积金前，不得向股东分配利润。

作为法人单位的股东，从被投资企业分回的利润（股利），如果被投资企业的所得税税率低于投资企业的所得税税率，按照企业所得税法的规定，应当进行所得税的税收调整；作为个人投资者或者是合伙人即合伙企业，从被投资企业分回的利润（股利），构成个人收入，按照个人所得税法的规定，应当申报缴纳个人所得税。

（二）按企业利润分配顺序的税收筹划

企业在决定利润分配政策时，应当尽量选择能够合法降低法人股东和个人股东的税收负担的利润分配方案。

1. 针对第一步（国家参与的利润总额分配）的筹划

为减少国家分配部分的所得税，企业只能从降低应纳税所得额方面加以考虑。企业的应纳税所得额等于收入总额减去准予扣除项目金额后的余额，企业降低应纳税所得额的方法主要有以下几种：

（1）费用的充分列支。在收入总额既定的情况下，尽可能增加准予扣除项目金额，必然会使应税收入所得额大大减少，从而减少企业所得税的计税依据。准予扣除项目是指与纳税人取得收入有关的成本、费用、税金和损失。

这里需要注意的是，企业在确定发生的准予扣除项目时，企业在纳税年度内的应计未计扣除项目，主要包括各类应计未计费用、应提未提折旧等，不得在以后年度进行抵扣。由此我们可以得出，在进行税收筹划的过程中，企业本年度应承担的费用，应当尽可能地在本年度进行摊销，尽量避免使可以扣除的费用后移，从而增加当年利润。另外，企业的财务、会计处理与税法规定不一致的，应依照税法规定予以调整，按税法规定计算的允许扣除金额准予扣除。

（2）充分利用税收优惠政策来降低企业所得税负。具体方法如下：

第一，尽量利用税前利润弥补以前年度亏损。《企业所得税法》规定：纳税人发生年度亏损的，可以用下一纳税年度的所得弥补，下一年度的所得不足弥补的，可以逐年延续弥补，但是延续弥补期限最长不得超过5年。这就要求企业在选择资产计价和摊销方法、费用列支范围和列支标准以及其他会计处理方法时，应充分考虑税前利润弥补亏损的政策。尽可能地使企业发生的亏损最大限度地在税前得到弥补，避免用税后利润弥补亏损，从而使企业在一定期间的企业所得税负降低。在这里需要注意的是，税法规定，对纳税人查增的所得额，不得用于弥补以前年度的亏损，因此，企业应当正确地向税务机关申报应纳税所得额。

第二，扩大减免税年度的应纳税所得额。在享受减免税优惠政策的纳税年度里，特别是减免税优惠结束前的纳税年度，企业应在不违反税法和财务会计制度的前提下，选择合理的会计处理方法，使其在减免税年度里列支的成本费用损失降至最低限度，从而减轻企业所得税负。例如，企业在减免税优惠期内领用低值易耗品，可以通过选择五五摊销法，使低值易耗品价值的一部分分摊到正常的纳税年度，与采用一次摊销法相比，可以降低企业正常纳税年度的应纳税所得额。

第三，推迟获得经营收入的年度。我国《企业所得税法实施条例》规定，国家重点扶持的公共基础设施项目，自取得第一笔经营收入所属纳税年度起，第1年至第3年免征企业所得税，第4年至第6年减半征收企业所得税。对符合条件的环境保护、节能节水项目，包括公共污水处理、公共垃圾处理、沼气综合开发利用、节能减排技术改造、海水淡化等，自项目取得第一笔经营收入所属纳税年度起,第1年至第3年免征企业所得税,第4年至第6年减半征收企业所得税。当企业从事这类可享受到定期优惠的项目建设时,应尽量推迟第一笔经营收入取得的时间。

(3)最小化应税收入。税法规定,收入总额是指纳税人的生产经营收入和其他收入,包括来源于中国境内、境外的收入。这里的应税收入最小化,并不是指让企业将实现的收入不入账、偷逃税款,而是充分利用税法规定,使当期收入滞后或应税收入减少。

2.针对第二步(由企业掌握的利润分配)的筹划

企业所获得的利润总额,经过所得税前弥补亏损和缴纳企业所得税后,按规定顺序进行分配。值得一提的是,由企业进行的净利润分配,不管利润分配政策如何,都不会对企业本身的所得税负产生影响,但却影响到企业股东的税收负担,而企业股东的利益则关系到企业的发展前景。因此,企业应对这部分净利润进行合法合理的税收筹划,且税收筹划的关键点在于使股东分回的利润应补缴的税款减少,即最大限度地避免股东分回利润的再纳税。具体方法有以下几种:

(1)保留低税区投资企业的利润不予分配,减轻投资者的税负。我国现行的《企业所得税法》规定,纳税人从其他企业分回的已缴纳所得税的利润,其已缴纳的税额可以在计算本企业所得税时予以调整。具体规定如下:联营企业投资方从联营企业分回的税后利润、股息、红利,如果投资方企业所得税税率低于联营企业,不退还所得税;联营企业的投资方发生亏损,对其从被投资方分回的投资收益(包括股息、红利、联营分利等)允许不再还原为税前利润,而且可以用于弥补亏损,剩余部分再按有关规定补缴企业所得税。按此规定,如果联营企业投资方是盈利企业,而且其所得税税率高于被投资企业,被投资企业应尽可能地不向投资者分配利润或推迟对投资者分配利润,避免或推迟分回的利润补缴所得税。这样,保留低税率地区被投资企业的税后利润不进行分配并转为投资资本,可以达到减轻投资者的税收负担的目的。

(2)通过改变经营方式而避免缴纳企业所得税的筹划。按照税法规定,如果纳税企业、单位改变经营方式,所缴纳的所得税是有差异的。如企业全部或部分被个人、其他企业、单位承包、承租经营的,应按如下方法计算缴纳所得税:凡承租经营后,未改变被租赁企业名称,未变更工商登记,仍以被租赁企业名义对外从事生产经营活动的,不论被承租企业与承租方如何分配经营成果,均以被承租人为纳税义务人;承租经营后,承租方重新办理工商登记,并以承租方名义对外从事生产经营活动的,以重新办理工商登记的企业单位为纳税义务人。根据上述规定,承租方可以通过承租经营方式的选择,以达到减轻税收负担的目的。如果承租方是个人,应当采取上述第二种方式,只就承租经营所得按五级超额累进税率计算缴纳个人所得税,这样就避免了按规定税率缴纳企业所得税,然后再就个人承包承租经营所得计缴个人所得税的双重计征所得税的情况。与此同时,在这种情况下,出租方企业只就取得的租赁收入缴纳有关税费,从而缴纳的所得税也会大大减少。

(3)利用股息所得与资本利得的差异进行税收筹划。股息所得与资本利得之间存在较大的差异,企业在股权转让的过程中,应当尽量不要把股息所得转为资本利得,以减少企业的税收负担。具体方法是,企业应当先行分配利润,然后再进行股权的转让。

【案例8-19】 A公司于2010年2月21日以银行存款900万元投资于B公司,占B公司(非上市公司)股本总额的70%。假设B公司当年获得净利润500万元。A公司为普通企业,企业所得税税率为25％,B公司是一高新技术企业,企业所得税税率为15％。

方案一:2011年3月,董事会决定将税后利润的30％用于分配,A公司分得利润105万元。2011年9月,A公司将其拥有的B公司70％的股权全部转让给C公司,转让价为人民币1 000万元。转让过程中发生的税费0.5万元。

方案二:B公司保留盈余不分配。2011年9月,A公司将其拥有的B公司70％的股权全部转让给C公司,转让价为人民币1 105万元。转让过程中发生的税费0.6万元。

假设A公司2011年度内部生产、经营所得(不含投资收益)为100万元,方案一和方案二下A公司应纳企业所得税是多少?

【筹划思路与方法】

方案一:

生产经营所得应纳税额 = 100 × 25％ = 25(万元)

股息所得应补税额 = 105 ÷ (1 − 15％) × (25％ − 15％) = 12.35(万元)

转让所得应纳税额 = (转让收入 − 计税成本 − 税费) × 税率

= (1 000 − 900 − 0.5) × 25％ = 24.875(万元)

A公司2011年合计应纳所得税额 = 25 + 12.35 + 24.875 = 62.225(万元)

方案二:

生产经营所得应纳税额 = 100 × 25％ = 25(万元)

转让所得应纳税额 = (转让收入 − 计税成本 − 税费) × 税率

= (1 105 − 900 − 0.6) × 25％ = 51.10(万元)

A公司2011年合计应纳所得税额 = 25 + 51.10 = 76.10(万元)

综上所述,方案一比方案二减轻税负13.875万元(76.10 − 62.225)。

如果A、B公司所得税税率相同,均为25％,则方案一分回股息无需补税,2011年应纳所得税额为49.875万元(25 + 24.875);方案二应纳所得税额是76.10万元,方案一比方案二减轻税负26.225万元。

方案一比方案二税负低的原因在于,方案一在股权转让之前进行了股息分配,从而有效地避免了重复征税。

值得一提的是,被投资企业对投资方的分配支付额,如果超过被投资企业的累计未分配利润和累计盈余公积金而低于投资方的投资成本的,视为投资回收,应当冲减投资的成本。超过投资成本的部分,视为投资方企业的股权转让所得,应当并入企业的应纳税所得额中,依法缴纳企业所得税。因此,在进行股权转让之前分配股息时,其分配额应当以不超过可供分配的被投资单位累计未分配利润和盈余公积的部分为限。

(4)股份公司可以采取追加投资而不直接分配股息的办法。股份制企业可以不直接分配股息,而把税后利润的大部分作为公司的追加投资,使公司的资产总额增加,以避免投资者分回的利润补缴所得税,从而达到税收筹划的目的。如果股东是个人投资者,由于没有从股份公司分得股息,不需要缴纳股息部分的个人所得税。如果股东是企业法人,由于没有从股份公司分得股息,不会因为投资方所得税税率高于被投资方的所得税税率而需要补缴企业所得税。对于公司本身而言,既可以增强自身的资产实力,还可以充分享受再投资部分的税收优惠待遇。在利用此方法进行税收筹划的过程中,应当注意只有在投资者资金较充裕的情况下,此避税方法才适用。

二、股利形式的税收筹划

股利是公司将盈余按照股东的持股比例分配给股东的收益。目前我国的股利支付的类型通常有三种:现金股利、股票股利和财产股利。另外,股票回购作为现金股利的替代形式越来越受到重视。而常见的股利分配政策有剩余股利政策、固定股利支付率政策、稳定性股利政策和低正常股利加额外股利政策等。

企业利用股利分配形式进行税收筹划有以下几种方法。

(一)利用股利与资本利得的差异进行税收筹划

国家对股利与资本利得的税收政策差异,是股利分配税收筹划的重要条件。股利与资本利得的税收政策差异主要体现在所得税方面,因此,税收筹划也主要是针对所得税相关规定作出的安排。

1. 利用股利与资本利得在企业所得税政策上的差异进行税收筹划

(1)股利、资本利得在企业所得税政策上的规定。我国企业所得税政策中,对企业股权投资所取得的股利与资本利得,在纳税方面的规定存在显著的差异。

股利是企业通过股权投资从被投资企业所得税后未分配利润和累计盈余公积金中分配取得的股息性质的投资收益。《国家税务总局关于股息投资业务所得税若干问题的通知》(国税发〔2000〕118号)对企业股息性投资收益征税问题作出的规定主要包括以下内容:

第一,对于企业的股息性收益,只要是被投资单位支付的分配额,而且是从税后利润中的分配,均应作为投资方的股息性所得。被投资企业分配给投资企业的全部货币性资产和非货币性资产(除股票以外)(包括被投资企业为投资方企业支付的与本身经营无关的任何费用)应当全部视为被投资企业对投资方企业的分配支付额。其中,非货币性资产,在所得税的处理上应当视为以公允价值销售有关非货币性资产和分配两项经济业务,并按照规定计算财产转让所得或损失。

第二,凡投资方适用的所得税税率高于被投资方适用的所得税税率,除国家税收法规规定的定期减税、免税优惠以外,其取得的投资所得应按规定还原为税前收益后,并入投资企业的应纳税所得额,依法补缴企业所得税。

第三,不论企业财务会计中对投资采取何种方法核算,被投资企业财务会计上实际作出利润分配处理时,投资方企业应当确认投资所得的实现。

第四,投资企业从被投资方企业分配取得的股票,按照股票票面价值确定投资所得。

资本利得是企业收回、转让或者清算处置股权投资所获得的收入,减去股权投资成本和可以扣除的费用的余额,是企业股权转让的所得或损失。

按照《企业所得税法》的规定,这部分资本利得应当全额计入企业应纳税所得额,缴纳企业所得税。被投资企业对投资方的分配支付额,如果超过被投资企业的累计未分配利润和累计盈余公积金而低于投资方的投资成本的,应当视为收回投资成本。超过投资成本的部分应当视为投资方企业的股权转让所得,并入企业应纳税所得额缴纳企业所得税。被投资企业发生的经营亏损,由被投资企业按照规定结转弥补,投资方企业不得调整降低其投资成本,也不得确认投资损失。企业因收回、转让或者是清算处置股权投资而发生的股权投资损失,可以在税前扣除,但每一个纳税年度扣除的股权投资损失,不得超过当年实现的股权收益和投资转让所得,超过部分可无限期向以后纳税年度结转扣除。

(2) 利用股利与资本利得的税收政策差异进行税收筹划。根据上述政策规定的不同,投资者可以充分利用股利与资本利得的差异进行税收筹划。具体方法是:如果被投资企业是投资公司的全资子公司,而且投资企业适用普通税率,而被投资企业适用优惠税率,应计量降低被投资企业利润分配的比例,或推迟利润分配的时间。这样可以减少补缴税款的数额或推迟补缴税款的时间。

但是,如果投资企业将所持有的被投资企业的全部或部分股权对外转让,可能会造成股息所得转化为股权转让所得,从而使得本企业应当享受的免税或部分纳税的股息所得,转化为股权转让所得,全额并入企业的应纳税所得额,缴纳企业所得税。为避免这种情况的发生,当投资企业准备转让股权时,应在转让之前将未分配利润进行分配。通过这样的筹划,一方面,对被投资方来说,相当于从国家取得了一笔无息贷款,企业可以充分利用这部分资金,从而获得资金的时间价值。另一方面,对投资方来说,不但可以有效地避免股息所得转化为资本利得,出现被重复征税的问题,还可以达到不补缴税款或者递延纳税的问题。

2. 利用股利与资本利得在个人所得税政策上的差异进行税收筹划

(1) 股利、资本利得个人所得税政策规定。《个人所得税法》及其实施条例中规定,个人取得的利息、股息、红利所得,按照20%的税率计算缴纳个人所得税,并由支付所得的单位代扣代缴。另根据《财政部、国家税务总局关于股息红利个人所得税有关政策的通知》(财税〔2005〕102 号)及《财政部、国家税务总局关于股息红利有关个人所得税政策的通知》(财税〔2005〕107 号),上市公司自 2005 年 6 月 13 日起,对个人投资者从上市公司取得的股息红利所得,暂减按 50%计入个人应纳税所得额,依照现行税法规定计征个人所得税。

具体内容包括:

第一,投资者个人从上市公司利润分配中获得的现金股利按 10%的税率计缴个人所得税。

第二,投资者个人从上市公司获得的股票(或称红股)股利按票面额 10%的税率计缴个人所得税。

第三,以资本公积金转增股本发放的股票股利免征个人所得税。

第四,投资者个人在证券市场上低价买进高价卖出获得的股票投资资本利得暂不征收个人所得税。

(2) 利用股利与资本利得的税收政策差异进行税收筹划。根据上述政策规定的不同,上市公司为帮助个人投资者减轻税负,可以运作的筹划思路有:

使公司业绩有较为稳定、持续的增长,这样可以使本公司股票市场价格不断提高,对于本公司的长期个人投资者是最为有利的。因为,投资者获得股票增值的价差收益(属于资本利得)是完全免税的。

选择以资本公积金还是当期盈利或盈余公积金转增股本时,应首选以资本公积金转增股本,因为这种方式是免税的。但是,资本公积金数额本身有一定限度,以此对投资人转增股本的数额必然受到限制。

选择以现金股利还是股票股利进行分配时,应首选股票股利形式。因为两者适用的税率都是10%,但现金股利以投资人获得现金为计税依据,而股票股利则仅以票面价格为计税依据。也就是说,投资者获得同样价值的投资回报时,以股票股利形式获得收入所需缴纳的个人所得税远远低于以现金股利形式获得收入的税负。

(二)利用股利的处理方式进行税收筹划

按照税法的规定,企业的利润总额在缴纳企业所得税后,对在企业与股东之间进行分配还是税后留利进行一定的选择。此时,对企业股东所得分配的股利,股东为企业的,还要合并计入企业利润总额征收企业所得税;股东为个人的,还要征收个人所得税。在这种情况下,被投资企业如何使企业或个人股东尽量减少税收负担呢? 其可行的方式如下。

1. 延期分配股利,以使投资者获得延迟纳税的好处

在国内,这种做法适用于投资方企业使用一般税率,而被投资方企业使用优惠税率的投资项目。因为,只有被投资方企业在财务会计上作利润分配处理时,投资企业才需补缴税款(被投资企业属于享受所得税定期减免税待遇的除外)。

这种做法在企业跨国投资时须关注。因为各国企业所得税税率差异很大,当高税国企业向低税国家或地区投资时,通常需考虑补税时间问题。国际上不少国家对此都有延期付税的规定。所谓延期付税,是指实行居民管辖权的国家对外国子公司取得的利润收入,在没有以股息等形式汇给母公司以前,对母公司不就国外子公司应当分配的股息征税。征税行为可以推迟到母公司取得股息之时。跨国公司还可以设法使国外子公司将其税后利润长期积累,在公司内部不予分配,或者有意识地降低应当分配的股息的比例,从而可以相应地推迟或是减少股东向母国缴纳的税收,从而达到税收筹划的目的。延期纳税使纳税人获得了一笔长期的无息贷款,同时也降低了实际缴纳的所得税。

2. 将盈余转为投资

将股东应当分得的股利(盈余)转作投资,具体做法是将未分配的利润折算为一定价值追加到原股本中,使股票增值来实现增加股东利益的目的。例如,北京仪达股份公司是一家高新技术企业,享受15%的企业所得税优惠税率,而其相当一部分股权投资者是普通企业,需要按照25%的税率计算缴纳企业所得税。2010年,北京仪达股份公司营业状况良好,获得较多利润。如果仪达公司将大部分利润以现金股利或其他方式分配给各股东,则股东企业获得分配的利润后需补缴10%的企业所得税。为避免这种情况的发生,经董事会研究决定,把利润中的大部分作为仪达公司的追加投资。这样,仪达公司的资产总额增加了,但并没有增加新的股票,从而使公司原有的股票升值,既规避了原股东补缴的税款,又使股东的利益得以增加。

(三)利用财产股利与现金股利的差异进行税收筹划

直接以财产形式发放股利,与出售财产后发放现金股利相比,当投资企业与被投资企业的税率差异较大时,财产股利可以利用转让定价转移一定的利润,从而达到较好的节税效果。

【案例8-20】 乙公司是甲公司的全资子公司,正准备派发股利,有两种可供选择的方案:

方案一:直接派发现金股利1 000万元。

方案二:将乙公司的 A 产品 100 万件作为股利派发给甲公司。假定 A 产品的市价在 8 元到 12 元之间,平均价为 10 元,假定其单位成本为 6 元。乙公司按照每件产品 8 元销售给甲公司,甲公司再按照市价 10 元对外销售。另外,甲公司的所得税税率为 15%,乙公司的所得税税率为 25%。请选择合理的分配方案。

【筹划思路与方法】

选择方案一:为了与方案二对比,派发现金股利 1 000 万元,其价值相当于按照市场均价 10 元出售 100 万件 A 产品。

$$乙公司实现利润 = (10 - 6) \times 100 = 400(万元)$$
$$应纳所得税额 = 400 \times 25\% = 100(万元)$$

甲公司分回利润不需补税,双方共缴纳企业所得税 100 万元。

选择方案二:

$$乙公司实现利润 = (8 - 6) \times 100 = 200(万元)$$
$$乙公司应纳所得税额 = 200 \times 25\% = 50(万元)$$

甲公司分回利润不需补税,而销售 A 产品获利应纳税。

$$甲公司应纳所得税额 = (10 - 8) \times 100 \times 15\% = 30(万元)$$
$$双方共纳税 = 50 + 30 = 80(万元)$$

方案二比方案一少缴纳企业所得税 20 万元(100 - 80)。

从本案例中可以看出,财产股利可以在一定程度上利用转移定价实现利润的转移,从而减轻税负。

(四)利用股票股利和现金股利的差异进行税收筹划

当企业用相同金额的盈余或累计留存收益发放现金股利,现金股利和股票股利存在着一定的差别,现金股利按照发放的全额计税,而股票股利按照面值而非市值全额计税。需要注意的是,只有当股利需要纳税情况下,才存在现金股利和股票股利的差异。

【案例 8-21】 某公司目前发行在外的普通股为 5 000 万股,每股市价为 20 元。假定现在有 9 000 万元的留存收益可供分配,为了方便比较,假定用金额相等的留存收益发放现金股利与股票股利,并假定股东均为个人。有以下两种方案可供选择:

方案一:发放现金股利 9 000 万元,每股股利 1.8 元(9 000÷5 000)。

方案二:发放股票股利,每 10 股发放 1 股,共 500 万股,除权价约等于每股 18.18 元 [20÷(1+0.1)]。

【筹划思路与方法】

方案一:全体股东合计应纳个人所得税 = 9 000 × 20% × 50% = 900(万元)。

方案二:全体股东合计应纳个人所得税 = 500 × 20% × 50% = 50(万元)。

通过以上对比,可以看出,发放股票股利的税负比发放现金股利的税负要轻。

此外,股票股利除了能够节税以外,对于派发股利的企业而言,还能够起到保留现金、增加投资机会的作用;对于股东而言,股价在除权时可能成倍下降,但一个成长性较好的公司,随后的股价可能上升,会出现较好的填权行情,股票股利它通常表现为公司成长的信号。

三、亏损弥补的税收筹划

(一)一般情况下亏损弥补的税收筹划

根据《企业所得税法》的规定,纳税人发生年度亏损的,可以用下一个纳税年度的所得进行弥补,下一个纳税年度的所得不足以弥补的,可以逐年继续弥补,但是延续弥补期限最多不得超过5年。5年内不论是盈利还是亏损,都作为实际弥补期限计算。由此可见,税法允许企业用下一个纳税年度的所得弥补本年度的亏损,充分考虑了有暂时困难的企业的利益,在一定程度上给予了税收帮助。与此同时,这一税法规定也为纳税人提供了可以利用的税收筹划空间,即纳税人可以通过对本企业投资和收益的控制充分利用亏损弥补的规定,尽可能地将能够弥补的亏损弥补。

这里值得注意的是,我们要准确把握亏损弥补的含义:一是税法所允许弥补的亏损是指按照税法对企业会计利润进行调整后的数据,而不是企业会计报表所表示的会计亏损。或者说,企业的年度亏损额,是在会计核算的基础上按照税法规定的税率计算出来的,而不是利用推算成本和多列支费用而虚报出来的,否则企业不但要补缴企业所得税,而且还要享用缴纳税收滞纳金并接受相应的处罚。因此,企业必须正确地向税务机关申报亏损,这样才能合法而充分地利用现行税法维护企业的正当权益。二是亏损弥补的时限是自亏损年度的下一个年度起,连续5年不间断地计算。三是对于连续几年发生亏损的,以后年度获得的利润,要遵循先亏先补的原则,从第一个亏损年度起,按顺序连续计算亏损弥补期,不可以将每个亏损年度的连续弥补期相加,更不能间断计算。

从方法上讲,有两种税收筹划原则可以考虑:第一,如果某年度发生了亏损,企业应当尽可能使相邻的纳税年度获得较多的利润,即尽可能早地将亏损予以弥补。第二,如果企业已经没有需要弥补的亏损或者企业在组建的初期,预计未来几年可能发生亏损的,从税收筹划的角度讲,应当尽可能地先安排企业的亏损,再安排企业的盈利。

(1)本年度收益额大于前5年累计亏损额时,应就其差额缴纳企业所得税。

【案例8-22】 某公司连续5年的年度应纳税所得额如表8-5所示。

表8-5 某公司连续5年的年度应纳税所得额　　　　单位:万元

年 度	本年度应纳税所得额	年 度	本年度应纳税所得额
2006	0	2009	−5
2007	0	2010	−9
2008	−13		

【筹划思路与方法】

假设该企业2011年度的应纳税所得额为32万元,减去前5年累计亏损额27万元,抵扣后的收益额为:32−13−5−9=5(万元),假如该企业符合《企业所得税法》规定的小型微利企业的条件,其适用税率为20%,则应纳企业所得税额为:5×20%=1(万元)。

(2)本年度收益额小于前5年累计亏损额时,抵扣后亏损余额留待以后年度抵扣,按法律规定先亏先补。

【案例8-23】 某公司连续5年的年度应纳税所得额如表8-6所示。

表8-6 某公司连续5年的年度应纳税所得额 单位:万元

年　度	本年度应纳税所得额	年　度	本年度应纳税所得额
2006	0	2009	−6
2007	0	2010	−20
2008	−15		

假设该公司2011年度全年的应纳税所得额为18万元,前5年累计亏损额为41万元,不能全额抵扣,只能够先弥补先亏损年份所亏。2008年的亏损在本年可以得到全额弥补,2009年的亏损在本年度只能够弥补3万元,剩下的3万元以及2010年的亏损20万元只能留待以后有收益的年份进行弥补。未弥补的亏损额为:3+20=23(万元)。因为该公司2011年的所得额未能全部弥补累计亏损,当年不需缴纳企业所得税。

(3)如果本年度结算发生亏损,则当年无需缴纳企业所得税,和前4年账面未弥补完的亏损额一起留待下年度抵减。在实际生产经营中,有些时候,企业相邻年度的盈利与亏损是可以进行调整的,从税收筹划的角度看,这种调整就可以帮助企业对前期亏损实现充分弥补。

【案例8-24】 某公司连续5年的年度应纳税所得额如表8-7所示。

表8-7 某公司连续5年的年度应纳税所得额 单位:万元

年　度	本年度应纳税所得额	年　度	本年度应纳税所得额
2005	30	2008	15
2006	−50	2009	12
2007	−9	2010	5

假设到2011年下半年,该公司预计当年盈利按税法规定计算的应纳税所得额只有10万元,就可以看出,2006年出现的亏损用2008年、2009年、2010年以及2011年可能出现的盈利弥补,只弥补了42万元(15+12+5+10),尚有8万元未弥补。但如果2011年不足弥补,待到2012年已经超出5年弥补期限,则不能得到弥补。为此,该企业应在2011年下半年作出适当安排,可采用的办法是:第一,尽量加大2011年度的收入,例如预计有些可能在2012年才实现的销售项目,可以通过与客户协商,将其提前到2011年,这样实际上将2012年的部分收入提前到2011年实现,增加了2011年的收入,增加了2011年的利润或应纳税所得额。第二,将一部分可以在2011年支付,也可以在2012年支付的成本、费用推迟到2012年支付,并在2012年入账。这样也同样会增加2011年的利润或应纳税所得额。如果采用这两种办法将2011年的应纳税所得额提高到18万元,则可将2006年的亏损全部弥补。

(二)特殊情况下亏损弥补的税收筹划

1. 联营企业分回利润弥补亏损的税收筹划

国税发〔1997〕22号文件规定:如果投资方企业发生亏损,其从被投资企业分回的利润可先弥补亏损,弥补亏损后仍有余额的,再按照规定补缴企业所得税。为了简化计算,对于投资企业发生的亏损,从被投资方分回的投资收益,包括股息、红利等,允许不再还原为税前利润,而直接用于弥补亏损,剩余部分再按照规定计算补税。如果企业既有按照规定需要补税的投资收益,也会有不需要补税的投资收益,可先用需要补税的投资收益直接弥补亏损,弥补后还有亏损的,再用不需要补税的投资收益弥补亏损,弥补亏损后仍有盈余的,不需要再补缴企业所得税。

按照上述规定,企业可以先用需要补税的投资收益弥补亏损,而需要补税的投资收益在取得时通常都适用较低的税率。企业从联营的被投资企业分回的税后利润,如果投资方企业所得税税率高于联营企业的,投资方企业分回税后利润应当按照规定补缴企业所得税。如果投资方企业所得税税率低于被投资企业的,不退还企业所得税。具体的计算公式为:

$$应当补缴的企业所得税税额 = [投资方分回利润额 \div (1 - 被投资企业税率)] \\ \times (投资方税率 - 被投资方税率)$$

从公式中可以看出,投资方与被投资方的税率差异越大,计算补缴的企业所得税税款就越多;反之,税率差异越小,计算补缴的企业所得税税款就越少。当企业投资于两个以上的企业,且两个以上的被投资企业均对投资企业分配利润时,此时,投资方企业存在还未弥补的税前亏损,若被投资方适用的所得税税率不同,投资方企业可以选择对自己有利的方式计算补缴企业所得税。也就是说,先用适用低税率的被投资企业分回利润弥补亏损,再用适用高税率的被投资企业分回的利润弥补亏损,然后计算应当补缴的税款。通过这种筹划方法,在弥补亏损后应当计算补缴税款的所得额不变的情况下,可以将低税率补税基数转移给高税率补税基数,从而达到减轻企业税负的目的。

【案例 8-25】 甲企业为普通的有限责任公司,向乙、丙两个企业进行股权投资。乙企业是国家相关部门认定的高新技术企业,企业所得税税率为 15%;丙企业设立于民族自治区内的企业,经当地政府批准,适用 20% 的企业所得税税率。甲企业适用的企业所得税税率为 25%。2010 年,甲企业发生如下经济业务:

(1) 自营利润为 -35 万元,经税务机关认定的应纳税所得额为 -30 万元。

(2) 2010 年 2 月份,乙企业因上年度盈利,董事会决定对甲企业分配利润 51 万元,甲企业于当月以银行存款收讫。

(3) 2010 年 3 月份,从丙企业分回利润 64 万元。

【筹划思路与方法】

2010 年,甲企业自营业务发生亏损,同时从股权投资企业分回了利润,这里就涉及用利润弥补亏损的问题。因为甲企业有来自不同地区、不同企业,适用不同所得税税率的利润,采用不同方式弥补,会导致不同的结果。

方案一:先用乙企业分回利润弥补亏损,然后再计算应当补缴的税款:

(1) 弥补亏损 = 51 - 30 = 21(万元)。

(2)

$$乙企业分回利润应当补缴的税额 = [21 \div (1 - 15\%)] \times (25\% - 15\%) = 2.47(万元)$$
$$丙企业分回利润应当补缴的税额 = [64 \div (1 - 20\%)] \times (25\% - 20\%) = 2(万元)$$

(3) 甲企业合计应当补缴的税额 = 2.47 + 4 = 6.47(万元)。

方案二:先用丙企业分回利润弥补亏损,然后再计算应当补缴的税款:

(1) 弥补亏损＝64－30＝34(万元)。

(2)

$$丙企业分回利润应当补缴的税额＝[34÷(1－20\%)]×(25\%－20\%)＝2.125(万元)$$
$$乙企业分回利润应当补缴的税额＝[51÷(1－15\%)]×(25\%－15\%)＝6(万元)$$

(3) 甲企业合计应当补缴的税额＝2.125＋6＝8.125(万元)。

通过上述比较,方案一比方案二降低税负1.655万元(8.125－6.47)。

2. 企业兼并重组中亏损弥补的税收筹划

税法对企业兼并重组中的亏损弥补问题也做了特殊的规定,即被兼并企业尚未弥补的亏损,应当区别不同的情况进行处理。盈利企业兼并亏损企业,因为弥补亏损可使其应纳税所得额减少,这为税收筹划提供了可以利用的空间。具体来讲,企业在兼并重组中,涉及亏损弥补的筹划包括两个方面:一个是产权交易中的支付方式;另一个是重组后集团的税收负担及债务负担的大小。

 习 题

1. 不同的融资方式在进行税收筹划时有什么不同?

2. 简述投资行为的类型及其内容。

3. 什么是企业合并与企业分立?根据企业的存续情况,如何分别对其进行分类?

4. 简述企业在亏损弥补中的税收筹划方法。

5. A企业准备执行一项扩展计划,执行这一计划要购置新的机器设备,需花费6 000万元。A企业与投资银行进行了系统的分析和研究,最终投资银行为本次筹资提出了四个可供选择的方案(A企业的公司所得税率为40%):

方案一:增发普通股股票6 000万股,每股1元。

方案二:增发普通股股票3 000万股,每股1元;发行债券3 000万元,债券票面年利率为6%。

方案三:增发普通股股票2 000万股,每股1元;发行债券4 000万元,债券票面年利率为7%。

方案四:增发普通股股票1 500万股,每股1元;发行债券4 500万元,债券票面年利率为9%。

A公司应作何选择?请简要阐述理由。

第九章 国际税收筹划

国际税收筹划是指纳税人利用有关国家和地区之间税法的不一致,通过人和资金、财产的国际流动,减少甚至免除其纳税义务的行为。随着全球经济一体化进程的推进,跨国公司的纳税活动将呈现出更为复杂的特点。由于各国税收管辖权的差异,税收制度及税收负担的差别,以及大量国际税收协定及避税地的存在,跨国公司可以通过合理安排全球经营活动来减轻其税收负担。跨国公司要减轻或消除自己的纳税义务,需要在纳税人和征税对象两方面下工夫:一是避免居民税收管辖权的约束,避免成为一国的纳税人,这可以通过人的流动达到目的;二是避免地域税收管辖权的约束,使自己的所得或财产避免成为一国的征收对象,这可以通过物的转移来达到目的。人的因素和物的因素在自身运动和结合运动过程中产生了一系列跨国公司的税收筹划方法,如套用税收协定、利用避税地、合理安排转让定价等。这些筹划方法实际上是规避纳税义务、适用低税率和充分利用税收优惠政策等基本策略应用的特殊形式。

第一节 国际税收筹划概述

在经济全球化的时代背景下,税收筹划已经超出了一个国家或地区的范围,跨国纳税人的出现和存在拓展了税收筹划的领域。在跨国经营中企业虽然面临国际双重征税的风险,但同样也具有了在更广阔的空间内、利用更为多样的方法进行税收筹划的可能性。

一、国际税收筹划的特征

国际税收筹划具有国内税收筹划的所有特征:非违法性、反避税性、低风险高效益性、筹划性,但同国内税收筹划相比,国际税收筹划又有自己的显著特征。首先,国际税收筹划的主体一般是实力雄厚的跨国公司,其业务遍及世界多个国家和地区,而国内税收筹划主体则可以是任何法人和个人。其次,国际税收筹划的依据是多个国家的税收法律制度,而国内税收筹划则依据本国的税收法律制度,因此,国际税收筹划必须关注不同国家税制结构的差别和税负的轻重。最后,国际税收筹划的后果一方面减轻了本身的税收负担,另一方面在不同的国家之间,它可能减少一个国家的税收收入而增加另一个国家的税收收入;而国内税收筹划则只是减轻本国的税收收入,因此,国际税收筹划形成了世界范围内的财富再分配。

二、国际税收筹划产生的原因

国家间税收差别的存在,意味着人、收入来源或资金的流动会影响纳税义务和实际税负。跨国纳税人不止在一个国家纳税,不止受一个国家的税收管辖权管辖,各国税收制度的差异性,给国际税收筹划提供了客观条件。

1. 各国税收管辖权的不统一

税收管辖权是指国家在税收领域中的主权,是一国政府行使主权征税所拥有的管理权力。国际上确立税收管辖权的原则有地域管辖权、居民管辖权、地域管辖权和居民管辖权相结合。各国居民身份和收入来源地确定标准不一致,这为跨国公司提供了一个避免成为某一国居民或避免收入来源于某国的机会,跨国公司可以借此条件减少或不承担纳税义务。例如,有的国家只采用地域管辖权,只就来源于本国境内的所得征税,如巴拿马和我国的香港特别行政区。而大多数国家一般是同时行使两种税收管辖权,比如,在我国,根据新企业所得税法的有关规定,依法在中国境内成立,或者依照外国(地区)法律但实际管理机构在中国境内的居民企业,应就其来源于中国境内、境外的所得缴纳企业所得税;而非居民企业,只就其所设机构、场所取得的来源于中国境内的所得,以及发生在中国境外但与其所设机构、场所有实际联系的所得,缴纳企业所得税。此外,即使行使同样的管辖权,各国管辖权的内容也会有所不同。例如,居民管辖权的行使,判断是否成为一国税收居民的标准包括注册地标准、机构所在地标准和管理控制中心所在地标准。跨国纳税人可以利用这些判断标准之间的差异进行税收筹划。

2. 各国税收负担的差异

由于所得税、财产税等直接税的税收负担一般不易转嫁,其课税对象的所有人发生国际双重征税的情况较多,因此,跨国公司税收筹划主要发生在直接税方面,即所得税、财产税和资本税是跨国公司税收筹划的着力点。国家之间的税收制度或多或少地存在税收负担上的差别,这为跨国公司税收筹划提供了可能性。各国税制和税收负担的差异性表现在:

(1)课税的程度和方式不同。对于所得和财产及财产转移,有的国家征税,有的国家不征税。有些国家虽然对所得和财产及财产转移征税,但课税范围和缴纳方式也不一致。

(2)税率的差别。各国税率高低不一,有的采取比例税率,有的采取累进税率,对于跨国公司而言,这种差别就是税收筹划的一个基本条件。通过人和资金及所得的适当流动,避开高税负国家,获取税负差异的收益。

(3)税基的差别。所得税的税基是应纳税所得额,公司所得税的应纳税所得额是指公司在一个纳税年度内的收入总额减去国家规定准予扣除项目金额后的余额。各国成本费用扣除的标准不一样,对于一些特定的成本费用,有的国家规定可以在所得税前扣除,而有的国家不允许在所得税前扣除,这就引起各国税基范围的差别。

(4)税收优惠不一致。一般而言,发展中国家经济发展迫切需要大量投资,这些国家便大力吸引投资,同时这些国家采用大量对外资的税收优惠措施;而发达国家更倾向于鼓励国内的资本向外流动,可能会规定对外投资减免税的措施。从国内税收优惠的范围看,一般来说,发达国家税收优惠的重点放在高新技术的开发、能源的节约、环境的保护上;发展中国家一般不如发达国家那么集中,税收鼓励的范围相对广泛得多,为了引进外资和先进技术、增加出口,经常对某一地区或某些行业给予普遍优惠。不同的国家,税收优惠的方法也有差异,发达国家较多采取与投入相关的间接性鼓励办法,如加速折旧、投资抵免、再投资免税等;而发展中国家经常采用一般性的减税期或免税期的政策。各种税收优惠使得实际税率大大低于名义税率,这为跨国公司的税收筹划提供了许多机会。

3. 免除国际重复征税方法的不同

从跨国公司的角度来看,如果对一笔所得双重征税,其税收负担将不堪忍受,这也将严重损伤跨国公司生产经营的积极性。导致重复征税的根本原因是各国税收管辖权的重叠行使。国家双重征税既违反了税收公平负担原则,又不利于经济效益的提高。所以,减少、避免或消除国际双重征税是各国政府和从事国际经济活动的人们的共同要求,也是国际税收领域中所要解决的一个主要问题。各国从合理调整税收负担、充分运用国际资金流向方向考虑,都采取了免除国际双重征税的措施。有的国家采取免税法,有的国家采用抵免法;有的国家采用分国抵免限额,有的国家采用综合抵免限额;一些国家允许税收饶让,而另一些国家则不允许。同时,要解决国际重复征税问题,必然会涉及国家之间的税收主权与税制的协调,这是任何一个企业或个人都无法做到的,必须通过各国税法和国际税收协定与合作来实现。这些方法的存在给跨国纳税人带来减轻税负的机会。

4. 各国税收征收管理的差异

各国法制化程度不一样,税收征收管理的手段和方法不一样,会造成税收征收管理制度方面的差异。一般而言,发达国家的市场经济比较成熟,政府税收征管能力较强,征管漏洞少;而许多发展中国家正处于市场经济发展的初期,税收征管能力较弱,漏洞也比较多。甚至有的国家虽然在税法中规定有较重的纳税义务,但由于征管工作不力,工作中漏洞百出,使本国法规如一纸空文。这样,不仅合法的税收筹划,连非法的偷税、逃税也层出不穷,从而造成税负的名高实低。对跨国税收筹划来说,各国征收管理水平上的差异是十分重要的,其中比较明显的例子就是,各国在执行税收协议中的情报交换条款时,各有关税务当局管理水平存在较大差别。如果某一缔约国的税收管理水平不佳,就会导致该条款大打折扣,从而为国际税收筹划提供了客观条件。

除了税收本身的因素刺激了跨国公司税收筹划以外,还有一些非税因素也能刺激跨国公司税收筹划的产生,而经济全球化的发展又为跨国公司的税收筹划提供了全新的外部环境。这些新的税收筹划环境有:贸易自由化和金融市场自由化,为跨国公司及资金的流动提供了更大的可能,这是跨国公司税收筹划的基本条件;交易手段的简便易行和交易地点的难以辨认,使国际避税地更有可能成为避税者的天堂;现代化的交通运输和遍布全球的通信网络,大大加强了跨国公司的活动能力,给跨国公司税收筹划提供了更方便的手段和更安全隐蔽的环境。

三、国际税收筹划的复杂性

正如国内税收筹划所表现出来的合法性、策划性以及综合效益最大化的特征一样,跨国公司在进行税收筹划时也应遵循一定的原则,以保证其国际税收筹划计划的可行。结合跨国公司经营活动的特点,这些原则具体表现为:

（1）合法性原则。跨国公司税收筹划活动要以各国税法和国际税收协定为依据，不能触犯有关国家的税法和国际税收协定。

（2）策划性原则。跨国公司税收筹划要作出细致的安排，并适时地进行检查和调整，以免与有关国家变更后的税法和国际税收协定相抵触或不符合经济原则。

（3）经济性原则。经济性原则要求跨国公司税收筹划活动既能够减轻总体税收负担，又不因取得税收利益而影响其全球经营战略的实施，牺牲其整体利益。

然而，尽管这些原则看起来与国内税收筹划极其相近，但在跨国经营的背景下，具体实施起来要复杂得多。跨国公司下属公司所在各国的税收环境各异，每个公司内部涉税的各生产经营环节、各公司之间的税负、各税种的税基均有不同程度的关联。跨国公司一方面税负的减少可能带来另一方面税负的增加，近期税负的减少可能使远期税负增加，整体税负的下降可能导致其他方面的负面影响。因此，跨国公司的税收筹划必须综合考虑各下属公司、各生产经营环节、各个时期的涉税事项，并结合企业的发展目标、经营方向、社会形象等方面，进行全方位、多层次的整体运筹和安排，才能筹划出能增加跨国公司整体和长远利益的纳税方案。

此外，跨国公司国际税收筹划对税收筹划人员提出了相当高的专业要求：其一，要深入了解各个国家的税法及国情，并能充分预计其税法变动趋势；其二，要熟悉各国的财务会计制度及其与税法的关系；其三，要掌握各公司之间的税务联系及各税基间的相互关系。另外，随着跨国公司数量和规模的扩大，国际税收环境日趋复杂，各国税法日益呈现复杂性和频变性，单靠跨国公司自己进行税收筹划已显得力不从心，并且税收筹划成本也十分高昂。事实上，跨国公司可将税收筹划工作委托给各国从事税务代理、咨询及筹划业务的专业人员和专业机构去做，这样既可以降低税收筹划成本，也可以获得更好的税收筹划方案。

第二节　国际双重征税及其规避

国际税收筹划活动具备涉外因素，并与两个或两个国家的税收管辖权产生联系。由于世界各国行使不同的税收管辖权，居民管辖权和地域管辖权的行使会造成管辖权的重叠，从而产生国际双重征税。国际双重征税是当今国际税收领域最普遍、最突出的问题之一，也是跨国公司在世界性经营管理中不可避免的税收问题。因此，在介绍跨国公司的税收筹划方法之前，我们首先了解国际双重征税的含义、产生及其规避。

一、国际双重征税的定义和分类

国际双重征税（international double taxation）一般是指两个或多个国家在相同时期对同一纳税人的相同所得征收类似的税收而表现出来的国家之间的税收分配关系。国际双重征税按照其性质不同可分为法律性双重征税和经济性双重征税，两者的区别主要在于纳税人是否具有一致性。

法律性双重征税是指两个或两个以上拥有税收管辖权的征税主体对同一纳税人的同一课税对象同时行使征税权，其实质是两个或两个以上的国家就各自的税收管辖权，在税收分配关系上的矛盾。这种重复征税显然超出一国范围限制而进入了国际范围。

而当两个或两个以上拥有税收管辖权的征税主体对不同纳税人的同一或不同课税对象同时行使征税权，这是产生重复征税即是经济性双重征税。经济性双重征税是由于经济制度造成对同一税源的重复征税。例如，甲国母公司在乙国设有子公司，每年甲国母公司都有从设在乙国的子公司处取得的股息收入，这部分股息收入是乙国子公司就其利润向乙国政府缴纳公司所得税后的利润中的一部分。由于甲、乙两国没有签订税收协定，依据甲国税法的规定，甲国母公司获得的这笔股息收入也要向甲国政府纳税。这样，甲、乙两国政府对不同的纳税人（母公司和子公司）的同一税源（子公司的利润和股息）都进行了征税，这就是国际经济性双重征税。

二、国际双重征税产生的原因

国际双重征税产生的最根本原因是不同国家的税收制度有差异，其主要表现形式是不同国家的税收管辖权有所重叠。任何一个国家都有权选择自己的税收管辖权，要么按照属地主义原则行使地域税收管辖权，要么按照属人主义原则行使居民管辖权，要么兼而行使两种税收管辖权，这样，必然会产生税收管辖权的重叠现象。请看以下几种情形：

（1）A、B两国都只行使地域税收管辖权，都放弃居民管辖权。这种情形下，一般不会导致国际双重征税，因为一项收入只有一个来源国，来源国征了税，则另一国就不再征税。但这也只是一般情况，在某些条件下，也会导致双重征税，这主要是由各国对收入来源地的确认标准不同而造成的。例如，在跨国集团内部，通常会发生A国的公司委派其雇员去B国工作，报酬由A国支付。A国可能会认为该项报酬的支付者在本国，从而要对其从源课税。这样就产生了国际双重征税。

（2）A、B两国都只行使居民管辖权，都放弃地域管辖权。这种情形下，一般不会导致国际双重征税，因为各个国家的居民都只就其收入在本国缴纳税收。但也有例外，这个例外主要是由各个国家对于居民身份确认标准的不同而造成的。如果A、B两国由于居民身份确认标准不同，都将某纳税人确认为本国的居民，那么就会产生国际双重征税。

（3）A、B两国各行使一种不相同的税收管辖权。这种情形下，国际双重征税的问题要具体分析。假定A国行使地域税收管辖权，B国行使居民税收管辖权。如果A国的某居民从B国取得一笔所得，这笔收入由于不来源于A国，A国按属地主义原则不对其征税；同时，该居民不属于B国，B国按属人主义原则也不能对其征税。此时，A国居民在B国的收入可以规避两个国家的税收管辖权。但如果B国的某居民从A国获取一笔所得，情况就不一样了。此时，这笔收入由于来源于A国，A国按属地主义原则要对其征税；同时，该居民属于B国，B国按属人主义原则也要对其征税，这时就产生了国际双重征税。

（4）A、B两国都同时行使两种税收管辖权。这种情形下，无论A国居民从B国获取所得还是B国居民从A国获取所得，两个国家不同的税收管辖权都会在同一笔所得上发生重叠，使这些收入都规避不了两个国家的税收管辖权。如果两个国家都行使自己的征税权，势必造成国际双重征税。由于世界上的大多数国家都同时实行地域管辖权和居民管辖权，因此，这两种税收管辖权的交叉重叠最为普遍。

以上情况我们可以总结出导致国际双重征税的三种原因：地域管辖权和地域管辖权的

重叠;居民管辖权和居民管辖权的重叠;地域管辖权和居民管辖权的重叠。

三、国际双重征税的规避

作为一个跨国纳税人,不仅面对着居住地所在国,而且面对着收入来源地所在国的复杂税制。各国税收法规越复杂,税收负担差别越明显,可筹划的余地也就越大。跨国纳税人针对国际双重征税进行税收筹划的总原则是:若某国行使居民管辖权,则尽量回避成为该国居民;若某国行使地域管辖权,则尽量回避从该国取得收入。例如,山本先生是日本居民,打算在避税港某国设立一家 X 公司,并拥有该公司 40% 的股权,另外 60% 的股权由李先生、琼斯女士和田中先生各拥有 20%。李先生、琼斯女士为非日本居民,田中先生是日本居民。依据日本税法,设在避税港的公司企业,如 50% 以上的股权由日本居民所拥有,这家公司就视为基地公司,其税后利润即使没有汇回日本,也要申报合并计税。公司采纳会计师的建议,田中先生的 20% 的股权转为其他非日本居民所拥有,从而享受了税收优惠。

在各国税法和国际税收协定中,通常使用以下三种基本方法规避跨国纳税人的国际双重征税:免税法、扣除法和抵免法。由于抵免法同时兼顾了居住国的居民管辖权、非居住国的地域管辖权和纳税人的税收负担三方面的利益关系,所以,抵免法被世界上绝大多数国家所采用,成为使跨国纳税人避免国际双重征税的最普遍方法。此外,当存在对外国投资有税收优惠的情况时,跨国公司税收筹划还要考虑税收饶让条款。

1. 免税法

免税法是指实行居民管辖权的国家,对本国居民来源于国外的所得免税,只对其来源于国内的所得征税。免税法的指导原则是:承认非居住国地域管辖权优先执行的地位,对本国居民来源于国外并已在国外纳税的那部分所得,在一定条件下,放弃行使居民管辖权,以避免国际双重征税。免税法又分为全额免税法和累进免税法两种。

全额免税法是指居住国政府在确定其居民应纳税额时,对来源于国外的所得完全不予考虑,既不征税也不与本国所得税的税率相联系。其计算公式可表示如下:

$$在本国应纳税额 = 国内所得 \times 本国税率$$

累进免税法是指居住国政府在确定其居民应纳税额时,对国外所得虽然给予免税,但在本国居民国内所得适用的累进税率方面要综合考虑。即居住国一方面对居民的境外所得予以免税,另一方面在确定居民纳税人国内来源所得的适用税率时,将其境外所得一并加以考虑,按国内、国外所得总额在税率表中查找对应税率计征税款。其计算公式可表示如下:

$$在本国应纳税额 = 国内外所得总额 \times 本国税率 \times \frac{国内所得}{国内外所得总额}$$

【案例 9-1】 甲跨国公司是 A 国的居民公司,同时在 A、B 两国开展业务,A 国行使居民管辖权,B 国行使地域管辖权。假设甲跨国公司在某年度之内的营业所得总计为 5 万元,其中来自 B 国 1 万元,来自 A 国 4 万元,在 B 国已纳所得税额为 3 000 元。A 国实行超额累进税率,所得在 1 万元以下税率为 20%,所得超过 1 万至 4 万元,税率为 30%,所得超过 4 万元以上,税率为 40%。

在 A、B 两国没有签订国际税收协定的情况下,甲跨国公司在 B 国的所得一方面要向 B 国纳税,另一方面作为其在来自世界范围的全部所得的一部分要向 A 国纳税,即对甲跨国公司在 A、B 两国双重纳税。

甲跨国公司在 A 国应纳税:

$$应纳税 = 1 \times 20\% + (4-1) \times 30\% + (5-4) \times 40\% = 1.5(万元)$$
$$甲跨国公司全球范围内所得总税负 = 1.5 + 0.3 = 1.8(万元)$$

【筹划思路与方法】

在本例中,如果其他条件不变,A 国使用全额累进法来避免对甲跨国公司的国际双重征税。则甲跨国公司在 A 国应纳税:

$$应纳税 = 1 \times 20\% + (4-1) \times 30\% = 1.1(万元)$$
$$甲跨国公司全球范围总税负 = 1.1 + 0.3 = 1.4(万元)$$

另外,如果其他条件不变,A 国使用累进免税法来避免甲跨国公司的国际双重征税。则甲跨国公司在 A 国应纳税:

$$应纳税 = 1.5 \times (4 \div 5) = 1.2(万元)$$
$$甲跨国公司全球范围总税负 = 1.2 + 0.3 = 1.5(万元)$$

由于在执行免税法的过程中,当居住国的税率高于收入来源国时,其实际免除的税额会大于国外已纳税额,从而使居住国少征部分税款,因此,采用此法的国家并不多,即使采用此法,也往往要附加一些限制性条款。目前,实行免税法的有波兰、丹麦(限于股息和常设机构的所得)、法国(限于常设机构的所得)、罗马尼亚、南斯拉夫、澳大利亚(对联邦以外的国家和地区)、巴西、智利、委内瑞拉等国家和地区。

2. 扣除法

扣除法是指实行居民管辖权的国家,对本国居民已经缴纳的外国所得税额,允许其从来自世界范围内的应税总所得中作为费用扣除。扣除法的指导原则是对本国居民有限度地放弃居民管辖权。其计算公式可表示如下:

$$本国应纳税额 = (国内外所得总额 - 国外已纳所得税额) \times 本国税率$$

例如,如果在上例中,其他条件不变,A 国使用扣除法来避免对乙跨国公司的国际双重征税。

$$甲公司全球范围应税所得 = 4 + 1 - 0.3 = 4.7(万元)$$

则甲跨国公司在 A 国应纳税:

$$应纳税 = 1 \times 20\% + (4-1) \times 30\% + (4.7-4) \times 40\% = 1.38(万元)$$
$$甲跨国公司全球范围内所得总税负 = 1.38 + 0.3 = 1.68(万元)$$

由于扣除法对本国居民的国外已纳税额只是给予一部分照顾,并没有真正避免纳税人国际双重纳税的负担,目前采用此法的国家不多。实行扣除法的有秘鲁、挪威、西班牙、葡萄牙、哥伦比亚、肯尼亚、泰国等国家和地区。

3. 抵免法

抵免法是目前国际上普遍采用的避免纳税人国际双重征税负担的方法。抵免法是指实行居民管辖权的国家,对其居民来自世界各国的所得征税时,允许居民把已经缴纳的外国税额从其应向本国缴纳的税额中扣除。抵免法的指导原则是兼顾收入来源国、居住国、纳税人三方利益的同时,对本国居民有限度地放弃居民管辖权。其计算公式可表示如下:

$$在本国应纳税额 = 国内外所得总额 × 本国税率 - 国外已纳所得税额$$

理论上,抵免法可以分为全额抵免和普通抵免两大类。全额抵免是指对纳税人在国外实际缴纳的税款,不加任何限制条件地全部从本国应纳税额中扣除。普通抵免又称限额抵免,即居住国对可以从本国税款中扣除的外国税款规定了限额,以外国所得额乘以本国税率计算出的税额为限。这一限额称为抵免限额,为外国税款的最高扣除额。抵免限额的计算公式可表示如下:

$$抵免限额 = 国内外所得总额 × 本国税率 × \frac{来自非居住国应税所得}{国内外应税所得总额}$$

在税收抵免计算中,确定允许抵免的已缴外国税额时,要通过抵免限额与已缴外国税额相比较来确定,即"两者取其小"。当抵免限额大于已缴外国税额时,表明跨国纳税人已缴外国政府的税额不足抵免限额,出现了抵免余额,需要向其所在国政府补缴其不足限额部分的税款;当抵免限额小于已缴外国税额时,即跨国纳税人已缴外国政府的税额超过了抵免限额而出现了超限额时,这个限额部分是不许抵免的。除了一般的抵免限额外,许多国家还实行分国限额法、综合限额法、非专项限额法等具体抵免限额措施。

在各国的实践中,由于普通抵免真正体现抵免法兼顾收入来源国、居住国和纳税人三方利益的原则,而全额抵免在收入来源国税率高于居住国税率时,则会造成居住国利益的损失。因此,实行抵免法的国家实际上都采用有限额的抵免,即普通抵免法。

例如,甲公司是 C 国的居民公司,某年在 C 国获得所得 1 000 万元,C 国的所得税率为33%;甲公司在 D 国设有分公司,同年获取所得 300 万元,D 国的所得税税率为 50%,已向D 国政府缴纳所得税 150 万元。

全额抵免:

$$甲公司 C 国所得税 = (1\,000 + 300) × 33\% - 150 = 279(万元)$$

这种计算结果,比甲公司在没有其分公司的 300 万元所得的情况下,所计算的应缴所得税税款 330 万元(1 000×33%)还少 51 万元。

限额抵免:

$$甲公司 C 国所得税 = (1\,000 + 300) × 33\% - 300 × 33\% = 330(万元)$$

这种方法避免了 C 国税收利益的损失。通过规定抵免限额,实施限额抵免保障本国的税收利益,就成为各国在采用抵免法时的一致选择。

4. 税收饶让抵免

税收饶让抵免简称饶让抵免,并不是一种避免国际双重征税的方法,而是配合抵免方法的一种特殊方式,是税收抵免内容的附加。税收饶让是指居住国政府对其居民在国外得到减免税优惠的那一部分,视同已经缴纳,同样给予税收抵免待遇而不再按居住国税法规定的税率予以补征。税收饶让的目的不是在于避免和消除法律性国际双重征税或经济性国际双重征税,而是为了使来源地国利用外资的税收优惠政策与措施真正收到实际效果。

税收饶让是在税收抵免的基础上进行的,因此,跨国公司也可以利用税收饶让进行税收筹划。

税收饶让抵免的适用范围,一是对股息、利息和特许权使用费等预提税的减免税予以饶让抵免;二是对营业所得的减免税给予税收饶让抵免;三是对税收协定缔结以后,来源地政府依据国内税法规定的新出台的税收优惠措施所作出的减免税,经缔约国双方一致同意,给予税收饶让抵免。比如,在中国和韩国签订的税收协定中规定,在消除双重征税时,在缔约国一方应缴纳的税额,应视为包括假如没有按照该缔约国为促进经济发展的法律规定给予减免税或其他税收优惠而本应缴纳的税额,这就是税收饶让抵免。

例如,甲国某总公司在乙国设立一个分公司,该分公司来源于乙国所得 1 000 万元,乙国的所得税税率为 30%。乙国为鼓励外来投资,对该分公司减按 15% 的税率征收所得税。这样该公司在乙国按税法规定应纳税额 300 万元,减按 15% 的税率征税后,实际只缴纳 150 万元。甲国政府对该总公司征收所得税时,对其分公司在国外缴纳的所得税,不是按实际纳税额 150 万元进行抵免,而是按税法规定的税率计算的应纳税额 300 万元给予抵免,这就是税收饶让。

第三节 跨国公司组织形式的税收筹划

一、套用税收协定

套用税收协定是跨国纳税人设法获得或利用中介体的居民身份,主动"靠"上某国的居民管辖权来享受税收协定待遇,从而减轻在另一非居住国的有限纳税义务,这是对地域管辖权的规避行为。值得注意的是,在双边税收协定中,通常是在股息、利息和特许权使用费等这些消极所得的预提税上,缔约国互相给予减税或免税的待遇。因此,非缔约国居民套用税收协定,主要是集中在减轻或规避非居住国对消极投资所得征收的预提税方面。

(一)国际税收协定的概念

为解决国际双重征税问题,以鼓励物质和劳务的交换以及资本、技术和人员的流动,国与国之间一般都签订协定来避免对所得和资本的重复征税,这种协定即是国际税收协定。

国际税收协定(international tax convention)又称国际税收条约,是指两个或两个以上的主权国家,为协调相互之间的一系列税收分配关系,通过谈判而签订的一种书面税收协议或条约。国家之间签订税收协定是目前协调各国税收分配关系,避免各国因税收管辖权的重叠而对同一纳税人的跨国经济活动重复征税的重要措施。

国际税收协定按参加国的多少,可以分为双边税收协定和多边税收协定。双边税收协定是指只有两个国家参加缔约的国际税收协定,是目前国际税收协定的基本形式。多边税收协定是指有两个以上国家参加缔约的国际税收协定,现在国际上还不多,但代表了国际税收协定的发展方向。国际税收协定按其协调的范围大小,可以分为一般税收协定和特定税收协定。一般税收协定是指各国签订的关于国家间各种国际税收问题协调的税收协定,

特定税收协定是指各国签订的关于国家间某一特殊国际税收问题协调(如有关国际运输收入税收问题)的税收协定。

（二）国际税收协定范本的产生

为了统一协调各国的征税权,目前国际上主要有经济合作与发展组织(简称经合组织)和联合国两个税收协定范本,这样各国签订税收协定时就有了统一的格式和基本相同的内容。经合组织《关于对所得和财产避免双重征税的协议范本》(简称《经合组织范本》)的前身是1928年国际联盟双边协议范本、1943年国际联盟财政委员会墨西哥范本和1946年国际联盟财政委员会伦敦范本以及1963年经合组织《关于对所得和财产避免双重征税的协议范本》,现在应用的《经合组织范本》是经合组织2003年修订的范本。20世纪60年代以来,大批发展中国家加入联合国,它们认为《经合组织范本》倾向于发达国家,没有全面反映发展中国家的要求。为此,联合国经济与社会理事会于1967年成立了由发达国家和发展中国家共同组成的专家小组,并在1979年通过了《联合国关于发达国家与发展中国家间避免双重征税的协定范本》(简称《联合国范本》),2001年又公布了修订后的新范本。

《经合组织范本》和《联合国范本》在总体结构上相似,但两者的主要区别在于,前者偏重居民税收管辖权,后者则强调地域税收管辖权。《经合组织范本》旨在促进经合组织成员国签订双边税收协定的工作,而《联合国范本》则主要是促进发达国家和发展中国家之间签订双边税收协定,同时也促进发展中国家之间签订双边税收协定范本。《联合国范本》在注重收入来源国税收管辖权的基础上,兼顾了缔约国双方的利益,因此,该范本为发展中国家广泛接受。

目前,世界上国家与国家之间签订的双边税收协定已有1 000多个,从1983年9月我国与日本签订第一个避免双重征税协定以来,截至2008年9月,我国已与86个国家签订了避免双重征税协定。

（三）国际税收协定中的避税点

为了避免国际双重征税,缔约国双方都要作出相应的让步,从而使缔约国双方居民都享有优惠,而且这种优惠只有缔约国双方的居民才有资格享受。但是,当今资本的跨国自由流动和新经济实体的跨国自由建立,使跨国公司税收筹划与税收协定的结合成为可能,这便为跨国纳税人进行国际税收筹划开辟了新的领域。

（1）跨国企业的营业利润只在其为居民纳税人的缔约国一方征税,收入来源国的缔约方免予征税,除非该收入在收入来源国设有常设机构。在设有常设机构的情况下,收入来源国也只就其归属于该机构的利润征税,而且所征税款可以在居民所在国得到抵免。

（2）股息、利息、特许权使用费等投资所得,在收入来源缔约国可以按照比该国常规税率低的限制税率缴纳预提税,有的还可以免税。

（3）财产所得通常由财产所在国征税。财产所有人为一国居民,如果该国对其在其他国家的财产征税,也可用其在财产所在国已纳税款抵免。

（4）在居民所在国允许提供"饶让抵免"的条件下,跨国纳税人在收入来源国所享有的减免税优惠的税款,可视同缴纳,在其为居民的缔约国得到抵免。这样,跨国纳税人得到的税收利益可以全额成为其不负担税收的净所得。

（5）国际税收协定包含了许多法律没有规定的地方，使缔约国双方都没有办法让跨国公司承担纳税义务。比如，一家设在游船上的博彩公司，一年四季都在公海上流动，就不用向任何国家纳税。

（6）避税地没有所得或财产税，不和其他国家签订税收协定，其他国家就无法从避税地获得税收情报，增加了这些国家的反避税难度，而且避税公司本身也不用纳税。因此，利用避税地避税是跨国公司的极佳选择。

由于税收协定提供上述这么多的税收利益，所以跨国纳税人在选择投资国时要注意这些国家对外缔结协定的状况，对外缔结协定越多的国家对投资者越有吸引力。

（四）套用税收协定筹划方法

利用税收协定筹划法主要发生在税收协定缔约国双方的非居民身上。非缔约国一方或双方的居民，利用各种巧妙的手段，从事跨国经营活动，享受税收协定规定的税收优惠，从而减轻或消除自己的纳税义务。比较常见的做法是：作为缔约国一方或双方的非居民，也就是没有资格享受税收协定待遇的第三国居民，利用各种巧妙手段安排经营活动，可以设法从两个国家之间签订的税收协定中得到好处。套用税收协定进行税收筹划的方式，以设置中介体为主要特征，大体可归纳为以下三类。

1. 建立直接导管公司

直接导管公司是指为获取某一特定税收协定待遇的好处，而在某一缔约国中建立的一种具有居民身份的中介体公司。

2. 建立踏脚石导管公司

踏脚石导管公司是指为获取某些特定税收协定待遇的好处，而在相关缔约国中建立两个或两个以上具有居民身份的中介体公司。这是在设立直接导管公司不能直接奏效的情况下，所采取的一种更间接、更迂回的税收筹划方式，涉及在两个以上国家设立子公司来利用有关国家所签订的两个或两个以上国家设立子公司来利用有关国家所签订的两个或两个以上税收协定。

3. 直接利用双边关系设置的股权控股公司

由于一些国家对外签订的税收协定中明确规定，缔约国一方居民向缔约国另一方居民支付股息、利息和特许权使用费享受协定优惠的必要条件是，该公司由同一外国投资者控制的股权不得超过一定比例。因此，这些国家的跨国公司在缔约国另一方建立子公司时，就往往把公司分立成几个公司，使每个公司持有该子公司的股份都在限额以下，以便使股息等能够享受到优惠。这种做法实际上是分割技术在跨国公司税收筹划中的应用。

值得注意的是，许多为利用税收协定而设立的以上几类公司由于没有实质性的经营业务，只起着控制投资的作用，具有很明显的避税动机，有时会被各国税务征管当局认定为"税收协定的滥用"，受到来自道德方面的谴责和各国法律的反对，并被税务当局处罚。

判定跨国公司有没有滥用税收协定，目前国际通行的判定标准为：①在中间国建立公司不是以获取税收协定优惠为唯一目的；②所得的支付和取得必须处于真正的商业动机；③对间接性收入，中间国公司有长期的实际占有权；④中间国公司最终受益人必须是缔约国一方的真正居民。

因此，跨国公司利用税收协定筹划法规避国际税收负担时，要注意对其中间国公司最终受益人必须是缔约国一方的真正居民。

因此,跨国公司利用税收协定筹划法规避国际税收负担时,要注意对其中间国公司经营范围的筹划和安排,比如说,在中间国建立的实体除了控制投资以外,还起着服务某些企业的作用,其强烈避税动机的缺陷也许可以避免。

二、利用避税地

避税地亦称为避税港,或者为税收避难所,即纳税人可以减少税收的场所。避税地是指一国或地区政府为吸引外国资本流入,繁荣本国或本地区经济,弥补自身资本不足和改善国际收支状况,或引进外国先进技术以提高本国或本地区技术水平,在本国或本地区确立一定范围,允许外国人在此投资和从事各种经济贸易活动,取得收入或拥有财产而可以不必纳税或只需支付很少税款的地区。简而言之,避税地是指对所得和财产免税或征收低税,而使纳税人不负担或负担较轻税负的国家或地区。显而易见,跨国公司可以很好地利用避税地实现课税客体的转移以达到税收筹划的目的。

避税地通常是一个广泛意义上的术语,不同的利益主体对它有不同的解释。在纳税人眼里,只要是能够为他提供税收上的特别好处和财务上的特别利益的国家和地区,就是避税地;在各国政府的眼里,凡是能被用来使征税对象或税源从本国政府税收管辖权下转移出去,从而躲避本国税收的某些国家或地区,就是避税地;而在国际税务专家眼里,凡是征税对象或税源从别国政府管辖权下转移到其境内的国家或地区,就是避税地。

避税地是跨国企业集团设立子公司的热点地区,在跨国公司的税收筹划中起着举足轻重的作用,它们实际上成了国际税收筹划人员的"税收天堂"。

(一)避税地的分类及特征

根据避税地所提供税收优惠的程度为标准,国际上形形色色的避税地主要分为三类。

1. 纯避税地

这类避税地不征收所得税、一般财产税和资本利得税,即不征收直接税。属于这一类型的避税地有巴哈马、百慕大、开曼群岛、瑙鲁和索马里等。

2. 普通避税地

这种类型的避税地一般只征收税率较低的所得税和财产税,有些国家还对来源于境外的所得免税。这类避税地可具体分为两种情况:一是只行使地域管辖权的国家或地区,只对境内所得和财产征税,且税负较轻,对来源于境外所得不征税,如中国香港、哥斯达黎加、利比里亚等;二是对境内外所得或财产均征税,但税负较轻,对外国经营者给予特殊优惠的国家或地区,如瑞士、巴林、以色列、中国澳门、塞浦路斯、海峡群岛等。

3. 局部避税地

属于局部避税地有加拿大、希腊、英国、菲律宾、卢森堡、爱尔兰、荷兰等。这些国家税制完备,税率也不低,之所以被称为避税地,是因为它们对某些行业或特定经营形式提供了极大的税收优惠条件。如希腊以海运业和制造业、英国以国际金融业、卢森堡以控股公司、荷兰以不动产投资公司而成为特定经营形式的著名国际避税地。

（二）避税地的条件

一个国家或地区如果想成为避税地，并非仅靠提供某一种或几种税收方面的优惠就可以了。实际上，一个成功的避税地除了当地的政府要执行轻税政策外，还需要其他一些条件。

（1）政局的稳定和地理上的便利性。任何跨国纳税人都把财产和所得的安全放在第一位。如果政局不稳定，财产和所得不能得到安全保证，减免税收就变得毫无意义。方便的交通和发达的通信也是避税地所必需的。

（2）税收优惠政策的多样化。世界上几乎没有税收优惠完全一样的避税地，它们各自都具有独特之处，使用者可以按自己的税收筹划的目的和方式各取所需。例如，列支敦士登一般被欧洲富人作为控股和投资的避税地；卢森堡是与其他国家签有税收协定的避税地，又是利用税收协定的理性场所。

（3）流动的自由、法律的健全度和服务设施的齐全。避税地在法律上必须是开放的，即对进入避税地营业或居住的法人和自然人流动统统不加法律限制。优秀的避税地一般具有金融业发达、银行商业活动严格保密、外汇流动自由等特点，并有配套宽松的海关条例等。特别是对于想移居的跨国纳税人来说，适宜的自然环境、一流的旅游资源和服务设施也是其应具备的硬件条件。

形形色色的避税地由于所处地理位置、经济水平及缔结税收协定网络的情况不同，因此，各个避税地提供的税收利益也很不相同，甚至在同一税种上，不同类型企业集团的子公司所能享受的税收利益也很不一样，有的是控股公司受益大，有的则是受控保险公司或者购销公司受益更多。作为跨国企业集团，设立什么类型的子公司，以及如何选择适合的地点，需要充分掌握国际低税区经济、税制、法律等资料的基础上，结合整个集团经营战略精心斟酌和设置。当今，不同特色的避税地以其各自魅力，吸引着不同类型的公司在那里"安居乐业"。

（三）通过基地公司进行税收筹划

利用避税地避税的方式多种多样，而且在各避税地的表现形式也不一样。尽管如此，还是有一个整体规律性的方式，就是设立基地公司进行避税。通过基地公司进行税收筹划，就是利用避税地的"基地作用"来建立基地公司。基地公司是跨国公司税收筹划中的一个重要概念，它是从基地国概念引申出来的。一个对其本国法人来源于国外的收入只征收轻微的所得税或资本税，或不征这类税，从而被外国公司用作国外经营活动基地的国家，就被称为基地国。出于同第三国进行经营的目的，而在基地国中组建的法人，则被称为基地公司。第三国经营包括通过代理人和分支机构进行的营业，以及借助控股公司收取外国子公司支付的股息、利息和特许权使用费这两方面的活动在内。

在跨国税收筹划中，基地国有时成为低税国或避税地的代名词，基地公司也随之成为避税地公司的同义语。基地公司有如下基本特征：涉及两国或多国之间的关系；经济利益全部或主要部分处于基地国之外，基地公司的经济职能是充当资金的中转站或提供资金的迂回路径；税务因素决定着公司建立的地点选择；必须具有法人资格；是一个单独的纳税主体，不受高税国无限纳税义务的制约；可以被基地国之外的企业加以合法利用。

基地公司又可分为两种情况。例如,假定原居住国 A 公司想在被投资国进行投资,那么它可先在避税地建立基地公司 B,然后通过 B 公司向被投资国投资或从事交易,B 公司即为出于向第三国进行经营的目的而建立的典型基地公司。

另外,如果再假定原居住国 A 公司想在本国进行再投资或经营,而 A 公司所在国只对外来投资给予税收优惠。那么它可以在避税地建立基地公司 B,然后通过在 B 公司进行的积累,将资金再投向 A 公司原居住国,即把对本国的投资,通过基地公司 B 以外资形式来进行,以争取税收优惠。这时,B 公司就是非典型基地公司。

基地公司受控的独立法人身份是其进行跨国公司税收筹划的关键特征。如果在避税地建立的是不具备法人地位的分支机构,则由于分支机构的经营成果仍然处在总机构居住国税收管辖权的控制范围中,所以并不会带来很大的税收利益。只有通过在避税地建立受控的法人实体这一纳税主体变相转移方式,才能使转移出去并体现在避税地实体手中的利润,既能够摆脱高税国居民管辖权的直接制约,又可以保证仍归该跨国企业法人所有。

基地公司可以以各种形式存在,例如,可以以控股公司形式设立,并以从事真实投资方式而存在,也可以以金融公司形式设立和存在。此外,还有贸易公司、信托公司、投资公司、保险公司、海运公司等。

1. 基地公司为中转销售公司

跨国集团选择一个适当的地点设立专门的销售基地公司或采购基地公司是十分常见的。这些公司往往被称为"文件公司"或"信箱公司",这些公司仅仅完成所在国必要的注册登记手续,实际上只拥有法律所要求的组织形式和一个信箱。有些公司即便在某种意义上具有经济职能,如承担国外营业风险、集中开具对外贸易发票或保守营业秘密等,但只要其主要的真实经济活动是在别的国家进行,该公司就仍应被列为信箱公司。信箱公司的主要作用,是把公司集团在其他国家经营活动中产生的大量收入,通过中介业务归在自己名下,在低税或无税的情况下积累资金。

跨国企业纳税人在避税地建立了各种基地公司,尤其是在建立信箱公司后,就是让这些公司介入其国际交易活动,使之成为经营链条上的一环。通过避税地公司进行的业务,通常称为中介业务。基本做法是,母公司将本应直接销售或提供给另一国子公司的原材料、产品、技术和劳务等,通过避税地的受控基地公司转手进行,将所得的一部分甚至全部,转入并滞留在避税地,借以规避在高税国应承担的税负。积累下来的资金,可能以贷款或投资等方式,在享受利息扣除或投资优惠的条件下,重新流回高税国,或者投向别的国家。

在实践中,基地公司与其关联企业间许多商品买卖交易的中介业务,只是一种账面上的数字游戏,并不涉及货物的接收、保管、装配加工、仓储和发运等实际业务,不过是转手开一道发票,记录收支账目,真正的业务活动也许是在千里之外的其他国家中进行的。

【案例 9-2】 M 国母公司辛加力公司在避税地 N 国设有子公司辛地公司,N 国公司所得税税率为 10%,M 国公司所得税税率为 40%。现辛加力公司意欲销售一批货物给 L 国某公司,这批货物成本及分摊的经营管理费用为 50 万美元,双方议定离岸价(FOB 价)为 80 万美元。

【筹划思路与方法】

如果不通过辛地公司中转,则辛加力公司承担的所得税负担为:

$$(80-50) \times 40\% = 12(万美元)$$

为减轻税负,辛加力公司将这批货物压低价格按 60 万美元先销售给 N 国的辛地公司,再由辛地公司以 80 万美元的价格销售给 L 国的公司,30 万美元的差价由辛加力公司和辛地公司分享。通过基地公司中转后,所得税负担状况如下:

$$辛加力公司所得税 = (60-50) \times 40\% = 4(万美元)$$
$$辛地公司所得税 = (80-60) \times 10\% = 2(万美元)$$
$$母子公司总税负 = 4+2 = 6(万美元)$$
$$母子公司减轻总税负 = 12-6 = 6(万美元)$$

道理很简单:通过基地公司中转并压低销售给基地公司的价格后,国际贸易货物的一部分利润转移到避税地,并体现在辛地公司的账上,辛地公司按较低税率纳税,从而可以减轻总体税负。本例是以设在低税国的子公司作为买方,则采取低价卖出的方法;如果以设在高税国的母公司为买方,基地公司为卖方,则要采取高价卖出的手段,这样同样将所得的大部分实现在基地公司,从而减轻税负。

2. 基地公司为控股公司

通常情况下,跨国集团的子公司向母公司支付股息时,子公司所在国要征收较高的预提所得税,但有些国家之间签订有税收协定,对于已缴纳企业所得税的股息在汇回母公司所在国时可以按低税率缴纳预提所得税。在这种方式下,跨国集团就可以在与母公司所在国签订有此类税收协定的国家设立基地公司,要求其他子公司将所获得利润以股息形式,汇回到基地公司,以达到避税目的。

【案例 9-3】 乐世集团设在挪威的子公司向德国的母公司汇回利润时,挪威的预提所得税税率为 15%。为了减少应纳税额,集团利用设在瑞士的特别控股公司 RBA 的服务汇回股息。瑞士与挪威、德国都签订有税收协定,按照税收协定,从挪威向瑞士汇回股息免征所得税,而从瑞士向德国汇回股息的预提所得税税率仅为 5%,其结果是预提所得税的税收负担降低了 67%。由于利用瑞士的控股基地公司,股息的预提所得税税率减少了 10%。如果瑞士基地公司的所有业务完全与控股活动相关联,那么它可以避免基地公司的瑞士所得税,当然基地公司的活动也可能会出现一些费用。

控股基地公司的优势在于:它不仅能将来自子公司的股息进行重新分配,而且还能在不增加跨国集团税收负担的条件下,将这些利润进行再投资。从财务角度看,在控股基地公司的所在国集中利润,然后将其向国外再投资,要比将利润汇回所得税税率较高的母公司所在国更为有利。因此,在自己的账目上积聚来自外国子公司以股息、资本利得或受控子公司清算所得形成的利润,也是控股基地公司的一项重要任务。在考虑税收负担最小化的条件下,把这些资金再投资于外国基金或跨国公司指定的项目。

以基地公司为控股公司进行税收筹划,控股公司的收入不仅仅限于股息,还可以包括利息、特许权使用费等形式。

3. 基地公司为保险公司

跨国公司可以通过组建内部保险公司来转移利润。所谓内部保险公司是指由一个公司集团投资建立的、专门用于向其母公司或关联公司提供保险服务以替代外部保险市场的一种保险公司。利用内部保险公司可以进行跨国税务筹划。具体做法是,在一个无税或低税的国家建立内部保险公司,然后母公司和子公司以支付保险费的方式把利润大量转出居住国,使公司集团的一部分利润长期滞留在避税地的内部保险公司账上。内部保险公司在当地不用就该笔利润纳税,而这笔利润由于不汇回母公司,公司居住国也不对其征税。

此外,内部保险公司可以减少跨国公司要缴纳的保险费,并且内部保险公司可以承担第三方保险公司所不能承担的损失甚至全部损失,而内部保险公司自己则可以在外部保险上取得足够的补偿。在国际避税地中,百慕大是内部保险公司最为集中的地方。

4. 基地公司为海运公司

随着国际海运的发展,虚设船舶营业地也成为将许多跨国公司和海运企业用来规避国际税收负担的一个重要手段。虚设船舶营业地是指国际海运企业和跨国公司将避税地作为船舶公司的招牌营业地,以规避其实际营业地的税收。

对于海运企业而言,其所有权和经营权无需在同一国内,注册地又可以是第三国。正是利用这一点,国际海运企业在某个避税地国家或地区设立一个船舶运输子公司,将船舶的所在国虚设为该避税地,这样该企业的船舶就可以挂上避税地的招牌。不管船舶企业的所有权、经营权和注册地在什么地方,其实际营业地都在船舶上,这些船舶往来穿梭于各个国家之间,如果挂上某个或数个避税地国家或地区的招牌,就可以规避各有关国家对船舶运输收入的征税。

不少避税地国家或地区都乐意国际船舶运输企业挂本国或本地的招牌,这些国家或地区政府除了收取一部分登记费或注册费外,并不实行财政性或其他控制。尽管收取的费用并不高,但由于避税地对广大的国际船舶运输企业有足够的吸引力,使在避税地注册的国际船舶和运输企业数量相当可观,避税地国家或地区由此取得的收入也非常可观。

除了船舶运输企业可以采取基地公司规避税负以外,飞机运输企业也可以依此方法规避税负。利比里亚、百慕大、巴拿马、巴哈马、塞浦路斯和希腊等都是国际上避税者乐于建立国际船舶运输公司和飞机运输公司的地方。

5. 基地公司为信托公司

信托是指委托人将其财产所有权转给受托人,并委托受托人为其指定的受益人的受益而对财产加以保管和经营。一项信托通常由三方关系所组成:一是委托人,又称信托人;二是受托人;三是受益人。信托可以从法律上改变资产或权益的所有人,使受托人成为该资产或权益的所有人,资产或权益原来的所有人不再是该项资产或权益的纳税主体。

信托为纳税人提供了进行税收筹划的可能:一是可能改变纳税主体,使高税国的纳税主体变成低税国的纳税主体;二是可能分割所得和财产,降低累计税的适用税率。这种方法是指跨国纳税人在避税地找一家信托公司或受托银行作为信托机构,将其在其他高税率国的财产或其他资产虚设为这家信托机构的财产,由其处理财产的收益,这样这部分财产的经营和所得就成为信托公司的信托业务收入。虽然委托人和受益人不是避税地的居民,但由于信托财产的经营所得归于受托公司的名下,可以免于纳税或减少纳税。例如,加拿大某公司为躲避本国所得税的高税负,将其年度所得的70%转移到巴哈马群岛的某一个信托公司,由于巴哈马群岛是自由港,税率比加拿大低得多,该加拿大公司就可以通过这种所得的转移有效地规避税收负担。

跨国公司还可以运用订立各种形式的信托合同进行税收筹划。例如,一个高税国跨国公司向国外贷款,其利息所得可能要向高税国缴纳一大笔所得税,如果这个跨国公司通过与一个低税国居民银行签订信托合同,那么只要利息所得留在低税国增值,就可能规避高税国的所得税;如果利息所得要汇回高税国,且这个高税国与利息支付国之间没有相互减征利息预提税的税收协定,若该纳税人与某个利息支付国相互减征利息预提税的国家的居民银行签订信托合同,这笔利息的汇出也可以规避较重的利息预提税。

建立信托财产不但可以被利用来从事消极的规避所得税的活动,还可以被利用来掩盖股东在公司的股权,从事积极投资的跨国公司税收筹划活动。例如,一个高税国的跨国纳税人,在低税国建立了一个持股公司从事海外的积极投资,由于该纳税人在持股公司的股份是大量的,因此,公司的全部所得或部分所得还是可能被高税国视为该纳税人的所得而进行征税。这时纳税人可以把持股公司信托给一个低税国银行或信托公司进行管理。这样,持股公司的股权就合法地归银行或信托公司所有,持股公司的所得也不再被视为高税国纳税人的所得。但实际上,持股公司财务利益的真正所有者还是信托人兼受益人的高税国纳税人。这是一种典型的"虚构避税地信托财产"的跨国公司税收筹划方法。

(四)利用转让定价

转让定价是指在国际税收事务中,关联企业各方之间在交易往来中人为确定价格,而不按照独立企业正常交易原则确定价格。所谓关联企业,是指与其他企业之间在资金、经营、购销等方面存在直接或间接控制关系,或直接、间接地同为第三者所拥有或者控制,或其他在利益上有影响关系的企业。转让定价筹划法是指纳税人为达到转移利润、躲避税负的目的,按高于或低于正常市场价确定的内部价格成交。跨国公司在进行国际经济活动中,因其经营活动涉及面极宽,跨国公司通过自身结构的安排会使关联交易不易被发现,这为跨国公司减轻税负提供了广阔的天地。转让定价法也应用于国内,但在跨国公司之间运用得更广泛,其原因在于:①国与国之间的税收差别比国内行业、部门间的差异大,而且这种较大的差异在各个方面都可以显示出来;②母公司与子公司,总公司与分公司或总机构与驻外常设机构之间的相对独立形式及彼此之间业务、财务联系的广泛性,使它们有较大的余地实现产品转让定价。

跨国公司利用转让定价筹划方法降低纳税负担,其根本原因在于各国税制设计的差异性。只有在国与国之间税负水平高低不等的前提下,跨国纳税人才有将利润进行国际转移的必要。而跨国关联厂商内部交易的转让定价,又使这种利润转移成为可能。一般而言,跨国公司的转让定价是利用关联公司间的内部定价,将收入由高税国向低税国转移,或者将费用由低税国向高税国转移,从而减轻税负。

一般来说,跨国公司通过转让定价进行税收筹划主要有以下几种方式。

1. 货物购销的转让定价筹划

通过在关联企业之间的原材料供应和销售产品实行"低进高出"或"高进低出"的办法,把收入尽量转移到税负低的企业中去,而把费用尽量转移到高税负企业中去,从而达到避税的目的。例如,中国台湾某服装生产公司,利用位于国际避税地巴哈马群岛的贸易中介基地公司,通过自己的销售网络,向加拿大销售产品。如果该公司利用转让定价的原理,对位于巴哈马群岛的贸易中介基地公司采用"低进高出"的办法,使得公司利润被人为地集中在巴哈马群岛贸易基地公司的账上,而加拿大和中国台湾却对它征收不到任何税收,那么就能减少整个跨国集团的税收负担。

跨国公司可以通过控制零部件和原材料的进出口价格来影响产品的成本。例如，由母公司向子公司低价供应零部件产品，或由子公司高价向母公司出售零部件产品，以此降低子公司的产品成本，使子公司获得较高利润；反之，通过母公司向子公司高价出售零部件产品，或由子公司向母公司低价供应零部件产品，来提高子公司的产品成本，这就减少了子公司的利润。

由此可见，由于各国税率的差别，跨国公司可以通过从高税国向低税国以较低的内部转让定价销售货物，或者从低税国向高税国以较高的内部转让定价销售货物，都将导致整个跨国集团关联企业的整体税负减轻，从而增强集团整体的竞争实力。

2. 固定资产购置与租赁的转让定价筹划

跨国公司可以通过调整子公司固定资产的出售价格或使用年限来影响子公司的产品成本。母公司向子公司提供的固定资产的价格，直接影响摊入子公司的产品成本。母公司对子公司规定的资产的折旧期，也会影响折旧额的提取与分摊。若多提取折旧，则必然会加大子公司的当期税前可扣除成本；若少计提折旧，则会减少子公司的当期税前可扣除成本。而成本的高低，从反方向影响利润的多少。

跨国关联企业之间还会经常发生固定资产的租赁行为，其租金率的高低也直接影响集团内各关联企业的利润水平。跨国关联企业之间通过租赁业务进行筹划主要有三种方法：①利用自定租金进行筹划，如在高税国的母公司借入资金购买机器设备，以最低价格租给低税国的子公司，后者再以高价租给另一个高税国子公司获取较高利润；②利用售后回租筹划，将投产不久的设备先出售再租回使用，由于购进设备投入生产后，即可提取折旧，这样买卖双方对同一设备都可享受首年折旧抵税额，租用设备的承租方还可享受在利润中扣除设备租金的好处；③利用多个国家不同的折旧政策进行筹划，比如，英联邦国家按机器设备的法定所有权计提折旧，而美国规定按机器设备的经济所有权计提折旧，两个处于不同规定下的国家的关联公司，就可以利用设备租赁业务，计提两次折旧。

【案例 9-4】 某跨国集团欧洲子公司拥有一套新生产流水线，价值为 1 500 万美元。现有两个方案：方案一是欧洲子公司将该套生产流水线以 2 500 万元的售价出售给集团内部亚洲子公司，该套流水线生产产品的年利润为 500 万元；方案二是欧洲子公司将该套生产流水线以租赁的形式出租给亚洲子公司，年租金为 250 万元。设欧洲子公司和亚洲子公司的所得税税率分别为 30％和 20％。

【筹划思路与方法】

我们试比较两种方案对该跨国集团的税负影响情况。

方案一：若欧洲子公司将生产流水线出售给亚洲子公司，则跨国集团整体应纳税额为：

$$应纳税额 = (2\,500 - 1\,500) \times 30\% + 500 \times 20\% = 400(万元)$$

方案二：若欧洲子公司将生产流水线出租给亚洲子公司，则跨国集团整体应纳税额为：

$$应纳税额 = 250 \times 30\% + (500 - 250) \times 20\% = 125(万元)$$

从上述计算可以看出，租赁可使集团整体税负降低 275 万元（400－125）。

3. 无形资产的转让定价筹划

无形资产是指长期使用而没有实物形态的资产，一般指企业所拥有的商标、商誉、专利权、非专利技术、著作权、土地使用权等。由于无形资产具有单一性和专有性的特点，转让价格没有统一的市场价格标准可以参照,比其他转让定价更为方便,这使得跨国公司可以通过无形资产安排转让定价,以追求税收负担最小化。

跨国公司可以通过在避税地国家建立一个专利持有子公司(专利基地公司),专门从事专利的取得、利用或使用特许权等活动。母公司向专利基地公司授予全权,开展专利使用权的转让业务。转让的对象可以是联合集团内部从事生产活动的子公司,也可以是位于外国辖区的集团外独立公司。利用海外的专利公司可以有效地减少对专利转让或其他知识产权而取得的转让费用的税收,同时还可以得到附带的利益。

例如,一家拥有专利的跨国公司在避税地建立一家专利公司,并把专利转让给这家公司,这家公司再把专利的使用权转让给一个国外分公司。通过向避税地的专利持有公司支付使用费,就把国外分公司的利润有效地转移给避税地的专利公司。专利公司在收到专利使用费时,只需缴纳一点税,甚至不用缴税。如果在避税地建立公司,并通过各种知识产权再转让给在各国的其他公司,既可以在获得转让费时不用缴纳预提税和公司所得税。

4. 劳务费的转让定价筹划

劳务涉及的范围很广,包括设计、维修、广告、研发、咨询等,甚至总部管理费用的分摊也可看做广义的劳务活动。在跨国集团关联企业之间经常发生内部相互提供劳务的业务。按什么标准收取劳务费,直接影响到关联企业的利润水平。通过劳务转让定价进行税收筹划的方法表现为跨国公司集团内部关联企业之间相互提供劳务时多收或少收甚至不收劳务费用,使关联企业之间的利润根据需要进行转移。

此外,为了使处于高税地的盈利子公司既能收回利润,又能减少纳税,母公司往往向子公司索取较多的管理费用,或将母公司的某些与子公司活动关系不大的管理费额外摊入子公司的产品成本中,如母公司把管理人员的补贴和退休年金统统摊入子公司的管理费等,以此变相将子公司的利润转移到母公司。

5. 借贷业务的转让定价筹划

作为跨国关联企业之间的一种投资形式,贷款比参股有更大的灵活性。关联企业中的子公司,以股息形式偿还母公司的投资报酬,在纳税时不能作为费用扣除,而支付的利息可以作为费用在税前扣除。因此,关联企业间可以通过贷款中的转让定价方式来转移利润。例如,关联企业的一方为了增加关联企业的另一方的盈利,可以通过提供贷款,少收或不收利息,减少另一方的财务费用,以达到赢利的目的;相反,为造成关联方亏损或微利时,可以以较高的利息收取贷款利息,提高其成本。也有些跨国公司的母公司由于资金比较宽裕或利润较多或贷款比较通畅,由于其税负较重,往往采用无偿贷款或采取预付款的方式给子公司使用,这样,这部分资金所支付的利息全部由提供资金的母公司来负担,增加了成本,减少了税负。

第四节　跨国公司经营活动中的税收筹划

在国际税收实践中,跨国公司的税收筹划方法千差万别,涉及的范围也极其广泛,并且越来越具备隐蔽性。对各国税法研究得越细的跨国公司,其税收筹划的方法也越多。但是,不论其税收筹划方法如何变化,究其根本还是以纳税人或征税对象的来源能在不同国家税收管辖权范围之间得到转移为宗旨。由于世界各国都存在着居民管辖权和地域管辖权两种税收管辖权，一个跨国公司要避免成为税收管辖权的管辖对象，只有避免这两种税收管辖权的约束，才能利用有关国家税收制度的差异，将自己的纳税义务从高税国转移到低税国，进而达到国际税收筹划的目的。

一、公司居所避免方法

目前，许多国家在税收上都实行居民管辖权，这些国家往往对居民纳税人的全球范围所得征税，而对非居民仅就其来源于本国的所得征税。通过纳税人的流动，即通过改变其居民身份或避免成为某国纳税人的方式可以避免一国税收的管辖。跨国公司可以通过公司居所的迁移，将自己的居所从一国迁出，以避免这个国家的居民身份。居所是一国居民税收管辖权的根本依据，跨国公司通过将居所迁出可以使自己的居民身份落在国外，达到避税的目的。

对于自然人来说，居所迁移一般是比较容易办到的，但对跨国公司而言，则存在不可行之处。因为公司居所的迁移，厂房、地皮、机器设备的搬迁绝非易事，其规避的税收也许还抵不上搬迁的代价。这个因素遏制了高税国的居民公司通过居所的整体迁移进行避税活动。

因此，跨国公司往往采取居所避免的方法进行税收筹划。居所避免是指跨国纳税人不移动自己的居所，而移动自己的居民身份来避免成为原居住国的居民，从而减轻纳税义务。居所避免是大量发生的，自然人和法人都可以做到。对于跨国公司而言，就是通过将其居民身份落在一个低税国而达到减轻税收负担的目的。

一般而言，判断公司居民身份的标准，有注册登记所在地标准和管理控制中心所在地标准。对于采取注册登记所在地标准的国家，跨国公司可以通过改变注册登记所在国的办法，将公司注册在低税国或无税国，从而成为低税国或无税国的居民公司。对于采用管理控制中心所在地标准的国家，跨国公司税收筹划的核心就是消除使其母国或行为发生国成为主要控制和管理地点的所有实际特征，实现公司居所"虚无化"，比如，虚假迁移就是跨国公司常用的方法。

虚假迁移是指纳税人法律上已迁出了高税国，但实际上并没有在其他任何国家取得住所。如果一个高税国的企业纳税人有足够证据证明它不是这个国家的居民，而是另一个国家的居民，那么尽管实际上它是这个国家的居民，但它的纳税义务还是可以减轻，甚至消除的。利用这种手法达到减轻税负的目的有时并不难，因为各个国家关于住所或居所的法律规定并不一样，法律解释也并不相同。这使得企业纳税人利用居所的虚假迁移进行跨国公司税收筹划成为可能，尽管一些国家的税法或税收协定也会对这种方法制定严格的反避税措施。

比如，跨国公司可以改变董事会或管理决策会议开会地点，将会议地点从高税国转移到低税国，并在低税国作出各种会议报告；高税国的股东不参与管理活动，其股份与影响管理的活动分离，只保留他们的财权；将高税国的主要决策人的住所转移到低税国；或者将账册、档案、会议资料及报告从高税国转移到低税国，等等。

【案例9-5】 设在英国的法国司弗尔钢铁股份有限公司，为了进行国际避税，采取下列手段和方式避免在英国具有法人居民资格：①该公司中的英国股东不允许参加管理活动，英国股东的股份与影响和控制公司管理权力的股份分开，他们只享有收取股息、参与分红等权利；②选用非英国居民担任公司的管理经理；③不在英国召开董事会或股东大会，所有与公司有关的会议、材料、报告等均在英国领土外进行，档案也不放在英国国内；④所有有关公司经营管理的指示、指令，都不以英国电报、电信等有关方式发布；⑤为应付紧急情况或附带发生的交易行为等特殊需要，该公司在英国境内设立一个单独的服务性公司，并按照核定的利润率缴纳公司税。经过这一系列的安排，1973—1985 年这 12 年间，该公司成功地规避了英国应纳税款 8 137 万美元。

二、避免成为常设机构的方法

对于跨国纳税人的营业利润和一些其他所得，国际上已经明确了以常设机构为标准作为对非居民公司征税的依据，并相应明确了常设机构的范围。常设机构一般是指企业进行全部或部分经营活动的固定经营场所。按照常设机构原则，各国对跨国纳税人来自本国的所得征税，应仅限于在本国设立常设机构，除了常设机构以外的非固定机构的所得，不得征税，这就为跨国公司在一国或数国设立一些非常设机构避税提供了方便。跨国公司在这些国家建立一些不属于常设机构的场所，将货物、劳务、资金转移过来，可以规避公司所在国的税收；同时，由于非常设机构是免税机构，其经营活动的所得也无需缴纳所得来源地的税收。

经合组织和联合国分别起草的《经合组织范本》和《联合国范本》中，为常设机构规定了以下判定标准：①它是企业进行全部或部分营业的固定场所；②当对非居民在一国内利用代理人从事活动，而该代理人有代表该非居民经常签订合同、接受订单的权利，就可以由此认定该非居民在该国有常设机构。在根据第①条难以确定时，此条作为前者的补充和法律参考。

各国之间签订的税收协定，许多是按以上标准来定义常设机构的。这样，跨国纳税人就可以根据所从事的一项或多项免税活动利用服务公司来规避税负。例如，我国分别与美国、加拿大、比利时、丹麦、泰国、新加坡等国签订的《关于对所得避免双重征税和防止偷漏税的协定》中明确规定，对下列内容不能视为常设机构：①以专为储存、陈列或交付本企业货物或者商品为目的而使用的设施；②以专为储存、陈列或交付为目的而保存本企业货物或商品的仓库；③以专为另一企业加工为目的而保存本企业货物或商品的仓库；④以专为本企业采购货物或商品或搜集情报为目的所设置的固定营业场所；⑤以专为本企业进行其他准备性或辅助性活动为目的所设置的固定营业场所；⑥专为第①项和第⑤项所述活动的结合所设的固定营业场所，如果由于这种结合使该固定营业场所全部活动属于准备性质或辅助性质。

依据上述协定，当我国某毛皮加工公司想了解北欧、北美国家关于裘皮服装行业对毛皮的需求情况并寻求合作伙伴时，就可在丹麦、加拿大分别设立一专门为该公司搜集北欧和北美国家裘皮服装信息的机构，根据上述协定第④条，毛皮加工公司可利用设在丹麦、加拿大两国的机构，来承担与相关企业订货合同、除代表本公司签字之外的全部谈判协商任务，从而成功地规避这两国的税收管辖权，以达到减轻税负的目的。

【案例 9-6】 日本早在20世纪70年代初就兴建了许多海上流动工厂,这些工厂全部设置在海上,可以流动作业,它们曾先后到亚洲、非洲、南美洲等地进行流动作业。海上工厂每到一国,就地收购原材料、就地加工、就地出售,整个生产周期仅为一两个月。加工、出售完毕,开船就走,不需缴纳税款。仅税款一项,海上工厂就获得不少的收益。1981年,日本一公司到我国收购花生,该公司派出它的一个海上流动车间在我国港口停留27天,把收购的花生加工成花生米,把花生壳压碎后制成板又卖给我国,结果我国从日本公司获得的出售花生的收入有64%又返还给了日本,而且,日本公司获得的花生壳制板收入分文税款未交。造成这种现象的直接原因就是我国和其他许多国家都对非居民公司的停留时间作了规定,如我国规定非居民公司只在停留时间超过半年后才负有纳税义务,实际上就是对暂时在境内从事经营活动的非常设机构所得免税。日本公司就是利用这种规定来合理避税,而收入来源国却没办法对其收入征税。

三、精心选择国外经营方式

当一个跨国企业法人决定在国外投资和从事经营活动时,可以在设立常设机构和组建子公司两种主要方式中选择一种。从跨国公司税收筹划的角度,如何在分支机构和子公司这两种经营方式之间作出选择,需要考虑对企业盈利或亏损所做的预测、有关国家最新企业开办期的优惠政策、税基范围的大小、适用税率的高低、税收协定的影响等。在实践中,从税务角度分析,分支机构与子公司各有利弊。分支机构相对于子公司,首先,不利的方面在东道国没有独立的法人地位,无资格享受当地政府向当地法人企业提供的免税期或其他投资鼓励措施;其次,有利的方面包括将利润汇回总公司无需纳税,避免对利息、股息和特许权使用费征收的预提税,但不利的方面是一旦取得利润,总机构同一纳税年度要就这些境外利润向其居住国纳税,当国外税率低于居住国税率时,无法获得延期纳税的好处;再次,有利的方面是费用和亏损可以冲抵总公司的利润,但不利的方面是总机构应承担国外分支机构的所有义务;最后,有利的方面是有可能利用避免国际双重征税中最有利的形式——免税法,而不利的方面是分支机构假如在今后转变成子公司,可能要对此产生的资本利得纳税等。

子公司与分支机构利弊恰好相反,但税率发生的变化,可能改变上述有利条件或不利条件中的某一项。当国外税率提高到与居住国税率相近或更高时,跨国纳税人通过在国外子公司保留利润所获得延期课税的好处便消失了。此外,由于各国的具体规定不同,分支机构或子公司的有利和不利条件在各国也不尽相同,跨国纳税人往往要反复权衡利弊,才能作出有利的选择。高税居住国纳税人一种常见的选择方案,是在国外经营初期以分支机构形式从事经营活动,因为产生的亏损可以及时冲抵总机构的利润,以减少在居住国的纳税;当分支机构由亏损转为利润后,再适时转变为子公司,从而享受延期课税的好处。

四、利用资本弱化方法

资本弱化是指跨国纳税人为了减少应纳税额,采用债权方式替代股权方式进行的投资或者融资。一个跨国纳税人的国际投资回报可选择股权收益和债权收益。各国对股息和利息的税收政策通常不同：对企业支付利息，往往允许其作为费用扣除，而对企业分配股息则作为企业所得，不允许其扣除；对企业汇出的利息的预提税税率往往较低，而对企业汇出的股息的预提税税率往往较高。这样，在拥有同样多的投资和同样高的回报率的情况下，被投资国关联企业的资本弱化可能会减少跨国企业法人的纳税义务。

 **习　题**

1. 跨国公司税收筹划与国内税收筹划有何联系与区别？

2. 什么是国际双重征税？国际双重征税的原因是什么？避免国际双重征税的基本方法有哪些？

3. 甲公司是 A 国的居民公司，某年在全球获取所得 20 000 万元，其中来自 A 国的所得 1 500 万元，来自甲公司在 B 国设有分公司所得 500 万元，A 国的所得税税率为 30％；B 国的所得税税率为 40％。请分别以全额免税法、扣除法、限额抵免法计算甲公司在 A 国缴纳的所得税和在全球的所得税负担，并进行分析。

4. 某跨国公司的 A、B、C 三个子公司分别设在甲、乙、丙三国，三国的公司所得税税率分别为 40％、20％ 和 10％，子公司 A 为子公司 B 生产组装成品的零部件。假设 A 以 100 万美元的生产成本生产了一批零部件，按照当时市场价格以 130 万美元的定价直接销售给 B，B 将零部件组装后按 150 万美元的总价投放市场。如果子公司 A 不直接向子公司 B 提供零部件，而是以 115 万美元的低价将这批零部件销售给子公司 C，再由 C 以 140 万美元的定价转售给 B，B 组装后的成品仍以 150 万美元的总价格销售。分别计算两种情况下该跨国公司的总税负。

参 考 文 献

［1］王韬,刘芳. 企业税收筹划[M]. 2版. 北京:科学出版社,2009.

［2］王韬. 税收理论与实务[M]. 北京:科学出版社,2007.

［3］迈伦·斯科尔斯,马克·沃尔夫森,默尔·埃里克森,等. 税收与企业战略——筹划方法[M]. 张雁翎,主译. 北京:中国财政经济出版社,2004.

［4］计金标. 税收筹划[M]. 5版. 北京:中国人民大学出版社,2014.

［5］文桂江. 税收筹划理论与案例[M]. 北京:中国财政经济出版社,2005.

［6］梁云风. 税务筹划实务:纳税人节税指南[M]. 北京:经济科学出版社,2002.

［7］盖地. 税务筹划[M]. 4版. 北京:高等教育出版社,2011.

［8］盖地. 纳税申报与税收筹划[M]. 上海:立信会计出版社,2000.

［9］刘建民. 企业纳税筹划理论与实务[M]. 成都:西南财经大学出版社,2002.

［10］苏春林. 纳税筹划[M]. 北京:北京大学出版社,2002.

［11］庄粉荣. 实用税收筹划[M]. 成都:西南财经大学出版社,2001.

［12］赵连志. 税收筹划操作实务[M]. 北京:中国税务出版社,2002.

［13］郑贵华. 税收筹划理论与实务[M]. 长沙:国防科技大学出版社,2002.